SIMONE DE BEAUVOIR

SIMONE DE BEAUVOIR

— a biografia —

Huguette Bouchardeau

Tradução CAIO LIUDVIK

2ª Edição

EDITORA
NOVA
FRONTEIRA

Título original: Simone de Beauvoir: biographie
Copyright © Editions Flammarion, Paris 2007.

Direitos de edição da obra em língua portuguesa no Brasil adquiridos pela EDITORA NOVA FRONTEIRA PARTICIPAÇÕES S.A. Todos os direitos reservados. Nenhuma parte desta obra pode ser apropriada e estocada em sistema de banco de dados ou processo similar, em qualquer forma ou meio, seja eletrônico, de fotocópia, gravação etc., sem a permissão do detentor do copirraite.

EDITORA NOVA FRONTEIRA PARTICIPAÇÕES S.A.
Rua Candelária, 60 · 7º andar · Centro · 20091-020
Rio de Janeiro · RJ · Brasil
Tel.: (21) 3882-8200

Imagem de capa: © Art Shay Archive 2020

CIP-BRASIL. CATALOGAÇÃO NA PUBLICAÇÃO
SINDICATO NACIONAL DOS EDITORES DE LIVROS, RJ

B774s

Bouchardeau, Huguette
  Simone de Beauvoir: a biografia / Huguette Bouchardeau; tradução Caio Liudvik. - 2. ed. - Rio de Janeiro: Nova Fronteira, 2021.
  336 p. ; 23 cm.

  Tradução de: Simone de Beauvoir : biographie
  ISBN 9786556402093

  1. Beauvoir, Simone de, 1908-1986. 2. Escritores franceses - Biografia. I. Liudvik, Caio. II. Título.

20-62227
CDD: 928.4
CDU: 929:821.133.1

Meri Gleice Rodrigues de Souza - Bibliotecária CRB-7/6439
08/01/2020 08/01/2020

SUMÁRIO

	Prefácio	7
1	Um domingo de dezembro de 1921	13
2	6 de janeiro de 1930	33
3	28 de julho de 1935	57
4	2 de abril de 1941	79
5	Janeiro de 1945	105
6	Novembro de 1951	131
7	26 de maio de 1958	173
8	23 de agosto de 1964	203
9	4 de março de 1972	225
10	Maio de 1980	265
11	14 de abril de 1986	295
	Notas	317

PREFÁCIO

Há alguns anos, eu tinha o projeto de escrever uma "viagem em torno da minha biblioteca", cujo título se tornou, tomando de empréstimo uma frase de Primo Levi, *Uma outra maneira de dizer eu*. Diante da pilha de livros lidos, nas seções consagradas à história das mulheres, assim como a seus problemas, a suas lutas, chamou-me a atenção o conjunto "Simone de Beauvoir", e logo me dei conta de que seria impossível falar disso apenas em termos de coleção de obras. Merecia um lugar à parte. "Nunca tive familiaridade com ela", anotei então, mesmo que a pouca diferença de idade entre nós (menos de trinta anos),* o fato de militar a serviço das mesmas causas (a luta contra o colonialismo, o desejo por uma sociedade mais justa e sobretudo as ações pelos direitos das mulheres) pudessem ter justificado encontros. "Mas, sobretudo, eu não teria jamais conseguido vencer a timidez que me bloqueava e teria me impedido de falar de minha admiração e respeito. Era, a meu ver, uma autora 'monumental' demais para que eu me atrevesse a lhe dirigir a palavra. 'Monumental' não é, porém, a palavra exata, pois não era ela que

---

* Bouchardeau nasceu em 1935, e Beauvoir, em 1908. (N.T.)

estabelecia distâncias: eu deveria escrever 'uma mulher-livros', uma mulher cujos livros tinham sido tão importantes para mim que, mesmo se me demonstrassem que sua vida não correspondia à ideia que eu fazia dela, continuaria incapaz de me aproximar." Claro, havia *O segundo sexo* e o que esse livro representou para minha geração; claro, ela hauria sua parte do prestígio de Sartre para a aprendiz de filósofa que eu tinha sido e que pretendera abordar essa disciplina pelo desbravamento — tão inseguro! — de *O ser e o nada*. Mas o importante estava em outro lugar. Eu acrescentava, então: "Mais que lições sobre a legitimidade do feminismo, foi a segurança tranquila desta mulher, ao afirmar que iria fazer alguma coisa de sua vida, que sempre garantiu minha adesão. (...) Pois Simone de Beauvoir foi, para a minha geração, a teórica do feminismo. Porém, mais que isso, foi quem inventou, face a nossos medos e nossas reticências, outras maneiras de viver. (...) Tratava-se para nós (...) de fazer recuarem os limites do possível, do proibido e do impensável", de ir, em suma, rumo ao slogan "mudar a vida", que explodiria em 1968. "Nesse sentido, Beauvoir, bem como Sartre, eram 'moralistas'. Moralistas vigorosos e intempestivos que botaram fogo, como se diz hoje em dia, em nossos desejos e vontades, que nos ensinaram a agir pelo menos tanto quanto a pensar." Em razão desse antigo entusiasmo, e contra ele, foi que assumi este trabalho biográfico com grande circunspecção: eu de forma alguma deveria ceder à minha antiga adesão.

Uma outra razão me tornava prudente: a própria Simone de Beauvoir se encarregou de escrever sua biografia, e de pelo menos três maneiras.

Primeiramente por meio de suas *Memórias*, as milhares de páginas de seus quatro volumes: *Memórias de uma moça bem-comportada*, para a infância, adolescência e juventude, de 1908 ao verão de 1929; *A força da idade* para a entrada na vida adulta, de 1929 aos dias da Libertação de Paris em agosto de 1944; *A força das coisas*, esse título amargo para reconhecer o peso dos acontecimentos, dos laços, dos êxitos e fracassos, quando se trata de admitir que sua liberdade se choca a cada dia com o peso do mundo, nos vinte anos que a levam quase à idade sexagenária (o livro termina em 1963); e *Balanço final* que, publicado em 1972, busca trazer à luz, trocando a abordagem cronológica por uma temática, as linhas de força de uma vida que procura, ainda e sempre, se manter transparente. Sem contar, é claro, o belo relato sobre sua mãe, *Uma morte muito suave,* e a tão despojada, tão dolorosa ("indecente", dirão alguns) *A cerimônia do adeus,* referente aos últimos anos de Sartre.

E esse trabalho biográfico continuou também com a correspondência que ela decidiu publicar logo depois da morte de Sartre,* em 1983, como *Cartas a Castor.*

Enfim — e esta não é a menor das singularidades de Simone de Beauvoir —, ela não hesita em guiar biógrafos que fazem pesquisas a seu respeito: ela "autoriza" uma universitária norte-americana, Deirdre Bair, autora de uma biografia de Beckett, a empreender um longo trabalho que resultaria num livro imenso, publicado depois de sua morte, mas para o qual Simone aceitou dar longas entrevistas gravadas. Ela igualmente deu acesso, para o mesmo tipo de troca e de repasse de documentação, a duas pesquisadoras norte-americanas, Claude Francis e Fernande Gontier que, após terem realizado um levantamento cronológico de sua vida e obra, acompanhado da publicação de inéditos até então pouco acessíveis, escreveram por sua vez uma biografia notável (mas, neste caso, "não autorizada"), da qual ela lamentaria, a Deirdre Bair, as imprecisões e erros.

Ao se esforçar para balizar as vias para o registro dos seus retratos futuros, aquela que se mostrava tão consciente dos limites da autoexploração, que escreveu em *A força da idade* que "nunca alguém pode conhecer-se, mas tão somente contar-se ",[1] colocava seus futuros biógrafos numa posição estranha: indicando as linhas de força, destacando a ambiguidade das interpretações, recusando por antecipação as leituras demasiado evidentes, ela dava a entender: tudo que disserem sobre mim, eu já disse, tudo que supuserem, fui eu que lhes sugeri. Na tarefa de tudo dizer, de tudo escrever, que foi a de sua vida inteira, ela por muito tempo achou que o romance era um melhor instrumento que o relato: "Eu pensava que é projetando uma experiência no imaginário que apreendemos com mais clareza o seu significado."[2] Mas rapidamente a romancista que ela se esforçava para ser sentiu a necessidade de abandonar a profusão de acontecimentos que "se apresentam em sua

---

* Em 1980. (N.T.)

gratuidade, seus acasos, suas combinações por vezes absurdas, tal qual se passaram",[3] preferindo retomar o caminho da autobiografia para escrever o romance de sua vida. A intelectual, no entanto, a filósofa em busca do sentido que continuaria a ter, desconfiando da "confusão" de fatos enfileirados, não podia esconder o desejo de explicação, de classificação, de hierarquização, num relato autobiográfico no qual ela iria persistir. Era preciso então reunir as duas coisas: "Assim como é impossível ao físico definir ao mesmo tempo a posição de um corpúsculo e o comprimento da onda que lhe está ligada, o escritor não tem meios para contar simultaneamente os fatos de uma vida e seu significado."[4] Mas ele se esforça, estejamos certos, para dizer os dois, tanto no trabalho biográfico quanto na obra autobiográfica. Para nós, o desafio consiste em delinear o retrato de um modelo que já teria esboçado no caderno traços indiscutíveis, de dar vida a um personagem que já se mostrou o melhor encenador de si mesmo.

Cabia-me adotar um caminho intermediário às duas tentações: a da sequência cronológica escrupulosa e a das sínteses demasiado ambiciosas. Eu tentara anteriormente, ao abordar o personagem superabundante que é George Sand, selecionar em sua vida alguns dias mais significativos. Em torno desses dias, "como pedras na água", eu tentara "descrever os círculos progressivos que constituem a trama de uma existência". A cada vez, a data tinha sido adotada não por seu caráter excepcional, mas pelo "ponto de vista" que ela permitia, "como uma parada num passeio, que nos convida a fixar um momento da paisagem". A riqueza da vida e da obra de Simone de Beauvoir me inclinou ao mesmo tipo de método. O cinema nos acostumou a uma leitura do tempo em que os flashbacks iluminam a história presente. Na maneira como Simone de Beauvoir enfrenta sua mãe, num domingo de dezembro de 1921, não indo à missa, se concentra tudo o que a menina impetuosa seria, tudo o que a adolescente acumularia de revoltas e de ambições. Nas palavras que abrem, em 9 de novembro de 1951, a carta a seu amante norte-americano Nelson Algren, contando ter comprado um carro, o que ela exprime é um completo lamento pelos amores mortos e seu desejo ainda imenso de viver. Basta decifrar esses eventos minúsculos para que apareçam, no papel que foi amassado na mão, os acontecimentos marcantes, os encontros emocionantes, as conversas mantidas, as rupturas que machucaram.

Parece-me que a escrita biográfica está sempre entre duas tentações: por um lado, ceder ao brilho das partes coloridas, da centelha de vida revelada em torno de um acontecimento; por outro, pelo desejo de clareza, montar um quadro de traços contínuos. No mosaico de uma vida, a leitura depende tanto da escolha e da qualidade das peças quanto da forma do conjunto que as percorre e as une. Para falar de Simone de Beauvoir, que tanto procurou separar a "necessidade" da "contingência", espero que o retrato que tento esboçar aqui — para além e através da profusão dos amores, das amizades e das aversões, de tantos livros lidos e escritos, de tantas festas para o coração e para a alma oferecidas pelas obras de arte, de tantas ocasiões para compartilhar os engajamentos e as aventuras de Sartre na História, que se fazia igualmente para além da forte imagem legada como herança a gerações de mulheres — nos permita descobrir a mulher enérgica que ela foi, tão apaixonada pelo desejo de conhecer quanto pelo de afirmar a sua liberdade, uma mulher que viveu com ainda maior intensidade por saber que a morte condena essa existência, a única, a ser rica e plena.

1.
UM DOMINGO DE DEZEMBRO DE 1921

> "A verdadeira história começa quando saio de meu meio, e não quando ainda estou dentro dele."
> SIMONE DE BEAUVOIR,
> entrevista a Madeleine Chapsal.[1]

É um domingo do inverno de 1921, Simone fará 14 anos em algumas semanas. Preparam-lhe um mantô novo para vestir aos domingos, um chapeuzinho combinando, luvas, um missal... E a adolescente declara, olhos bem plantados nos da mãe, mas se desviando um pouco, de tanto que a confissão é difícil, que ela não irá mais à missa. Reúne toda a sua energia para lançar a frase definitiva: "Eu perdi a fé." Diante da sra. de Beauvoir, chocada com tanta audácia, ela repete: "Não irei mais à missa." Hélène — irmã dois anos mais nova — mostra-se espantada, como se descobrisse uma reação inesperada da irmã mais velha. Já há algumas semanas, ela preferira trapacear: vestia normalmente o mantô, o chapéu e as luvas do domingo, mas, escondida, atravessava a ponte das Artes, refugiando-se nos corredores do Louvre durante a hora normalmente consagrada à missa. Claro, ela tem dois anos a menos que a irmã e não se coloca questões tão sérias quanto as que atormentam Simone. E, sobretudo, ela é mais flexível: por que insistir tanto na verdade quando uma mentirinha pode nos livrar do problema? Por que afligir a mãe, tão cuidadosa e para quem as questões de disciplina e de religião têm tanto peso? Hélène — que é tão bonita que toda a família apelidou de

Poupette [bonequinha] e trata como tal, um pouco lamuriosa, é verdade, mas tão fácil — sempre se comportou como um adorável soldadinho para essa irmã mais velha e tão decidida, tão segura de si, que conhece tantas coisas e que gosta tanto de ensiná-las. Simone decidiu que não vamos mais à missa e então não iremos. Ocorre que Simone tomou uma resolução e teme mais do que tudo a hipocrisia; a ela não basta pensar, é preciso dizer, explicar o que pensa e o que quer. A liberdade, para ela, não pode existir a não ser nesta transparência, nesta maneira ousada de afirmar as convicções e as dúvidas. "A verdadeira história começa quando saio de meu meio"... Já que Simone de Beauvoir nos autoriza, já que nos convida a isso, vamos logo ao essencial: este período em que a adolescente decide não pertencer mais àquele mundo, o de sua família, o de sua classe e — sobretudo — o das crenças que tentaram lhe inculcar. Abordemos a história de uma rebelde.

Todavia, as coisas não foram tão fáceis. É uma confissão de perda, quase de luto, que assinala o momento da ruptura com o casulo da infância. Pois esta infância se passou inteiramente sob o signo da religião, uma religião que traça com rigidez os limites do bem e do mal, que constitui a linha de força de toda uma cultura, que permite que fiquem de pé as certezas familiares e os ensinamentos da escola particular, que organiza a cadeia dos valores, dos saberes e do decoro.

"Eu perdi a fé." Frase definitiva, doída e grandiloquente, que tantos jovens — bem como tantos adultos — pronunciaram, estupefatos com a própria audácia, desolados por terem de ceder diante da evidência. A "fé", naquele começo de século XX, era a fé religiosa e, dada a sua dominação na sociedade francesa, quase sempre a fé cristã, mais precisamente a fé enquadrada pela religião católica. A fé, segundo ela própria, é dada às grandes almas por uma espécie de iluminação chamada mística: tão rigorosa em seus raciocínios ao estudar textos filosóficos, tão exigente ao dar demonstrações quando queria convencer em matéria de teoria política e social, tão intransigente com relação aos discursos que os menos convictos fabricam para justificar sua própria mediocridade, Simone Weil evocava assim, em sua vida pessoal, algumas dessas iluminações que a aproximaram do divino. Para aqueles que não foram tocados por tais experiências, a fé, ainda segundo ela, é fruto do esquecimento de si mesmo e da desconfiança com relação à mera inteligência. Evoca-se então Pascal, aconselhando que se adotem primeiro as atitudes do crente para então chegar a crer... "Ajoelhem-se e rezem." Como tantos outros de sua idade, Simone de Beauvoir descobre assim ignorar as revelações, preferindo o raciocínio lutador à aceitação submissa, e — sem dúvida — as centelhas entrevistas no universo das obras de leitura proibida, que seu pai cultiva e sua mãe reprova. Assim, nesse período dos 14 anos, ela percebe com exaltação e tristeza que está abandonando a despreocupação infantil e deverá existir por si mesma, escolhendo o mundo daqueles que discutem e não o dos que aceitam, preferindo — mesmo que isso ainda lhe pareça obscuro, como todas as escolhas familiares para as crianças — tomar o partido conquistador dos homens e não o da servidão feminina, que parecia ser o seu destino.

Neste terreno, a diferença é grande entre as reações das duas irmãs. Os psicólogos falam de "romance familiar", e aquele que se escreve na casa dos Bertrand de Beauvoir, desde os primeiros anos das duas meninas, parece não ter ambiguidade e será fortalecido pelo relato cuidadosamente elaborado por Simone em *Memórias de uma moça bem-comportada* e pelas respostas de Hélène em suas *Souvenirs*[2] organizadas por Marcelle Routier. Mesmo que o nascimento de uma segunda filha tenha decepcionado os pais, que esperavam um menino, e ainda que a mais velha fosse o tempo todo citada como exemplo pelo pai, pela mãe e pelos professores que lecionariam sucessivamente para as duas meninas, todos concordam que a "segunda", uma loirinha de olhos azuis, acaba ultrapassando, pelo viés da beleza, a irmã mais velha e tão inteligente, mas um tanto "rude" para uma menina. Curiosamente, as duas crianças se adéquam bem às suas diferenças. Hélène admira a irmã mais velha, que acumula sucessos escolares e que evidentemente sabe tudo antes dela. Simone se compraz com o papel de guia, de iniciadora, de professora. Elas passam muito de suas horas de lazer inventando situações em que encenam, por esquetes feitas previamente, imitações banais de feirantes ou cenas mais heroicas evocando a guerra franco-alemã ainda tão próxima. Entre as duas, não havia traço destas rivalidades engendradas tão frequentemente pela pouca diferença de idade:

antes uma cumplicidade e a distribuição de papéis aceita tanto por elas quanto pelos pais. "[Ela] era minha vassala, minha sombra, meu duplo: não podíamos viver uma sem a outra."[3] Sobre a "perda da fé", a decisão de abandonar a missa dominical, elas sem dúvida se entenderam por meias-palavras, tão habituadas que estavam a trocar confidências, a compartilhar as impressões e as leituras. Mas Simone assumiu a decisão comum e se dispõe a justificá-la perante a mãe, enquanto Hélène se contenta em se conformar com essa atitude.

Quanto às etapas que fizeram Simone passar para o lado da "perda da fé", elas se confundem nessa categoria de acontecimentos minúsculos em que a emoção tem sem dúvida tanta importância quanto a razão. Por exemplo, ela se confessa desde os sete anos com o padre Martin, capelão do curso Adeline Désir, a instituição religiosa em que faz seus estudos. No rito confessional de então, espera-se que o padre, atrás da janelinha gradeada que o separa do penitente, não possa reconhecer aquele ou aquela que vem confessar suas culpas diante do ministro do Senhor. Simone desfia suas faltas para com os deveres cristãos. Ora, o confessor, em vez de seguir, por assim dizer, as regras do jogo e se limitar aos bons conselhos que precedem a absolvição, como se ignorasse quem se encontra de joelhos no compartimento escuro, de repente se dirige à adolescente num tom familiar: "Vim a saber que minha pequena Simone mudou... que é desobediente, turbulenta, que responde quando a repreendem... Doravante será preciso atentar para essas coisas." O coração da rebelde acelerou. Mais do que a vergonha de ter sido reconhecida, é a impostura que a choca e, cerca de quarenta anos depois, suas palavras ainda vibram de raiva quando evocam essa tempestade interior: "Bruscamente acabava de erguer a batina, descobrindo as anáguas de carola: o hábito era apenas uma fantasia, escondia uma comadre apreciadora de mexericos. Deixei o confessionário com a cabeça ardendo, decidida a não mais voltar." Sem dúvida, as crenças da criança ainda resistem e Simone de Beauvoir notará com franqueza que "Deus saiu indene desta aventura", mas foi "por pouco".[4]

Outros incidentes vão precipitar suas posição, mais ligados ao amor pela vida, às buscas ainda inocentes de prazeres proibidos: na residência da família paterna, onde passa as férias, ela se dá conta, numa noite em que se preparava para rezar junto à cama, que o dia fora repleto de pequenas desobediências às regras morais e religiosas que enquadravam sua educação: havia roubado maças, proibidas fora da sobremesa, lera um livro de Balzac (estranho idílio entre um homem e uma pantera) com devaneios culpáveis, e — pior! — aceitara com prazer tudo isso, assim como à doce umidade do dia de verão que se encerrava. Havia pecado, e pecado sem remorso. Via-se então que Deus, para ela, deixava de contar muito. Assim se misturaram as dúvidas com relação a dogmas pouco sustentáveis e as recusas morais com relação a princípios insuportáveis. Além disso, mesmo que a mãe continuasse ali, inflexível quanto ao sistema religioso de saberes, de mistérios e de conveniências que constituem sua razão de viver, o suporte que a mantinha de pé, o pai, representava um exemplo totalmente diverso.

Os pais de Simone de Beauvoir constituíam um modelo bastante disseminado na burguesia do começo do século XX: o pai, Georges, era um dos herdeiros da Bertrand de Beauvoir, cujos membros se diziam apenas da "pequena nobreza", apesar de contarem com ancestrais reconhecidos desde o início do século XII, como Guillaume de Champeaux, um dos fundadores da Universidade de Paris. No século XIX, porém, o responsável pela fortuna familiar foi Narcisse Bertrand de Beauvoir, que, longe das prevenções da época, "trabalhava" na verdade como fiscal de impostos em Argenton-sur-Creuse. Com a fortuna acumulada neste "trabalho", multiplicada por alguns dotes bem-vindos, o bisavô paterno de Simone e Hélène pôde adquirir em Meyrignac, na região de Limousin, perto de Uzerche, uma bela residência de pedra branca. Na geração seguinte, os Bertrand de Beauvoir se tornam proprietários, a cerca de 20km de Meyrignac, de uma casa mais modesta, mas cujas torrezinhas, tetos de ardósia e algumas outras particularidades arquiteturais supostamente a tornavam mais aristocrática: o castelo de La Grillère. As férias das duas irmãs se dividiram por muito tempo entre essas duas propriedades, a de Meyrignac, mais opulenta, onde o avô com tendências epicuristas criava pavões e faisões dourados, cultivava árvores, plantas e flores exóticas num parque com pedras e um rio artificial (dizia-se então um "córrego inglês"), e La Grillère, mais modesta e austera, representativa também de uma província de Limousin um tanto rude.

O pai de Simone, Georges Bertrand de Beauvoir — o caçula de três irmãos — se rebela um pouco por ter de assumir um compromisso profissional. Ele adora a leitura e o teatro, e se tivesse seguido seus gostos, sem dúvida teria se tornado ator: aliás, ele participou por muito tempo de apresentações amadoras organizadas por amigos. Sedutor, culto, ele patenteia um agnosticismo tranquilo, declarando, por exemplo (segundo Simone, para quem estas afirmações contrastavam com a religiosidade ambiente) que "o maior milagre de Lurdes é Lurdes em si"... Ele acaba aceitando estudar direito e exercer, sem muito entusiasmo, a profissão de advogado. O casamento (na tradição da riqueza propiciada pela união com uma herdeira rica) lhe teria permitido uma atividade diletante, mas...

A esposa de Georges, Françoise, filha de um banqueiro da região de Meuse, Gustave Brasseur, supostamente propiciaria um belo dote, no entanto, Gustave Brasseur se envolveu em especulações aventurosas e — no ano seguinte ao nascimento de Simone — chegou inclusive a ser preso. O dote esperado jamais foi pago. Em contrapartida, Françoise é uma jovem como a burguesia sabe muito bem formar, uma "dona de casa perfeita", preocupada com a economia doméstica, mas sem dúvida mais hábil nos trabalhos de tapeçaria e de passamanaria do que na confecção de roupas para as filhas. Teve uma infância de ouro: criada no convento dos Oiseaux, o internato mais chique da capital, recebeu a educação frívola e também muito estrita que se dá às filhas das melhores famílias. Uma educação pouco exigente no aspecto intelectual, visando sobretudo ornamentar a mente das adolescentes, permitindo-lhes adquirir as qualidades apreciadas no "mundo": conversação elegante, capacidade de exercer as artes de lazer recomendadas para as mocinhas, indo do bordado pontilhado à aquarela, ao canto e ao piano. Educação muito estrita, por outro lado, no plano moral e religioso: este "mundo", onde convém brilhar com modéstia, é também um conjunto de tentações e de armadilhas às quais os homens eventualmente se entregam (e seu marido, sensível aos prazeres da sociedade e do luxo, é uma excelente ilustração disto), mas das quais ela deve preservar as filhas. Assim, há uma literatura que se admite notável, mas que apresenta cenas contrárias à moral: permite-se às adolescentes descobrirem as belas páginas e... prende-se com alfinete as páginas consideradas pouco ortodoxas.

Desde a entrada em vigor da lei Camille Sée sobre o ensino secundário feminino, em 1880, prevista sobretudo para "arrancar as mulheres à influência da Igreja",⁵ a capital contava com alguns liceus para meninas (a escola mista, que juntaria progressivamente alunos e alunas do ensino elementar e depois do primário e do secundário, ainda não existia); mas, além de uma relativa mistura das camadas sociais, via-se a instrução dada nesses estabelecimentos como suspeita de incitar o abandono dos valores religiosos, de ser livre demais no plano moral, de privilegiar a todo custo a razão destruidora da fé. Françoise então escolheu para Simone e Hélène uma escola particular, certamente menos seleta — menos cara também — que a "Oiseaux" da infância, mas de excelente reputação: a Adeline Désir. As "escolas particulares" para meninas, no início do século XX, só existiam nas cidades importantes: nos outros lugares reinavam os "pensionatos" mantidos por freiras. As professoras são "senhoritas" que não fizeram votos numa ordem religiosa, mas se comportam de modo semelhante às damas das "congregações" nos "pensionatos". Um dos princípios dessas escolas particulares era o de manter uma estreita simbiose com as famílias — e particularmente com as mães — que lhes confiavam as filhas. Esperava-se inclusive que as mães assistissem à maior parte das aulas e ao que hoje em dia chamariam de reuniões pedagógicas. Françoise de Beauvoir se dedicava conscienciosamente a essas obrigações, tendo sido preciso toda a insistência de Simone e de Hélène para que parasse de acompanhá-las diariamente, a partir do momento que foram capazes de fazer sozinhas o trajeto, muito curto, da rua de Rennes à rua Jacob. Previa-se, de qualquer forma, que a educação recebida pelas senhoritas Bertrand de Beauvoir se realizaria, como uma boa educação de meninas, sob o controle materno.

Assim, ao decidir não ir mais à missa, Simone escolheu de certa forma o pai ao invés da mãe. Pode-se assim dizer (mesmo evitando interpretar as aspirações da adolescente tendo em mente escolhas da futura autora de *O segundo sexo*) que escolheu como se fosse um "rapaz". A palavra paterna, aliás, fez essa escolha. Georges Bertrand de Beauvoir, com o prestígio de pai, que sabe e pode prever o destino dos filhos, dizia frequentemente às duas filhas: "Vocês, meninas, vocês não casarão. Vocês não têm dote, precisarão trabalhar." Outro dito seu valia apenas para a filha mais velha: "Simone tem um cérebro de homem." Mas não nos enganemos: a admiração não é necessariamente a única motivação dessa frase. Na família Beauvoir, rapidamente as definições pelos contrários, como aquelas que se forjam entre irmãos, se instalaram. Ao crescer, Hélène conservou as curvas, as graças da pequena Poupette. Quanto a Simone, a autoestima a faz desprezar as futilidades, preferindo a vaidade das toaletes, a pose, a beleza. E a puberdade não melhora esse aspecto. Ela vê como um defeito físico as primeiras menstruações das quais ninguém a alertara, considera uma vergonha a chegada dos sinais da maturidade e lida inabilmente com o corpo que se transforma. "Fiquei feia, meu nariz avermelhou; no rosto e na nuca surgiram espinhas que eu coçava nervosamente." E o pai acrescentava: "'Não coces as espinhas, não torças o nariz', (...). Sem maldade, mas sem consideração, fazia, acerca de minha pele, de minha acne, de minha ignorância, observações que exasperavam meu mal-estar e minhas manias."[6]

Um dia, registrou ela, o pai disse brincando que era feia, mas isso a incomodou. Ter um cérebro de homem significa — na hierarquia bem arraigada da época — ser mais inteligente do que a média das mulheres e isso é bom. Mas significa também não possuir as famosas qualidades supostamente femininas que são a intuição, a sensibilidade, o charme e a magia das "belas". Esta oposição entre beleza e inteligência estava onipresente na educação das moças desse meio, naquela época: uma moça tem como destino casar-se, ter filhos. Se não for rica o bastante para oferecer ao futuro marido um dote, pelo menos poderá seduzi-lo. Mas sem dote e sem qualidades físicas excepcionais, será apenas o que é e sua vida dependerá apenas de si mesma. Magnífica definição para a futura Simone de Beauvoir, mas é improvável que a filha mais velha de Georges e Françoise estivesse convencida de um futuro brilhante a esperá-la. Mas é exigente, ávida: na infância, assustava as pessoas com cenas violentas, na adolescência, lançou-se no estudo, na aventura intelectual, com a mesma fúria tempestuosa de menina.

É pouco dizer que, desde muito cedo, Simone se interessou pela leitura. Numa educação tão austera, em que os prazeres — para as boas famílias e para os educadores aos quais elas delegam poderes — cheiram a blasfêmia, a leitura é realmente, parafraseando uma frase célebre, "o suspiro de uma criatura oprimida, o coração de um mundo sem coração, o espírito de um mundo sem espírito", mas, à diferença da religião, considerada um ópio por Marx, a leitura não adormece a adolescente. Ela abre o universo e inclusive a esclarece quanto ao próprio futuro: sabe-se que Simone era excelente aluna. Isso quer dizer, no ensino tal como concebido então, para além das qualidades lógicas reconhecidas, que ela escreve bem, se interessa por literatura. Não apenas os livros que descobre a transportam para além dos horizontes de um mundo estreito, mas escrever logo se torna seu meio de existir: ela será escritora. Em *Memórias*, Simone cita, em tom de brincadeira, suas tentativas de fazer livros, por volta dos seus oito anos de idade: ela chegou a deixar que sua biógrafa norte-americana Deirdre Bair consultasse os manuscritos de duas narrativas suas de infância, *Les Malheurs de Marguerite* e *La Famille Cornichon*. Contudo, ela acrescenta para sua interlocutora: "Eu adorava os elogios que me tornavam a mais jovem romancista da família, mas não posso realmente dizer que minha vocação date dessa época. Eu sonhava em ter uma livraria, ou uma biblioteca que disponibilizasse os livros para empréstimo, aonde as pessoas viriam para que eu as ajudasse a escolher um título. O que eu gostava, sobretudo, era de ler."[7] Ela, aliás, escreveu em suas *Memórias*: "Não sabia muito bem se desejava escrever livros mais tarde, ou vendê-los, mas, a meus olhos, o mundo não comportava nada mais precioso."[8]

Neste sentido, algumas imagens da infância se mantiveram muito fortes no coração da escritora; em particular as daquele "gabinete de leitura", que chamaríamos hoje em dia de uma biblioteca privada, do qual Françoise de Beauvoir ofereceu uma assinatura às duas filhas — primeiro à mais velha, assim que chegou à idade de ler —, a biblioteca Cardinale, na praça Saint-Sulpice. Livros, quantos livros! Simone descobriu a superabundância: uma recepção coberta de revistas, de onde partiam longos corredores repletos de todo tipo de obra. Algumas marcadas com a letra J, indicando que podiam ser lidas pelos jovens, crianças ou adolescentes, e um catálogo as listava. Françoise e Simone levaram para casa esse famoso catálogo, e a menina assinalou com cuidado tudo que esperava descobrir. Começou então uma corrida ávida para "ler tudo", "saber tudo", que caracterizaria a atitude intelectual de Simone de Beauvoir. Ela não se limitará a evocar em *Memórias* o fascínio que provocavam nela as fileiras de volumes recobertos de papel marrom, com tantos mistérios a descobrir e tantas terras a explorar, também situaria numa biblioteca deste gênero, na rua Saint-Sulpice, o começo de *Marcelle*, a novela de sua primeira obra de ficção, *Quando o espiritual domina*.⁹ Foram evocados ali os visitantes do gabinete de leitura e suas fantasias de menina: "Certos frequentadores da biblioteca despertavam em Marcelle um interesse apaixonado: os homens maduros de traços alongados pela reflexão, de olhar profundo. (...) Desejava ardentemente que um dia um deles a percebesse e dissesse com voz aveludada: — Que leituras sérias essa linda menininha faz! — Ele a interrogaria e ficaria maravilhado com suas respostas; então levá-la-ia a uma bela casa cheia de quadros e livros e conversariam como dois adultos."¹⁰

Longe desses sonhos e de algumas fugas sugeridas pelas leituras compartilhadas com o pai, a educação totalmente submissa às conveniências, e que regia as relações de Françoise com as filhas, seria consolidada pelo curso Désir, no qual Simone entrou em outubro de 1913, um pouco antes de seu sexto aniversário. Tudo se fazia, naquela instituição, para desenvolver a ideia de uma ilha separada do mundo exterior, protegida por uma série de códigos, como as denominações especiais das turmas. Em *Memórias de uma moça bem-comportada*, Simone de Beauvoir emprega a seguinte frase para indicar como se chamava nos liceus a entrada na sétima ou na sexta série: "No dia em que entrei na classe de primeira-quarta — tinha mais ou menos dez anos (...)" Lembremos, contudo, que os liceus da época não eram, como depois se tornaram, o último ciclo dos estudos secundários, mas um ciclo completo de estudos, começando na 11.ª série e incluindo todas as classes que hoje chamamos de ensino elementar. Depois vinha o "colégio", antes do liceu propriamente dito. Tudo isso permitia uma seleção precoce das "elites", longe da promiscuidade das escolas primárias. Com as escolas particulares, se exagerava ainda mais o sentimento de pertencer aos *happy few*, com seus costumes inacessíveis aos simples mortais.

Ora, na carteira ao lado da sua, no curso Désir, naquela série bizarramente chamada de primeira-quarta, Simone encontrou aquela que seria o primeiro grande amor da sua vida, uma outra "ela mesma", tão diferente dela mesma, Élisabeth Lacoin, apelidada de Zaza. Mesmo que, pela certidão de nascimento, Zaza tenha um ano a mais que Simone, elas são quase gêmeas: Zaza nasceu no dia de Natal de 1907, e Simone, em 9 de janeiro de 1908. Zaza é um pouco menor que a amiga, bem morena ("trigueira", escreverá Simone), de cabelos curtos (sinal de independência que mostrarão alguns anos depois as "melindrosas").* Matriculara-se pela primeira vez num estabelecimento escolar, pois a família se encarregara, até então, dos seus estudos e — sobretudo — já tinha, entre as colegas, uma história fora do comum: acabava de passar longos meses acamada, por conta de um grave acidente, uma queimadura que deixara grandes cicatrizes. No meio daquelas meninas cujas famílias moldavam em delicados casulos, segundo as regras da educação religiosa e das conveniências burguesas, Zaza era desde o início uma "personagem",[11] por aquele acidente e seus sofrimentos, e por uma aura de liberdade aristocrática.

Zaza era engraçada, desenvolta. Exprimia-se com simplicidade em vez de se submeter a frases prontas, num tom convencional. Simone se sentia insípida, tosca, ao lado da petulância, da naturalidade da amiga. O meio social de Zaza era semelhante ao dos pais de Simone, mas o sr. Lacoin teve êxito nos negócios: formado na Escola Politécnica, ocupava funções importantes na indústria e era rico. O apartamento dos Beauvoir era triste e silencioso em comparação à casa dos Lacoin, repleta de crianças (nove, sendo Zaza a terceira). Na casa dos Beauvoir, "conveniente" e "inconveniente" fazem parte das palavras favoritas, como se fosse preciso antes de tudo se submeter às regras vindas de fora. Na casa de Zaza, bem se poderia aplicar a célebre regra: "Pode-se fazer isso, já que eu faço." Não que a família Lacoin fosse menos religiosa, menos sujeita aos códigos morais, mas soprava ali um ar de liberdade. As duas adolescentes estavam em pé de igualdade nos exercícios escolares, mas Simone — que

---

* "*Garçonnes*", termo típico dos anos 1920 para designar um novo estilo de vida das mulheres jovens que usavam saias curtas, cabelos curtos, ouviam jazz e gostavam de desacatar os códigos tradicionais da "boa conduta" feminina. (N.T.)

se mantém geralmente como primeira da turma — se esforçava para se impor, enquanto Zaza parecia triunfar por charme... Esforço e graça... Pelo menos é como Simone de Beauvoir diz ter se descoberto numa batalha com o espelho e num jogo de imagem invertida: "Havia indivíduos bem-dotados e indivíduos com méritos; era irremediavelmente na categoria destes últimos que eu me colocava"[12] e, frente à Zaza, ela sempre se sentiu presa a seus "trapos de boa aluna".[13] É claro que a mulher de cinquenta anos que publicou *Memórias de uma moça bem-comportada* quis procurar na própria infância os sinais de sua futura fidelidade àqueles — Sartre sobretudo — que ela supunha serem excepcionais, cheios de facilidade, de imaginação criativa e de capacidade. Fica claro que ela sempre se sentiu sensata demais, racional demais, diante de pessoas assim. O que ela via, em todo caso, e valorizava (ou supervalorizava) em Zaza, era a liberdade por ela encarnada. Ter ou não personalidade, eis a questão da aluna Simone, sem se interessar tanto pelos termos elogiosos de seus próprios boletins escolares, que enalteciam a seriedade no estudo e o êxito da mais velha das jovens Bertrand de Beauvoir.

Ao escrever, mais tarde, a novela de *Quando o espiritual domina*, em que Zaza é mencionada com o nome de Anne, Simone de Beauvoir não podia deixar, para evocar a infância da amiga, de destacar a algazarra permanente, com gritaria de crianças e reprimendas sem grande efeito, que reinava na muito burguesa família Lacoin. Ela vai se lembrar da garotinha "sempre com as roupas rasgadas" que "brigava perto das fontes do Luxemburgo com os moleques", "plantava bananeira (e) fazia piruetas no ar como um garoto", enquanto Simone e a irmã não tinham o direito de falar nem de brincar com crianças desconhecidas. Zaza e Simone rapidamente entrariam em competição intelectual e, a despeito da liberdade de tom e da capacidade imaginativa de Zaza, Simone é quem ganhava mais frequentemente; pois era o tipo "boa aluna", inteligente, é claro, mas também esforçada, com a paixão necessária no estudo para transformar bons exercícios escolares em resultados brilhantes. E seus boletins o provam, assim como os testemunhos das colegas. Já a correspondência de Zaza sempre menciona comparações entre ambas, elogiosas a uma ou outra: em dezembro de 1918, ela escreve à avó: "O terrível dia do meu exame de piano passou. Éramos cinco, ou melhor, duas, pois as outras três meninas eram, me deixe dizer, palermas completas. (...) cometi alguns erros e fui a primeira com 29,5 em trinta. Simone de Beauvoir teve 29." No outono de 1921, ela confia à mesma: "Estou bem envergonhada, pois cometi no ditado um erro idiota: escrevi *atmosphère* [atmosfera] com um *h* depois do *t*. O que me consolou um pouco é que a querida Simone escreveu *raisonnable* [razoável] com um só *n*."[14]

O outono de 1919 — ano seguinte ao do encontro com Zaza — foi para Simone marcado por algo negativo. A família de Beauvoir se mudou do Carrefour Vavin para a rua de Rennes, número 71. Nada tão dramático: o bairro é o mesmo, perto do curso Désir, lugar de seus estudos, da praça Saint-Sulpice, lugar abençoado da biblioteca Cardinale, e do Jardim de Luxemburgo, escapada para passeios. Mas, para a menina de onze anos, a mudança era sinal de uma degradação doméstica. A decisão fora tomada por razões econômicas: a situação da família se tornava cada vez mais precária. Georges de Beauvoir, sofrendo de problemas reumáticos, foi reformado em 1913. Convocado, porém, em outubro de 1914, sofreu uma crise cardíaca algumas semanas depois, sendo mandado a um hospital militar. De volta à família no começo de 1915, permaneceu mobilizado mas trabalhando simplesmente como civil no ministério da Guerra, até o fim do conflito. Recebia então apenas um salário de cabo, e como a família vivia no mesmo padrão de antes, teve seu patrimônio seriamente afetado. Após o armistício, hesitou (apesar da insistência de Françoise) em reabrir o escritório de advocacia, cujos custos ele não via muito bem como cobrir: suas últimas ações — empréstimos russos, infelizmente! — naufragaram após a tormenta da revolução soviética. O pai de Françoise, Gustave Brasseur, anteriormente arruinado e desacreditado após a falência fraudulenta de seu banco, se recuperou graças a contratos com o Exército celebrados com a fábrica de botas e de sapatos da qual ele assumiu o comando: ele oferece a Georges um cargo de codiretor. Mas o retorno à paz implica o fim desta prosperidade. Um primo de Georges, trabalhando na direção do Banco de Paris e dos Países Baixos, tenta ajudar, oferecendo um cargo no que hoje chamaríamos de serviço de comunicação do banco. Ele não se dá bem nesta função, na qual devia sobretudo buscar clientes para espaços de publicidade na imprensa, posto do qual Simone de Beauvoir se lembrará mais tarde como um "trabalho humilhante"...[15] Com a saúde cada vez mais debilitada, detestando as obrigações de horário numa empresa, demasiadamente diletante, Georges definitivamente não se adapta à necessidade de assegurar o sustento da família pelo trabalho assalariado... Françoise realiza proezas para inventar uma economia doméstica que — mantendo o status da família — permitisse viver e criar decentemente as duas filhas. Mas foi preciso admitir, num dia de 1919: o apartamento do bulevar Raspail era caro demais. Os Bertrand de Beauvoir decidiram então optar por algo menos custoso.

Causa espanto ler as páginas escritas por Simone de Beauvoir, cerca de quarenta anos depois, em *Memórias de uma moça bem-comportada*,[16] a propósito da mudança. Lembranças de um trauma real? O clima que envolvia os anos de redação do texto, quando, na aliança com o Partido Comunista, cada um tenta realçar seu pequeno lote de misérias e experiência da pobreza? Em todo caso, Simone de Beauvoir não economiza palavras: "Não tinha banheiro, mas apenas um gabinete de toalete sem água corrente: meu pai esvaziava diariamente o pesado recipiente instalado sob a pia. Não tinha aquecimento central; no inverno o apartamento era gelado (...) Minha irmã e eu invejávamos ardentemente as meninas que tinham um quarto para si; o nosso não passava de um dormitório" etc. Posteriormente, a estudante, e depois jovem professora, Simone de Beauvoir viverá sem reclamar em quartos precários de hotéis sórdidos; e fará isso sem se preocupar com o que diriam, com certo descaso, reivindicando em alto e bom som estar acima dos problemas materiais. Mas no período dos seus onze anos sofreu como vítima, com um desespero da infância, aquela mudança que a humilhava. E continuou a repetir, mesmo já no fim da vida, que se tratava de um apartamento "sombrio" e "lúgubre".[17]

O que ele era, de fato? O novo domicílio da rua de Rennes tinha sem dúvida um aluguel inferior ao que se cobrava entre o bulevar Montparnasse e o bulevar Raspail. Sobretudo, a família passaria a morar num apartamento de quinto andar sem elevador: não contaria mais com varandas acima das árvores para observar o espetáculo da rua. Os cômodos eram menores e em menor número também. O pesado mobiliário antigo em pereira enegrecida não se integrava bem àquele novo ambiente. No entanto, pela altura se tinha uma vista privilegiada de Paris, com a torre

Eiffel de um lado e o Panthéon do outro. Hélène de Beauvoir confirmou que o apartamento era bem arejado e claro. Mas para Simone era insuportável aquele quartinho em que dormiria com a irmã, com passagem tão estreita entre as duas camas que elas não podiam ficar de pé ao mesmo tempo. Incomodava também a ideia de levar as colegas mais afortunadas naquele prédio com uma escada tão estreita e saguão minúsculo, que em nada lembrava o imóvel anterior... As duas meninas tiveram ainda por algum tempo a presença de Louise, empregada que cuidava delas quando crianças e chegou a morar num dos quartos do sótão, no andar logo acima, que quase todos os apartamentos burgueses da época incluíam. Louise se casou, as domésticas chamadas para substituí-la não foram satisfatórias e Françoise se tornou uma dona de casa com as tarefas mais ingratas, aquelas que as moças de boa família da época não intencionavam acrescentar aos papéis de administradora do lar e de educadora, que se esperavam delas. Simone detestava esta pobreza relativa, mas que não se quer reconhecer como tal e se sacrifica ainda aos ritos e aos conformismos da sociedade burguesa. Restou a ela apenas a leitura, na qual se evadia, os deveres escolares, cumpridos com uma dedicação quase maníaca, e algumas semanas por ano em Limousin, longe daquela Paris que se tornara sufocante.

As férias no campo nas propriedades familiares aparecem como um equilíbrio naquela adolescência estudiosa e confinada. Sobretudo as férias de verão, pois as viagens então eram demoradas demais para serem refeitas somente após alguns dias. Quando pequenas, as duas irmãs acompanharam algumas vezes os pais em tratamento a Divonne-les-Bains, uma pequena estação termal na região de Gex, no Ain, onde — como em todas as estações de férias tanto quanto de tratamentos — havia lugares agradáveis de distração, como o inevitável cassino. O gerente do Grand Hôtel às vezes hospedava gratuitamente a pequena trupe de teatro amador da qual Georges fazia parte, em troca de algumas apresentações. Mas esses dias excepcionais eram raros: o paraíso das férias infantis e adolescentes, para Simone e Hélène, era Limousin. Longa viagem de trem atulhada de malas, de chapeleiras de papelão e de pacotes de todo tipo, amontoados nos compartimentos até Limoges a partir da estação de Orléans — atual estação de Austerlitz —, depois a carruagem puxada por quatro cavalos, com "bancos de couro azul que cheiravam a poeira e sol"...[18] E então, eram prazeres de todo tipo, a família mais numerosa com as queridas primas, as empregadas das duas propriedades e suas receitas antigas, seus *savoir-faire* obsoletos, seus cuidados e admoestações! Os dias se alongavam no forte calor dos verões do sudoeste; Simone — fiel a seu personagem de menina ativa — se levantava enquanto todos na casa ainda dormiam, saía para a relva molhada de orvalho, feliz de ser a única desperta, com um livro debaixo do braço para degustar a passos miúdos: "Eu carregava sozinha a beleza do mundo, e a glória de Deus, com um sonho de chocolate e pão torrado no estômago vazio."[19] Ao anoitecer, ela nunca deixava de buscar um último sopro de ar tépido junto à janela do quarto. Desfrutava então simplesmente do existir numa espécie de harmonia panteísta com a riqueza do mundo: "Parecia que a terra fazia eco a essa voz que dentro de mim cochichava sempre: 'eu estou aí.' Meu coração oscilava entre seu calor vivo e a luz gelada das estrelas. No céu, havia Deus, e ele me via; acariciada pela brisa, embriagada de perfumes, essa festa no meu sangue dava-me a eternidade."[20] As páginas de *Memórias de uma moça bem-comportada* estão repletas dessas frases que tentam descrever a conciliação entre sensualidade e aspirações espirituais.

Durante toda a vida, a citadina Simone de Beauvoir manterá a necessidade de renovar o contato com uma natureza quando não selvagem, pelo menos não completamente domesticada. Como se reencontrasse ali as raízes de uma ordem que a ultrapassa, como se esta natureza oferecesse também o único lugar de conforto à altura de suas próprias capacidades: na competição intelectual escolar, seu triunfo era fácil. Por outro lado, ela muito cedo decidiu que as proezas esportivas não a interessavam, percebendo seu corpo como desajeitado, receoso demais para recordes inacessíveis. Em compensação, sentia-se apta a usufruir, como um jovem animal, das longas caminhadas nos prados, do gosto de raminhos de ervas mastigadas, dos odores embriagantes. Os verões de Meyrignac e de La Grillère — no respeito das tradições familiares — eram uma porta aberta às experiências sensuais. E as primas que a acompanhavam naquelas longas semanas de lazer a ajudavam a colocar palavras nestas experiências.

As primas! Jeanne de Beauvoir primeiro, filha do tio Gaston de Beauvoir, irmão mais velho do pai de Simone. É ela que mais tarde herdará as terras de Meyrignac, mas, no momento, era apenas uma menina sem história, de feições agradáveis e suavidade de caráter: tinha igualmente talento para os jogos de salão e para o teatro amador, em especial, atividade para a qual Georges já havia desistido de atrair o interesse das filhas. A outra prima, Madeleine, um pouco mais velha que Simone, era filha da tia Hélène (irmã de Gaston e Georges de Beauvoir). Com o irmão Robert, Madeleine vivia mais livremente que as primas, tendo um preceptor no castelo de La Grillère em vez de ir à escola. Sensata e tranquila, ficou um dia muito espantada com um acesso "terrível" de raiva da jovem Simone, na mesa familiar. Se dermos ouvidos às *Memórias* de Simone de Beauvoir, Madeleine teve um grande papel nas revelações — muito aproximativas! — das "coisas da vida" para as duas primas criadas entre a rigorosa Françoise e as pudicas senhoritas do curso Désir. Entre duas partidas de *croquet* e duas sestas na relva, a prima chamou-lhe a atenção para os modos de reprodução dos cachorros e gatos, se aventurando a descrever — comparando-os aos de animais conhecidos — os órgãos sexuais masculinos, ignorados pelas meninas, e tentando fazer com que as bobinhas entendessem as relações misteriosas entre esses órgãos, os das fêmeas e o nascimento das crianças. Quanto ao desejo amoroso propriamente, Simone — que devora todos os livros que lhe caem nas mãos, e cujas leituras são um pouco menos vigiadas em Meyrignac do que em Paris, se ampliando com todos os romances sentimentais das bibliotecas e dos sótãos das duas casas de campo — continuará a sonhar para captar seus laços e peripécias através das próprias emoções.

A educação das meninas era tão afastada da dos rapazes que mesmo os primos, únicos representantes do outro sexo, se tornavam seres fascinantes naquela adolescência resguardada. Em Paris, Simone e Hélène encontravam frequentemente o primo Jacques Champigneulle com a irmã, Thérèse, "Titite" para os íntimos. Ele logo terá um grande papel nos sonhos de Simone, apesar de Françoise não ver com bons olhos a aproximação daquele ramo da família: o pai de Jacques e ela haviam, em tempos idos, quase noivado, mas ele abandonou os projetos de casamento devido aos infortúnios financeiros da família Brasseur. Mas Jacques e a irmã moravam bem perto dos Beauvoir, no bulevar Montparnasse; Jacques que, aos dez anos, perdeu o pai, morto num acidente de carro, herdou a fábrica de vitrais que dirigiria quando terminasse os estudos. Para Simone, ele tinha o prestígio da idade (dois anos a mais), adorava literatura e conversava à vontade com Georges de Beauvoir, que parecia tratá-lo de igual para igual. Talvez, ainda mais do que "os olhos brilhantes, a boca gulosa, o ar vivo",[21] ele tinha — aos olhos da prima — uma cultura brilhante, uma liberdade e desenvoltura que Simone tanto admirava em Zaza. E tudo isso poderia desabrochar ainda mais por ele ser homem e gozar de uma independência precoce: após as segundas núpcias de sua mãe, a irmã e ele foram criados, sem muitas restrições, por uma senhora de idade, uma dessas governantas que passavam, naquela época, a vida inteira a serviço de uma família.

Com relação à Simone, Jacques era sempre elogioso, tratando-a como "criança precoce", e ela guardou a lembrança de um dia, em que ainda moravam no Carrefour Vavin e o jovem recitou — só para ela —, na estreita sacada de uma janela voltada para o bulevar Raspail, *La Tristesse d'Olympio*. Na adolescência, ele citava seus autores preferidos: Mallarmé, Laforgue, Francis Jammes, Max Jacob... recomendava filmes de vanguarda para ver com a mãe na sala de Ursulines, comentava o último espetáculo de [Charles] Dullin no Teatro de l'Atelier. Já era bom conhecedor de pintura e de imediato distinguia um Picasso, um Braque ou um Matisse "sem ver a assinatura", para espanto da menina! Ele a fez ler também *Le Grand Meaulnes*, e a prima acreditou identificar, no herói de Alain Fournier, o primo atormentado por um passado doloroso, "voltado para um futuro incerto (...). Vi em Jacques uma encarnação requintada da Inquietação."[22] Único jovem a gravitar no círculo estreito da família de Beauvoir, gozando de uma aura cultural que representava para ela tudo que se espera, tudo que é proibido, Jacques Champigneulle rapidamente encarnaria para Simone o amor desejado. Contudo, em seu 14.º ano que começava, a adolescente ainda não se atrevia a sonhar com um possível noivado, e toda a sua educação a proibia de imaginar relações com um rapaz fora disso. Por alguns anos mais, ela escreveu: "Nossa amizade limitou-se (...) a uma troca de frases inacabadas, cortadas por longos silêncios, e a leituras em voz alta."[23]

⋅⋅⋅⋅

Assim, hesitante quanto ao futuro de sua vida amorosa, mas já exclusiva e apaixonada em sua amizade pela querida Zaza, ávida de tudo saber, de tudo ler, curiosa de muitas coisas sem nem sempre saber a fonte de suas curiosidades, adorando até exageradamente as boas mesas de Meyrignac e de La Grillère, mas demonstrando certo desprezo pelos problemas materiais, frequentemente descuidada com suas roupas, mas envergonhada por não poder rivalizar com as colegas mais endinheiradas, a adolescente Simone de Beauvoir era às vezes um tanto áspera, mas sua personalidade se afirmaria a cada dia como a de uma adolescente que quer se tornar ela mesma e escolher o rumo de sua vida. E, antes de mais nada, recusando os princípios que constituem — ao menos é o que ela crê então — os pilares religiosos de sua mãe, da sua família, das famílias de suas amigas. Está decidido, e o símbolo para ela é mais forte do que a realidade, não iria mais à missa. Mas o gosto por um ideal espiritual persistia; ela já coloca mais alto que tudo o valor do trabalho intelectual, o amor aos livros e a convicção de que se tornará "alguém": no sentido da excelência no seu projeto de escrever, no sentido do reconhecimento que lhe valerá essa atividade. Vejamos o que ela diz: "Entretanto, aos quinze anos escrevi no álbum de uma amiga as predileções e os projetos que deviam definir minha personalidade. À pergunta: "Que deseja ser mais tarde?" respondi sem hesitação: "Um autor célebre." Em relação ao músico predileto, à flor preferida, eu inventara gostos mais ou menos fictícios. Mas nesse ponto não hesitei: ambicionava esse futuro e o preferia a qualquer outro."[24]

2.
6 DE JANEIRO DE 1930

> "(...) eu devia preservar o que havia
> de mais estimável em mim: meu pendor
> pela liberdade, meu amor à vida, minha
> curiosidade, minha vontade de escrever."
> SIMONE DE BEAUVOIR,
> *Memórias de uma moça bem-comportada*.[1]

"Eu te escrevo da minha cama." Assim começa, em 6 de janeiro de 1930, a primeira das cartas de Simone de Beauvoir a Sartre de que dispomos.[2] Uma carta com letras finas, inclinadas, como que apertadas, a assinatura rápida, legível e retilínea, levantando voo; Simone sai de uma forte angina e passa ainda por longas horas de repouso. No quarto que alugava da avó materna, na avenida Denfert-Rochereau, ela recebia os cuidados da família: da própria avó, que lhe servia chá bem quente com limão ou... aguardente! Da mãe, Françoise, que a visitou e "foi bem gentil". Da irmã, Hélène, que vinha conversar, contar coisas e se encarregava de diferentes tarefas confiadas pela irmã mais velha: enviar um telegrama a Sartre, entregar um artigo prometido a Nizan. O quarto havia sido sala de estar para a avó que, a pedido de Simone, removeu os aparatos do mobiliário burguês, as poltronas, *guéridons* e outros bibelôs. A jovem criou então para si um pequeno apartamento "moderno", um verdadeiro estúdio de estudante como ela sonhava ter quando morava com os pais. Com a ajuda da irmã, ela pintou com verniz escuro alguns móveis de pinho, mesa, cadeiras, arca, prateleiras para os livros. A cama não devia parecer cama, se apresentando como um divã em tecido de cor viva, combinando com o papel de parede laranja. Eram os gostos e as cores da época.

Sartre cumpria seu serviço militar na estação meteorológica de Saint-Symphorien, perto de Tours, depois de um estágio em Saint-Cyr. A carta que ela escrevia começava por "Meu amor" e terminava com um vibrante "eu o amo", repetido duas vezes, e por estas palavras: "Sou ternamente o seu Castor." A declaração de amor continuava entre as linhas: ela não se afastou "das lembranças dessa semana miraculosa", uma licença de Sartre que eles acabavam de passar juntos: "Você estava tão perto de mim, meu querido homenzinho; tão pleno de solicitude e de ternura (...), e eu perdida de amor e de felicidade". Ao lado das palavras ternas, Simone repassava a Sartre a cópia de uma carta de René Maheu; era um antigo colega de Sartre na École Normale Supérieure. Maheu já era amigo de Simone antes que ela encontrasse seu atual grande amor, e o bilhete do jovem, que vira o casal na véspera em um café, é repleto de rancor, de maldade irônica ("me desculpe por incomodá-la em meio a lembranças tão ternas e pitorescas pelas quais deve continuar em ti a passagem do seu querido amor"). Como ele ameaça deixar de vê-la, ela comenta com Sartre seu desejo de não magoar demais o pretendente descartado, mas sem deixar de ser firme, e critica "um ciúme perfeitamente desagradável". Em suma, nada naquela primeira correspondência indica ter sido escrita pelo casal que se tornaria mítico na filosofia francesa, mas tudo já se encontra ali para anunciar as relações conturbadas que farão deste casal o modelo a ser copiado — ou combatido — no referente à evolução dos costumes sexuais e "conjugais" em meados do século XX. Pois, muito em breve, a jovem Simone de Beauvoir uniria sua vida com a de Jean-Paul Sartre no plano intelectual — onde tudo começou — e em todos os aspectos da existência.

Era então uma vez, num dia de julho de 1929, dois estudantes que fizeram a *agrégation** de filosofia: ele — com 24 anos — ficou em primeiro lugar, e ela — a mais jovem *agrégée*, com 21 anos — em segundo.

No ano anterior, o jovem Sartre, formado na Normale Supérieure, tinha fracassado no concurso em que seu colega Raymond Aron ficou

---

* Exame de habilitação para o ensino. (N.T.)

no topo. Neste ano, os examinadores destacaram a magnífica desenvoltura do jovem Sartre e admiraram ainda mais a clareza e precisão de Simone de Beauvoir. E, todavia, quantas diferenças entre os dois percursos! Jean-Paul Sartre era puro resultado do *cursus honorum** da universidade francesa: aluno do prestigioso liceu Henri-IV durante os anos escolares em Paris, e, apresentando-se para o concurso geral, preparou-se no Louis-le-Grand para o exame de ingresso na École Normale Supérieure, onde obteve o sétimo lugar. Durante os estudos, viveu burguesamente na casa de sua mãe (que contraiu segundas núpcias com um politécnico e industrial, o sr. Mancy), como estudante mimado e sem problemas. Em seguida, foi bolsista na École, na rua d'Ulm, embora, no ano de 1928-1929, tenha precisado se mudar para a Cidade Universitária devido ao fracasso na *agrégation* em 1928. É verdade que já manifestava certa recusa ao espírito de seriedade, com um projeto fantasioso digno de respeito: era dotado de uma bela voz e pensou por um momento em se tornar cantor de jazz, começando também a aprender piano... Mas foi a rainha das disciplinas, a filosofia, que ele escolheu, na companhia de alguns companheiros brilhantes da rua d'Ulm, Paul Nizan, Raymond Aron, Georges Canguilhem, Daniel Lagache... entre outros! Ao escolher o tema para o diploma de estudos superiores, uma espécie de pequena tese que devia ser defendida antes do concurso da *agrégation*, se orientou a um assunto que aliava suas preocupações teóricas e estéticas: "A imagem na vida psicológica: papel e natureza."

Já Simone de Beauvoir esteve à margem, em comparação ao percurso tão bem balizado. Depois do curso Désir, onde a instrução era considerada menos importante do que a educação cristã, estava fora de questão para ela entrar num daqueles locais de perdição para moças que eram a Sorbonne ou outras universidades. Simone foi uma aluna excelente, com vocação para todas as disciplinas oferecidas pelo ensino secundário e hesitava ainda quanto ao tipo de estudo a que se dedicar. O pai queria vê-la seguir letras e direito: no seu meio, ele sabia por experiência que os conhecimentos jurídicos "sempre podem servir". O professor de ciências da escola Désir gostaria que ela seguisse o caminho da matemática. Ela

---

* Curso honorífico ou caminho das honras, em latim. (N.T.)

resolveu tentar uma licença em letras e um primeiro ano de matemática geral. Teria por acaso ouvido falar da École Normale Supérieure de Sèvres, que forma os futuros professores dos liceus femininos? Em todo caso, para isso, teria que trilhar os mesmos percursos (as classes "superiores" dos grandes liceus da capital) que para a rua d'Ulm. Ora, o preparatório para a famosa "Normale sup", assim como a própria École, estava aberto a moças e rapazes, e as boas famílias do curso Désir não queriam ouvir falar disso, justamente por ser mista e pelos estudantes de lá, que se mostravam extravagantes, distantes dos modelos de moralidade. Para o certificado de matemática, Simone se inscreveu, portanto, no Institut Catholique. Para letras, tentaria o curso de filosofia diante do júri da Sorbonne, mas — com sua amiga Zaza, cuja mãe não consentiu sua inscrição no ensino superior senão sob esta condição — ela evitaria os cursos do Quartier Latin para seguir os do Institut Sainte-Marie em Neuilly. Aos olhos de Françoise de Beauvoir, o Institut apresentava as garantias do ensino católico, recebia moças da melhor burguesia, e haveria ainda a possibilidade (era o seu desejo secreto) de naquele ambiente Simone recuperar a fé perdida. Mas a diretora do Sainte-Marie, sra. Daniélou, estava longe da estreiteza de espírito e da cultura limitada das senhoritas do curso Désir: esposa de um parlamentar várias vezes chamado a ocupar cargos ministeriais, mãe de seis filhos, tendo o mais velho, Jean, se tornado o cardeal Daniélou, enquanto o mais novo, Alain, teve uma carreira renomada de musicólogo, ela participava da corrente feminista francesa que buscava dar às moças acesso a diplomas e profissões até então reservados aos homens.

No ano universitário 1925-1926, no Sainte-Marie de Neuilly, Simone de Beauvoir, tão "polarizada" por seus estudos, como se dizia então, vai, contudo, provar — ao menos um pouco — das alegrias e das dificuldades do "engajamento". O professor de literatura francesa do Institut era então Robert Garric. Rapidamente, Simone de Beauvoir se torna uma ouvinte assídua. Com o entusiasmo dos seus 17 anos, ela admirava tanto o professor e suas aulas sobre autores que eram desconhecidos para ela, como Péguy, quanto o homem de ação que ela descobria fundador das "Équipes sociais".

É interessante comparar, a este respeito, a perspectiva de duas futuras filósofas, Simone de Beauvoir e Simone Weil. No mesmo momento

— Simone Weil tem um ano a menos que Simone de Beauvoir —, estavam as duas se preparando para concursos difíceis (Simone Weil se prepara para o concurso de ingresso na Normale Sup). Encontravam-se de tempos em tempos no pátio da Sorbonne e, para o certificado de moral e sociologia, Simone Weil se classificará em primeiro, logo à frente de Simone de Beauvoir. Ambas, com generosidade, se lançariam em experiências de educação popular. Para elas, isso se deu por incitação de um professor admirado: o filósofo Alain para uma, Garric para a outra. Mas o grupo ao qual se engajou Simone Weil era composto de homens, sindicalistas ferroviários que vinham buscar no grupo "de educação operária" os complementos necessários para a promoção de sindicalistas e trabalhadores. Foi lançado por Lucien Cancouët, amigo de Alain, adepto da Liga dos Direitos Humanos e se tornaria membro da SFIO [Seção Francesa da Internacional Operária] de 1924 a 1940. Para a jovem Simone Weil, dedicar assim seu tempo permitia, sem dúvida, aos operários obter promoções pela via de concursos internos, mas na mesma medida se tratava, a seu ver, de permitir que o poder mudasse de lado. Em suas anotações de preparação, ela insistia na divisão da sociedade em classes, no monopólio dos instrumentos do saber e da produção pela classe dominante, na subordinação a essa classe de "especialistas" que se contentam com um saber fragmentário: a educação operária devia facultar o conhecimento a seus legítimos proprietários, isto é, a todos aqueles que se esforçam para pensar livremente. E só importa a luta contra a injustiça fundamental nascida da oposição entre capital e trabalho. Quando se pediu a Simone Weil que desse para o grupo de educação social um curso sobre feminismo, ela recusou: "Não sou feminista."

Quanto a Garric, ele se situava na corrente então muito ativa do "catolicismo social". Não se tratava para ele de pregar a revolução, mas antes a reconciliação entre os diversos grupos sociais. Simone de Beauvoir foi, na companhia da mãe, assistir a uma conferência de Garric dada "em uma série de salões luxuosos em que haviam arrumado filas de cadeiras vermelhas de espaldar dourado".[3] O orador expôs longamente as bases da sua ação: a igualdade dos homens, qualquer que seja o meio ao qual pertençam, a necessidade de se organizar uma troca entre os mais favorecidos, que devem se subtrair de "sua solidão egoísta", e as massas populares, que devem ser tiradas de "sua ignorância", substituindo o "ódio pela amizade"[4] etc. Garric expôs as bases de seu projeto: organizar centros culturais, formações em cursos noturnos, locais de lazer em que a miscigenação social se tornasse possível, fazer com que pessoas que normalmente não se encontram se comuniquem, e possibilitar que os mais pobres se beneficiassem da educação e da cultura que Garric parecia não duvidar ser o apanágio de grupos favorecidos. Sua conclusão: "O povo é bom quando o tratam bem; recusando estender-lhe a mão, a burguesia cometeria um erro grave cujas consequências lhe caberia suportar."

Simone de Beauvoir sentiu-se sem dúvida seduzida por este apelo à solidariedade. E que exemplo aquele homem, encarnando tão bem o duplo ideal de uma vida engajada a serviço dos outros e um espírito dedicado à busca intelectual! Ela procurou a todo custo se fazer "notar" pelo prestigioso professor, esforçando-se ainda mais nas dissertações que ele propunha, bem mais exigentes que os exercícios do curso Désir, espantando-se de ver que Zaza e suas outras colegas assistiam ao curso sem entusiasmo. Ela se propôs enfim a entrar nas Équipes sociais e a participar da assistência aos jovens operários. Matando dois coelhos numa cajadada, para se valorizar diante do primo Champigneulle e para se aproximar do professor, ela se serviu da amizade entre os dois para obter contatos mais pessoais e acesso a bate-papos particulares. Certa noite, tendo descoberto o endereço de Garric, ela se afastou dos belos bairros e chegou ao modesto prédio de tijolos em Belleville, onde ele morava. Visitou lugares que ele frequentava, "as lojas, os cafés, a praça"[5] e, morta de medo, imaginando que podia ser surpreendida, parou por um instante diante da porta do edifício, banalmente apaixonada pelo homem que admirava. Rapidamente Simone de Beauvoir perceberia os limites de seu engajamento nas Équipes sociais. Designada responsável pelo grupo de Belleville, ela escolheu ensinar literatura francesa a moças de baixa escolaridade, aprendizes, operárias. Dois outros voluntários davam aula de inglês e de ginástica. As trocas, sob forma de conversas bem livres, ocorrem uma vez por semana num grande edifício que pouco tem de escolar, e as "alunas" de Simone apreciavam sobretudo a liberdade que reina nesses encontros, a possibilidade de falarem e se distraírem fora dos quadros rígidos de uma escola ou de um ateliê. Mas se os "cursos" dados em Belleville e a pouca resposta que Simone de Beauvoir obtém dos grupos de que se encarrega a deixam insatisfeita, ela bem rapidamente se dá conta de algumas "vantagens secundárias" daquele trabalho voluntário: uma maior atenção de Garric, mas sobretudo a oportunidade de satisfazer sua curiosidade por mundos com os quais sua educação a impediu de conviver: o meio popular, os bairros do norte e do leste de Paris, onde ela jamais se aventurara até então, e — dado o horário tardio dessas reuniões — a possibilidade de longas caminhadas noturnas pela capital.

Pois a estudante Simone de Beauvoir se sente cada vez mais oprimida e desconfortável sob as exigências educativas de sua mãe: uma moça não deve sair sozinha à noite, não deve se relacionar com desconhecidos, há lugares que seria absurdo frequentar. Ela já se comprazia numa impressão de liberdade feliz durante as longas horas que passava — fora das imposições do curso Désir — no Quartier Latin, na biblioteca Sainte-Geneviève. E também saboreia o prazer dos longos trajetos a Neuilly, que a afastam enfim do familiar 6.º *arrondissement*. Diverte-se muitas vezes percorrendo esse trajeto a pé, pelo duplo prazer da caminhada e da descoberta. Também não está longe de preferir (embora reclame da modéstia de seus meios financeiros) mordiscar algumas fatias de pão no banco de uma praça em vez de se sentar à mesa familiar.

A conquista da independência passa também por saídas proibidas. Dificilmente se podia morar perto de Montparnasse, no fim dos anos 1920, e ignorar as tentações daquele bairro de artistas, com bares para os notívagos, com cafés frequentados por tudo que Paris considera fantástico e escandaloso. Simone de Beauvoir tentava romper seus grilhões intelectuais frequentando a roda literária dos surrealistas e também participar um pouco da vida proibida que pressentia sem conhecer... A dos espetáculos, em primeiro lugar: já no primeiro ano de estudo, ela escapou uma noite, a pretexto de uma reunião em Belleville, para ver os *Ballets russes* no Teatro Sarah Bernhardt. Em outra ocasião — sempre às escondidas —, correu ao Bobino para ouvir Maurice Chevalier. Mas precisava conhecer ainda mais de perto a vida noturna: nisso, seu primo Jacques a ajudaria.

Jacques organizava a própria vida como bem entendia. Primeiro, por ser um rapaz. Depois, por sua situação ser a de um jovem abastado que se embriaga com as descobertas que faz e procura aproveitá-las ao máximo. Além disso, a velha governanta que cuida dele e de sua irmã dificilmente conseguiria lhe impor alguma disciplina. Ele inclusive cismou em ter um automóvel! Quando Simone obteve, em março de 1926, seu certificado de literatura, Jacques lhe propôs uma ida ao Bois de Boulogne: passeio em torno dos lagos, brincadeiras de frear o carro... Foi uma Simone de Beauvoir embriagada de felicidade que Jacques deixou na quadra de tênis, onde Zaza encontrou, espantada, uma amiga cuja expressão tão deslumbrada desconhecia.

E como além de Garric, bem mais inacessível, Jacques era o único rapaz que ela podia encontrar, Simone mantinha com ele os sonhos esboçados na adolescência. No dia de partir para as férias tradicionais em Limousin, ela pensou notar maior afetividade, uma ternura inabitual no aperto de mão de Jacques. Ela receia tê-la soltado bruscamente demais, tem medo de que ele ignore seus verdadeiros sentimentos; e então lhe escreve uma longa carta, pudica e terna, em que confessa o que sente por ele. O pós-escrito devia explicar o que sua iniciativa podia ter de indiscreta: "Talvez você me ache ridícula, mas eu me desprezaria por não ousar sê-lo nunca." Não recebeu nenhuma resposta em Meyrignac. No seu retorno, alegando o fato de não querer correr o risco de ter sua correspondência aberta, como era costume da mãe de Simone, Jacques lhe enviou às escondidas a carta esperada. Ele com frequência já havia citado a frase de Goethe adaptada por Cocteau: "Te amo: o que tens a ver com isso?" E simplesmente escreveu em destaque: "O que tens a ver com isso?" Além dessa declaração sobre a qual se pode especular, Jacques — com a superioridade dos seus dois anos suplementares — dava conselhos de comportamento à prima (ser "mais humana; (...) viver como todos não sendo como ninguém").[6] Astúcia suprema ou ingenuidade, ele dizia a Simone de viva voz quanto se sentia infeliz, sem acreditar mais em si mesmo, que se achava desprezível etc. Vendo-se investida de uma nova missão, ela lhe escreveu então uma longa carta em que, notará mais tarde com humor, "[eu] lhe dei razões de viver extraídas dos melhores autores".[7]

Ela bem que lhe devia isso! Jacques havia aberto para ela as terras interditas de autores desconhecidos; declamara Musset quando ela era criança, recitava agora Cocteau e emprestava pilhas de livros, dos quais ela se lembraria como se fossem iguarias: "Um Montherlant verde-pistache, um Cocteau vermelho-framboesa, alguns Barrès amarelo-limão, Claudel e Valéry de um branco de neve realçado por uma listra escarlate."[8] Para prolongar a emoção destas descobertas, ela também "devassa" na biblioteca Sainte-Geneviève todos os Gide, Jammes e Claudel disponíveis, se inscreve na "Maison des Amis des Livres" [Casa dos amigos dos livros], que Adrienne Monnier mantém na rua de l'Odéon... Ela descreveu, num prefácio a uma obra sobre James Joyce,[9] os deslumbramentos que aquele santuário propiciava: a dona do local "com suas vestes monásticas e seus amigos sublimes", velhos amigos dos quais Adrienne dava notícias como se fossem homens banais, "ela tinha visto Valéry na véspera, ou Gide, que talvez não estivesse muito bem", recebia com simplicidade, entre os emprestadores de livros e os clientes, Léon-Paul Fargue ou Jean Prévost. "E às vezes", acrescentava Simone de Beauvoir, "meu coração se acelerava quando eu via o mais distante e mais inacessível de todos se materializar em carne e osso à minha frente: James Joyce, de quem eu tinha lido *Ulisses* em francês com estupor". Uma efusão de descobertas: "Afundei na leitura como outrora nas orações. A literatura tomou, na minha vida, o lugar que ocupara a religião: invadiu-a por inteiro e a transfigurou."[10]

É evidente que Jacques Champigneulle foi um dos que deram o clique para todas essas descobertas, fora da censura do curso Désir, fora dos limites também dos escritores incensados por Georges de Beauvoir, que considerava Anatole France o maior escritor do século. Mas Jacques, para Simone, era também a ideia de uma outra vida possível. Ela pressentia que o primo, fora das trocas de visitas entre a rua de Rennes e o bulevar Montparnasse, conhecia outros mundos mais apaixonantes, mais perigosos, com tipos de embriaguez não apenas literárias. Pouco antes de partir para o serviço militar na Argélia, ele lhe propôs uma noitada em companhia de um de seus amigos. Com curiosidade e ansiedade, ela o acompanhou — ao que não devia ser, segundo a autorização materna, senão uma ida noturna ao cinema — a um bar do Quartier Vavin... Empoleirada num banquinho, Simone, que nunca bebera uma só gota de álcool (à mesa com a família ela recusava até mesmo o vinho), travou conhecimento com seu primeiro drinque, comandado com autoridade por Jacques: um *dry martini*. Imediatamente fora de si, brigou com outros clientes, quebrou copos... A turnê de bares continuou no Vikings... O primo a iniciou no *poker-dice* [jogo de pôquer com dados] e mandou que lhe servissem um *gin-fizz* "com muito pouco gim"...[11] Ela se contentou, em seguida, com uma "menta verde" no bar do Rotonde. Houve um escândalo memorável com os pais quando chegou em casa às duas horas da manhã! Cena que apenas apressou em Simone a decisão de se emancipar. Seguiram-se saídas mais prudentes ao Stryx, ao Rotonde, com o amigo que tinha acompanhado o primo da outra vez. Sob o álibi de uma peça de teatro com Madeleine, sua prima de 23 anos que viera passar alguns dias em Paris, uma fuga para Montmartre "num inferninho atroz" da rua Lepic "em que rapazes de maus costumes aguardavam fregueses", pois as mocinhas tinham tramado "procurar os antros"...[12] Depois disso, o pretexto dos cursos em Belleville serviu frequentemente para noitadas no Jockey, no bulevar Montparnasse. A ela se junta, por vezes, Stépha, a jovem empregada da família Lacoin que ela havia conhecido durante as férias na residência de verão da família de Zaza. No castelo de Gagnepan, onde a sra. Lacoin hospedou Simone e Stépha no mesmo quarto, para reduzir um pouco a influência de Simone sobre Élisabeth, Simone teve longas conversas com Stépha, descobrindo a história daquela jovem polonesa que militara pela independência da Ucrânia, estivera presa por alguns dias e estudara em Berlim, para depois aterrissar na Sorbonne. Stépha se maquiava, tocava piano num vestido de noite, com os ombros nus etc. Uma existência tão romanesca e alguém tão diferente das amigas de Neuilly! De volta a Paris, Stépha se tornou uma frequente companhia para escapadas noturnas. A autora de *Memórias de uma moça bem-comportada* julgou sem indulgência a pequeno-burguesa bancando a boêmia que foi por volta dos 18 anos: "Eu fazia qualquer coisa. Se um freguês entrasse de chapéu na cabeça, eu gritava: 'Chapéu!', e o jogava no ar. Quebrava um copo de quando em quando. Discursava, interpelava os *habitués*, os quais tentava, ingenuamente, enganar: dizia ser modelo ou puta. Com meu vestido desbotado, minhas meias grossas, meus sapatos baixos, meu rosto sem artifício, não enganava ninguém."[13]

Como a criança que havia sido, Simone continuava cheia de curiosidade e de avidez para demonstrar sua ruptura com o mundo de onde vinha; busca liberdade, sem dúvida, e mais ainda, provavelmente, tem o desejo de recusar o que se esperava dela. No entanto, embora fizesse grandes esforços para "se vulgarizar", continuava a ser, apesar de tudo, uma cdf que percorria, a passos rápidos, um curso universitário inédito: acumulava diplomas, e os conquistava num tempo recorde. Vejamos: em julho de 1924, cumpriu a primeira etapa do *baccalauréat*, o exame de admissão no ensino superior, com uma menção "bom"; em julho de 1925, obteve o ingresso em filosofia e em matemática elementar; em março de 1926, um certificado[14] de literatura; em junho de 1926, certificados de matemática geral e latim; em junho de 1927, licença de letras e um certificado de filosofia; em junho de 1928, certificados de moral e de psicologia (conseguiu as melhores notas na Sorbonne, só ultrapassadas por Simone Weil e imediatamente seguida por Maurice Merleau-Ponty). Para ganhar algum dinheiro e também se iniciar no ensino, aceitou dar algumas aulas de psicologia na classe do *baccalauréat* do Sainte-Marie de Neuilly. Mesmo assim, inscreveu-se, no início do outono de 1928, para um *diplôme d'études supérieures* de filosofia sobre "O conceito em Leibniz", sob a orientação do prestigioso professor Léon Brunschvicg, que já em março aceitou que ela concorresse ao diploma — necessário para se apresentar à *agrégation* —, para poder se candidatar ao concurso três meses mais tarde. Na sequência, seguiu o estágio de *agrégation* (que era bem curto na época: de três a quatro semanas) no liceu Janson-de-Sailly, na companhia de Merleau-Ponty e do futuro etnólogo Claude Lévi-Strauss. Obteve a *agrégation* em filosofia em julho de 1929, classificada — já dissemos — em segundo lugar, logo atrás de Jean-Paul Sartre. Tornou-se, com isso, aos 21 anos, a mais jovem *agrégée* de filosofia da França!

Se Simone de Beauvoir escolheu — entre tantas possibilidades — a filosofia, foi por conselho da sra. Lambert. Era a professora de filosofia no Sainte-Marie de Neuilly, encantada com as qualidades de lógica e de clareza da aluna, e assegurou Simone quanto às suas capacidades para se apresentar no concurso. A *agrégation*, na época, era dominada pelos alunos da Normale Sup e a estudante se sentia um pouco intimidada por aqueles espíritos brilhantes. Além disso, era à literatura que queria se dedicar mais: "Preferia a literatura à filosofia, não teria ficado nada satisfeita se me tivessem dito que me tornaria uma espécie de Bergson; não desejava falar com essa voz abstrata, que não me impressionava quando eu a ouvia."[15] Ao contrário de muitos jovens que entram na filosofia como na religião, Simone de Beauvoir se limitava a explorar as aptidões reconhecidas por seus professores, confirmadas pelos resultados escolares. Estava resolvido, seria "filósofa", não no sentido etimológico e moral de "amiga da sabedoria", mas uma brilhante aluna capaz de dominar o discurso dos grandes mestres, conduzir raciocínios impecáveis, desempenhar plenamente suas qualidades de precisão, de lógica, de demonstração. Após ter começado a preparação para os certificados de filosofia, em janeiro de 1927, ela reconheceu, afinal, "interessar-se seriamente" pela disciplina em si: "A filosofia não me abrira o céu nem me amarrara à terra; contudo, (...). Uma porção de problemas me apaixonavam: o valor da ciência, a vida, a matéria, o tempo, a arte."[16]

Mas também nisso, como em seu face a face com Zaza, ela se viu desprovida das centelhas que possibilitam a invenção de sistemas novos, e da paixão pelas grandes causas morais ou políticas, paixão que ela percebia — com alguma inveja e certo desprezo também, por tanta ingenuidade — na colega Simone Weil. Ela frequentemente a encontrou na Sorbonne: a estudante da Normale Sup "a intrigava" devido à "sua inteligência de grande reputação e por seu modo estranho de se vestir". Contaram a Beauvoir que Simone Weil "chorara" ao ficar sabendo que a China estava sendo devastada por uma grande fome. "Essas lágrimas, mais que seus dons filosóficos, forçaram meu respeito", disse ela. Acrescentando, meio admiradora, meio maldosa: "Eu invejava um coração capaz de bater através do universo inteiro." E como Simone Weil acabava de lhe dizer, com o tom provocativo que sabia tão bem utilizar, com pessoas que ela sentia não terem fortes convicções, que a única coisa que conta é "a Revolução que daria de comer a todos", Beauvoir respondeu, de modo não menos peremptório, não se tratar de "fazer a felicidade dos homens e sim em dar um sentido à vida deles". Ela sempre se recordaria da réplica: "Ela mediu-me dos pés à cabeça e disse: 'Bem se vê que nunca teve fome.' Nossas relações não foram além."[17]

À filosofia como sistema, ao engajamento como regra moral, Simone de Beauvoir preferia a literatura. Durante aqueles anos de estudos plenos de esforço obstinado, sua verdadeira felicidade era ler e escrever. Assim que a pressão de uma prova se afastava, sobretudo durante as férias em Meyrignac, ela retomava os rascunhos do romance que tentava finalizar. Em abril de 1926, num primeiro esboço, ela descrevia seu gosto pelo segredo, pela solidão, pela certeza também de ser dona de um tesouro que era exclusivamente seu. O personagem central é uma moça que passeia num parque "com primos e primas"; pega um escaravelho na relva e, como os companheiros perguntam o que havia encontrado, ela fecha a mão e foge pelo bosque, chorando. Pouco depois, a heroína declara — mas Beauvoir diz "eu": "Logo porém parava [de chorar], murmurando: 'Ninguém saberá jamais'". A aprendiz de romancista acrescenta: "Ela se sentia bastante forte para defender seu único bem contra os golpes e as carícias e para conservar sempre a mão fechada."[18]

Segundo esboço, no verão do mesmo ano: desta vez, um começo de construção romanesca; uma heroína de 18 anos, muito parecida com ela. O cenário? Uma casa de campo onde a jovem passa as férias em família. A intriga: a hesitação em que a personagem se encontra, entre os laços convencionais com um noivo conforme à escolha familiar e a paixão que sente por um "músico genial" que lhe revela os valores verdadeiros: a arte, a sinceridade, a inquietação".[19] Simone de Beauvoir confessaria em *Memórias* ter tido poucas ilusões sobre o valor desta narrativa, mas via nisso um esforço de escrita a partir da experiência e, sobretudo, o prazer que sentia em escrever.

Terceira tentativa, em junho do ano seguinte. Ela estudava na biblioteca da Sorbonne, se preparando para um teste de grego. Foi invadida por sentimentos que conhecia bem, de solidão, de "ser à parte" de todos os outros. "Meu isolamento patenteava minha superioridade; não duvidava mais: era alguém e faria alguma coisa. Arquitetava assuntos de romance." Evidentemente, devia antes de tudo se preparar para as provas, mas proclamou nesse dia um projeto ambicioso, anotado num caderno, a propósito do ou dos romances por virem: "Uma obra em que diria tudo, *tudo*."[20]

No verão seguinte, na vacuidade do tempo em Meyrignac, quarto começo: apesar das reservas do amigo Merleau-Ponty, que gostaria que ela se ativesse antes de mais nada ao rude trabalho filosófico de busca da verdade, e encorajada por alguns amigos mais complacentes, dos quais conseguia a resposta que queria, ela deu início a um "longo romance", sempre autobiográfico. "A heroína vivia todas as minhas experiências; despertava para a 'vida verdadeira', entrava em conflito com seu meio, depois procedia amargamente à análise de tudo: ação, amor, saber."[21] A autora de *Memórias de uma moça bem-comportada* concluiria com humor: "Não pude imaginar o fim da história e, por falta de tempo, abandonei-a no meio." Porém um pouco mais tarde, esta ideia da "obra" a realizar a invadiu como uma fulgurância: "Fiz de minha emoção um acontecimento. Uma vez mais tomei, perante o céu e a terra, resoluções solenes. Nada, em caso algum, me impediria de escrever meu livro."[22]

No ano da *agrégation*, 1929, apesar do trabalho obstinado, das saídas aos bares com Jacques, ela reafirmou intimamente aquela intenção: o romance que preparava, em quinta tentativa, trazia uma heroína (sempre a mesma!) e um herói que se parecia com Jacques "com 'seu orgulho incomensurável e sua louca destruição'".[23] A chegada do concurso, o encontro do grupo da Normale Sup, que se preparava com ela, em especial um certo Jean-Paul Sartre, iriam, ao mesmo tempo, retardar, ampliar e consolidar o projeto. Mas se tratava de outra história, mil vezes mais romanesca e promissora do que todas aquelas que Beauvoir tinha contado a si mesma. E, em breve, sempre a partir da própria experiência, ela teria com que construir uma coletânea de novelas, depois um romance...

Já se contou tantas vezes o começo dessa história que não é necessário insistir tanto: os longos dias que Simone de Beauvoir passava na Biblioteca Nacional ou na da Sorbonne, limitando-se a "sanduíches de *rillettes*" para não perder tempo indo em casa ao meio-dia; o inverno rigoroso de 1928-1929 e a severa gripe que a condenou por um momento ao quarto; o encontro, ao lado de Brunschvicg com quem ela se preparava para o *diplôme*, do professor Laporte, que não admite senão o empirismo de Hume e zomba das posições kantianas que a estudante parecia sustentar: "Estilo obscuro, falsamente profundo no que concerne à filosofia!", tranquilizando-a porém, por estar dentro da boa tradição universitária: "Obterá certamente a 'agrégation'!";[24] as conversas sobre o concurso com Merleau-Ponty, Maurice de Gandillac e algumas colegas, das quais não aprecia tanto o convívio; os jardins da École Normale na primavera de 1929, "floridos de lilases, de citisos, de coroas-de-cristo", onde encontrava com prazer os alunos de Brunschvicg que igualmente se preparavam para o concurso. No meio de todos esses alunos da Normale Sup, havia um pequeno grupo que menosprezava a maior parte das aulas e não se dava com ninguém: antigos alunos do prestigioso professor de filosofia Alain, *antitalas* (sendo os "talas", no jargão da École, os estudantes "que vão à missa"),* cínicos violentamente contrários ao ideal de distinção social cultivado por alguns alunos que aceitavam os convites para noitadas mundanas. Nesse grupo, uma pequena parcela ainda mais hermética de três rapazes: Nizan, Maheu e Sartre. Os três somavam à superioridade intelectual, de grande reputação, uma maturidade que impressionava os demais estudantes: os dois primeiros já eram casados, o terceiro — segundo os boatos — colecionava aventuras. Simone os observava com prudente curiosidade: temia sua ironia mordaz, invejava-lhes a liberdade. Maheu foi quem deu o primeiro passo, na Biblioteca Nacional.

No dia 10 de maio de 1929, Simone anotou no seu caderno: "A BN não tem mais nenhum significado para o trabalho. Ela é de manhã Gandillac, e à tarde, Maheu."[25] Maurice Patronnier de Gandillac era da École Normale como os outros e também se preparava para a *agrégation* de filosofia, mas era um *tala* amigo de Merleau-Ponty, bem visto pelas famílias de Simone e de Zaza: por isso era convidado de tempos em tempos à mesa dos Bertrand de Beauvoir com Merleau-Ponty, fazendo parte dos raros colegas masculinos admitidos, domingo de manhã, a participar das partidas de tênis das duas moças. Mas, mesmo com alguém tão aceitável, não se deve ultrapassar certos limites que podiam

---

* Referência à frase "Qui vont à la messe", cuja junção, na fala, da consonante "t" e da vogal "a" dão origem à expressão. (N.T.)

comprometer as moças. Quando então Maurice de Gandillac, de férias em Brive-la-Gaillarde no mês de agosto seguinte à *agrégation*, apareceu em Meyrignac e convidou Simone e Hélène para conhecerem a bela casa em que estava hospedado, a uma hora de distância, Françoise de Beauvoir só permitiu sob a condição de ela própria acompanhar as duas filhas!

René Maheu era outra coisa. Deve-se acreditar em Beauvoir ou em Maheu quanto à natureza das relações que tiveram? Beauvoir, embora reconhecendo ser ele o mais atraente dos estudantes com quem conviveu durante a preparação para o concurso, disse terem sido apenas "amigos": além disso, ela acrescentou (argumento tão definitivo para a "moça bem-comportada" de então!), que "ele era casado". Maheu, por sua vez, teria garantido a um dos melhores amigos de Simone ter sido seu primeiro amante (se acreditarmos na carta a Sartre citada acima, tratava-se sobretudo de ciúmes quanto à situação!). A hipótese fez Simone reagir: "Isso é absolutamente falso. (...) É claro que Maheu me atraía fisicamente, mas era casado, e tão puritano quanto eu (...). Garanto que nunca beijei um homem na boca antes de Sartre, e que esta é a pura verdade!"[26] Sylvie Le Bon de Beauvoir, que preparou a edição dos *Cahiers de jeunesse*, adere a esta afirmação. Simone de Beauvoir, procurando resgatar em *Memórias* as impressões daqueles encontros, deixou uma imagem radiosa: a poltrona que ela guardava ao lado da sua na Biblioteca, a dois passos, os passeios nos jardins do Palais-Royal, os cafés no Poccardi, as tortas de morango que ele sabia serem suas preferidas, o deboche das manias da École, os temas de dissertação etc., a estranheza daquele rapaz casado que falava da lua de mel em Roma e do Fórum que o emocionou até as lágrimas. Para coroar a lembrança, ela comentou: "Manejava com tanta felicidade a ênfase como a secura, o lirismo, o cinismo, a ingenuidade, a insolência, que nada do que dizia era comum. Mas o que havia de mais irresistível nele era o riso: parecia que acabava de cair inopinadamente num planeta que não era o seu, e cuja prodigiosa comicidade descobria com encanto; quando seu riso explodia tudo me parecia novo, surpreendente, delicioso."[27]

De fato, Maheu pertencia aos dois mundos entre os quais Simone de Beauvoir se via dividida: aceitável para os pais Bertrand de Beauvoir — que o convidavam de vez em quando, querendo conhecer aquela pessoa de quem a filha falava tanto — e era filho de um professor que se tornou diretor de escola, além de casado com uma jovem aristocrata.[28] Para Simone, era sobretudo membro de um clã fechado da Normale Sup que a fascinava. Pouco a pouco, ele abriu para ela os códigos secretos do trio: os apelidos particulares, à maneira dos totens dos escoteiros — Maheu, por exemplo, era o "lama"... Cada um desses apelidos evocava referências literárias obscuras para os simples mortais, sendo este o objetivo da brincadeira. Como rito de entrada no grupo, ele a batizou Castor. "Nos primeiros tempos me tratava cerimoniosamente de '*mademoiselle*'. Um dia, escreveu em meu caderno, em letras de forma: BEAUVOIR = BEAVER ["castor", em inglês]. 'Você é um castor', disse. 'Os castores andam em bando e têm o espírito construtivo.'"[29]

Mesmo se preocupando por dividir a amizade amorosa que o liga a Simone, Maheu aceitou intermediar para que ela conhecesse o colega que ele mais admirava: Jean-Paul Sartre. Este último já se engraçara, fazendo chegar a ela, na biblioteca, desenhos pueris, como "Leibniz no banho com as Mônadas" (ironia com o *diplôme* apresentado por Simone), no qual jovens totalmente nuas estão em volta de um velho filósofo... Simone ficou vermelha como um pimentão e nada disse. Quando Sartre, através de Maheu, fez um convite para que o encontrasse, uma noite, Simone — a pretexto de uma partida antecipada ao campo — mandou a irmã no seu lugar: Sartre percebeu, mas educadamente levou Hélène ao cinema. A conversa entre os dois foi alunos da École Normale e Poupette contou sua decepção à irmã mais velha. Mas os alunos da École Normale unanimemente reconhecem a inteligência superior do tal Jean-Paul Sartre, que fracassara no concurso de *agrégation* do ano anterior porque, seguro de si, preferira expor ideias pessoais em vez de abordar os temas caros ao pensamento universitário da época...

Em todo caso, Sartre continuava querendo conhecer Simone, Maheu procurava não perder contato com ela durante a preparação para a avaliação oral e se preparava para isso com Sartre e Nizan. A própria Simone de Beauvoir, por outro lado, ardia de vontade de conhecer, no plano intelectual, entenda-se, os alunos mais brilhantes da Normale Sup. Maheu não teve então grande dificuldade com os dois lados e pôde convidar a amiga para as sessões intensivas de estudo a que os quatro se submeteriam, após os resultados da prova escrita, e o mês de julho, em que se sucederiam as provas orais, com explicações de textos em francês, grego e latim, além da apresentação de temas sorteados para o que se chamava a "pequena" e a "grande" aula da *agrégation*. As sessões de estudo ocorriam tanto na Cidade Universitária do bulevar Jourdan (onde Sartre tinha um quarto depois de expirado o seu prazo de bolsista na rua d'Ulm), quanto no escritório de Nizan, num apartamento dos pais de sua mulher Henriette, na rua Vavin. A Simone de Beauvoir (dado o *diplôme* defendido com Brunschvicg), pediu-se que falasse do texto de Leibniz inscrito no programa. Ela gastou nisso um dia ou dois e depois os outros temas foram expostos, com Sartre tomando na maior parte do tempo o comando das operações.

Mas o contato com o trio foi sobretudo para a moça uma experiência animadora. Sartre se mostrava, ela anotou em seus cadernos, "um maravilhoso treinador intelectual". Em seu quarto enfumaçado, as paredes tinham a palavra: cada um desenhava à vontade "animais metafísicos",[30] Nizan fazia retratos de Leibniz "vestido de padre, ou de chapéu tirolês e com a marca do pé de Spinoza no traseiro".[31] Havia menos desordem e fantasia na casa dos Nizan, mas viam-se todos os sinais de uma cultura que misturava o respeito pelo passado e o vanguardismo: "Na parede um grande retrato de Lênin, um cartaz de Cassandra e a Vênus de Botticelli." O casal Rirette e Paul Nizan não impressionava muito Simone: no fundo, estava claro que mantinham total liberdade um em relação ao outro. Rirette era "uma bela morena exuberante" que os levava para passear na feira da Porta d'Orléans, onde Simone descobriu os prazeres das festas populares. Já Nizan tinha todo o prestígio do adulto diante de quem começava a vida. Segundo *Memórias*, "frequentava os meios literários, estava inscrito no Partido Comunista; ele nos revelava a literatura irlandesa e os novos romances norte-americanos".[32] Maheu se espantava com a facilidade de aclimatação de Castor a um meio tão diferente daquele da família da rua de Rennes, e temia perder sua posição privilegiada nas relações estabelecidas com a jovem. Tentando retomá-la, a pretexto de uma tradução da *Ética à Nicômaco*, de Aristóteles, convidou-a para uma sessão de estudo no pequeno hotel da rua Vaneau, onde ele alugava um quarto. Sem dúvida para reconquistar o prestígio que sentia perder, leu para ela fragmentos de *Anabase,* de Saint-John Perse e mostrou reproduções das *Sibilas* de Michelangelo. Apesar das demonstrações de carinho que dava em público — pegava "ostensivamente" seu braço na rua —, dizia também que, se fracassasse no concurso, se juntaria imediatamente à mulher e à família em Bagnoles-de-l'Orne. No dia 15 de julho, saíram os resultados da prova escrita: Sartre, Nizan e Simone de Beauvoir passaram, Maheu não. A preparação se reduziu então a Simone e os dois outros membros do trio. Aliás, Sartre, com a bela segurança que o caracterizava, declarou a Simone, a quem acabara de anunciar o sucesso dos dois: "A partir de agora, tomo conta de você."[33] É de fazer estremecer as futuras leitoras de *O segundo sexo!*

Naquele fim de primavera e começo de verão de 1929, a ligação entre Jean-Paul Sartre e Simone de Beauvoir ainda não estava estabelecida. Mas o que dominou o estado de espírito da jovem *"agrégative"*, naqueles meses de trabalho intenso, foi a deslumbrante descoberta de outro universo. Vários estudantes fazem esta aprendizagem, no começo de seus estudos, quando abandonam o enquadramento rígido dos horários do liceu, são levados a se afastar do meio familiar, se aventurar com professores prestigiosos, colegas mais brilhantes ou mais originais, fora dos caminhos conhecidos. Para Simone de Beauvoir, tudo isso foi atrasado ou distribuído de modo parcimonioso demais nos seus primeiros anos em Neuilly: semelhanças demais com o curso Désir, embora o nível do Sainte-Marie fosse incontestavelmente superior, proximidade demais com a família, que continuava a sustentá-la com casa, comida e a vigilância de Françoise de Beauvoir — sem dúvida mais discreta, mais tolerante do que durante os anos da adolescência —, mas que continuava ainda a pesar. Para provar a si mesma sua liberdade, Simone acreditou ter que forçar as portas de bares e de outros lugares suspeitos, confrontar as proibições, abusar da provocação. No entanto, em dois ou três meses descobriu poder, na prática do trabalho intelectual, se comparar às pessoas que admirava: melhor ainda, essas pessoas eram rapazes da mesma idade que ela, ou pouco mais, vivendo como bem entendiam. Tinha seu jargão próprio, suas brincadeiras de estudante, mas sem necessidade de se perderem para ganhar o direto da personalidade. Interessavam-se por tudo aquilo que para ela tinha, até então, o rótulo de perigoso ou proibido:

a literatura, a música, a política. E tudo isso se tornava objeto de prazer e de estudo, tanto quanto ou mais que os temas universitários clássicos, sobre os quais eles se debruçavam para o concurso. Até ali, Simone tinha considerado os jovens como seres estranhos, diante dos quais não se podia viver senão à espera de um noivado ou no desejo e no medo do pecado. Descobriu amigos que abalavam estas últimas certezas: "Eles liquidavam impiedosamente com todos os idealismos, ridicularizavam as belas almas, as almas nobres, todas as almas, os sentimentos, a vida interior, o maravilhoso, o mistério, as elites (...) afinal não me incitavam senão a ousar o que eu sempre desejara: olhar a realidade de frente. Não me foi necessário muito tempo para me decidir."[34] Sobretudo em Jean-Paul Sartre Simone descobriu um pensamento incessantemente ativo, um espírito sempre livre para receber e inventar grandes teorias ou pequenas observações sobre o mundo ao redor. Maheu a havia prevenido: "Ele nunca para de pensar"; e ela se dá conta, maravilhada, ela que fora criada no respeito absoluto das conveniências, que ele "não perguntava a si mesmo o que se devia pensar, o que seria excitante ou inteligente pensar: mas apenas o que pensava".[35] E a partir deste momento ela se apaixona (*tombe en amour*, como dizem os canadenses), mesmo sendo ele de altura menor que a média (um anão, zombam os invejosos!), mesmo tendo um estrabismo que lhe dá um olhar estranho, mesmo tendo, por onde quer que vá, uma reputação de mulherengo, gostando tanto de mulheres experientes quanto de estudantes a desvirginar. De qualquer forma, apesar de ter feito alguns elogios a Simone por seu físico, muito rapidamente se estabeleceu entre eles uma relação de igual para igual, com ele apreciando-a antes de tudo pelo que ela tem de mais estimável e que ele incita a cultivar: "Meu pendor pela liberdade, meu amor à vida, minha curiosidade, minha vontade de escrever."[36]

Consequência de "estar sob o cuidado" de Sartre ou das qualidades intelectuais de Simone? Em todo caso, os resultados da *agrégation* corresponderiam, e de maneira ainda mais brilhante do que imaginavam, às suas expectativas. Gandillac — que só seria aprovado no ano seguinte — sempre gostou de contar que, por conversas posteriores com membros do júri (em particular, o sociólogo Georges Davy e o historiador da filosofia Jean Wahl), soube que Simone de Beauvoir teria tido um total de pontos maior do que o de Sartre, que só se classificou em primeiro lugar por ser da École Normale e por ter passado pela decepção de ser reprovado no ano anterior. Verdadeira ou falsa, esta versão ilustra o que pensava Gandillac da eminente superioridade de sua amiga Simone, de quem admirava a precisão do enunciado, os conhecimentos acumulados e a capacidade de síntese. Pode ser também que a afirmação de Gandillac, dizendo ser ela, no casal Sartre-Beauvoir, a "verdadeira filósofa" — afirmação que ele reiterou inclusive em seu livro de memórias[37] escrito em 1998 — não passe de uma atitude crítica contra um Jean-Paul Sartre julgado anticonformista demais, enquanto Simone de Beauvoir teria sido mais respeitosa com relação aos cânones universitários. A avaliação mais branda que ele fez de Sartre numa conversa com Annie Cohen-Solal ("Sartre mostrava evidentes qualidades, uma inteligência e cultura fortemente pronunciadas, mas às vezes aproximativas"...)[38] sugere esta hipótese.

Pouco importa. Terminado o concurso, será necessário para Simone voltar ao rame-rame familiar. Fim dos passeio pelos cais, das horas no Balzar, ao lado da Sorbonne, do estudo e das discussões sem fim, dos filmes de caubói no Quartier Latin, que a desabituaram do cinema mais intelectualizado de que ela gostava. Soou a hora das sacrossantas férias em Limousin. Contou-se frequentemente como Sartre tentou ir encontrá-la, esperando ser convidado a Meyrignac pela família de Beauvoir. Como ele surgiu no campo junto à propriedade familiar para encontrar Simone às escondidas. Como, desta vez, os dois jovens não se limitaram a conversar e como, desconfiando disso, Françoise e Georges fecharam formalmente a porta ao intruso. E como, enfim, eles decidiram se encontrar em Paris, resolvidos a não mais aceitarem barreiras numa relação que eles queriam completa, intelectual e física, amorosa e sexual.

Simone agiu nesse sentido: recusou um provável cargo no interior para não deixar Paris, decidindo atrasar por um ano o exercício da função de professora; foi morar de modo independente no apartamento da avó, que alugava quartos em Denfert-Rochereau, e começou a dar aulas de latim a iniciantes do liceu Victor-Duruy para fazer algum dinheiro. Tudo para viver o mais perto possível de Sartre, embora ele devesse cumprir seu serviço militar na região de Tours. No entanto, no meio de todos esses projetos, talvez mais reforçando-os do que pondo em xeque, um acontecimento terrível para Simone: a morte de Zaza.

Naqueles meses em que ela renascia para uma nova vida, sua melhor amiga passava por um drama. No outono anterior, a sra. Lacoin enviara a filha para Berlim, querendo afastá-la de projetos que pareciam próximos demais dos de Simone: Zaza devia parar com a ideia de um *diplôme d'études supérieures* na Sorbonne como Simone, não devia mais ver os amigos que normalmente se juntavam às duas moças para jogar tênis ou remar no Bois de Boulogne e devia, sobretudo, ser afastada de um jovem que fazia parte do círculo de Simone: Maurice Merleau-Ponty. Maurice e Zaza tinham se apaixonado e, por algum tempo, as cartas de Zaza eram plenas de alegria com relação àquele amor correspondido. Para ela, Merleau-Ponty conciliava tudo aquilo a que aspirava e tudo que poderia contentar sua família. Como aluno da École Normale, tinha pela frente um futuro brilhante; como católico, superara as dúvidas da adolescência e — se não chegou propriamente a sentir uma iluminação mística ao escutar cantos religiosos na abadia de Solesmes como sua condiscípula Simone Weil — fez um retiro na célebre abadia e voltou à fé cristã. Simone se alegrava por Zaza ter encontrado, nesse projeto de casamento, uma solução a contrapor às apresentações de pretendentes e aos casamentos "arranjados" por sua família. A sra. Lacoin imaginava uma suspensão dos projetos de estudos e de união de sua filha ao enviá-la à Alemanha. A viagem no fim das contas foi feliz e rica em descobertas para Zaza, que, entregue à tutela do embaixador da França em Berlim, teve acesso a círculos de estudantes estrangeiros, lançou-se num projeto de tradução de Stephan Zweig e começou a escrever um romance. Ao voltar, porém, nada mais deu certo. Merleau-Ponty, que enquanto ela esteve no exterior lhe escreveu cartas magníficas, pôs em questão o futuro comum, e tudo dá a entender que fez isso por exigência dos pais de Zaza. Ela passou então por crises de desespero e momentos de superanimação em que afirmava ser preciso se submeter à vontade de Deus. Simone disse ter visto Zaza pela última vez num estado de agitação meio desvairado, no momento da *agrégation*. A versão oficial de sua morte, dada pela Associação Élisabeth Lacoin, é a seguinte: "Por volta de 11 de novembro de 1929, Zaza sentiu os primeiros sintomas de uma encefalite viral, da qual morreu a 25 de novembro de 1929, aos 21 anos."³⁹ Na última frase de *Memórias de uma moça bem-comportada*, Simone de Beauvoir, trinta anos mais tarde, daria desta morte uma imagem surpreendente, parecendo marcada por uma culpa indelével e um fatalismo inabitual nela: Zaza morrera por não ter conseguido se libertar da sua educação, e ela, Simone, num jogo de dupla em que uma se beneficia do sacrifício da outra, teria construído uma vida exultante sobre as ruínas da vida de Zaza. "Juntas tínhamos lutado contra o destino abjeto que nos espreitava, e pensei durante muito tempo que pagara minha liberdade com a sua morte."

Quando o livro foi publicado, uma irmã de Zaza contou a Simone o que se passara entre Merleau-Ponty e a família Lacoin. Zaza tinha perdido a partida por uma questão de decoro: a mãe de Merleau-Ponty, cujo pai fora oficial da Marinha, tinha tido uma notória ligação com um professor universitário. Era impensável que as duas famílias estabelecessem aliança. Nada mais simples... Zaza, o duplo invejado na infância, a cúmplice dos entusiasmos e dos amores adolescentes, o alter ego de sempre, se tornaria para Simone de Beauvoir, para além da lembrança dolorosa, uma fonte de inspiração romanesca. Podemos reencontrá-la em especial sob os traços de Anne, a heroína de sua primeira coletânea de novelas.

Enquanto Zaza se distanciava, porém, a vida de Simone de Beauvoir florescia: professora *agrégée*, pôde se tornar independente; encontrou em Sartre um igual a quem tudo confiar, um intelectual brilhante com quem dividir os gostos, um homem que a ama; têm, ambos, a mesma ambição na existência: se tornarem escritores — escritores célebres, é claro... Entre eles, estava fora de questão o casamento burguês, do qual tranquilamente zombavam. Mas — referência ao casamento morganático que unia um homem de status e uma mulher sem, e que por conseguinte devia permanecer secreto — eles se tornaram, em seu jargão particular, "sr. e sra. M. Organático", quando se dizem "funcionários públicos sem riqueza, sem ambição e satisfeitos com pouco", ou "sr. e sra. Morgan Hattick", quando vão dançar "num cinema da Champs-Élysées ou no Dancing de la Coupole". Numa noite de outubro de 1929, eles se sentaram num banco de pedra, nos jardins do Carrousel. Talvez Simone se mostrasse inquieta pelas alusões de Sartre a essa moça de

Toulouse, Simone Jollivet, que ele evocava com entusiasmo. Talvez estivesse com dificuldade para convencê-la de sua teoria sobre os amores múltiplos e o amor excepcional: "'Entre nós', explicava-me utilizando o vocabulário que lhe era caro, 'trata-se de um amor necessário: convém que conheçamos também amores contingentes' "[40] Em todo caso, nesta noite, Sartre propôs o pacto que devia assegurá-la sobre o futuro comum deles: "'Façamos um contrato de dois anos.' (...) Nunca seríamos estranhos um ao outro, nunca um de nós apelaria ao outro em vão, e nada prevaleceria sobre essa aliança."[41] A esse primeiro pacto se juntou um segundo: o de jamais mentirem um ao outro, mesmo que por omissão. "Ficou combinado que nos diríamos tudo." Assim protegidos contra todas as intempéries, a dupla do casamento secreto, Sartre-Beauvoir, se tornaria o menos secreto de todos os casais, e um dos mais célebres também; mas houve para isso melhores razões do que um simples juramento de amor.

3.
28 DE JULHO DE 1935

"A existência dos outros continuava
sendo para mim um perigo que não
ousava enfrentar com franqueza."
SIMONE DE BEAUVOIR,
A força da idade.[1]

Naquele 28 de julho de 1935, no terraço do hotel do Midi, na praça Marronniers, Valgorge, uma capital de cantão com cerca de 400 habitantes ao sul da região de Ardèche,[2] Simone de Beauvoir escreveu a Sartre, que viajava em cruzeiro com os pais, indo à Noruega. Para ela, não havia qualquer desejo de passar as férias com outra pessoa e aproveitava então a ausência de seu "caro amor" para grandes e entusiasmadas caminhadas. Dormia a céu aberto quando o tempo permitia, se refugiava outras vezes em celeiros e se concedia o luxo de uma pousada rural de tempos em tempos. Acabara de passar a noite no [Monte] Mézenc, "num abrigo construído por ventos a 1.700 metros de altura". Deixou Paris de trem, com uma simples mochila, uma coberta, um mínimo de roupas, um *Guide Bleu*, mapas Michelin e — toda a preocupação de organização de Simone se revela nisso — um despertador! O périplo leva-a de Chaise-Dieu a Saint-Agrève, de Étables a Sainte-Cécile e a Florac, onde Sartre devia encontrá-la. Levantando-se com o sol, ela percorreu no frescor do amanhecer vinte ou trinta quilômetros por "caminhos excelentes". Nas horas mais quentes do dia, alugava carros que a levavam de uma cidade a outra. A viagem era empolgante: sentia-se totalmente livre, uma liberdade nas antípodas da aleatoriedade, pois mantida num percurso enquadrado a exigências precisas: tantos quilômetros, tantas horas de caminhada, tantos locais descobertos... Naquele ano do seu 27º aniversário, ela não podia deixar de fixar desafios como nos momentos mais difíceis da época de estudos. Conservara também a capacidade para se maravilhar diante de paisagens desconhecidas, da natureza selvagem ou domesticada por longos séculos de agricultura. A vida borbulhava nela, que se expressava em termos românticos: "Cheiros, luzes e sombras, brisas e tempestades propagavam-se em ondas calmas ou agitadas nas minhas veias, nos meus músculos, no meu peito, a tal ponto que me parecia que o murmúrio de meu sangue, o formigamento das células, todo esse mistério em mim, a vida, eu podia atingir no zunir das cigarras, nas ventanias que descabelavam as árvores, no ruído chiado do musgo a meus pés." Mas tudo isso era bom por estar sob controle: a viagem nunca era uma errância para ela. "O rigor de meus planos transformava essa contingência em necessidade (...) Com minha vagabundagem displicente mas obstinada, eu conferia uma verdade a meu grande delírio otimista; saboreava a felicidade dos deuses; era eu mesma a criadora dos presentes com que me satisfaziam."[3]

A parisiense Simone de Beauvoir tinha sede de natureza e de grandes espaços. Durante as férias infantis e da adolescência, quando passava longas semanas em Meyrignac ou em La Grillère, ela adorava se estirar na relva, descer os prados rolando com a irmã e as primas, e o tão bem-educado Maurice de Gandillac notou com ironia, referindo-se a uma de suas visitas aos Bertrand de Beauvoir: "Compartilho da alegria campestre de Simone (...) que (...) chega ao ponto de mastigar e engolir relva, prova de uma ligação íntima com a natureza."[4] Mais tarde, Sartre sorrirá com frequência disso: "Por volta do mês de junho, se torna uma necessidade terrível e imperiosa para ela ver o verde. Pessoalmente não compreendo isso muito bem, mas constato. É uma necessidade tão violenta quanto a de comer quando se tem fome. Ela se agita, não dorme, se torna maníaca e um tanto sinistra."[5] Mas foi no sul da França que ela descobriu a alegria das longas caminhadas solitárias. Quando foi nomeada para seu primeiro cargo em Marseille, em outubro de 1931 — após dois anos de hesitação quanto ao engajamento profissional —, ela descobriu longas praias e, sobretudo, fora das solicitações de Sartre e dos amigos da capital, compreendeu que devia assumir por conta própria a organização de seu tempo. Decidiu então descobrir a região marselhesa e a Provence sem depender dos circuitos turísticos e das viagens organizadas. Começou por desbravar Marseille: "Subi em todos os rochedos, deambulei por todas as vielas, respirei o asfalto e os ouriços do Vieux-Port, misturei-me à multidão da Canebière, sentei-me nas aleias, em jardins, em pátios tranquilos onde o odor provinciano das folhas mortas abafava o do vento marinho."[6] Levada pelo gosto do exotismo, esgueirava-se por zonas de meretrício, como a da rua Bouterie, onde se atrevia a lançar olhares curiosos pelas janelas entreabertas dos hotéis suspeitos. Muito rapidamente passou a pegar bondes e ônibus que a levavam a lugares da periferia com nomes curiosos, na direção dos pequenos portos da costa. Foi percorrendo a pé as falésias de Cassis a La Ciotat que descobriu a paixão pelas longas caminhadas, pelas explorações solitárias de paisagens desconhecidas. As trilhas mais agrestes já tinham sido balizadas e grupos as percorriam. Simone se contentava com mapas, guias, desprezando a parafernália obrigatória dos excursionistas, se contentava com roupas velhas, uma fruta ou bolo num cabaz: nada com que pudesse ser confundida com alguém que aceitasse a disciplina e os ritos dos grupos. Mas não seguia ao acaso: cada uma das suas excursões tinha um plano preciso que ela mesma determinava, com objetivos a atingir, tempos de percurso, horários. No começo eram passeios de cinco a seis horas, que se tornaram depois mais ambiciosos: ela partia para trajetos de trinta a quarenta quilômetros, disposta a nove ou dez horas de caminhada! As montanhas da região não tinham mais segredos para ela, que subiu o pico do monte Aurélien, da Sainte-Victoire, seguiu as menores fendas da costa e explorou todas as angras. Indo mais longe ainda, deixou de lado os caminhos comuns e se perdeu numa ravina do Lubéron. Uma vez em que a irmã foi visitá-la, ela a arrastou para Sainte-Baume, e quando Hélène, gripada, disse se sentir cansada, ela a largou num abrigo, sem desistir do que planejara para o passeio. A respeito disso, ela se lembrou de que Sartre zombava gentilmente de sua esquizofrenia,[7] parafraseando este dito célebre de um doente: "Prefiro abandonar minha vida que meu plano."

E como era a professora Simone de Beauvoir? É claro, ela nos dois anos anteriores já havia dado algumas aulas, mas se tratava apenas de "ganha-pães": aulas particulares a alunos do curso secundário, lições de latim para iniciantes de dez a 11 anos no liceu Victor-Duruy. Pela primeira vez, naquele início do ano escolar de 1931, ela precisou enfrentar, no liceu Montgrand de Marseille, alunas quase da sua idade — a professora tinha 23 anos, as alunas 17 ou 18 — e encontrar as palavras, vieses que as interessasse e formasse em sua disciplina, a filosofia. Ela de imediato se colocou — como se tivesse de escolher, no mundinho escolar, entre dois tipos de frequentações — do lado das alunas e não do "corpo docente": "Eu preferia conversar com aquelas grandes meninas hesitantes a conversar com mulheres maduras, estratificadas em sua experiência" Em *A força da idade*, Simone relembrou o prazer que teve no ensino filosófico, feito de um vai-vem entre os questionamentos suscitados contra os preconceitos e as certezas fáceis, de início, e o estabelecimento de bases sólidas de raciocínio, depois. No meio do ano, quando chegou aos capítulos relativos à moral, à sociedade, foi com satisfação que se contrapôs às opiniões familiares bem arraigadas nas alunas, opiniões das quais ela mesma escapara havia não muito tempo. Confessou quanto se sentiu feliz em denunciar, com sua recente autoridade, as convenções e doutrinas contra as quais ela própria teve de lutar: "Eu multiplicava as provocações", escreveu.[8] Ela punha à disposição das alunas manuais de psicologia que não escondiam as realidades sexuais e evitou cortes no texto epicurista *De natura rerum*, de Lucrécio. Não corria riscos: além do ensino de filosofia, devia apresentar — como fazem frequentemente os professores *agrégés* para completar seu serviço — algumas horas de literatura: compartilhava então com as alunas seus prazeres de leitura: Gide, que ela apreciava muito desde os tempos do curso Désir, apesar da reprovação materna, e Proust, uma descoberta recente. Pais de alunas mostram-se indignados e se queixam à direção do liceu, e foi nesta primeira classe de "filô" de Marseille que ocorreu um incidente notável: uma moça tomou partido da família contra a professora, abandonando o lugar que ocupava na primeira fila e indo se sentar, definitivamente calada e fechada, no fundo da sala. Já as melhores alunas, Beauvoir não hesita em, como recompensa, convidá-las à sua casa... Tudo isso rapidamente gera suspeitas, mas Simone de Beauvoir nunca se negou o prazer malicioso de escandalizar. No entanto, se sentirá chocada (emprega inclusive o termo "estupor") quando uma de suas colegas de mais idade* se apaixonou por ela e tentou seduzi-la. Em *A força da idade* ela descreve os avanços desta que ela chama sra. Tourmelin, reconhecendo que, embora se dispusesse a ouvir todas as mensagens anticonformistas nos textos literários, guardava certa visão idealista das relações, naquilo que a concernia diretamente: "Por causa do puritanismo de que minha educação me impregnara, a visão que eu tinha das pessoas não levava em conta a sexualidade."9

Assim, a vida da jovem professora — no ano escolar de 1931-1932 — se dividia em três campos: as atividades do liceu, as longas caminhadas e, apesar da distância, o relacionamento intenso com Jean-Paul Sartre. Em junho de 1932, ela o recebeu em Marseille e o faz participar dos entusiasmos de suas descobertas: ficou feliz por ele também gostar dos "restaurantes do Vieux-Port, os cafés da Canebière, o castelo d'If, Aix, Cassis, Martigues".10 E ela sabe que eles em breve poderão estar mais próximos: em março, ela soube que foi nomeada, para o reinício das aulas de outubro de 1932, ao liceu Jeanne-d'Arc, em Rouen. Mas de forma alguma queria esperar já estar lá para passar um tempo com ele. Seriam as primeiras "grandes férias" que teriam juntos. Assim que terminou o *baccalauréat*, passado em Nice, ela foi encontrá-lo em Narbonne, onde Sartre se encontrava com a família: de novo uma pequena viagem de exploração solitária: de Arles a Saint-Gilles, de Maguelonne e Montpellier a Sète, ela explorou cidades e aldeias, monumentos e igrejas, caminhou pelos planaltos calcários de Causses, desceu na gruta de Demoiselles: sempre organizada, ela havia tomado o cuidado de despachar sua maleta! Não se aguenta de alegria: faria com Sartre sua primeira viagem ao exterior. Ele e o Castor foram às Baleares, depois a Tétouan, no Marrocos espanhol, onde se entregaram simplesmente ao turismo mais banal, flanando longamente pelos *souks*** a observar o trabalho do cobre martelado, os mercadores de tapetes, de babuchas e de pufes em couro

---

* Tinha 35 anos, segundo Simone afirma em suas memórias. (N.T.)
** Famosos mercados locais. (N.T.)

colorido, o cheiro condimentar dos temperos... E enquanto Simone observava os homens silenciosos e imóveis, em pé ou agachados diante de seus mostruários, perguntou: "Em que pensam?", Sartre, sempre filósofo, respondeu: "Em nada (...) quando não se tem em que pensar, não se pensa em nada."

Em seguida, foram convidados a visitar o sul da Espanha com a sra. Morel e Pierre Guille: eram um casal em férias com outro casal, uma espécie de reconhecimento oficial! Para o grupo de integrantes da École Normale do qual Sartre fazia parte, a sra. Morel era um ser quase mítico: vinte anos mais velha, com a liberdade das "belas estrangeiras" e uma história tão extravagante quanto suas origens. Havia nascido na Argentina, de pais franceses, e passado infância e adolescência numa imensa propriedade nos pampas, montando cavalos e se divertindo como um rapaz, gozando de uma educação bastante livre, muito distante das práticas confinadas impostas às mocinhas da burguesia francesa. Mandada mais tarde a Paris, ela rapidamente adotou a elegância que se espera de uma jovem, mas não domesticada, continuando a zombar dos preconceitos. Casou-se com um médico pesquisador bem mais velho que, chamado às trincheiras na guerra de 1914-1918, retornou definitivamente doente, passando o resto dos seus dias distante do mundo, fechado num quarto escuro, não suportando a claridade nem os estranhos... Fora do apartamento parisiense, a esposa o levava à casa que tinham em Juan-les-Pins, ou à outra que possuíam perto de Angers. Tiveram uma filha, Jacqueline, e depois um filho, Albert, que, na época em que precisou de aulas particulares para passar no *baccalauréat*, acabou levando a sra. Morel a conhecer o grupo dos *normaliens*. Pierre Guille preparou o jovem para a primeira etapa do exame e Sartre foi solicitado a dar aulas de filosofia no ano seguinte. A sra. Morel rapidamente se tornou mais do que mera mãe de aluno. Bonita e vivaz, apreciava a companhia daqueles jovens inteligentes, entre os quais ela representava o exotismo e o charme, uma maturidade sem as tolices e as hesitações das moças que conheciam. Guille e Sartre afirmavam em coro que os laços com "aquela senhora" — como rapidamente a chamariam entre eles — eram de ordem puramente intelectual. Mas, no que se referia a Guille, pelo menos, naquela viagem, Simone deixou de ter qualquer dúvida quanto às suas relações com a sra. Morel.

Entre os quatro estabeleceu-se um companheirismo um tanto penoso para Guille, que fazia sua primeira grande viagem com a amiga. No começo, mergulharam sem compreender muito bem nas agitações políticas espanholas: era ainda 1932, a Guerra Civil não havia começado, mas a oposição entre republicanos e monarquistas era viva; já no primeiro dia, presenciaram um tumulto: a prisão do prefeito de Sevilha pela tropa sob as ordens do general Sanjurjo e incêndios de associações aristocráticas... Como Simone cometeu a imprudência de passear com um lenço vermelho ornado com pequenas âncoras douradas que podiam ser confundidas com flores-de-lis, foi parada por republicanos que acharam se tratar de uma provocação monarquista. Ela rapidamente se desfez do objeto do delito. Mas tais incidentes só divertiram o pequeno grupo, que pouco ligava para política, e Simone de Beauvoir se lembraria da aventura nestes termos: "Toda essa agitação encantou-nos."[11] As dificuldades no grupo eram de outra ordem: daquelas diferenças menores que se criam na grande proximidade imposta pelo carro compartilhado, a hospedagem nos mesmos hotéis e, necessariamente, as mesmas visitas aos mesmos lugares. Foi entre os dois homens que tais diferenças se exacerbaram, talvez simplesmente por estarem em situação de rivalidade permanente e recíproca diante das duas companheiras. Então, apesar de igualmente detestarem os "gordos burgueses espanhóis e os curas untuosos", Sartre acusava Guille de propor um programa turístico sujeito às hierarquias da classe dominante, enquanto Guille apontava em Sartre preconceitos sectários que o faziam ignorar belezas culturais universais. Alhambra, em Granada, com certeza impôs uma unanimidade, mas nas cidades em que Guille percebia um estilo arquitetônico interessante, Sartre se fazia de enojado, dizendo se tratar de "casas de aristocratas". "Evidentemente, não são moradias de proletários", replicava Guille. Em suma, um e outro — que compartilhavam as mesmas convicções políticas e sociais — encontravam um meio de situar neste plano a simples dificuldade de viver juntos. Com Sartre se mostrando mal-humorado e arredio, Simone lhe disse, como forma de insulto: "Está parecendo um engenheiro!"

Ao final do périplo, Sartre e Simone deixaram os amigos e ficaram em Toulouse: Simone Jollivet propôs recebê-los e mostrar a cidade. Simone Jollivet, chamada de Camille nas *Memórias* de Simone de Beauvoir e de

"Toulouse" na correspondência entre Sartre e o Castor, foi uma grande paixão de Sartre. E Simone sentia em relação a ela o que quase se poderia chamar de seu "complexo de mediocridade". Ela sem dúvida se sabia inteligente e boa no trabalho intelectual. Sem dúvida acabou admitindo não ser feia. Mas, como na época da descoberta de Zaza, achava-se comum, racional demais, sem imaginação, sem o toque de loucura que inspira os seres geniais, a audácia e a graça que tornam as mulheres "mágicas". E Simone Jollivet era tudo isso: trinta anos depois do primeiro encontro com a rival, o Castor ainda não conseguia escolher palavras para descrever sua beleza, "imensa cabeleira loura, olhos azuis, a mais fina pele, um corpo sedutor, tornozelos e punhos perfeitos".[12] Mas, principalmente, tivera uma educação fora do comum: filha única, foi criada com uma "pequena cigana" adotada por sua mãe, e esta jovem irmã se tornou para ela — como na casa de uma princesa oriental — uma "companheira", uma "escrava", segundo a própria Toulouse. O pai, farmacêutico, permitiu que lesse todos os grandes autores, cuidadosamente escolhidos, e ela pôde rapidamente deixar de lado a cultura acanhada, segundo ela, do liceu e da universidade. Gostava de se dedicar ao esoterismo e seus modelos, de Lúcifer a Barba Azul, César Bórgia e Luís XI tinham sempre um lado de crueldade satânica. Tinha se oferecido em prostíbulos para clientes ricos. Acreditava antes de tudo na própria genialidade, persuadida de que se tornaria alguém extraordinário, em termos não conformistas, é claro. Quando conheceu Sartre, três anos mais novo que ela ("no enterro de uma prima comum em uma aldeia do Périgord"),[13] foi amor à primeira vista. Trocaram cartas que ela assinava como Rastignac e ele, como Vautrin. Sartre procurou ajudá-la a sair da "mediocridade provinciana" e se tornaram amantes. Viagens de Sartre a Toulouse, idas de Simone Jollivet a Paris, onde causou "grande efeito" no baile da École Normale etc. Sartre a iniciou na leitura de Nietzsche e ela interpretava de maneira teatral *Zaratustra*. Em Paris, aceitou ser sustentada por um rico amador de arte e conheceu Charles Dullin, que se tornou seu companheiro. Quando Sartre conheceu Simone de Beauvoir, tinha por Simone Jollivet apenas uma "amizade intermitente".[14] Porém, o Castor tentaria várias abordagens de sedução com relação a "Toulouse", sem dúvida para exorcizar o ciúme que sentia, convencida de ser seu dever admirá-la, ou mesmo se assemelhar a ela. Nesse sentido, já a havia convidado, em novembro de 1930, com Hélene e Gérassi (marido de Stépha, a jovem governanta que Simone conhecera na casa de férias dos Lacoin), quando morava com a avó, forçando palavras de afeto: "Estou *muito* feliz em vê-la. Gosto muito de você, Toulouse."[15] Jollivet, naquela ocasião, roubara a cena: com uma boina de veludo preto, blusa de mangas bufantes, ("assemelhava-se, mas sem exagero, a um quadro do Renascimento", se lembraria Simone de Beauvoir),[16] falou muito e brilhantemente. E quando Castor insistiu com os amigos, após a partida de Toulouse, o quanto a convidada era encantadora e como sabia criar uma atmosfera, Gérassi — deixando claro, em poucas palavras, a atitude involuntária de Beauvoir de submissão às normas da adversária — retorquiu "com uma gentileza emburrada" ter sido ela, o Castor, que havia criado a atmosfera! Mesmo assim, naquele retorno da Espanha, Simone de Beauvoir se inclinou ao desejo de Sartre de rever Jollivet em sua companhia. Falaram todos dos seus futuros livros, com Toulouse declarando que escrevia todas as noites e Sartre reforçando ser preciso, efetivamente, trabalhar seis horas por noite na obra a se criar. Beauvoir ouvia, certa de que, neste terreno, ninguém a superaria: "Camille não me inspirava mais nem ciúme nem inveja: só me inspirava emulação. Prometi a mim mesma imitar-lhe o zelo."[17]

Pois o essencial naquele ano, para Sartre e o Castor, era avançar na elaboração de seus romances. Sartre, após sofrer a recusa pela editora Europe de um primeiro projeto, *A lenda da verdade*, começara o que designava então como seu "*factum* sobre a contingência", que se tornaria *A náusea*. Simone leu a primeira versão do manuscrito e considerou o texto abstrato demais, insistindo para que ele integrasse "uma dimensão romanesca (...) um pouco do *suspense* que nos agradava nos romances policiais",[18] além de criticar em Sartre o "abuso de adjetivos e de comparações"... Ela, por sua vez, no ano anterior, no tempo livre que lhe sobrava em Marseille, havia retomado o projeto tantas vezes iniciado e sempre abandonado pelo caminho. Mas, desta vez, tinha ido até o fim. Contudo, não teve necessidade de confiar a leitura a Sartre: era exigente demais para não perceber que faltava aos personagens postos em cena — todos tirados de sua experiência, como na maioria dos primeiros romances demasiado autobiográficos — mais consistência e credibilidade.

Sem dúvida começava a "ter algo a dizer" e se lançara ao tema que teria um lugar tão grande em *A convidada*, a "miragem do Outro".[19] Zaza — a quem ela deu pela primeira vez o nome de Anne — permanecia o personagem central naquela versão, mas Simone se sentia ainda próxima demais para apresentar de modo tão cru a história da amiga e de sua família. A lembrança é ainda muito forte para que se sentisse capaz de uma análise fria. O manuscrito estava então na gaveta. O liceu de Rouen, para onde foi transferida no início do ano letivo, em outubro de 1932, ocasionou outras experiências, outras observações mais desapegadas.

Ela assumiu então seu cargo na Normandia. "Civilizada, chuvosa e insípida", a região não parecia merecer o frenesi de descoberta que tinha manifestado em Marseille. Além disso, seus interesses são outros: Sartre está no Havre e Paris está bem próxima. Os dias de folga de Simone de Beauvoir estarão inteiramente voltados a esses encontros: ora no litoral, ora Rouen, e mais frequentemente na capital, onde reviam os amigos em comum. Encontravam-se, falavam com eles e falavam deles! Longuíssimas conversas em que Sartre não parava de analisar com sutileza os comportamentos e a história de cada um, em que Simone — à sua maneira afiada — julgava com severidade ou indulgência, mas sempre no registro moral, os grandes amigos e os colegas. Entre os que os interessam muito, naquele início de ano letivo, Lionel de Roulet, ex-aluno de Sartre, por ele direcionado para a filosofia, que mais tarde se casaria com Hélène de Beauvoir. Gégé (Géraldine Pardo), amiga que a acompanhava nas antigas escapadas pelos bares de Montparnasse e se inclinara, como Hélène, à carreira artística. E, é claro, os antigos condiscípulos de Sartre e seus antigos amores: Toulouse e Dullin, de quem eles falam do trabalho teatral, sra. Morel e Guille, Nizan e Rirette... Mas tudo isso quase que já pertence a outro mundo; enquanto Sartre trabalha em seu futuro romance, Simone de Beauvoir que, em Marseille, tinha feito tudo para deixar momentaneamente de lado sua posição profissional, descobria com espanto a vida de uma cidade e de apenas para província.

O liceu Jeanne-d'Arc era apenas para moças. Todas as colegas de Simone de Beauvoir eram mulheres e a recém-chegada se apressou em classificá-las como "mais rebarbativas ainda" que as de Marseille, com uma ou duas exceções. Primeiramente Colette Audry, de quem Nizan lhe tinha falado muito bem. Dois anos mais velha do que Simone, Colette era *agrégée* de letras e conhecia bem o liceu, onde ensinava desde o início das aulas em 1928. É "morena, jovem e comunista", na descrição do autor do recém-lançado *Áden, Arábia*. Simone acrescentou: "Tinha um rosto agradável, olhos vivos sob os cabelos cortados muito curtos."[20] Ela também registrou — além do corte de cabelo em ruptura com o conformismo — a "desenvoltura de rapaz" nos trajes: chapéu de feltro, casaco de camurça, gravata amarrada por cima da blusa... Não era comunista, como disse Nizan, e pertencia a uma das facções de oposição à linha oficial do Partido, que reivindicavam as posições de Trotsky; e foi nesse círculo que ela encontrou algumas vezes Simone Weil. Colette não se entusiasmou com aquela jovem filósofa exigente e "questionadora" demais, mas admirava sua paixão nos engajamentos e a maneira intransigente como punha a vida em consonância com os seus princípios, distribuindo seu salário de *agrégée* a desempregados e ajudando-os a se organizarem na muito tradicional cidade do Puy-en-Velay, onde foi inicialmente nomeada. Colette Audry, de quem Simone de Beauvoir admirou a cultura política e respeitava as convicções, era de convívio mais fácil. Simone lhe apresentou Sartre e os dois simpatizaram, passando a se ver frequentemente. Naquele momento, Colette observava com surpresa o casal de recém-chegados que se interessava mais pelos *fait divers* do que pela vida política e social. Reconheceu nele, contudo, uma sensibilidade semelhante à sua em relação às injustiças, como num incidente ocorrido num grande café de Rouen: um carregador vestido com seu macacão azul se sentou na mesa vizinha à do casal e foi expulso pelo gerente. Sartre e Simone não se moveram, mas se escandalizaram e discutiram! A "segregação de classes" era algo insuportável para eles; estava fora de questão participarem das lutas operárias em curso, mas deviam tomar posição a favor. "Naquele dia, concluímos — nossas conclusões eram sempre provisórias — que, quando se pertencia ao proletariado, devia-se ser comunista, mas que sua luta, embora nos dissesse respeito, não era contudo nossa luta; tudo o que podiam exigir de nós era tomarmos sempre o partido do proletariado. Devíamos prosseguir em nossos próprios empreendimentos, que não se conciliavam com a inscrição no partido."[21] Assim, o casal, apesar da amizade por Nizan e

Colette Audry, não ficou tentado por um engajamento que os alienaria, era o que achavam, de sua necessidade de independência.

Simone estabeleceu também alguma relação com outra colega, Simone Jahan, que ela chama de Simone Labourdin[22] em *A força da idade*. Simone Jahan estava ligada ao extravagante Marco — Marc Zuore —, um belo rapaz revoltado contra a ordem das coisas, romântico e grandiloquente, que se preparava para a *agrégation* em letras na Cidade Universitária da avenida Jourdan quando Sartre residia ali, e frequentemente se juntava ao grupo deles. Simone Jahn tinha também sido colega de Colette Audry em Sèvres e, para Simone de Beauvoir, era uma pessoa aceitável por suas opiniões, gostos e maneira de ser. As três jovens destoavam (ao ver de Simone de Beauvoir, pelo menos) dos professores da cidade; não tinham ainda trinta anos e demonstravam, pela maneira de se vestirem, uma elegância anticonformista, tentando, com recursos diferentes, se vestir bem e evitar o lado "freira leiga": Colette Audry com blazers de boa qualidade *à la garçonne*, Simone Jahan com vestidos da moda oferecidos por uma amiga, Simone de Beauvoir com suéteres de modelos originais tricotados por sua mãe. Maquiavam-se e penteavam-se com elegância... E havia também uma pitada de provocação na atitude das três, como no liceu de Marseille, com relação às colegas e aos pais de alunos. Em suma, um sopro de ares perturbadores no universo confinado da cidade e do liceu. Na novela intitulada *Chantal*, em *Quando o espiritual domina*, Beauvoir procurou descrever a atmosfera de Rouen, da escola, e não foi condescendente com Simone Jahan que, sob os traços de Chantal, encarnou o narcisismo, o gosto de seduzir e finalmente o egoísmo adulto com relação às demandas não articuladas das alunas. O texto critica sem piedade o estetismo de uma professora recém-nomeada em Rouen: ela comprou um "diário cor de ameixa, cuja capa de couro macio lembra-me exatamente o matiz violeta que tanto me agradou na *Anunciação* de Fra Angelico"...[23] Assim que chegou a Rouen, Simone de Beauvoir desistiu de um quarto num velho apartamento burguês, cheio de belos móveis e com vista para um jardim, indicado pela diretora do liceu, preferindo uma hospedagem medíocre no hotel La Rochefoucauld. Já Chantal, adorava "a velha moradia em que o pesado pórtico de entrada parece menos proteger a entrada de uma casa que o acesso de uma alma". E a pena da autora se torna ferina para acertar as contas com o bom gosto da sua classe de origem: a dona do imóvel (uma "viúva abastada" nas lembranças de *A força da idade*)[24] tem "grande distinção" e a faz visitar a "residência de primorosa elegância", "livros com encadernações raras, móveis antigos, bibelôs preciosos, transmitidos de geração em geração, guardam sob sua superfície oxidada como que um reflexo indeciso, misterioso dos olhos que os contemplaram"! E, claro, a heroína ama "esta cidade de cores passadas como as de uma velha tapeçaria". Já Simone de Beauvoir escapava de Rouen sempre que podia, para Paris, é claro, mas também para o Havre, onde ela e Sartre procuravam as espeluncas do porto e a atividade de uma cidade industriosa; ou para Caen, aonde ia sempre com Sartre "no momento das provas de fim de ano", e de onde ela guardou a lembrança de "uma porção de belos restaurantes",[25] e ainda para Londres, que visitaram juntos nas férias de Páscoa da primavera de 1933.

Sempre que possível, Simone procurava, então, fugir do provincianismo de Rouen, mantendo encontros com os amigos parisienses e se empanturrando de leituras. Ex-colega de Sartre, Raymond Aron usufruía naquela época de um ano de pesquisa no Instituto Francês de Berlim. Por ocasião das férias escolares, ele encontrou Sartre e Simone de Beauvoir em Paris e falou de sua descoberta de Husserl. Para convencer Sartre do interesse da fenomenologia professada pelo filósofo alemão, Aron encontrou o melhor argumento possível: tratava-se de um esforço para pensar a realidade tal como ela se apresenta, longe das conceitualizações abstratas da filosofia tradicional. Raymond Aron teria declarado a Sartre, diante de um drinque de damasco que degustavam no Bec de Gaz, um café de Montparnasse: "Estás vendo, meu camaradinha, se tu és fenomenologista, podes falar deste coquetel, e é filosofia." Lembrando-se desta frase, Simone de Beauvoir contaria em *A força da idade*: "Sartre empalideceu de emoção, ou quase; era exatamente o que ambicionava havia anos: falar das coisas tais como as tocava, e que fosse filosofia."[26] E Simone, neste trio? Em filosofia, sabemos, ela não ficava atrás dos outros dois... Mas na época de formação deles, os confrontos em que ela havia brilhado eram de ordem universitária, para não dizer escolar. Desde então, a filosofia era sem dúvida seu ganha-pão, e ela dava seus cursos sem desprazer. Mas a disciplina em si não lhe causava um interesse ardente, e se ela desejava inovar, criar, era no campo da literatura. A filosofia como sistema, como teoria, ela deixava para Sartre, sempre pronto à réplica, a participar, se necessário, de suas pesquisas, mas somente como colaboração... Enquanto Sartre se lançava imediatamente, seguindo o conselho de Raymond Aron, na leitura da obra de Levinas, *A teoria da intuição na fenomenologia de Husserl*, e imediatamente acalentou o projeto de passar o ano seguinte em Berlim, como sucessor de Aron, ela cumpria com ele o papel de "acólito", nas reflexões em forma de diálogo que ele conduzia com paixão. "Conversando com Sartre, medindo sua paciência, sua audácia, me parecia inebriante se dedicar à filosofia; mas somente se estamos tomados por uma ideia." Sob o risco de manifestar um defeito que mais tarde ela criticaria nas mulheres, ela o "secunda". Mas talvez também houvesse nisto uma forma de orgulho, de exigência superior com relação ao destino que ela entendia traçar para si; ela sabia que, diante do pensamento construído de um filósofo, ela se sentia imediatamente dócil, excessivamente privada de teoria pessoal para reagir ao pensamento dos "mestres" com a criação de uma doutrina original: "sabia muito bem que minha facilidade em penetrar um texto vinha principalmente de minha falta de imaginação. (...) Expor, desenvolver, julgar, coligir, criticar as ideias dos outros, não, não via interesse nisso. (...) Mas eu tinha, a princípio, demasiada ambição intelectual para contentar-me com isso."[27]

O estímulo, para ela, vinha sobretudo dos grandes escritores cujas obras ela então descobria: Céline e seu *Viagem ao fim da noite*, que acabava de ser lançado, Kafka, Faulkner, Hemingway, para não citar senão os maiores. Ler as *Memórias* de Simone de Beauvoir, ou as cartas que ela envia aos amigos, é como folhear artigos críticos sobre os livros, os filmes, as peças de teatro — mais tarde se juntarão a isso os discos — que circulavam no momento em que ela escrevia. Nisso também, como diante das mesas bem servidas nas férias em Meyrignac, como por ocasião dos programas escolares devorados às pressas, como na paixão colecionadora de diplomas no maior número de disciplinas possível, Simone de Beauvoir nunca parou de ter curiosidade. Estava fora de questão "deixar de lado" qualquer autor, um diretor de teatro ou de cinema que ela acreditasse ser importante para a cultura ou que trouxesse algo de novo. Como aquele tal de Kafka, que um número da *NRF* [*Nouvelle Revue Française*] colocou entre os três maiores romancistas do século, com Proust e Joyce. Lembrando-se da segurança que a caracterizava então, ela registrou nas *Memórias* a surpresa comum, de Sartre e dela, diante da ideia de ignorá-lo. "Se este Kafka tivesse sido realmente um grande escritor, nós o teríamos lido..." Ignorância rapidamente reparada. Lia também jornais, menos que Sartre e se interessando sobretudo pelos *faits divers* que, pela estranheza e violência, lhe pareciam traduzir o estado da sociedade e os males da época. Zombando de Simone, como se vê em suas cartas a Louise Védrine,[28] Sartre chegou a escrever, durante uma estadia em Marseille: "Fomos ao café Riche para ler os jornais (eu os lia, o Castor só compreende os jornais de moda)."[29] É verdade que a vida política tinha para ela pouco interesse, e ela inclusive defendia a ideia, naqueles anos 1930, de ser melhor se manter a distância, quem quiser — como Sartre e ela — produzir uma obra. Simone de Beauvoir estudava muito, sempre ávida de saber, mas eram frequentemente referências de ordem estética, artística e literária que dominavam suas escolhas. A vida de professora em Rouen marcou também o início, para o casal Sartre-Beauvoir, de hábitos que logo tomariam formas rituais: idas ao exterior nas férias de verão, viagens para esquiar na montanha no período de Natal. No verão de 1933, partiram para a primeira viagem deles à Itália. Naquele ano, Mussolini organizava em Roma uma "exposição fascista" e oferecia aos turistas estrangeiros reduções de 70% nas passagens de trem! Sartre e Beauvoir se aproveitaram disso sem maiores escrúpulos. Duas semanas em Florença, Pisa, apenas alguns dias em Roma (prometem a si mesmos que voltarão!), Orvieto, Bolonha, Veneza e Milão. No caminho da volta, precisaram desistir, por falta de dinheiro, da etapa de três dias que haviam planejado nos lagos italianos; Simone, fiel a si mesma, chorava de raiva "a tal ponto [que] o menor sacrifício me enraivecia".[30] As riquezas das cidades italianas a entusiasmaram — "não havia um só pedaço de muro que não tivesse sua beleza" —, as praças e fontes romanas, as ruelas venezianas, os tijolos vermelhos de Bolonha e, por todo lado, os tesouros artísticos. Mas Sartre não suportou ver em Pisa "pequenos fascistas de camisas pretas" e, na ponte do Rialto, em

Veneza, os SS de camisa parda, "muito grandes, de olhos vazios, marchavam a passos duros".[31]

Início das aulas em outubro de 1933: Sartre obteve sua nomeação para o posto ocupado no ano anterior por Raymond Aron e foi para Berlim. Simone de Beauvoir se sente um pouco largada em Rouen e como Sartre, que desempenhava para ela o papel de consciência política, não está presente, ela se desinteressa cada vez mais pela atualidade, marcada pela ascensão do nazismo na Europa. Teria todo tempo do mundo para tomar conhecimento do que acontecia do outro lado do Reno, achava ela, e no referente à França, Colette Audry evocava com frequência seus engajamentos: falava do avanço das ligas de extrema direita, das lutas sindicais engendradas pela crise de 1929 ainda tão próxima; das divisões no mundo operário. Simone nem precisa bancar a indiferente, sente-se profundamente indiferente a tudo que não seja mais Sartre que lhe defina a importância. Posteriormente, ela descreveu sem autoindulgência, talvez até exagerando, a egoísta que ela foi naquela época: uma Simone de Beauvoir que gostava de conversas maldosas sobre as colegas ("provei as doçuras corrompidas da maledicência"),[32] dos pequenos complôs com Marco cada vez mais fabulador e se divertindo a desconsiderar uns e outros. Em suma, ela não se mostra sob o seu melhor ângulo e seria necessária toda a simpatia de Sartre para devolver-lhe mais tarde a estima do casal amigo, a sra. Morel e Guille, involuntariamente envolvido em suas tagarelices.

Mas como suportar a ausência? No fim de alguns meses, Simone não aguentava mais: conseguiu uma licença, graças a uma recomendação de 15 dias de repouso por parte de um psiquiatra compreensivo — a fadiga nervosa é no final das contas menos visível que outras doenças! — e foi para Berlim. Em fevereiro de 1934, Hitler tinha plenos poderes há quase um ano (desde 23 de fevereiro de 1933), a depuração da justiça, da universidade, do funcionalismo data da primavera precedente; os intelectuais liberais (Einstein, os irmãos Mann, Schönberg, Brecht para citar apenas alguns) começavam a emigrar; em dezembro de 1933, o movimento nacional-socialista foi declarado partido único e ligado ao Estado, as primeiras leis sobre a discriminação racial foram proclamadas, com o consequente fechamentos de lojas comerciais pertencentes a judeus. O campo de concentração de Dachau foi estabelecido já em março de

1933 e a Gestapo criada em 27 de abril de 1933. Durante a estadia de Simone de Beauvoir em Berlim, uma insurreição operária se desencadeou na Áustria, com uma sangrenta repressão por parte do chanceler Dollfuss. O casal Sartre-Beauvoir pouco se sentia concernido, e *A força da idade* resume laconicamente a situação: "O malogro atormentou-nos um pouco. Recusávamos tocar na roda da História, mas queríamos acreditar que rodasse no bom sentido. Do contrário, teríamos tido muita coisa a repor em discussão."[33] Muitas coisas? Talvez o sentimento de pertencer a uma elite intelectual para a qual os eventos históricos não passavam de bolhas na superfície? Ou a vontade de proteger o prazer do reencontro, a descoberta de um país desconhecido e de uma cidade que Simone considerou "feia", os passeios na Berlim noturna onde, apesar das medidas de rigor moral, ainda havia travestis em bares que resistiam à censura, a visita a cabarés autorizados em que as distrações, fortemente inspiradas no folclore, terminavam em orgias de cerveja e de cantos populares? Foram também como turistas a Hannover, onde visitaram a casa onde morou Leibniz, com suas janelas em fundo de garrafa, a Hildesheim, com seu conjunto medieval de cidade antiga da Hanse. Simone acreditava poder surgir ali, numa esquina qualquer, algum doutor Caligari. Uma Alemanha de papel e de cinema.

Será que Simone de Beauvoir, ao descrever em 1960 esta viagem à Berlim de 1934, quis exagerar a inconsciência dos seus anos de juventude — de ambos — para melhor salientar o valor da transformação que virá para ela com o engajamento no final da guerra e a descoberta da atividade política? Desse modo, depois de ter escapado, na primeira juventude, dos determinismos familiares e da educação burguesa, ela teria sido capaz de superar, mais tarde, uma segunda barreira — a da ingenuidade diante dos problemas coletivos da História —, uma ingenuidade cuja evidência se tornava gritante na indiferença demonstrada, na própria Alemanha, no momento da ascensão do nazismo, que Brecht qualificou como "resistível". Em todo caso, o que parecia preocupá-la naquela primeira viagem a Berlim eram unicamente os interesses que dividia há cerca de cinco anos com Sartre: as descobertas da vida cotidiana (o que se come nas cervejarias, o que ela aprecia e não aprecia na cozinha alemã...); a aventura que Sartre vivia com a mulher de um colega, uma jovem com "estupores pensativos" que eles chamariam "a mulher lunar" ("Encontrei-a; ela me agradou e não senti nenhum ciúme"),[34] enfim, e sobretudo as leituras em comum: Faulkner e Kafka no lado da literatura, Husserl e a fenomenologia no lado da filosofia. A natureza do que se passava na Alemanha estava tão distante que eles até decidiram passar no país, como turistas, algumas semanas das férias de verão. No entanto, a "noite das facas longas",* de 30 de junho de 1934, estava ali. Mas Sartre procurava acreditar, como muitos outros, que o hitlerismo tinha tão pouca consistência que cairia. Eles então visitaram juntos Hamburgo, subiram o Elba de barco, pararam em Lübeck com "suas igrejas vermelhas"... Voltaram a Berlim e a Potsdam, ficaram por um tempo na Tchecoslováquia e em Praga, num salão de dança, a orquestra — percebendo que eram franceses — tocou "A Marsellhesa"... Quando chegaram, em 25 de julho, à fronteira da Áustria para visitar Viena, notaram tumultos: o chanceler Dollfuss acabava de ser assassinado. Simone de Beauvoir escreveu secamente: "Sartre recusou-se categoricamente a ir aborrecer-se numa cidade desfigurada por um drama absurdo."[35] Passaram, de qualquer forma, algum tempo na Áustria, mas em Salzburgo e no Tyrol, depois de passarem pela Baviera, onde se entusiasmam com as coleções da Pinacoteca de Munique, detestando porém os habitantes, "enormes bávaros que mostravam suas coxas peludas comendo salsichas".[36] Procuraram ainda o pitoresco para os lados de Rotenburgo, de Koenig-See, mas se assustaram com as imagens da parada nazista em Nuremberg: as janelas nas quais tremulavam bandeiras com a cruz gamada, "as mãos estendidas, os olhares fixos, todo um povo em transe".[37] Ficaram encantados com o evento popular da *Paixão de Cristo* de Oberammergau, em que a população participava do grande espetáculo que lhes fora recomendado por Dullin. Mas, mesmo para eles, a Alemanha em que Hitler acabava de ser proclamado, em 2 de outubro, "Führer e chanceler do Reich", se tornava agradável. Sartre e Simone de Beauvoir terminaram a viagem com um longo périplo pela

---

* Expurgo que aconteceu na Alemanha Nazista, quando a facção de Adolf Hitler do Partido Nazista realizou uma série de execuções políticas extrajudiciais, logo após seu líder tornar-se chanceler da Alemanha. (N.T.)

Alsácia. Pelos avós Schweitzer, ele tinha raízes na região e, apesar de não adorar as caminhadas em plena natureza, gostava o suficiente das paisagens vosgianas para propor a Simone, que, é claro, logo aceitou, um longo passeio pelo caminho das cristas, de Trois Épis ao Ballon d'Alsace. Ela manteria para sempre, com emoção, a lembrança dos albergues alsacianos e de suas especialidades culinárias. Fiel às suas escolhas turísticas e estéticas, sempre guardou também uma recordação comovida do retábulo de Grünewald, visto em Comar.

As férias de verão eram longas! Sartre ficou por algum tempo na Alsácia para encontrar sua família e Simone de Beauvoir foi acampar na Córsega (sua primeira experiência de camping!) com Pierre Guille, que já se encontrava por lá, com a irmã e umas primas, dentro de barracas... E a volta das aulas, em outubro, estava chegando no liceu de Rouen, com Colette Audry, as escapulidas ao Havre, onde Sartre havia reassumido seu posto, e as pequenas viagens a Paris na sua companhia. O círculo de amizades não mudou: Pierre Guille e a sra. Morel, Fernand Gérassi e Stépha, Gégé, Hélène de Beauvoir e Nizan, que fora a Rouen para um *meeting* e fez uma observação irônica a Simone sobre os projetos dela: "Algum romance de imaginação?", perguntou ele baixinho, com um tom de dúvida na voz... Sartre, que dava uma última demão em *A náusea*, passara naquele ano por uma aventura dolorosa: para seus trabalhos sobre o imaginário, iniciados no tempo de seu *diplôme d'études supérieures*, ele aceitara — tentado, sem dúvida, também pelas experiências perigosas com drogas, então na moda — participar de uma experiência com mescalina. Apesar do controle médico sob o qual se passava a observação, ele teve alucinações penosas, com imagens obsessivas em que caranguejos e lagostas o perseguiam... Simone retomava e abandonava o tempo todo projetos de romances. Levou seus rascunhos à primeira temporada de esqui que fez com Sartre em Montroc, perto de Chamonix. Mas uma observação feita no ano anterior por um amigo de Colette Audry, um refugiado alemão que a ajudava a aprender a língua, não lhe saía da cabeça. Ele viu com surpresa a massa de folhas que se acumulava na mesa de Simone e sugeriu: "De costume (...), começa-se com contos; depois que se tem alguma tarimba ataca-se o romance."[38] Foi, no entanto, a enésima versão do primeiro romance planejado que ela levou a Montroc: pouco adiantou, ocupada demais que estava em aprender os rudimentos do esqui, em pranchas "que não tinham sequer freios". E confessou, "eu não podia deixar passar um prazer que estava a meu alcance",[39] com Sartre se deixando convencer, seduzido pela novidade: "Gostávamos de aprender o que quer que fosse." Assim ia o casal de professores Sartre-Beauvoir, usufruindo ao máximo das facilidades proporcionadas pelas férias escolares, rapidamente — estamos em 1934, dois anos antes das primeiras "férias remuneradas" para todos — "viciados" em grandes e pequenas férias, neve no inverno, viagens ao exterior no verão, às quais se acrescentariam em breve as escapulidas de primavera, por ocasião das férias de Páscoa.

Mas os *tête-à-tête* não eram mais solitários. Olga entrou na vida do casal, se tornando amante de Sartre quando ele voltou de Berlim. Antes, no primeiro ano de Simone de Beauvoir em Rouen, Olga Kosakievicz já chamara a atenção da professora de filosofia: era tão diferente das colegas! Sua mãe era francesa e se casara com o filho de uma abastada família russa para cuja casa fora contratada como governanta. Olga havia nascido na Rússia pouco antes da revolução de outubro de 1917. Seus pais se mudaram então para a França, onde nasceu sua irmã mais nova, Wanda. As duas irmãs tiveram uma educação no mínimo complicada: criadas com os pais de maneira muito livre e vanguardista na infância, foram enviadas, na adolescência, a internatos religiosos com princípios tão tradicionais quanto os do curso Désir de Simone. No ano do *baccalauréat*, para garantir a Olga melhor formação, seus pais — que moravam em Beuzeville, um vilarejo perto de Rouen — a matricularam no liceu Jeanne-d'Arc. Além do francês, Olga falava fluentemente russo e inglês. Por vários meses, Beauvoir sequer notou-a: a jovem era tímida, se posicionava no fundo da sala de aula, apresentava trabalhos medíocres. A professora, por outro lado, havia deslumbrado a aluna: "Quando vimos Castor, foi incrível. Era bonita, jovem, maquiada e intensa!", diria ela mais tarde.[40] Foi preciso uma dissertação brilhante de Olga sobre a filosofia de Kant para que Beauvoir, que não se interessava pelas alunas a não ser na medida em que saíssem da vala comum, lhe desse uma atenção particular. A moça frequentemente diria ter, ela própria, dado os primeiros passos na direção daquela jovem adulta que a fascinava pela cultura, pela elegância e pela liberdade de costumes que a tornava alvo do falatório público, uma vez que os encontros de Beauvoir com o extravagante Marco, as visitas de Pierre Guille, e sobretudo as estadias de Sartre no hotel do Castor não passavam despercebidas.

Simone de Beauvoir não tinha com as alunas a atitude de "bom camarada" de Sartre. No Havre, como mais tarde em Neuilly, ele tentava reduzir a distância respeitosa que normalmente se impõe entre professor e alunos: gostava de ceder a palavra, podia terminar num café uma discussão começada em sala, e até os incentivava a se exercitarem com ele no boxe! Já Simone de Beauvoir decidira apenas distribuir seu ensino, não se interessando pelas adolescentes que a ouviam, senão por aquelas que julgasse dignas de sair do status de pupilas para entrar, diretamente, no círculo da amizade. Só nesse caso se esforçava para tratar as raras eleitas em pé de igualdade: convites para as horas livres, discussões teóricas e pessoais, livre curso aos sentimentos. Acabavam então sendo, forçosamente, apresentadas a Sartre. Ele próprio manteve relações privilegiadas com alguns alunos e os apresentou ao Castor: por exemplo, Lionel de Roulet, ou Jacques-Laurent Bost, a quem Sartre ajudou a preparar a licença de filosofia. Com Olga, uma nova era se abriu para o casal Sartre-Beauvoir: a da "família"... Uma vida que só floresceria de fato em Paris, quando Simone de Beauvoir voltou a morar lá, no retorno às aulas de outubro de 1936. Jean-Paul Sartre, por sua vez, teria que aguardar a volta às aulas do ano seguinte para ser nomeado ao liceu de Neuilly, após um ano passado (quase no subúrbio!) no liceu de Laon. Esperando a volta definitiva à pátria parisiense, Simone continuou a fugir de Rouen sempre que as férias escolares se anunciavam.

Por isso, naquele mês de julho de 1935, a carta que escreveu a Sartre durante seu périplo pelo Maciço Central se mostrava ainda tão desprovida de tudo que preencheria suas futuras correspondências: relatos de fatos e de ações de amigos, tentativas de estabelecer frágeis equilíbrios dentro das ligações complicadas que invadiam a existência deles. Era ainda a jovem ávida de natureza e de ar livre, exclusivamente preocupada em existir por e para si mesma, diante daquele outro si mesmo que representava Jean-Paul Sartre e que ela acreditava ser, e seria, o amor excepcional preencher a sua vida.

4.
2 DE ABRIL DE 1941

> "A guerra — nós pensamos nela às vezes, mas não tínhamos nunca pensado que toda uma época estava prestes a desaparecer, que o próprio núcleo de nossas vidas iria arrebentar..."
> SIMONE DE BEAUVOIR.
> PREFÁCIO A *JAMES JOYCE EM PARIS*.[1]

"Uma noite (...) voltando a meu hotel depois do jantar, encontrei no escaninho um bilhete de Sartre: 'Estou no Café Trois-Mousquetaires.' Saí correndo pela rua Delambre e rua de Gaité, entrei ofegante no café todo vermelho por trás das cortinas azuis: ninguém. Deixei-me cair no banco; um dos garçons que me conhecia aproximou-se e entregou-me um pedaço de papel. Sartre esperara duas horas, fora dar uma volta para não se enervar; voltaria."[2] Simone de Beauvoir datou do "fim de março" o retorno de Sartre do cativeiro, mas ele próprio, em suas anotações é mais preciso: dia 2 de abril de 1941. A versão de Sartre repete os mesmos pormenores: após uma rápida passagem e um almoço reconfortante na casa da sua mãe no 16.º *arrondissement*, o "ressuscitado" se dirigiu ao Quartier Montparnasse, aquele dos vínculos com o seu mundo. Ele confirma: o bilhete no escaninho do hotel do Danemark, na rua Vavin, e Simone que, por sua vez, o espera no Mousquetaires,[3] após ele ter aguardado. No entanto, o reencontro tem um gosto diferente para cada um: ela se sente transbordante de felicidade, mas logo vê ser um homem transformado que está de volta: "Sartre me desnorteou; chegava de um mundo que eu imaginava tão mal quanto ele imaginava o mundo em que eu vivia fazia meses, e tínhamos a impressão de não falar a mesma linguagem."[4] "Eu estava perdido", escreveria Sartre[5] e ele nota, no café fracamente iluminado, tudo o que o se distancia dali: "Os poucos clientes me pareciam mais distantes do que as estrelas." Ali, tudo separa, o "assoalho brilhante", os bancos grandes demais para as pessoas, as mesas de mármore. É da calorosa promiscuidade do alojamento dos prisioneiros que ele sente falta. Não tinha mais o direito de lhes botar a mão no ombro, de chamá-los de forma afetiva, tinha voltado à sociedade burguesa e, devia reaprender a manter "uma distância respeitosa". Pesava-lhe a perda da existência "unânime" que ele conhecerá lá.

Simone de Beauvoir, durante os 19 meses de separação de Sartre — desde 2 de setembro de 1939 até aqueles primeiros dias de abril de 1941 — nunca deixou de ter isto que ele chama de "vida burguesa": é verdade, os alemães estão em Paris, as noites são abreviadas pelo toque de recolher, os dias são tomados por questões lancinantes como "o que comer", "como se aquecer"... Mas a jovem professora de filosofia, embora passe muito tempo em correspondências com os homens que ama, embora viva no temor de receber uma má notícia, embora tenha aprendido que as noites podem ser interrompidas pelo urro das sirenes, ainda assim permaneceu o centro da "família", que ambos tinham constituído. Suas cartas a Jacques-Laurent Bost e a Jean-Paul Sartre são repletas de fofocas sobre os amigos, seus amores, ciúmes, brigas. Sartre acaba de conhecer a camaradagem masculina, as relações acima das diferenças de classes, de cultura e de educação, descobriu a solidariedade frente ao ódio, ao medo e à desgraça. Beauvoir continuava a respeitar os códigos de uma minúscula tribo. No casal, Sartre é o único a ter realmente mudado: aquele que se pretendia escritor antes de tudo, aquele que via com ironia a tolice política de seus contemporâneos, traz agora um julgamento moral sobre a História; nos alojamentos de prisioneiros, ele havia descoberto a proximidade com seus semelhantes e a solidariedade.

Nos anos que vão de 1935 a 1939, Beauvoir e Sartre continuaram a tecer uma rede de relações ao mesmo tempo limitadas e intensas. Não são ainda os personagens públicos que se tornaram, mas não estão fechados numa vida de casal tradicional. Foi naqueles anos que se constituiu o que eles entre si chamavam de "família". Termo justo se considerarmos a posição de "pais" em que eles se colocavam com relação a jovens com dez ou 15 anos a menos do que eles, pais que em grande parte supriam a vida material dos "filhos" que escolheram. Termo certamente inexato se lembrarmos que ligação nenhuma, sentimento nenhum era considerado tabu entre os membros do grupo, exceto a exclusividade.

No concernente às moças, em 1934, Olga se tornara o primeiro elemento novo da família, e será designada por Simone de Beauvoir, explicitamente mas com humor, como "nossa filha adotiva".⁶ Relação triangular em que, de amiga do Castor, Olga passa a ser também amante de Sartre, com uma parte do custo dos seus estudos em Paris sendo assumida pelo casal. Olga — "a pequena", como a chamava o casal Sartre-Beauvoir — tem uma irmã, Wanda, dois anos mais nova, que se tornaria "a pequenina". Queria ser atriz, e precisava estar em Paris para isso. Entrou então para a "família", donde esses favores: recomendação a Dullin, assistência material etc. Tornou-se então, naturalmente, se podemos assim dizer, amante de Sartre. No liceu Molière em Paris, onde trabalha, Beauvoir continuava, às vezes até sem querer, a despertar paixões em algumas de suas alunas. Uma delas, Bianca Bienenfeld (para a qual adotará nas suas *Memórias* o pseudônimo de Louise Védrine), particularmente brilhante, queria seguir estudos de filosofia e tinha pela professora verdadeira veneração. Insistiu em participar das relações amorosas do Castor, em ser apresentada a Sartre, da qual se tornou etc... Os pais eram judeus poloneses e ela foi então incorporada à família como "a pequena judia", "a pequena polonesa", "minha querida pequena polaca", como lhe escrevia Sartre, e Simone de Beauvoir tomou o cuidado de precisar, na edição das cartas: "Uma amiga minha com quem Sartre começou uma ligação."⁷ Para ela, ao que parece, não houve auxílio financeiro, apenas uma importante assistência intelectual, solicitada, na maior parte do tempo, por Védrine como meio de aproximação. O charme eslavo parecia poderoso na constituição da constelação e integrou-se enfim uma "pequena russa", Nathalie Sorokine, que se fez notar nas aulas de filosofia de Beauvoir, no ano escolar de 1939-1940, por sua intransigência e agressividade. Também buscava uma relação privilegiada com o Castor e também encontrou Sartre em seu caminho.

No concernente aos rapazes, por algum tempo, um ex-colega de Sartre, com quarto vizinho ao seu na Cidade Universitária — Marc Zuore, o "Marco" a que se fez referência em Rouen —, entrou no jogo das relações complexas do pequeno grupo ao se apaixonar por Olga. Os mais jovens eram ex-alunos de Sartre: Lionel de Roulet e Jacques-Laurent Bost (chamado frequentemente "o pequeno Bost" para distingui-lo de seu irmão mais velho, Pierra, já um escritor reconhecido). Coincidência ou não, ambos eram de família protestante e os dois escolheram também seguir filosofia. Desde 1938, Lionel de Roulet — que morava num belo apartamento com a mãe em Paris e não dependia então da ajuda dos dois professores — se tornou amigo de Hélène de Beauvoir, com quem se casou no começo da guerra. Jacques-Laurent Bost era o décimo filho de um pastor do Havre e quando sua família se mudou para Taverny, em Seine-et-Oise, ele foi morar em Paris, em Saint-Germain-des-Prés, na casa do seu irmão Pierre. Tornou-se amante de Olga, com quem se casou, estabelecendo a partir de 1938 uma ligação com Simone de Beauvoir e permanecendo ao longo de toda a vida um dos amigos de Sartre e seu colaborador em *Les Temps Modernes*.

Apresentar os personagens é simples, mas como interpretar os comportamentos? O que já não se falou e escreveu sobre esta maneira de abalar os conformismos? Seria preciso, primeiramente, atentar à assimetria profunda entre Simone de Beauvoir e Sartre na constituição do grupo. Sartre dava mostras na época de um apetite insaciável: fisicamente desfavorecido por seu pequeno porte (não media mais de um metro e cinquenta e tinha estrabismo, jogava frequentemente com o charme da sua voz e, principalmente, era capaz de tanta atenção, interesse e inteligência nas relações com os outros que facilmente seduzia rapazes e moças que rivalizavam pelo título de discípulo preferido.

Discípulo não é, aliás, o termo exato, se entendemos por isso o seguidor de uma doutrina. Sartre professa apenas a liberdade, não apreciando nos jovens que atraía senão a capacidade de abandonar os caminhos estabelecidos e fazer jus às promessas do talento. Amava as mulheres excessivamente — somente as mulheres — e se sentiria injusto com relação a elas se não as "honrasse" de todas as maneiras. Já Simone de Beauvoir, tinha curiosidade por todas as formas de relações e não queria ignorar nenhuma. Quando se sentia intimidada pelas propostas homossexuais de alunas que alimentavam por ela uma paixão inflamada, ou pelos atos provocativos desta ou daquela, censurava seus próprios temores, atribuindo-os espontaneamente à sua educação de "moça bem-comportada". Decidiu então romper todas as barreiras, nada recusar, mesmo que os gestos do amor lésbico não lhe trouxessem, disse ela, grande satisfação. Com relação à Sartre e com relação à Beauvoir, as coisas não eram iguais: Sartre tinha jovens admiradores que eram apenas admiradores, e admiradoras que se tornavam suas amantes. Beauvoir tinha admiradoras que gostariam de ser amantes e se tornavam também amantes de Sartre, e admiradores que só excepcionalmente se tornavam amantes. Quando se constituiu a "família", no fim dos anos 1930, tratava-se de uma experiência de vida complicada, em que os protagonistas tinham acesso ao que estimavam ser uma existência superior, a de uma elite que desprezava os códigos burgueses. Quando a geração seguinte descobriu esse jogo complexo, pelo viés do falatório público e pelos textos de Simone de Beauvoir — especialmente seu romance *A convidada*, dez anos mais tarde, e os dois primeiros volumes das suas *Memórias*, trinta anos depois —, duas reações vieram à tona. Entre o "famílias, como as odeio", de Gide, e o "famílias, como as amo" contraposto por pessoas bem-pensantes, alguns preferiram um "famílias, como as invento", teorizado por Simone de Beauvoir, e repetiriam à exaustão a frase de *A força da idade*:[8] "Pensávamos que as relações humanas precisavam ser perpetuamente inventadas, que, a priori, nenhuma forma é privilegiada, nenhuma é impossível." Outros empregariam frases menos polidas para caracterizar a atitude de dois adultos com relação a jovens fascinados por seu prestígio. Os testemunhos desses jovens por muito tempo permanecem ainda emocionalmente carregados pela experiência inesquecível por que passaram com o célebre casal. Por exemplo Bost, evocando o "casal régio", ou Olga, declarando: "Estávamos como serpentes, hipnotizados. Fazíamos o que eles queriam porque nos empolgava que se interessassem por nós, sentíamo-nos privilegiados por nos concederem sua atenção."[9] Nas conversas que teve com os "filhos" desse casal, Deirdre Bair registrou uma questão muito expressiva: Sartre e Beauvoir eram como "dois planetas de primeira grandeza em torno dos quais gravitavam sóis e luas menores".¹⁰ Nesse sistema de atrações recíprocas, as alegrias e sofrimentos se multiplicavam: e são tanto mais legíveis para nós por Simone de Beauvoir não parar de registrá-las e debatê-las consigo mesma em seu diário, de evocá-las e discuti-las com Sartre, com Bost, nas cartas trocadas, correspondência que se tornou ainda mais intensa na medida em que a guerra trouxe seu quinhão de separações.

No período que separa, depois de Rouen, o retorno de Simone de Beauvoir a Paris, no reinício das aulas de outubro de 1936 no liceu Molière, e a mobilização de Sartre, em 2 de setembro de 1939, a vida se organizara tanto quanto possível para o casal solar e seus satélites. Estava fora de questão para Simone mudar o que quer que fosse na independência duramente conquistada — renunciando a toda ideia de moradia "burguesa" com seu mobiliário, simplesmente, disse ela, que por fugir de todas as providências e custos de morar num apartamento —, ela alugou, na Montparnasse que adora, um quarto pago ao mês no hotel Royal Bretagne, na rua de la Gaîté. E escreveu: "Pouco me importa dispor de um único quarto e que ele não tenha charme: eu tinha Paris, suas ruas, suas praças, seus cafés." No retorno seguinte às aulas, em 1937, ela se mudou, ainda no mesmo bairro, para o hotel Mistral, entre a avenida do Maine e o cemitério Montparnasse. Em outubro de 1939 levou suas malas para o hotel Danemark, na rua Vavin. Somente em julho de 1940, voltando de um breve êxodo durante o qual o dono do hotel, achando que ela não voltaria tão cedo, liquidou uma parte dos seus pertences, ela se refugiou no apartamento da avó, na área de Denfert-Rochereau, até voltar ao hotel Danemark, onde o meio de transporte obrigatório naqueles tempos de guerra, uma bicicleta, dividia espaço com sua parca mobília e a mesa de trabalho. Olga também tinha quarto neste hotel, como antes no Royal Bretagne, desde 1936. De quarto em quarto, cada um, cada uma via quem recebia quem: a intimidade da jovem invadia de maneira ameaçadora a aliança Sartre-Beauvoir.

Para Simone de Beauvoir, Olga era a primeira aluna a tê-la tocado por um sentimento ainda desconhecido, "o prazer de dar".¹¹ Olga, ela escreveu, "me atingiu no único ponto vulnerável de meu coração: a necessidade que tinha de mim. (...) Eu conhecera a embriaguez de receber as delícias da reciprocidade, mas não sabia o quanto é comovente sentir-se útil, e perturbador acreditar-se necessária".[12] Para ela, como para Sartre, Olga encarnava, de maneira natural, tudo o que ambos se esforçaram para construir com inteligência e aplicação: "Seus desdéns de aristocrata no exílio concordavam com nosso anarquismo antiburguês. Juntos, odiávamos as multidões domingueiras, as senhoras e os homens de bem, a província, as famílias, as crianças e todos os humanismos. Gostávamos das músicas exóticas, do cais do Sena, das barcas, dos vagabundos, dos pequenos cafés de fama duvidosa, do deserto das noites."[13] Olga amava a ex-professora e Sartre se apaixonou perdidamente pela "pequena". Ora, depois do pacto feito pelo casal, no outono de 1929, Simone de Beauvoir já tivera a ocasião de encontrar antigos amores do companheiro, mas — como com Simone Jollivet — o fogo já tinha se apagado. Sabia também que ele nunca se negava a um sentimento possível e a aventura berlinense com Marie Girard, "a mulher lunar", não a afetara muito. Com Olga era outra história. O ciúme, assim como o amor, circulava no trio. Talvez por Olga acrescentar à sedução juvenil o mistério de uma natureza diametralmente oposta à das de Sartre e do Castor. Eram ambos trabalhadores infatigáveis, efervescentes de atividade, abertos a todas as novidades, ávidos para conhecer novos rostos, novas maneiras de pensar e novas formas de arte. A silenciosa Olga lhes contrapunha seu rosto obstinado, a maneira que tinha de ficar emburrada em silêncio, enquanto tudo que queriam os dois professores a seu redor era troca e transparência. Para conversar com ela, por exemplo, Simone de Beauvoir — no emprego do tempo compartilhado em que tentava combinar momentos privilegiados para cada um — reservava para ela o das refeições, quando podiam estar a sós e falar do que era importante para cada uma. Olga decidiu que não se podia falar comendo e desperdiçava em monossílabos aqueles momentos preciosos, sem tampouco se interessar pela comida... Sartre também se referia àquela natureza estranha que descreveu para o Castor como "ternura graciosa e fingida (...) de flor machucada".[14] E para Bost definiu seus sentimentos com relação a Olga apelando para termos em que, sob o exagero, insinuava algum pudor e não pouco humor: "Eu a amo em Deus."[15]

Vendo-a pouco preocupada em realizar qualquer estudo que fosse, medicina ou filosofia, Beauvoir fez Olga se decidir a seguir o curso de teatro de Dullin, mas a jovem se sentia incapaz de lidar com o diretor rabugento e terminava os ensaios chorando e às pressas. Sem muito o que fazer, passou a beber. Em outros momentos, pelo contrário, e especialmente nas saídas noturnas com Beauvoir, era capaz de uma alegria louca, arrastando Simone para pistas de dança e beijando-a na boca... Mas o Castor não apreciava mais, como na época em que bancava a sedutora em Montparnasse — tinha justamente a idade da Olga de então —, esse gênero de provocação. Em suma, o trio oscilava e só a "família", que o ampliará, traria a salvação. E como Simone de Beauvoir continuava a pensar no primeiro grande romance que se sente obrigada a escrever, as relações triangulares em que se vê presa, o perigo que representa o Outro, pelo qual ela existe e se sente ameaçada, lhe pareceu um tema por excelência. Aliás, o primeiro título dado a este projeto, antes de *A convidada*, era *Legítima defesa*... Também nisso atuava a relação de conselho e de ajuda recíproca entre Sartre e o Castor. Pois enquanto ela sofria com projetos de novelas, ele disse: "Por que não se coloca pessoalmente no que escreve?", e como ela imaginava então colocar em cena a intrusão do Outro em sua vida, por um instante pensou inclusive em ter como protagonista uma mulher que se assemelharia a Simone Weil... Sartre contrapôs que uma filósofa engajada não corresponderia bem a um personagem ameaçador para a liberdade e intimidade necessárias ao sombrio roteiro a que o Castor se referia. Foi ele que sugeriu a escolha de "uma consciência fechada sobre si", como seria Olga "separada de mim por sua mocidade, seus silêncios, seus impulsos temperamentais em que a inábil tentativa do trio a lançara",[16] escreveu Simone de Beauvoir.

Enquanto isso, mas começando a escrever algumas páginas, no início de 1937 ela deu os retoques finais, sob a forma de novelas, aos textos esboçados havia muito tempo. Terminou esse trabalho durante uma licença de saúde: em fevereiro e março teve uma pneumonia, foi hospitalizada e só se recuperou depois de uma longa convalescença no Mediterrâneo, em Bormes-les-Mimosas. Ficou acertado que não retomaria as aulas antes do reinício do ano letivo, em outubro. Ela queria muito mergulhar no romance futuro, mas estava fora de questão abandonar um trabalho iniciado: talvez se lembrasse também do conselho ouvido em Rouen

— "frequentemente se começa pelas narrativas curtas"... Ou tivesse decidido que as páginas da infância, da adolescência, da amizade com Zaza deviam ser viradas, através daqueles textos antes amadurecidos. Nesse sentido, certamente ajudou o exemplo e os encorajamentos de Sartre, que acabava de ter *A náusea* aceito pela Gallimard para publicação. Hélène de Beauvoir ajudou datilografando os manuscritos revisados; cinco novelas, todas tendo como título um nome feminino: Marcelle, Chantal, Lisa, Anne, Marguerite. O título da coletânea partia de uma frase irônica, do início da novela *Marguerite*, em que era retraçada a sua infância: "Na minha família, sempre se foi a favor da primazia do espiritual." Ela simplesmente sabia que Jacques Maritain, filósofo neotomista que contribuiu fortemente para a renovação da espiritualidade católica, dera este título, *Primauté du spirituel*, a um dos seus livros e driblava assim o empréstimo, com uma perífrase. O defeito da coletânea, aos olhos dos editores, estava em seu caráter autobiográfico excessivamente ostensivo. Descrevendo com precisão a vida das meninas, adolescentes e moças da época, a obra não pareceu muito interessante no momento em que foi proposta. O leitor da Grasset,* mesmo destacando a precisão da descrição das "moças do pós-guerra", acrescentou: "O quadro de costumes que você fez, nos últimos vinte anos, já foi muitas vezes esboçado."[17] Foi sem dúvida este defeito de tantas primeiras obras que a torna hoje, para nós, tão preciosa, e explica a feliz iniciativa de Sylvie Le Bon de Beauvoir, de publicar atualmente uma edição de bolso.[18] Pois o que parecia banal ao editor de 1938 tem agora as cores de uma restituição histórica e Simone de Beauvoir pressagia ali o que confiará mais tarde a seus leitores em *Memórias de uma moça bem-comportada*. Acrescentemos que não falta talento à descrição do pequeno mundo em torno do liceu de Rouen, em *Chantal*; das jovens empregadas na instituição religiosa, em *Lisa*; e que o trabalho das *chutes*** da maior parte das novelas, em seu classicismo, é um triunfo. "É, em suma, sob uma forma um tanto

---

* Referência a Bernard Grasset, célebre editor francês, criador das Éditions Grasset. (N.T.)
** Literalmente, "quedas"; termo que, no léxico da crítica literária, se refere a um tipo de desfecho de natureza surpreendente de textos de prosa ou de poesia. (N.T.)

quanto inábil, um romance de aprendizagem em que se esboçam muitos dos temas que retomei em seguida", escreveu a autora ao se decidir, em 1970, pedir à Gallimard que produzisse uma edição, com uma cinta que dissesse: "O primeiro livro de Simone de Beauvoir."

Outro acontecimento invadiu, em 1938, a vida de Simone de Beauvoir: aquele que chamaremos, na falta de outro vocabulário disponível, sua ligação com Jacques-Laurent Bost. Como vimos, Bost fazia parte da "família" desde que Sartre, reconhecendo nele um dos seus primeiros, senão o seu primeiro "discípulo", como ele próprio o chamava em tom de brincadeira, o apresentou ao Castor, a Olga, ao grupo de amigos de Rouen e de Paris. Havia de fato feito filosofia na Sorbonne, mas aspirava sobretudo a uma carreira de jornalista e escritor. Simone de Beauvoir o achou desde cedo irresistível: "Tinha (...) um sorriso estrepitoso, um desembaraço de príncipe, pois estimava, como bom protestante, que nesta terra todo mundo é rei. Democrata por princípio e com convicção, não se sentia superior a ninguém, mas admitia dificilmente que pudesse viver em outra pele que não a dele e sobretudo ter outra idade; (...) encarnava também a mocidade para nós. Da juventude, tinha a graça, quase insolente, a tal ponto desenvolta, e a fragilidade narcisista; (...) Quanto a mim, desde o momento em que empurrou a porta do Café La Métropole, com um ar ao mesmo tempo de ousadia e timidez, simpatizei com ele."[19] Com exceção dessa declaração de simpatia espontânea e dessa homenagem à "classe" e à "graça" do "pequeno Bost", *A força da idade* nada diz do que se tornaram as relações entre o Castor e ele naquele mês de julho de 1938. A razão é simples: Bost era o companheiro de Olga e se tornou seu marido. De comum acordo, os dois decidiram poupar a jovem, que suportaria mal o que consideraria uma traição. Essa regra do silêncio só foi abolida depois da morte de Olga, em 1983. Por outro lado, três dias após o início dessa aventura, Simone de Beauvoir escreveu de Albertville a Sartre, que havia ficado no hotel Mistral em Paris. Ela fazia um longo périplo a pé pelos Alpes e Sartre, pouco disposto a se submeter ao ritmo maluco de caminhada que ela se impunha, declinara o convite. Bost era praticamente o único, na "família", a poder passar pela prova, e eles partiram de trem para a Savoia, com um programa árduo de excursões a pé. A carta para Sartre tem três parágrafos numerados; o primeiro começa assim: "Antes de tudo, eu te amo muito"; o segundo: "Você foi muito delicado em me escrever cartas tão longas"; o terceiro, enfim, e o mais longo: "Aconteceu algo extremamente agradável e que eu absolutamente não esperava ao partir — é que transei com o pequeno Bost há três dias." Vêm então os detalhes: foi iniciativa dela, num celeiro em Tignes, onde eles tentavam dormir após uma longa caminhada. Deitados um ao lado do outro, após muitas frases constrangidas, ela subitamente perguntou, rindo "bobamente": "O que faria se eu desse a ideia de transar comigo?" Ele respondeu: "Pensei que estivesse pensando que eu tinha vontade de beijá-la, sem me atrever." E Simone de Beauvoir, depois de contar essas tímidas abordagens, acrescentou para Sartre: "Não ache que vai me encontrar no sábado morosa, desorientada e pouco à vontade; isso está sendo algo precioso e forte, mas também leve e fácil; tem seu devido lugar na minha vida, apenas um florescimento feliz de relações que sempre foram muito agradáveis para mim." Depois vem, uma vez mais, a afirmação de que nada mudou entre eles: "Quero passar longas semanas a sós com você."[20] Sylvie Le Bon de Beauvoir, que organizou e publicou as cartas trocadas entre o Castor e Jacques-Laurent Bost,[21] insistiu sobre a importância desse encontro e sobre a felicidade que dele emana, pondo em xeque a teoria segundo a qual apenas Sartre se aproveitava do pacto sobre os "amores contingentes".[22]

Um mês depois, durante uma viagem ao Marrocos com Sartre, Simone de Beauvoir contou a Bost que a Grasset, depois da Gallimard, recusara sua coletânea *Quando o espiritual domina*, "por falta de originalidade, porque este quadro de costumes sobre as moças do pós-guerra já foi muitas vezes traçado". Acrescentou, em tom despreocupado, que essa recusa tinha pouco peso na balança, diante da história que se criara entre os dois: "A notícia chegou esta manhã com as suas cartas, que me deram tanta alegria que não pensei em mais nada."[23] Se as palavras das cartas não estiverem mentindo, estavam ambos muito apaixonados. Temos algumas mostras disso. De Beauvoir a Bost: "Gosto tanto das suas cartas. Não me dão exatamente a impressão de ouvi-lo pois escreveu mais coisas do que antes havia falado: você dizia apenas 'eu também', mas justamente por ser tão discreto, as palavras carinhosas que escreveu parecem ter mais peso, serem mais fortes; eu as releio e repito sem me cansar (...) imagino a sua vida (...) tenho a impressão de que ela é um pouco minha, e tudo que acontece de bom para você é como um presente que me dá. Estou ansiosa por novas cartas, ansiosa para vê-lo. Com amor."[24] Também dela para ele: "Acabo de trabalhar por duas horas. Acabei o primeiro capítulo; queria muito mostrá-lo a você, pois não parei de me sentir cheia de ternura por você enquanto escrevia. (...) Tudo que há de melhor na amizade, na paixão, no carinho, tudo isso, ao mesmo tempo, tenho por você — e isso me preenche o coração."[25] Bost é mais contido e se queixa, como se temesse o julgamento do Castor, de só escrever cartas medíocres que ele diz jogar muitas vezes no lixo. Sempre as termina por alguma frase enfática: eu te amo "formidavelmente", "extremamente forte", "extremamente bem", "apaixonadamente"... Sobretudo, os dois amantes estavam tão ligados um ao outro que trocaram um número considerável de cartas, que sempre se apresentam — quando os imprevistos das pequenas viagens não se opõem — como verdadeiros diários íntimos escalonados dia após dia, ricos de informações não somente sobre os dois, mas sobre o que leem, o que veem no cinema ou no teatro, as regiões e os países que visitam, e também sobre a "família" e suas ligações complicadas, os amigos de Montparnasse e de Saint-Germain-des-Prés etc. A partir de novembro de 1938, as cartas se tornaram mais numerosas, mais regulares: Jacques Bost acabava de começar um longo período militar! A França decretara uma mobilização geral no final de setembro, mas os acordos de Munique entre Daladier, Chamberlain, Mussolini e Hitler, em 29 e 30 de setembro, adiaram a declaração de guerra. Simone de Beauvoir se encontrava então em viagem com Olga pelo sul e Sartre pediu que voltassem rápido a Paris. Bost teve, porém, que passar pelo conselho de recrutamento em outubro e, em 3 de novembro, foi enviado ao quartel de Amiens para o serviço militar. Dez meses depois foi mobilizado e passou diretamente à condição de soldado na ativa. As cartas então se tornaram mais longas, mais regulares, entrecortadas, durante o período do serviço, por visitas recíprocas semiclandestinas por causa de Olga; e carregadas de inquietações de Simone de Beauvoir durante a guerra. No front de Argonne, em maio de 1940, Jacques-Laurent Bost foi gravemente ferido, sendo operado, transferido para a retaguarda e depois desmobilizado.

Assim a História invadiu e transtornou as pequenas histórias privadas. Até o fim do relativo período de paz, Simone de Beauvoir — como Sartre — se negava a acreditar no cataclismo possível. Uma frase de *A força da idade* resume o estado de espírito deles: "Uma catástrofe tão imbecil não podia desabar sobre mim."[26] Muitos amigos, porém, como Nizan e Colette Audry, tentavam alertá-los, mas eles continuavam sua existência anticonformista e privilegiada: dividiam com generosidade seus recursos com os jovens sem dinheiro da "família", não perdiam nenhuma das atualidades literárias e artísticas; mantinham-se fiéis ao rito das férias pequenas e grandes: a neve no inverno, em Megève, a partir de 1937, e viagem à Grécia em 1937, ao Marrocos em 1938, a Genebra em junho de 1939, às quais se acrescentaram, para Simone de Beauvoir, que nem sempre acompanhava Sartre, alguns passeios na Alsácia e no sul da França com Olga, no País Basco, no Maciço Central, nos Alpes, no Morvan, no Jura... Uma única causa parece tê-los afetado em todo esse período: a guerra da Espanha. Continuavam a ver o amigo Fernand Gérassi, marido de Stépha, que repetia para eles os horrores daquela guerra e da coalização dos fascismos que ela gerava. Mas como ir além da simples indignação contra a não intervenção do governo da Frente Popular?* Como sair das atitudes de compaixão e de impotência? Vinte anos depois, Simone de Beauvoir insistiria no fato de que sua aparente despreocupação na época se misturava a uma profunda culpa, qualificando seu estado de espírito de então como "um dos períodos mais turvos da minha vida".[27] Tal culpa, porém, só se tornou evidente para ela no momento em que se deu conta das terríveis consequências da passividade das nações com relação à ascensão do nazismo, no início da guerra. A Bost ela se recriminará por não ter feito nada para conter aquilo que Brecht chamou a "resistível ascensão". Com relação a ele, o jovem a quem ama, fez essa terrível declaração: "Tenho dores no peito por você, dores a que se acrescenta um remorso insuportável (...); pois,

---

* Frente Popular: Coalizão de partidos de esquerda que governou a França de 1936 a 1938. (N.E.)

não importa o que tenhamos feito, na idade de Sartre e na minha, somos solidários desta guerra que vocês suportam, *vocês* que acabaram de nascer, no nosso lugar."[28]

Quando se esforça em precisar a época dessa progressiva evolução indo da despreocupação à culpa, Simone de Beauvoir a situou na primavera de 1939. Não que tivesse então se engajado em alguma ação política ou social, não que sequer tenha se dedicado mais sistematicamente a compreender — com a obstinação e pertinência que caracterizaram suas iniciativas intelectuais habituais — as grandes perturbações que se preparavam, mas caindo pouco a pouco numa espécie de desencantamento. Os livros, os espetáculos, as pequenas histórias da "família", assuntos de tantas discussões sem fim, tudo isso continuou a ocupá-la; mas deu-se conta de que esse mundo podia se desfazer de um dia para outro no desastre do confronto que ameaçava. Sartre foi, sem dúvida, mais severo com relação à covardia representada pelos acordos de Munique, mas os amigos de esquerda se dividiam entre o "tudo, menos a guerra" defendido pelos herdeiros do pacifismo e o "tudo, menos o fascismo", de outros. Nada ainda parecia claro naquela primavera de 1939 em que Simone de Beauvoir viu em sua vida uma "ruptura",[29] quebrando sua convicção íntima de ser a autora da sua própria vida. Todo o seu valor, ela estava convencida disto, dependia dessa liberdade conquistada pela recusa e pelo trabalho. Sua grande vitória, ela havia registrado assim que acabou a experiência em Marseille, estava em poder contar consigo mesma.[30] Mas agora ela pouco a pouco afundava na impressão de que o futuro não lhe pertencia e que o mundo em torno dela se tornava estranho. Não que estivesse cheio daqueles monstros que a mescalina tinha feito surgir nas fantasias de Sartre, mas espaços inteiros se esvaziavam, para ela, de seu sentido, e suas cartas e o diário daquela época estavam repletos dessas anotações: ela "continuava" a ir ao Café de Flore, mas tinha vontade de criticar a indolência de frequentadores, não se encantava mais com os clientes "em fim de linha" e "imprevistos" do Dôme, "cumpria as funções de um professor de filosofia" mas não se decidia a se definir como uma professora... Ela escreveria em *A força da idade* que ao longo da primavera de 1939 desistiu "do (seu) individualismo, do (seu) anti-humanismo" e que aprendera a solidariedade.[31] Pode ser.

Mas as coisas não tinham sido tão simples até aquele dia de 1941 em que Sartre trouxe com ele a experiência da guerra, do campo de prisioneiros, da calorosa proximidade dos homens que tinha conhecido; até então — durante quase dois anos —, entre a primavera de 1939, em que situou suas mudanças interiores, e aquele mês de abril de 1941, em que descobriria poder tentar ter um papel frente à monstruosidade dos acontecimentos, ela passou por um período incerto em que os dois homens que amava estavam longe, em que perdia o pé para escapar por um momento daquela ameaça pela fuga, em que as referências se tornavam raras e em que ela só realmente sobreviveu reforçando seu papel de primogênita da "família".

No outono de 1939, a vida de Simone de Beauvoir lhe escapou. Em 2 de setembro, Sartre foi mobilizado e o Castor o acompanhou — mulher entre as outras mulheres, mães, irmãs, esposas, noivas — à estação de l'Est onde ele tomaria o trem das 7h50: uma corrente separava os que partiam daqueles que ficavam, e eles ainda falavam "por cima de uma corrente".[32] Ele a havia tranquilizado: como reservista, se juntaria ao grupo especializado em meteorologia, onde tinha feito seu serviço militar, não era um posto perigoso. Teve início uma troca de cartas cotidiana e o Castor — para nada esquecer do que tinha a dizer, e talvez também para tentar tornar reais aqueles dias impensáveis — mantinha um diário em que tentava anotar "tudo": ocupações, leituras, encontros, notícias dos conhecidos, acontecimentos da época. Ela reproduziu mais tarde este diário em *A força da idade*; mas esta reprodução do dia a dia se interrompeu na data de 5 de novembro e só era retomada em breves episódios: dia 10 de janeiro de 1940, para contar um ensaio de *Ricardo III* de Shakespeare, em montagem de Dullin, dia 15 de fevereiro, o fim de uma licença de Sartre e nova partida na estação de l'Est, dias 9 e 10 de junho, avanço alemão contra Paris, fazendo Simone de Beauvoir deixar a capital para se refugiar em La Pouèze, perto de Angers, na casa da sra. Morel. De 28 de junho a 14 de julho o diário foi retomado para descrever a volta à Paris ocupada. Nesse volume das suas memórias, Simone de Beauvoir organizou as sequências sintetizando as lembranças. Essa utilização do diário, no lugar de um relato mais elaborado, é sem dúvida significativa. E a explicação mais imediata e mais simples é que o relato cotidiano dos cadernos foi julgada pela autora mais viva, mais precisa que uma reconstituição. Tem a vantagem também de romper um pouco o ritmo da escrita e ajudar o leitor a seguir a cronologia; e por quê, afinal, não se servir do material bruto que ela representa? Mas a escolha dos períodos assim relatados nos leva a outra interpretação, complementar, senão antagônica, em relação à precedente: com exceção do relato do ensaio de Dullin, as páginas do diário reproduzidas correspondem, para Simone de Beauvoir, aos períodos da maior confusão, aqueles em que ela talvez mal tenha conseguido racionalizar suas próprias atitudes, aqueles em que ela absolutamente não se reconhece igual a si mesma. E pede então ao leitor que julgue aos pedaços esses momentos difíceis em que ela fracassava em dar consistência e sentido à própria vida. Para aquela mulher sedenta de inteligência e de liberdade, a situação de impotência radical em que foi lançada pela guerra é dura de suportar. Ela observa então a situação que se tornou louca, anota tudo com a maior secura possível, talvez para compreender um dia a sua perturbação de então. E para descrever esse assombro, vinte anos mais tarde, nada melhor que aquelas notas sobre um mundo que escapava, e sobre ela, que escapa de si mesma.

Algumas anotações desse diário: dia 1.º de setembro: "Eu não penso em nada, mas estou com dor de cabeça. Há um lindo luar por cima de Saint-Germain-des-Prés, parece uma igreja do campo. E no fundo de tudo, por toda parte, um horror vago na atmosfera: nada se pode prever, imaginar, tocar." Em 3 de setembro: "Meu primeiro pensamento: 'É verdade!' Não estou exatamente triste ou infeliz, não tenho a impressão de uma dor em mim; é o mundo lá fora que é horrível." Em 8 de setembro: "Não sei por que lado encarar a guerra, nada de consistente (...) uma eterna ameaça. (...) Numa ruptura, trata-se de renunciar a um mundo que ainda está presente, a que nos enganchamos de todos os lados, e o dilaceramento é horrível. Mas, uma vez por todas, eis o mundo destruído, resta apenas um universo informe." Em 11 de setembro: "Impressão de imenso lazer; o tempo não tem mais valor." Em 16 de setembro, indo a Crécy de trem para uma visita a Simone Jollivet e Dullin, o trem para sem qualquer razão aparente em pequenas estações, ela espera que ele prossiga indo de cafés em cafés: "Não é uma parada, a realidade: ser sem casa, sem amigo, sem objetivo, sem horizonte, um pequeno sofrimento no meio da noite trágica"; em 17 de setembro: "Outrora, a pior das minhas tristezas era o espanto que me causavam, e minha revolta escandalizada. Ao passo que, agora, aceito isso com complacência, com uma impressão de familiaridade." Para expressar esse espanto, Sartre encontrou um modo particularmente feliz: "Você parece, como eu, não 'realizar' a guerra", ele escreveu a ela no dia 20 de setembro, acrescentando: "Ponho a palavra entre aspas porque há longas controvérsias em Gide a esse respeito. Eu, como ele, a considero indispensável. Não vejo que outro termo poderia substituí-la."[33]

Mas, recebendo as cartas de Sartre, junto à obstinação para lhe enviar encomendas (livros, papel pautado que ele usa para escrever etc.), ela anota, em 19 de setembro: "Estou contente de mudar de ares, contente por este dia de outono, pelas cartas que recebi ontem à noite. É quase alegria: uma alegria sem futuro, mas como gosto de viver, apesar de tudo!" E os pequenos acontecimentos dissipam por um momento a impressão de vazio: viagem movimentada a Quimper para encontrar Bianca Bienenfeld, apaixonada e exigente, oposição dos pais da jovem e depois excursão solitária na Bretanha, até chegar à casa da sra. Morel, em La Pouèze. No começo de outubro, volta à Paris: "Foi como um pânico esta manhã, o desejo de fugir desta calma, de fazer alguma coisa." As aulas recomeçam para ela no dia 16 de outubro, com um serviço dividido entre o liceu de moças Camille-Sée, no sul de Paris, "para nove mocinhas bem-comportadas e com blusas azuis", e o liceu Henri-IV, perto do Panthéon, para onde se mudou o liceu Fénelon (também de moças!). Por mais "absurda" que lhe pareça a situação, sua existência volta a estar preenchida: percursos entre seus dois locais de trabalho, frequentemente a pé, atravessando o jardim de Luxemburgo, novos referenciais em novos cafés, novos restaurantes: cartas, encomendas, vales, para Bost, para Sartre: preparativos para uma escapulida na Alsácia, em Brumath, para encontrar Sartre rapidamente, com os pretextos de uma licença de saúde para a Educação Nacional e de uma vista a uma parente doente, para a autorização das autoridades militares. Simone de Beauvoir retomou o pé. No primeiro trimestre de 1940, Sartre e Bost tiveram direito a licenças e, de qualquer maneira, o Castor se tornou o verdadeiro chefe da família. Era quem organizava a distribuição do dinheiro — seu salário, o de Sartre, aos quais se juntam alguns direitos autorais pagos pela *NRF* — aos dois soldados e aos mais jovens. Às vezes hospedava fulana ou sicrana. Deu um jeito de visitar Bost em março. Além das aulas, reservou longas horas para uma leitura laboriosa de Hegel na Biblioteca Nacional. Preencheu os vazios ameaçadores, reconquistou seu mundo e o restabeleceu numa organização minuciosa.

Tudo se desfez novamente a partir do fim de maio de 1940. Primeiro, Bost foi gravemente ferido, depois a própria guerra tomou outra feição. Para Bost, as coisas se passaram no dia 20 de maio, no front de Argonne. Como diz sua citação de atribuição da *croix de guerre*,* "ele se apresentou sob bombardeio junto a camaradas feridos para prestar socorros" e foi ele próprio atingido. Pois a "falsa guerra" vivida por Sartre como a espera interminável de alguma coisa, naquelas cidades da Alsácia em que acampava sua pequena unidade de meteorologistas, ocupados apenas algumas horas por dia, com registros cuja utilidade resta duvidosa, os longos dias eram por ele preenchidos a escrever o que se tornaria o primeiro volume de *Os caminhos da liberdade*,** mas tudo isso desmorona subitamente, com o avanço das tropas alemãs após a invasão da Holanda e da Bélgica. "Tudo acontecia. O pior"[34] resumirá *A força da idade*. Os primeiros bombardeios se abateram sobre a região parisiense no dia 4 de junho. A família se partiu em pedaços: Olga e Wanda, por insistência dos pais, foram se juntar a eles em Beuzeville, Stépha e Fernand Gérassi tomaram o rumo da Espanha na esperança de poderem de lá atravessar o Atlântico; acabariam, de fato, se refugiando em Nova York. Simone não quis acompanhar as equipes do liceu Camille-Sée, transferido para Nantes. Preferiu permanecer em Paris, onde chegavam as cartas esperadas com cada vez mais angústia; era onde estavam também os pontos de referência de sua antiga existência, a de "antes": como o espetáculo que ela assistiu na Ópera, o *Medeia* de Darius Milhaud, com direção de Dullin e cenário de André Masson, com — dublando o coro cantante

---

*   Condecoração militar francesa, que consistia numa medalha de cruz quadrada em duas espadas cruzadas, pendurada em uma fita. (N.T.)
** Referência ao romance *A idade da razão*, que só viria a ser publicado em 1945. (N.T.)

— o coro mudo dirigido por Jean-Louis Barrault, que parecia traduzir o silêncio aterrorizado de um povo paralisado pelo medo.

O medo a invadia também; como "a vida cessara definitivamente de se dobrar às minhas vontades",[35] como nada mais havia a compreender, ela retomou seu diário a partir de 9 de junho de 1940. As notícias verdadeiras, catastróficas, se misturavam às falsas, as boas novas eram desmentidas, como a de um desembarque dos russos e dos ingleses em Hamburgo! Paris seria invadida e os parisienses abandonaram a capital, seja em carros, seja em comboios de velhas carroças carregados de feno, de bagagens heteróclitas, de colchões, de bicicletas... Simone não controlava mais nada, participando do pânico que empurrava todo mundo para o sul. Ao sul do Loire, justamente, em La Pouèze, ela sabia que a sra. Morel não deixaria de recebê-la. Bianca foi encontrá-la no Café de Flore. Seu pai pretendia deixar Paris já no dia seguinte, indo para a Bretanha: poderia levar também Simone de Beauvoir na direção de Angers. No dia 10 de junho, foi a espera aflita do carro, no terraço de Mahieu, o caminho interminável nos engarrafamentos do êxodo e, após um dia inteiro de trajeto, cortado por uma noite de hospedagem improvisada em Illiers, a separação em Laval: lá, o Castor conseguiu — após uma hora de espera — a comunicação telefônica com a sra. Morel: a casa estava lotada, mas "aquela senhora" enviaria mesmo assim alguém para esperar Simone na parada de ônibus de Angers. Em La Pouèze, continuou o marasmo: a valente e enérgica Simone de Beauvoir só se lamentava. No fim do seu romance *O sangue dos outros*, escrito no último período da guerra e publicado em 1945,[36] Simone de Beauvoir faria a heroína, Hélène, reviver essa fuga de Paris, com as histórias e as próprias palavras de seu diário, retomadas, aliás, em *A força da idade*. No romance, ela insistirá sobre seu estado de espírito da época: a desesperança: "Não havia mais passado; não havia mais exílio. A terra inteira não era senão um exílio sem volta." O sentimento de não ser mais a pessoa única que ela se orgulhava de ser: "Era apenas uma refugiada entre milhões". E a romancista, para descrever a situação com a maior justeza possível e mais próxima das análises da filósofa, encontraria estas palavras que a lançavam no cerne das coisas: "Alguma coisa está acontecendo. (...) Não a mim. Eu não existo. Algo está acontecendo ao mundo." "A História se desenrola, e eu não tenho mais história." A personagem do romance se salva, porém, multiplicando os gestos de solidariedade junto aos mais infelizes que ela. Simone de Beauvoir teve estes gestos? Suas memórias não os evocam e, com realismo, a autora não assinala senão a exasperação, as fadigas, os pequenos sofrimentos, que a levaram — 15 dias depois de chegar a La Pouèze — a tentar voltar a Paris. Descrição das condições desconfortáveis da casa cheia demais da sra. Morel (Simone guardava uma lembrança encantada das estadias anteriores com "aquela senhora" na casa de praia de Juan-les-Pins, no verão de 1939, e das muitas idas a La Pouèze na companhia de Sartre...), lembrança desagradável da sua própria impossibilidade de reagir ("Durante três dias não fiz senão ler romances policiais e desesperar-me."),[37] sensação de ter sido inútil a mudança, pois os alemães chegaram a Angers e até se instalaram na aldeia; longas horas passadas com o ouvido grudado no rádio. Foi como ela ficou sabendo da substituição de Paul Reynaud por Pétain e ouviu, dividida entre o alívio e a dúvida, o anúncio do armistício. Decidiu então aproveitar a carona de um holandês que voltava à capital. Começo de trajeto difícil: a gasolina só era vendida aos pingos e ela amargamente se queixou do pouco desembaraço de seus colegas de viagem, da impossibilidade de encontrar comida durante aquele périplo interminável. Abandonou no meio do caminho o carro dos holandeses, deixando-lhes a tarefa de levar sua maleta a Paris, não sem insinuar — na relação que deduziu — coisas pessoais daquelas pessoas, e foi num caminhão alemão (elogiou a polidez e hospitalidade dos motoristas, deplorando apenas o desconforto do reboque com capota de lona e aos solavancos, em que viajou, de costas) que chega em Mantes. Terminou o trajeto até Paris num carro da Cruz Vermelha. No seu hotel da rua Vavin, ficou sabendo que o dono, achando que tinha partido em definitivo, tinha jogado fora a maior parte das suas coisas. Uma carta de Sartre a esperava (de 9 de junho!), mas ela tentou em vão encontrá-lo, e seu diário conclui este episódio, em 28 de junho, com as seguintes palavras: "Deitei-me, presa num desespero absoluto."[38]

Mas Simone de Beauvoir não era mulher de se prostrar por muito tempo. Em 30 de junho, anotou em seu diário: "Não posso deixar de esperar. O tempo está agradável. Retomei no Dôme meu lugar habitual, perto do terraço quase vazio." Notou no cardápio pratos do dia tentadores e nos balcões ao lado "frutas magníficas, presunto fresco". Sem muitas dúvidas quanto ao que lhe reservavam as semanas seguintes, com o otimismo de sempre ela escreveu, ainda naquele dia, "com todas as minhas forças, subitamente, creio em um *depois*", e como fazem sempre aqueles e aquelas que adoram escrever assim que outra coisa começa, ela comprou um caderno novo e, num estilo quase adolescente, anotou as alegrias e tristezas daquele reencontro consigo mesma: "Durante estas três semanas, não estava em nenhum lugar (...) queria tornar a ser uma pessoa com um passado e um futuro."[39] O ponto sombrio: a falta de notícias de Sartre. Foi preciso esperar até 11 de julho para receber um bilhete dele, escrito a caneta, num envelope aberto: nenhuma informação precisa sobre sua situação, mas ele procurava tranquilizá-la: a mensagem datava de 8 de julho, tinha sido precedida por outros pequenos recados enviados a La Pouèze e perdidos momentaneamente: "Estou preso, mas de modo algum infeliz. Espero estar de volta antes do fim do mês. Escreva-me." Ele confirmaria, no mesmo dia, com outro bilhete, ter sido capturado no dia 21 de junho. Depois disse estar "detido" em Baccarat, em Meurthe-et-Moselle. Por volta de 15 de setembro, Simone soube da sua transferência para o *stalag* de Trèves, na Alemanha. E essa correspondência cruzada, apesar dos atrasos, apesar das cartas dentro de pequenas folhas azuis formando envelope, logo se tornou fonte de comunicação permanente.

No referente a Sartre, ao lado dos "amo-a com todas as minhas forças", "você é a minha vida, minha doce pequena, toda a minha vida", mensagens são repletas de frases encorajadoras: quando os prisioneiros estão agrupados numa tenda, ele escreve: "Meu cativeiro está quase virando um camping."[40] Evita os momentos difíceis, insistindo nos lados bons da situação: "Passei por diversos estados: o mais vivo interesse, o embrutecimento sonolento que faz as horas passarem como um sonho, junto com uma ligeira fraqueza física, devida, de início, à alimentação insuficiente. Neste momento, isso se normalizou, recuperei todas as minhas forças, tenho alguns livros, escrevo uma obra de metafísica *O ser e o nada* e termino meu romance."[41] Embora se diga "trancafiado, bloqueado como um doente de Freud" para lutar contra a invasão das emoções, logo aproveitaria os longos períodos de tempo livre para escrever, participando, à sua maneira, das atividades do campo de prisioneiros. Embora sua preferência se incline, segundo ele, para os companheiros de origem modesta, ele conta, bem-humorado, sua colaboração com alguns intelectuais (dos quais vários religiosos...) sob a forma de palestras. Chega inclusive a se improvisar dramaturgo, diretor e ator, com uma peça sobre o tema da Natividade, peça que intitulou *Bariona*.

No referente a Simone de Beauvoir, seu tom é menos tônico, e esta correspondência — que procura ser narrativa para dar a maior quantidade de notícias possível ao destinatário — é cheia de pequenas informações sobre a vida cotidiana, sobre os membros da "família", sobre os acontecimentos da vida parisiense. Um pouco também superabundante sobre as relações entre o Castor e as jovens em torno dela, que Sartre conhece bem: conciliação difícil entre as paixões cruzadas de Bianca por Sartre e por ela, crises incessantes de ciúme amoroso entrecortadas por cenas de ternura com Nathalie Sorokine, que Simone manda ir dormir do lado de fora quando a considera insuportável demais, alusões nada indulgentes a Wanda, de quem ela leu o diário íntimo, amizade um pouco mais serena com Olga, que retomou a vida com Bost etc. Mas Simone de Beauvoir tenta encontrar um lugar para cada um e cada uma em seu tempo livre, organizar todo este mundo para dividir as refeições, os momentos de conversas, cuidadosamente contabilizados, e zelar pela distribuição dos seus "centavos" (como ela diz na sua linguagem de então) entre aqueles e aquelas em necessidade. Sartre assinou os papéis necessários para que seu salário possa ser sacado por ela, e fica combinado entre eles que os dois salários reunidos devem servir a todos os membros da família que precisem.

Em 2 de julho, indo à Sorbonne para se informar sobre seu salário, foi "arpoada" por um inspetor da academia: "Professora de filosofia? É exatamente do que precisamos." E já no dia seguinte ela se vê alocada no liceu Victor-Duruy, com um serviço de oito horas por semana. Em 3 de julho, ela tenta aprender a andar de bicicleta para se deslocar mais facilmente em Paris, onde os transportes públicos estão desorganizados: é Nathalie Sorokine que a equilibra por trás para as primeiras pedaladas, e é também quem consegue, por meios que Simone prefere ignorar, uma bicicleta que ficará no seu quarto do hotel Danemark, ao qual ela voltou, após algumas semanas passadas na casa da avó.

Assim segue a vida, durante estes meses de setembro de 1940 a março de 1941. Após o episódio do liceu Victor-Duruy em julho, Simone de Beauvoir será realocada, no reinício das aulas, para o liceu Camille-Sée. Nesse reinício das aulas, cada professor deve assinar um papel afirmando não ser judeu nem membro da franco-maçonaria. Simone assina. Ela anotará nas suas memórias: "Eu achava repugnante assinar, mas ninguém se recusava; para a maioria de minhas colegas, como para mim, não havia meio de fazer de outro jeito."[42] Será por todos os seus pensamentos estarem em outro lugar, junto de Sartre, será pela inquietação daquele período, será pelo temor de se deixar tomar novamente nas complicações das admirações amorosas? Em todo caso, talvez mais ainda que nos seus antigos postos, ela acentua a distância e a indiferença com relação a suas alunas. Quando, em 11 de novembro de 1940, a pretexto de uma comemoração pelo armistício de 1918, alunos dos liceus e das faculdades se decidem por uma "marcha à [praça da] Étoile", ela se sente estranha ao movimento que se esboça, e descreve a confusão na qual se encontra: "Eu não conhecia nenhum destes rapazes que tinham abertamente dito não ao nazismo. Só via gente tão desarmada quanto eu mesma; nenhum de nós possuía rádio, eu não podia sequer ouvir a BBC. Como decifrar os acontecimentos através das mentiras dos jornais?"[43] Então, como todos aqueles que só se sentem concernidos pela corrida aos tíquetes de alimentação, Simone de Beauvoir se deixa absorver pelas preocupações da vida cotidiana.

O inverno de 1940-1941 será muito rude: o quarto do hotel não é aquecido, e Simone veste, à noite, meias e calças de esqui para não tremer demais sob os pequenos cobertores. Durante o dia, ela vai escrever no Dôme, de onde desapareceram os estrangeiros que o enchiam outrora, substituídos pelos alemães que o patrão tinha recusado por certo tempo, até precisar aceitá-los. As noites, antes de ir dormir, ela passa no Flore, também escrevendo... Pois decidiu avançar na escrita do seu romance, do qual espera que Sartre possa, em breve, ler os capítulos. É também a época em que ela retoma seus hábitos na Biblioteca Nacional e na da Sorbonne: está decidida a ler seriamente Hegel. Pelo menos é como ela apresenta a Sartre o seu novo mergulho na filosofia: no dia 23 de janeiro de 1941, diz ter achado *O homem do ressentimento*, de Max Scheler, um livro "bem fraco", conta que "voltou a Hegel com as alunas". E lhe confia seu vivo desejo de retomar os autores de primeira grandeza, e de conversar com interlocutores à sua altura: "Morro de vontade de fazer filosofia de verdade, há um monte de coisas que assimilei bem, mas, bom Deus! Que vontade de ter discussões substanciais! Como eu gostaria de conversar com você! Eu acabaria por *escrever*[44] filosofia por necessidade de me exprimir, se estivesse condenada por muito tempo a nunca conversar."[45] E, três dias depois, ela voltará a falar desta espécie de excitação a filosofar: "Me dá um pouco de comichão o desejo de escrever filosofia, tenho um monte de ideias em mente."[46] Em *A força da idade*, Simone de Beauvoir exporá de maneira bem menos espontânea, e mais elaborada, a natureza de suas pesquisas de então.[47] A propósito de Hegel, ela anotará que começava então a compreendê-lo melhor, "em relação a pormenores, sua riqueza deslumbrava-me; o conjunto do sistema dava-me vertigem". Ela se sente tentada pelo movimento que consiste em "abolir-se em benefício do universal".

Mas a mulher apaixonada pela vida não se satisfaz com tais abstrações: "O menor movimento do meu coração desmentia essas especulações: a esperança, a raiva, a espera, a angústia se afirmavam contra todos as superações: a fuga no universal não era senão, de fato, um episódio em minha aventura pessoal." Ela contrapõe a Hegel Kierkegaard, que diz ter também lido nesta época "com paixão". E retorna à hesitação de sua juventude entre filosofia e literatura: "Ora a literatura me parecia um ruído fútil, ora a filosofia uma elucubração vazia." Acaba concluindo esta retrospectiva de suas pesquisas de então escolhendo, é o que ela diz, Heidegger contra Hegel: "Quanto mais me adiantei, mais — sem deixar de admirá-lo — me separei de Hegel. Sabia então que, até a medula, eu estava ligada aos meus contemporâneos: descobri o inverso desta dependência: a minha responsabilidade." Como todo relato autobiográfico, este julgamento é sem dúvida fortemente marcado pelo desejo de coerência: a intelectual exigente que é Simone de Beauvoir não pode se dispensar de conhecer por si mesma o filósofo predominante na cultura alemã do século XIX, Hegel. Ela retoma então os textos dele, que Jean

Wahl, em particular, tinha dado a conhecer ao público francês. E, como toda filósofa que se dá ao respeito, ela fica fascinada pela coerência do sistema, de sua lógica, do gosto pelo encadeamento rigoroso dos conceitos. Mas o mundo exterior está ali, um mundo de som e fúria, o mundo tão repleto do contrassenso da guerra, da dominação incompreensível de uma doutrina absurda, da separação, da morte. Então, embora se refugie na Biblioteca Nacional entre as páginas protetoras, não pode, ainda que por lampejos, evitar o sentimento de culpa ao se abstrair do mundo do sofrimento e do medo. Ela descreverá este estado de espírito um pouco mais tarde, na conclusão de *Por uma moral da ambiguidade*: "Lembro-me de ter experimentado um grande apaziguamento ao ler Hegel no ambiente impessoal da Biblioteca Nacional em agosto de 1940. Mas assim que me via na rua, em minha vida, fora do sistema, sob um céu de verdade, o sistema de nada mais me servia: eram, sob cor de infinito, as consolações da morte que ele me havia oferecido; e eu desejava ainda viver no meio de homens vivos."[48] Contudo, durante estes meses da "falsa guerra" e, depois, da guerra propriamente dita, entre setembro de 1939 e o retorno de Sartre em abril de 1941, Simone tenta preservar seu universo de outrora — referências intelectuais, amizades e amores complicados, prazeres de ordem estética —, mesmo não conseguindo mais restabelecer a coerência com o que se passa em torno dela. Jean-Paul Sartre, por sua vez, viveu no mesmo período choques um pouco mais rudes, mesmo sem ter sofrido provações muito grandes: ele, sobretudo, conviveu com homens bem diferentes do mundo no qual sempre vivera. E sentiu circular entre eles, na precariedade de vida difíceis, isso que ele chama de "calor", do qual o retorno à vida civil, à vida "burguesa", como ele diz, ameaça privá-lo. Como viver de outro modo na guerra? Poderiam se aproximar daquela solidariedade pressentida e desejada, evocada em termos de ausência no reencontro daquela noite ao mesmo tempo feliz e lúgubre de 2 de abril de 1941? Apesar da distância do reencontro, dolorosamente sentida pelo Castor, esta será sem dúvida uma das preocupações comuns dos dois, nos anos seguintes.

5.
JANEIRO DE 1945

"A política se tornara coisa
de família, e pretendíamos
nos meter nela."
SIMONE DE BEAUVOIR,
A força das coisas.[1]

Janeiro de 1945: Simone de Beauvoir vai ser recebida por um ministro! Um ministro recém-nomeado e quase um colega de estudos, quatro anos mais novo: Jacques Soustelle. Ela ouviu falar do intelectual brilhante, primeiro lugar no concurso da Normale Sup em 1929, com apenas 17 anos, e primeiro lugar na *agrégation* de filosofia aos vinte, doutor em letras cinco anos depois. E engajado de maneira tão forte na existência, diferentemente de outros intelectuais que ela conhecia bem: casou-se aos 19 anos, se especializou numa disciplina recentíssima, a etnologia, e, desde junho de 1940, se tornou membro da direção de intelectuais antifascistas, juntando-se a de Gaulle em Londres: o general, seduzido pelo brilhante aliado, o nomeou em julho de 1942 comissário nacional de Informação e depois, em 1943 e 1944, em Argel, diretor geral de serviços especiais de ação na França, encarregado de coordenar a luta contra os alemães. Quando da Libertação, se torna comissário da República em Bordeaux, e começa a se ocupar em Paris dos problemas de Informação antes da sua nomeação oficial ao ministério, no dia 30 de maio de 1945.

Nessa primeira incursão num palácio nacional, Simone de Beauvoir se fez acompanhar de Michel Leiris. Não à toa o escolheu para isso: Leiris não é apenas um "literato", escritor e poeta ligado à corrente surrealista. Em 1933 e 1934, ele acompanhou, como secretário arquivista, o etnólogo Marcel Griaule na missão Dakar-Djibouti, uma longa travessia da África Oriental à Ocidental para uma viagem memorável que deu início à maior parte dos conhecimentos da época sobre os povos africanos, em particular os Dogons. Leiris, desde então, frequentou as equipes do museu do Homem, onde fez carreira como diretor do departamento da África negra, enquanto o jovem ministro, enviado em 1932 por um outro grande etnólogo, Paul Rivet, em missão para conhecer as civilizações autóctones da América, se tornou um dos maiores especialistas nas antigas culturas ameríndias, em particular a do México. Mas os dois etnólogos não se encontram ali para falar do museu do Homem nem do Centre National de la Recherche Scientifique (CNRS) que começa a ser montado. Tampouco para evocar a guerra, o gaullismo e a Resistência, pois nesses assuntos a autoridade Soustelle é bem maior que a dos dois visitantes. Beauvoir e Leiris vêm simplesmente como solicitantes, pedir ao ministro o desbloqueio de alguns estoques de papel para a revista da qual eles são — com um certo Jean-Paul Sartre — os fundadores: *Les Temps Modernes*.

Eles falam desta revista desde a Libertação. Em outubro de 1944, numa Paris já libertada, mas com a guerra que continua em numerosas frentes, Sartre reuniu alguns amigos para discutir o projeto. O título? Leiris, querendo insistir no aspecto perturbador que a revista deve adotar, propõe *Grabuges* [brigas, arruaças, tumultos]. Sartre sugere, entre outros, o do filme de Carlitos, que todos os cinéfilos adoram: *Les Temps Modernes* [*Tempos Modernos*]. "Morno",[2] acha Simone de Beauvoir, mas a referência ao homenzinho apertando os parafusos na cadeia de montagem acaba por conquistá-la. Além dos amigos próximos, como Leiris, Sartre e Simone de Beauvoir apelam a antigos colegas da Normale Sup: Raymond Aron (de volta do quartel-general de de Gaulle em Londres) e Maurice Merleau-Ponty, que assume oficialmente o título de redator--chefe da revista. Camus é chamado, mas ocupado demais com *Combat*, manda em seu lugar Albert Ollivier, que dirige o jornal com Pascal Pia e ele. Enfim, na quantidade de revistas que tentam então ver a luz — *Les Chroniques de Minuit*, lançada por Vercors na editora de mesmo nome por ele criada clandestinamente em 1941, publicando *Le Silence de la mer*, *Esprit*, apoiada por Éditions du Seuil com base no personalismo de Emmanuel Mounier —, Sartre obtém a colaboração de Jean Paulhan, diretor da *Nouvelle Revue Française*, que traz consigo sua experiência e permite que se espere o apoio da editora Gallimard, embora, com sua inimitável ironia, ele ao mesmo tempo declare: "Aceitei entrar para o comitê da revista, que não vejo muito como evitará se tornar tediosa e falsa. Mas em literatura tudo pode servir."[3]

Por ocasião desse encontro no Ministério, Sartre está ausente: tinha ido, no início de janeiro, para os Estados Unidos. Mas todos sabem que é o principal iniciador da empreitada e, em *A força das coisas*, Simone de Beauvoir diz ter feito a visita "em nome dele".[4] Quatro anos antes, desde seu retorno do cativeiro em abril de 1941, marcado que estava pelo absurdo da guerra e pela urgência de dar um novo sentido à História da qual acabava de ser vítima, Sartre tentou intervir no campo político. Simone de Beauvoir relatou em *A força da idade* as conversas deles à época; ele a questionou: realmente tinha aceitado assinar o texto proposto a todos os professores afirmando que não ser judia nem franco-maçom? Como pôde aceitar o sistema do mercado negro, mesmo que apenas para conseguir um pouco de chá? Trata-se de um homem "cheio de princípios" que afirma ter voltado "para Paris, não para gozar as doçuras da liberdade, e sim para agir". Simone sente-se "atordoada": "Como? (...) estávamos tão isolados, tão impotentes! Justamente, disse-me, era preciso quebrar esse isolamento, unir-se, organizar a resistência."[5] Ela permanece cética; teme esse lado Dom Quixote que de repente lhe revela aquele intelectual geralmente tão desprendido e irônico. Ele retomou suas aulas no liceu Pasteur de Neuilly alguns dias depois de chegar, no final das férias de Páscoa, e imediatamente começa a procurar contatos para a rede de resistência em que pensa. São os amigos próximos que constituem o primeiro núcleo; os colegas filósofos: Merleau-Ponty, Cuzin, Jean-Toussaint Desanti; os ex-alunos e os membros da família: Jean Pouillon, Jacques-Laurent Bost e Olga. Jean Pouillon, que mais tarde será secretário na Assembleia nacional e se tornará um dos principais colaboradores da *Les Temps Modernes*, descreveu a Deirdre Bair a atmosfera estranha daquele primeiro encontro; era surpreendente que se falasse tão alto num suposto lugar de preparar ações clandestinas. Menciona também a atitude de Simone de Beauvoir, que ele até então nunca tinha visto: sentada um pouco à parte, fumando nervosamente: "Eu tinha ouvido dizer que era uma mulher terrível, muito brusca e imperiosa, mas naquela noite parecia tímida, assustada, desconcertada — não sei como descrever isso."⁶ Sartre expõe seus planos: elaborar projetos para o que devia ser a França de amanhã, seja na perspectiva de uma vitória dos aliados, seja na de uma vitória alemã, o objetivo então se tornando "fazer o inimigo perder a paz".

Os testemunhos sobre as tentativas de organização da rede "Socialismo e Liberdade" dificilmente se compatibilizam. Primeiramente porque, por sua própria natureza, deviam permanecer clandestinos e deixar o mínimo de rastros possível. Em seguida porque, segundo a simpatia maior ou menor suscitada pelas iniciativas de Sartre, os julgamentos vão de um extremo a outro. Comecemos pelo pior: o que Gilbert Joseph expôs em seu livro *Une si douce occupation* [Uma tão doce ocupação].⁷ O autor avalia que Sartre se impressionou com a participação de Paulhan no jornal *Résistance,* criado pela rede do museu do Homem. Seria então para garantir os favores do editor da Gallimard que ele teria resolvido criar seu próprio movimento. Com a ausência de nuances e o ódio singular que demonstra por Sartre e Simone de Beauvoir, ele escreve: "Ao frequentar Paulhan e ouvir falar da Resistência, Sartre pensou no interesse de fingir ser também um resistente, embora sua maneira de viver o colocasse entre os *attentistes.**"⁸ Portanto, carreirismo e falsidade quanto às intenções. Observemos de passagem que o raciocínio de Gilbert Joseph se apoia num julgamento moral com relação ao homem Sartre: "sua maneira de viver" não o predispunha à ação... No extremo oposto, nos aproximamos da interpretação mais favorável, a da própria Simone de Beauvoir. Ela anotou, no seu relato do reencontro de abril de 1941, a profunda mudança que os meses de mobilização, de guerra e

---

* *Attentisme*, no vocabulário político da época, designa a prática política ou sindical, ou a atitude individual de, em vez de tomar a iniciativa, se ajustar às circunstâncias, "esperar" (*attendre*, verbo de onde deriva o "ismo" em questão) para ver no que dará e como tirar o melhor proveito do rumo dos acontecimentos. (N.T.)

de cativeiro tinham provocado no seu companheiro. Principalmente o cativeiro, que o tinha forçado a se misturar a meios diferentes dos que ele conhecia, e que o levavam, em todas as conversas de então, a se referir a uma "solidariedade" que parecia ser a última das suas preocupações antes daquela provação. As *Memórias* de Simone de Beauvoir, sem fazer muita alusão a suas próprias dúvidas quanto à validade do projeto, insistem então sobre o ativismo obstinado em que eles se lançaram a partir da primavera de 1941: reuniões de grupos nos quartos de hotel em que moravam ou num piso térreo onde se podia entrar e sair por uma janela, o que lhes parecia o *nec plus ultra* das garantias de segurança... O trabalho sobre textos que a jovem Dominique Desanti digitava em estênceis antes de mimeografá-los (lembranças heroicas da propaganda militante!)... Viagem de bicicleta de Sartre e Simone de Beauvoir, no verão de 1941, para encontrar e tentar convencer — em vão — intelectuais refugiados na zona sul, área não ocupada da França. Enfim, diante das dificuldades de organizar uma verdadeira rede, face também ao medo da repressão que poderia se abater sobre eles e sobre seus jovens companheiros, o abandono do projeto já no outono de 1941 e a suspensão do nome "Socialismo e Liberdade", que será retomado após a Libertação por Sartre para tentar criar um movimento político epônimo.

Entre esses dois extremos, múltiplos registros vão praticamente no mesmo sentido; retenhamos os de Maurice Nadeau e de Nathalie Sarraute. Maurice Nadeau — um pouco mais jovem que Sartre e Simone de Beauvoir, pois nasceu em 1911 — não é ainda o crítico literário, o autor célebre e editor que se tornaria. Mas passou pela École normale supérieure de Saint-Cloud, se filiou ao Partido Comunista em 1932, sendo dele rapidamente expulso e — impressionado pela ascensão do nazismo na Alemanha e pela impotência da esquerda para organizar uma oposição — se aproxima da corrente trotskista e, no sindicalismo docente, se torna militante da corrente "l'École émancipée [a escola emancipada]". Ao mesmo tempo, conhece Breton em 1938 e participa de múltiplos encontros com os surrealistas dissidentes da corrente comunista. É então com um jovem de trinta anos, muito politizado e conhecendo muitos intelectuais da época — embora qualifique a si mesmo como um "professorzinho anônimo" —, que Sartre, no dia seguinte ao seu retorno, vai encontrar num café da rua Gay-Lussac. O encontro foi definido por intermédio de Merleau-Ponty, que fez chegar a Nadeau a mensagem: "Sartre tem vontade de fazer alguma coisa." Maurice Nadeau contou suas lembranças desse episódio em seu livro *Grâces leur soient rendues* [Graças lhes sejam dadas][9] e diz ter sido mero emissário encarregado por um grupo de amigos de se informar sobre os projetos do escritor já célebre após as publicações de *O muro* e de *A náusea*. Sartre insiste primeiramente na necessidade de discrição: pequenos grupos que devem se ignorar, cada membro de um grupo de cinco não devendo conhecer senão os quatro outros (ele propõe que Nadeau faça parte do seu), trabalho organizado de início a partir dos meios intelectuais, escritores, universitários (Sartre destaca que seu jovem colega poderia ajudá-los na nebulosa surrealista e cita Eluard...), silêncio quanto a quem toma as decisões ("Eu ou um outro, pouco importa" teria declarado Sartre)... Nadeau pergunta sobre os objetivos e ele responde: pedir a pessoas conhecidas que "tomem posição. Contra Vichy, contra o ocupante". Como Nadeau se mostra curioso com relação ao trabalho literário de Sartre, eles trocam algumas ideias sobre poesia e poetas, sobre literatura e filosofia. E nisso, se nos fiarmos à memória de Nadeau, que ele próprio diz no início do livro, não sem certo coquetismo, que pode ser "muito ruim", a conversa ganha amplitude. Sartre fala profusamente, ao que parece, do que chamará um pouco mais tarde de literatura engajada: "Não aprisionar o mundo na escrita, mas abrir o homem para o mundo, fazê-lo descobrir o que ele faz neste mundo, como ele se vê na sua época..."; ele recusa também as fronteiras entre os diferentes gêneros literários: "Quando se tem o instrumento em mão, tudo é possível. (...) Um escritor, quero dizer, aquele que possui o instrumento, pode escrever sobre tudo, e em todos os gêneros." O encontro se encerra com um conselho de Sartre: "Não me procure. Espere meu sinal." Nadeau assinala apenas dois encontros naquele período: o primeiro quando Sartre foi vê-lo em sua casa, o segundo para uma reunião do grupo de cinco num quarto de hotel da rua de Buci, em que Nadeau se lembra da presença de Wanda, assim como de Jacques-Laurent Bost, que não lhe foi apresentado, mas que ele reconheceu mais tarde, entre os correspondentes de guerra encontrados em *Combat*. Nadeau menciona sua "surpresa" quanto ao curso da reunião: Sartre teria proposto que o grupo se interrogasse sobre "a natureza do Estado edificado por Vichy", precisando que o grupo deveria ter "elucidado" esta questão no prazo de um ano... O militante sindicalista trotskista que era então Nadeau imaginava que lhe seriam confiadas tarefas que ele conhecia bem, "contatos, ligação, propaganda", mas se vê "lançado num debate filosófico". Não houve outras reuniões. Na véspera da data fixada para um novo encontro, um bilhete escrito a mão e assinado por Sartre foi deixado embaixo da sua porta: "Encontro cancelado. Darei um sinal. Abraços. J. P. S." Sartre não dá mais sinal e Nadeau garante não ter descoberto senão bem mais tarde, nas *Memórias* de Simone de Beauvoir, a razão do silêncio: a ameaça da repressão. Sabemos qual é o texto: após lembrar algumas prisões, algumas deportações de pessoas próximas à rede, ela explica: "Sartre mediu os riscos que, em vão, correriam nossos camaradas se prolongassem a existência de 'Socialismo e Liberdade'. Durante todo o mês de outubro, tivemos a esse respeito intermináveis discussões; para dizer a verdade, ele discutia consigo mesmo porquanto éramos da mesma opinião: ser responsável pela morte de alguém, por pura obstinação, era coisa que não podíamos perdoar-nos facilmente. Custava a Sartre renunciar a esse projeto que acariciara durante semanas no stalag e a que se dedicou alegremente; abandonou-o, contudo, embora contra a vontade."[10]

O relato dos contatos entre Nathalie Sarraute e Sartre a propósito da constituição da rede "Socialismo e Liberdade" é bem mais breve e foi confiado pela escritora a Valérie Minogue para seu trabalho sobre *Portrait d'un inconnu* [Retrato de um desconhecido] nas *Œuvres complètes de Nathalie Sarraute*, editadas na Bibliothèque de la Pléiade.[11] Sartre havia sido um dos raros a elogiar, em 1939, o primeira livro de Nathalie Sarraute, *Tropismos*. Em 1941, a encontrou na casa de um ex-colega da École Normale, Alfred Péron, cuja esposa era amiga de Nathalie Sarraute. Sartre propôs que participasse de um dos seus grupos, que Nathalie Sarraute qualifica, não sem ironia, de "comitê de reflexão". Ela se lembra de ter participado de "três ou quatro reuniões" e tem esta fórmula definitiva para classificar a experiência: "Era um assim chamado grupo de resistência no qual devíamos fazer deveres sobre a França futura — que não fizemos!" A expressão é cruel, traduz certa animosidade nascida de relações complicadas posteriores entre a escritora e o casal de filósofos, com Simone de Beauvoir em particular, mas é sem dúvida bastante justa, tanto pelo aspecto imaturo da iniciativa ("fazer deveres"), quanto pelo aspecto deslocado ("a França futura"), sem a organização da ação necessária para resistir.

Considerando mais de perto a rememoração dos eventos, a partir da primavera de 1941, por Simone de Beauvoir, duas observações se impõem: em primeiro lugar, a "rede" era contra todo ato de violência. Quando Jean-Toussaint Desanti propõe certo dia, "com uma ferocidade risonha",[12] organizar atentados contra homens de extrema direita que estavam do lado do ocupante, todos protestam com certo bom senso: "Nenhum de nós se sentia qualificado para fabricar bombas ou lançar granadas."[13] E, sem dúvida, nenhum deles tem vontade de se tornar "qualificado" na matéria. Em segundo lugar, a "memória" guardada por Simone de Beauvoir daqueles meses de tentativas é marcada mais pelo imprevisto, quase que exotismo, das iniciativas do que pela necessidade de uma tarefa. Após ter assinalado as imprudências da constituição da rede (quartos de hotel com divisórias nada espessas, salas de café etc.), ela relata com mais detalhes a viagem de bicicleta em que se lança com Sartre no verão de 1941.

Sartre pensa poder aproveitar a estadia na zona livre para poder ser desmobilizado (ele é apenas um preso foragido), mas o objetivo real da expedição é retomar contato com os intelectuais refugiados no sul para estabelecer laços entre eles e os pequenos grupos parisienses. Em julho, Georges de Beauvoir morreu de uma tuberculose que Simone chama de "tuberculose dos velhos", depois de operar a próstata. Simone admirou a calma do pai na fase terminal da doença e serviu de intermediária entre ele e a mãe para recusar, conforme o seu pedido, os sacramentos religiosos aos moribundos. Em agosto, ela embarca com Jean-Paul Sartre na aventura da viagem ao sudeste da França. Bicicletas roubadas — sempre por intermédio de Nathalie Sorokine — e enviadas de trem a Roanne com um material mínimo de acampamento, passagem noturna sem problemas, através dos prados, para o sul do Loire, "não era muito difícil, sem bagagem, as mãos nos bolsos, atravessar a linha de demarcação". Sartre obtém em Bourg-en-Bresse, não sem alguma discussão, sua folha de desmobilização. A partir de então (para não se levar a sério ou pura e simples constatação da realidade?), a narrativa de Simone de Beauvoir parece mais uma excursão de férias do que uma missão perigosa. Em Lyon, eles "passeiam" pelas "colinas avermelhadas" e "correm" aos cinemas que passam filmes norte-americanos. Vêm Saint-Étienne, Le Puy, a estrada de Cévennes. Sartre adora sonhar e flanar nas descidas, se esquece de prestar atenção na estrada e cai em algumas valetas. O Castor revê com alegria as paisagens de suas excursões solitárias de outrora. Primeiro contato útil com Pierre Kahn, um antigo colega da Normale Sup "que participava da Resistência".[14] As imagens desse encontro, para surpresa da própria Simone de Beauvoir, numa aldeia "perdida em bosques de castanheiros", são as de um retiro campestre. Musgos de bosque em que eles se sentam para discutir, "o riso das crianças, o frescor dos frutos selvagens e a afetuosidade daquele encontro, desafiavam todas as ameaças". Depois os ciclistas descem o vale do Rhône e ela se recorda da "embriaguez" provocada pelo mergulho rápido nas paisagens de Cévennnes, antes de entrar na Provence propriamente. Montélimar, o Tricastin, Arles, Marseille... Ali, as pequenas incursões em forma de peregrinações em lugares outrora visitados juntos e, de novo, programa de filmes norte-americanos nos cinemas marselheses, com até três filmes por dia!

Vêm então os encontros que constituíam o objetivo da viagem: Daniel Mayer em Marseille, André Gide em Grasse, André Malraux em Saint--Jean-Cap-Ferrat, e depois, na estrada de retorno por Grenoble, Colette Audry. O balanço dessas visitas é pobre. Daniel Mayer parecia boa referência para contatos com a esfera de influência socialista. Pouco mais jovem que Simone, ele entrou, aos 18 anos, em 1927, para a Liga dos Direitos Humanos, em gesto de protesto contra a execução dos anarquistas norte-americanos de origem italiana Sacco e Vanzetti; aderiu então à SFIO e integrou o Comitê nacional das juventudes socialistas. Redator do *Populaire* a partir de 1933, tornou-se o chefe da rubrica social. No momento em que Sartre e Beauvoir o encontram em Marseille, Mayer é — será que eles sabiam? — secretário do Partido Socialista clandestino. Recebeu-os de forma cordial, mas prudente. Talvez querendo avaliar a fidelidade à corrente que ele representa? Em todo caso, pediu ao casal que mandasse uma carta a Léon Blum* "pelo seu aniversário" (curiosa precisão de Simone de Beauvoir, o aniversário de Léon Blum caía no dia 19 de abril e o encontro aconteceu em agosto! Mas é verdade que em 19 de abril de 1942 Blum festejaria seus setenta anos... Daniel Mayer explicará mais tarde ter querido testar Sartre, suspeito de não ter nenhum passado político...).[15] Conclusão de Simone de Beauvoir: "Sartre o deixou, decepcionado."

André Gide morava normalmente em Cabris, mas se encontrava então num hotel em Grasse. Recebe Sartre num café, multiplicando as cautelas para não ser ouvido pelos outros clientes. Os emissários do "Socialismo e Liberdade" sabem que o grande escritor, que ambos admiravam e que marcou sua diferença frente à corrente comunista ao publicar *Retour de l'URSS* [Retorno da União Soviética] em 1936 e *Retouches à mon Retour de l'URSS* [Retoques a meu Retorno da União Soviética] em 1937, acaba de romper com a *Nouvelle Revue Française*, da qual tinha sido um dos fundadores, por ela ter se tornado colaboracionista. Por outro lado, Gide manifestou seu interesse em relação ao autor de O *muro*, chegando até a solicitar a Adrienne Monnier que organizasse um jantar para conhecer o jovem Jean-Paul Sartre à época da publicação da obra. Porém, às propostas de participar da rede, ele responde com "um gesto vago",[16] se contentando em citar o nome de um contato possível. E como Sartre lhe informa que tem um encontro marcado no dia seguinte com Malraux, Gide diz com uma gentileza irônica: "'Pois bem', disse Gide (...), 'eu lhe desejo um *bom* Malraux'."[17] Recontando este encontro numa carta a Roger Martin du Gard, Gide fala de suas dúvidas sobre o "bom" Malraux: "Não sei no que isso vai dar [o encontro Sartre-Malraux], pois Malraux não gosta nem um pouco da literatura de Sartre. Mas Sartre está avisado."[18]

Sartre parece ter sido convidado sozinho para o almoço "faustosamente servido" na casa dos Malraux a Cap d'Ail, em Saint-Jean-Cap-Ferrat. Mas Malraux acredita mais na intervenção dos russos e dos norte-americanos do que nos esforços da resistência interna para vencer a guerra. Não apresenta, pois, senão dúvidas às propostas de Sartre. Annie Cohen-Solal,

---

* Histórico líder socialista francês, que esteve à frente do governo da Frente Popular, em 1936. (N.T.)

resumindo a atmosfera dessas tentativas de contatos, conclui com severidade: "No momento em que a Resistência se organiza, no momento em que é criada por Astier de la Vigerie o movimento 'Libération' na zona sul, no momento em que os jovens estudantes da 'Défense de la France' [Defesa da França] aprimoram seu aprendizado da clandestinidade em Paris, os homens de letras parisienses desse fim de verão de 1941 fecham as portas a Sartre e admiram os pores do sol mediterrâneos."[19]

Nesta fase importante e ao mesmo tempo decepcionante dos projetos políticos de Sartre, qual é exatamente a posição de Simone de Beauvoir? Seria exagerado dizer que ela simplesmente "segue" companheiro? Sem dúvida ela parece, em retrospectiva, ter estado consciente de certas fraquezas das ações empreendidas: falta de prudência, informação insuficiente sobre os apoios esperados. Mas não parece ter isso em mente naquele momento. Cumpre as etapas da viagem como cumpria, nas férias anteriores, as excursões a pé ou de bicicleta em que arrastava um Jean-Paul Sartre pouco inclinado a este tipo de atividade. Sartre parece ter organizado os encontros e ter participado sozinho deles. Os filmes vistos nas cidades atravessadas, os problemas com as bicicletas, pneus furados, as dificuldades de se alimentar corretamente num sul da França em que as privações não são muito diferentes das de Paris para viajantes com menos dinheiro... ela conta tudo isso perfeitamente em *A força da idade*. Mas a única reflexão verdadeira neste longo relato será suscitada por um acidente ocorrido quando eles desciam sob pleno sol o desfiladeiro de Allos com destino a Grenoble. Simone cai violentamente nuns pedregulhos e se fere de maneira espetacular: um dente quebrado, o rosto machucado, uma pálpebra inchada fechando um dos olhos... Ela diz que acreditou por um instante morrer com o susto. E quando escreve o último parágrafo sobre a viagem, após algumas observações tão entusiasmadas quanto no início sobre as belezas da paisagem (a Borgonha desta vez), tem estas palavras: "Vivi semanas de felicidade; e tinha feito uma experiência cujo efeito se prolongaria por dois ou três anos: estivera perto da morte; visto o terror que ela sempre me inspirou, contou muito para mim ter me aproximado tanto. (...) Achei estar definitivamente liberta de meus temores". E continua: "Terminamos nossas férias na casa da sra. Lemaire."

Com o retorno a Paris e o reinício das aulas, a situação se endurece consideravelmente. Sartre é forçado a constatar o fracasso da tentativa de reunir intelectuais na sua rede. Em Paris se sucedem atentados e represálias; a prudência se impõe: "Socialismo e Liberdade" deve hibernar e o casal — mais sensível aos perigos da repressão que a eventuais críticas — evita, junto aos simpatizantes contatados, se alongar sobre suas razões. A partir do final de 1941, Simone de Beauvoir e seus amigos se esforçam para sobreviver, voltando a uma existência de intelectuais livres e (diriam os sociólogos hoje em dia) bastante "deslocados". O problema número 1, para a "família" que continuam mantendo, é o da alimentação. O inverno 41-42 foi muito frio. Os restaurantes baratos servem uma comida infecta. Simone de Beauvoir descobre então que existe no hotel Mistral um quarto com cozinha e consegue permissão para ocupá-lo. Transforma-se então em governanta: junta os tíquetes de alimentação do grupo e se organiza para estar presente nas filas de espera que se estendem toda vez que é anunciada a chegada de mercadorias, sejal elas algumas dezenas de gramas de manteiga ou carne de corvo! Ela se esforça para conseguir batatas e outros legumes mais revigorantes que os nabos e os topinambos que ninguém ainda pode dizer que sejam deliciosos. E ela, que pensava ter abandonado para sempre os trabalhos domésticos que tanto recusava no tempo da rua de Rennes, se torna uma espécie de mãe/dona de casa. É preciso também lutar contra o frio; os quartos de hotel não são aquecidos e Simone corre para o Flore assim que ele abre para poder trabalhar perto do fogão no primeiro andar. Sartre e os outros se juntam a ela frequentemente e se organizam em pequenas mesas onde as conversas não atrapalham a leitura e a escrita dos que leem ou escrevem. O salão do térreo é cheio de pessoas conhecidas de todo tipo, e Simone Signoret (que era ainda apenas a jovem Simone Kaminker) contará mais tarde como ela conheceu ali, além dos seus primeiros amores — Claude Jaeger, engajado na Resistência, Daniel Gélin, Marcel Duhamel e depois Yves Allégret —, tudo que era importante no mundo do cinema, da pintura, da vida artística. Com uma dominante: são muitos os exilados e se respira com eles (Picasso e Dora Maar, Mouloudji, Giacometti, Soutine, os irmãos Prévert e tantos outros...) o sopro da liberdade. Entre o Flore e os quartos de hotel, a vida vai então recomeçar, dividida entre as aulas a serem dadas e o trabalho, o único que verdadeiramente conta para Simone de Beauvoir e Sartre, escrever.

Em sua função de professora, Simone de Beauvoir continua a investir o mínimo: ela confia na solidez da sua bagagem filosófica e sabe que pode ser uma professora muito correta se valendo dos conhecimentos adquiridos no tempo de seus estudos, com planos de aulas que lhe serviam já há dez anos. O liceu Camille-Sée, no 15.º *arrondissement*, onde ela ensina agora, na "primeira superior" (atual *hypokhâgne*), corresponde, simplesmente a horários fixos, trajetos a organizar, referenciais com que se situar nos cafés ao redor para um cigarro, uma bebida ou uma refeição. Ela se esforça agora para não dar brecha a contatos com as alunas, que lhe valeram no começo da carreira tantas afeições, alegrias e... aborrecimentos. Esses encontros, que em grande parte constituíram a "família", gera complicações de todo tipo, ela sabe. As meninas de agora, das "classes preparatórias", interessadas em filosofia, pouco se preocupam em constatar que a professora chega sempre no último minuto para as aulas, não lhes dá tanta atenção, raramente assiste às reuniões trimestrais das colegas, parecendo tratá-las com desdém, como também à vida do liceu. Mas é brilhante e o seu ensino perfeitamente adaptado ao que dela se espera. É porém seu passado recente que vai criar problema: no dia 27 de novembro de 1941, o reitor da Academia de Paris solicita à diretora do liceu, sra. Evrard, que proceda a uma investigação sobre Simone de Beauvoir. O pedido teve seu ponto de partida na queixa da sra. Sorokine, mãe de Nathalie, "por incitação de menor à devassidão". Nathalie está em conflito com sua mãe por uma razão aparentemente simples: a moça se recusa a se casar com um jovem rico que poderia facilmente sustentá-la, preferindo se contentar com os auxílios concedidos pela ex-professora de filosofia. Mas a situação difícil de Nathalie, o aspecto sórdido dos hotéis onde ela se encontra com Simone de Beauvoir, irritam profundamente a sra. Sorokine, que espera um futuro mais digno para sua filha. Ela ataca então Simone de Beauvoir em pontos em que a administração da Educação Nacional da época, ela sabe, é intransigente: a moralidade e, em especial, as tendências homossexuais da professora. Outra investigação, confiada a certo inspetor Dubois, se instaura dentro da instituição judiciária. Ele ouvirá não apenas a sra. Sorokine e sua filha (que afirma ter tido apenas relações muito amigáveis com Simone de Beauvoir), depois a própria interessada, mas também Olga, Wanda, e o pai das duas irmãs, que defende Simone com vigor, e enfim Sartre e Jacques-Laurent Bost. Investigações suplementares são feitas nos antigos postos de Simone de Beauvoir e nos hotéis em que a professora de filosofia se hospedou. A inquirição policial conclui de maneira negativa com relação à queixa apresentada: "Com as informações recolhidas, não se pôde demonstrar que a srta. De Beauvoir desviasse a srta. Sorokine de uma vida normal." O inquérito administrativo aberto pelo reitorado de Paris também destacou que Simone de Beauvoir, embora não fosse casada com Sartre, tinha a procuração de cuidar dos rendimentos dele durante a guerra, embora a mãe de Sartre pudesse ter se encarregado disto... Não causa surpresa então que as alegações da carta de 3 de abril de 1942, do reitor de Paris ao secretário de Estado encarregado da Educação nacional, que vão valer a Simone de Beauvoir sua suspensão da Universidade, levem em conta uma mistura de fatos e boatos. Figuram ali, entre as razões para excluir a professora, além da queixa da sra. Sorokine, todos os mexericos sobre Simone de Beauvoir ao longo de dez anos de ensino: as "más" leituras (Proust, Gide...) recomendadas pela professora a suas alunas, as visitas que ela organiza para suas turmas aos serviços de psiquiatria do hospital Sainte-Anne, os protestos recebidos pela administração do liceu por parte de presidentes das Obras Católicas da paróquia, a atitude "irônica e desdenhosa" contraposta por Simone de Beauvoir às observações formuladas por sua diretora naquela ocasião, a indiferença com relação à vida do estabelecimento escolar e a frequentação "assídua" dos cafés de Montparnasse e do bulevar Saint-Michel, de onde os trabalhos escolares retornam a suas autoras com manchas "de líquido colorido"... Vêm então as acusações mais graves após a queixa da sra. Sorokine; a srta. de Beauvoir não se contenta em "se impor a suas alunas por sua facilidade brilhante e sua secura arrogante", ela despreza "toda disciplina moral e familiar". Os investigadores não puderam provar a homossexualidade da acusada, mas persiste a dúvida e, nesse sentido, o reitor Gidel destaca como suspeita uma frase empregada por Simone de

Beauvoir a propósito de Olga: "Eu a aconselhei por vários anos." Além disso, mesmo que a sexualidade "anormal" (como se dizia então) não se tenha comprovado, Simone de Beauvoir e Sartre reconheceram ter amantes... Ora, Sartre é um autor de literatura escabrosa: e o reitor cita "elogios" na imprensa, entre os quais um texto de André Billy, que reconhecem o imenso talento do autor de *O muro* e *A náusea*, qualificados como "obras-primas do gênero atroz"... Então, para completar, o sr. Gidel propõe a exclusão dos dois professores ao mesmo tempo: "Manter a srta. de Beauvoir e o sr. Sartre nas cadeiras de filosofia do ensino secundário me perece inadmissível no momento em que a França aspira à restauração de seus valores morais e familiares. Nossa juventude não pode ser deixada nas mãos de professores tão manifestamente incapazes de conduzir a si mesmos". A direção leva um tempo refletindo, 18 meses desde a queixa da sra. Sorokine, 14 meses desde o relatório do reitor... O decreto de suspensão de suas funções na educação nacional, datado de 17 de junho de 1943 é notificado a Simone de Beauvoir em 23 de junho. "Sartre não foi importunado", conclui Gilbert Joseph, a quem devemos a exumação deste dossiê, embora o conteúdo dos documentos em questão nos pareça hoje contrariar as teses de *Une si douce Occupation*. Pois, se fosse preciso dar um exemplo da ordem moral reinante sob o regime de Vichy, não precisaríamos ir mais adiante; se fosse preciso descrever a homofobia reinante, nada nos faltaria; se fosse preciso enfim se interrogar sobre o que foi a covardia cautelosa de uma parte da educação nacional (mais severa aqui do que a própria polícia), o "caso Simone de Beauvoir" poderia dar algumas respostas.

Simone de Beauvoir "protesta vivamente", em sua carta de resposta, com relação à sanção que lhe é infligida. Talvez não lamentasse o posto em si — ela considera, e sempre considerou, que seu verdadeiro trabalho é o de escritora, e se diz, após 12 anos de ensino, bastante cansada do ofício —, mas como viver sem a remuneração de professora? Os recursos da "família" dependem dos salários do casal, aumentados pelos direitos autorais (ainda nada mirabolantes) de Jean-Paul Sartre. Além disso, desde a morte do pai, que não deixou a Françoise de Beauvoir mais do que uma pequena pensão, Simone ajuda todo mês a sua mãe. É preciso, portanto, obter alguns rendimentos em compensação. Isso se resolve por intermédio de Sartre, que recomenda a amiga a René Delange, diretor do semanário *Comoedia*, em que ele pessoalmente faz uma revisão crítica dos eventos culturais da capital sob o pseudônimo de "Le Semainier". Essa revista, "semanário de espetáculos, letras e artes", que interrompeu sua publicação por quatro anos e foi retomada em janeiro de 1941, é bem conhecida de Simone de Beauvoir: seu pai era seu leitor fervoroso antes da guerra, e ela própria frequentemente anotou ter-se distraído consultando a revista. *Comoedia* e seu diretor tiveram de se submeter às humilhações da censura alemã e não encontramos, nas páginas da revista, nenhuma linha que pudesse desagradar ao ocupante. Mas seus artigos nada têm a ver com os apelos ao ódio racista e antissemita que impregnam os títulos da imprensa pró-nazista, *Je suis partout* ou *La Gerbe*. Delange, por outro lado, permanece ligado à *NRF* e a Gaston Gallimard e, através da revista e da editora, ao grupo prestigioso de autores da casa. A pedido de Delange, Sartre aceitara fazer para a revista uma análise crítica de *Moby Dick*, de Herman Melville. Uma ideia comum na época é que mais valia ser escritor e participar da vida cultural de Paris do que estar sob o regime de ordem moral de Vichy. É o que diz André Gide, escrevendo em seu *Diário* no dia 6 de maio de 1941: "Até creio preferível, nesse momento, a sujeição alemã com suas penosas humilhações, menos prejudicial para nós, menos degradante, que a estúpida disciplina que nos impõe hoje em dia Vichy." Então, para Simone de Beauvoir, uma vez que não se pode ganhar a vida a não ser passando pela intermediação daqueles que aceitaram se dobrar ao inimigo, há que se passar por eles. Jean-Paul Sartre, explicando a proposta, se exprime assim: "Delange, que decididamente é uma pérola, me disse esta manhã que encontraria alguma coisa para você: 12 esquetes radiofônicas, uma por mês, a se organizarem para o ano que vem (eles dão a ideia, você faz o diálogo — para uma duração de dez minutos), e pagarão de 1.500 a 2.000 francos. Isso já seria muito bom. Custaria apenas umas quatro horas suas por mês. Aceitei por você com entusiasmo."[20] Quando ela invoca em *A força da idade* sua nova situação de "encarregada de um programa" na Rádio Nacional, fala do "programa incolor" no qual se propôs a trabalhar, "reconstituições faladas, cantadas, com ruídos, de festas antigas da Idade Média aos nossos dias", e acrescenta: "De acordo com nosso código, tínhamos o direito de trabalhar na rádio, tudo dependia do que fizéssemos."[21] Desse "código", que se tinham dado em comum acordo Sartre e o Castor, ela dá mais detalhes, na mesma obra: "Não se devia escrever em jornais ou revistas da zona ocupada, nem falar na Rádio-Paris; podia-se trabalhar na imprensa da zona livre e falar na Rádio-Vichy: tudo dependia dos artigos e dos programas."[22] E insiste nesta fórmula que levava a julgar caso a caso, quase negando, aliás, a ideia de "código": "Era, em suma, o conteúdo da obra que importava."[23]

Para além dos programas de rádio, o importante para Simone de Beauvoir, em 1942 e 1943, é conseguir ser publicada. E para ser publicado, naqueles anos, não se pode fazer parte da famosa "lista Otto" que exclui os escritores suspeitos de serem judeus, franco-maçons, comunistas, antifascistas e antialemães... Além disso, os editores não têm dinheiro e o papel disponível é escasso. O romance, *Legítima defesa*, foi por muito tempo objeto de reticências na Gallimard. Brice Parain hesita, diz gostar do livro, mas gostaria que a autora mudasse o fim, em que Françoise assassina Xavière abrindo o registro do medidor de gás que comanda o fogão na sala onde a moça está trancada. Não ousando tomar a decisão, ele confia o manuscrito em janeiro de 1942 a Jean Paulhan. Em junho, como este último não havia ainda dado sua opinião, Simone de Beauvoir pede a Sartre que a acompanhe num encontro no próprio apartamento de Paulhan, nas arenas de Lutèce. Sempre disposto a desconcertar os autores, o célebre editor fala do estilo "neutro demais"[24] e simplesmente sugere: "Não poderia reescrever o livro do princípio ao fim?" Simone diz já ter passado quatro anos multiplicando as versões da obra e que preferiria abandoná-la, e então Paulhan disse: "Pois bem! Se é assim, vamos publicá-lo como está." E acrescenta, sempre imprevisível: "É um excelente romance." Porém o título não convém e pede-se à autora que apresente outro: será *A convidada*. Brice Parain providencia um adiantamento dos direitos a Simone de Beauvoir, que lhe permite pagar os custos da viagem de bicicleta, com Sartre, no verão de 1942, até o País Basco.

Um ano depois, no verão de 1943, tendo Simone de Beauvoir acabado de ser excluída da educação nacional e buscando trabalhos de sobrevivência na rádio, o livro é lançado. Quando ele sai da gráfica ela se encontra em La Pouèze, na casa da sra. Morel. Sente de imediato tudo que pode emocionar um autor ao ver sua primeira obra publicada, mas com algo mais que para muitos outros, o sentimento agudo de estar alcançando o que deseja desde a adolescência: ser uma escritora. Ela vira e revira nas mãos aquilo que se tornou um "objeto", algo que lhe escapa e que vai viver sua vida própria. Depois vêm as críticas dos jornais; suas personagens, suas palavras não apenas se tornaram tinta e papel, são interpretadas, compreendidas, em sentidos que ela não imaginava exatamente. Dezessete anos depois, em *A força da idade*, aquele choque ainda a maravilha: o primeiro artigo, o de Marcel Arland na *Comoedia*, de Thierry Maulnier... Recebe cartas "amáveis" de Gabriel Marcel, de Cocteau, de Mauriac... Desconhecidos pedem para vê-la, amigos encontram meio de reatar, outros buscam as chaves e protestam... Ela não pode deixar de resumir nas *Memórias* seu estado de espírito diante desta acolhida: "Eu suscitava pois, através de meu livro, curiosidade, impaciências, simpatias; havia pessoas que o apreciavam. Eu cumpria afinal as promessas que me fizera aos quinze anos; recolhia, enfim, a recompensa de um longo trabalho inquieto. Não comprometi meu prazer com perguntas indiscretas; não procurei indagar de mim mesma qual o valor absoluto de meu romance, nem se resistiria ao tempo: o futuro decidiria. Por ora, bastava-me ter dado vitoriosamente o primeiro passo: *A convidada* existia para outras pessoas e eu entrara na vida pública."[25]

Sem dúvida, o romance fazia sacrifícios a como se escrevia à época, sem procurar a novidade: desde as primeiras linhas, abundam os "ele diz", "ela responde"... As reflexões filosóficas aparecem sob forma um tanto pesada: "[Ela] possuía o poder de arrancar, graças à sua presença, as coisas ao estado de inconsciência" (p. 15) ; "Nunca podemos pensar que os outros são consciências que têm um sentimento de si próprios, como nós" (p. 15)... A tese do Outro como "consciência inimiga", já está inteira na frase de Hegel posta em epígrafe, "Toda consciência visa à morte de outra.", e é desenvolvida de maneira sistemática até o gesto fatal, com as palavras que concluem a obra: "Nada mais a separava de si mesma. Finalmente escolhera. Escolhera a si mesma." E a descrição dos costumes da época, do microcosmo de Saint-Germain-des-Prés? A presença de uma filosofia acessível mesmo quando não estava ali? A intriga bem construída e talvez, desde já, a procura de "chaves" acerca de personagens que não tinham ainda alcançado grande celebridade, mas começavam a ficar conhecidos? E sobretudo o fato de ter dado nascimento, com Xavière, a um tipo de adolescente para a qual Olga tinha fornecido o modelo. Na carta dirigida por Gabriel Marcel a Simone de Beauvoir, ela a felicitava por ter conseguido, com Xavière, "uma perfeita encarnação do Outro."[26] E a própria Beauvoir cita a reação significativa de Arthur Adamov, que lhe havia falado de suas dúvidas com relação ao gênero romance. Ao encontrá-lo no Flore, perguntou a ele: "Então, (...) já viu? Um romance de verdade, com um princípio, um meio e um fim. Desagrada-lhe muito?" O autor dramático "deu de ombros, seu olhar fez-se mais pesado: 'Nem tanto. Há Xavière', disse, 'há Xavière'."[27] Mais perto de nós, o universitário Jacques Deguy insistiu nesse aspecto central da obra: "*A convidada* talvez seja o primeiro grande romance francês da adolescente confrontada aos desejos e às escolhas de adultos."[28] Em todo caso, nos meses seguintes ao lançamento, as vendas são boas e o título aparece nas listas do Goncourt e do Renaudot. A atribuição dos dois prêmios foi adiada do outono até março, enquanto o clandestino *Les Lettres Françaises* lançava sua fúria contra certos membros do júri Goncourt, em particular contra Sacha Guitry, prometendo vingança "depois da vitória (...). Não se trata de um caso interno da academia Goncourt, mas de um caso que tem a ver com país inteiro. Traidores e semitraidores devem ser deixados na impossibilidade de causar danos".[29] Simone de Beauvoir diz ter recebido de Sartre a garantia de que o Conselho Nacional de Escritores não via obstáculo a que ela aceitasse o prêmio, caso ganhasse, à condição de não dar à imprensa nem artigo nem entrevista.[30] Quando chegou o dia, Simone segue então para trabalhar no primeiro andar do Flore, mas bem preparada: usa um vestido "azul elétrico" confeccionado especialmente para a ocasião, com a ajuda da sra. Morel em La Pouèze e inclusive trocou o turbante habitual por "um penteado alto mais requintado".[31] Decepção: o prêmio é atribuído a Marius Grout pelo livro *Passage de l'homme* [Passagem do homem]. O Renaudot vai para o doutor André Soubiran por *J'étais médecin avec les chars* [Eu fui médico com os tanques]. Simone de Beauvoir diz ter aceitado as decepções com bom humor. Além do mais, passava então por um período feliz para sua produção escrita. Em andamento, nas mesas esfumaçadas perto do fogão de sala do Flore, nada menos do que três obras: *Pirro e Cineias*, os esboços de um novo romance, *O sangue dos outros*, e de uma peça de teatro, *Todos os homens são mortais*.* *Pirro e Cineias* é um ensaio de filosofia moral. Desde a época de estudante, Simone de Beauvoir não se autorizava a discorrer sobre os temas que estiveram no cerne de sua formação universitária e de seu trabalho docente. Ao retomar o caminho das bibliotecas para trabalhar sobre textos — Hegel, em particular —, ela se sentia, como vimos, fora do mundo real. Era a escrita romanesca que a interessava verdadeiramente e o projeto de se tornar uma "escritora célebre" preenchia o horizonte das suas ambições. Já Sartre havia começado, durante suas semanas de guerra e de cativeiro, o grosso volume em que expõe seu "sistema" — ou antissistema — filosófico: *O ser e o nada* seria lançado em 1943. É nessa época que ele apresenta Simone de Beauvoir, no Flore, a Jean Grenier. *Agrégé* de filosofia, tendo então 45 anos de idade, ele tinha sido, num liceu em Argel, professor de Albert Camus, antes de seguir a carreira na faculdade de letras daquela mesma cidade. Afora sua tese sobre Jules Lequier, um filósofo do século XIX conhecido por suas reflexões sobre a liberdade, tese que lhe valeu em 1941 um cargo de professor na faculdade de letras de Lille, Jean Grenier já havia publicado vários ensaios filosóficos e colaborava, desde 1926, em revistas importantes: *Nouvelle Revue Française*, *Cahiers du Sud*, *Fontaine*, *Revue Philosophique*. E o principal é que acabava de ser escolhido pela Gallimard para dirigir uma coleção intitulada "Metafísica", com o projeto de reunir autores que pudessem definir as novas tendências do pensamento filosófico. Não causa surpresa, então, que ele faça perguntas — no começo de 1943 — a Simone de Beauvoir (também filósofa, também autora na mesma editora de um romance que seria publicado no verão seguinte...), perguntas não apenas por polidez ou curiosidade, mas que fazem parte do trabalho de pesquisa para sua coleção: ela é, segundo a expressão recém-lançada por Gabriel Marcel, "existencialista"? Pretende expor suas ideias no campo da filosofia contemporânea? Simone de Beauvoir diz ter tido então uma reação que era um misto de humildade

---

* Trata-se, na verdade, de um romance. (N.T.)

e orgulho. Humildade: ela leu e releu suficientemente a obra superabundante de Sartre para se sentir incapaz de produzir uma obra original sobre convicções e temas que ela compartilha com o companheiro, e tem consciência de não ser importante o bastante "para merecer um rótulo". Orgulho: tem a pretensão de acreditar que o seu pensamento é simplesmente "verdadeiro", sem precisar ser erigido em doutrina. Como Jean Grenier insiste, deixando a seu cargo a escolha do tema e da maneira de tratá-lo, ela acaba, incentivada por Sartre, aceitando refletir a respeito. O fruto desta reflexão será um ensaio de uma centena de páginas, *Pirro e Cineias*, que será publicado pela Gallimard no outono de 1944.

O muito brilhante e muito ácido Jean-Jacques Brochier qualificará um dia Albert Camus de "filósofo para o colegial"; *Pirro e Cineias* evoca irresistivelmente um qualificativo do mesmo gênero, sem que isso implique necessariamente uma conotação pejorativa. Pois não se trata tanto da autora, ou da própria filosofia proposta pelo livro, e sim do estilo dessa pequena obra. Tudo nela é pedagógico, à maneira do mais prestigioso dos professores de filosofia a ter marcado gerações de candidatos à Normale Sup, Alain. De fato, é a anedota que explica o título, é a maneira de envolver o leitor a partir de um exemplo concreto, são as referências incessantes à literatura e aos aspectos banais da vida cotidiana. Tudo ali fala também de quem é Simone de Beauvoir no momento em que escreve esse texto: ela se interroga sobre o sentido da sua existência, talvez em razão da guerra e da perturbação sofrida face à destruição do indivíduo, talvez porque a idade a leve a superar o medo do Outro manifestado em *A convidada*. O acento é posto no fato de a liberdade só existir pela superação ativa de si mesmo, na direção do outro: "só tomo uma forma, uma existência, se eu primeiramente me lançar no mundo amando, fazendo."[32]

Por que colocar a obra sob o signo de *Pirro e Cineias*? O livro começa assim: "Plutarco conta que um dia Pirro estava fazendo projetos de conquista. 'Vamos primeiro submeter a Grécia', dizia ele. 'E depois?', disse Cineias. 'Alcançaremos a África.' 'Depois da África?' 'Passaremos à Ásia, conquistaremos a Ásia Menor, a Arábia.' 'E depois?' 'Iremos até as Índias.' 'Depois das Índias?' "Ah!', disse Pirro, 'eu descansarei'. 'Por que', disse Cineias, 'não descansa imediatamente?'" Simone de Beauvoir explica em *A força da idade* que abordou com esta anedota o diálogo íntimo que travava consigo mesma quando tinha vinte anos.[33] Ela vê nessa primeira interrogação, nesse "para quê?" que o cético contrapõe ao *élan* humano, sinais de seu próprio caráter: a lucidez quanto à vaidade* da maior parte das ações humanas e, transcendendo esta vaidade, o *élan* indomável para ir mais longe. Já que é preciso ir rumo ao grande repouso, que é preciso morrer, por que não morrer agora mesmo? Algumas páginas da obra tratarão da expressão de Heidegger, "o homem é um ser para a morte", e Beauvoir insistirá sobre a inexatidão da fórmula: "Não somos *para* morrer; somos, sem razão, sem fim."[34] Ela maneja com brio o vai e vem entre a análise rigorosa dos conceitos, à qual todo professor deve levar seus alunos, e os aportes concernentes ao pensamento dos mestres que vieram antes, cedendo às vezes ao gosto pela fórmula lapidar que resvala no aforismo, por exemplo a propósito de Deus: "O que ele quer é; ele quer o que é."[35] De passagem, o leitor se depara com algumas confidências sobre si mesma que não poderiam deixar de interessar o biógrafo. É o caso da palavra insinuada no capítulo onde trata do tema "Os outros", que nos lembra sua relação com Zaza: "Em minha juventude com frequência desolei-me por não possuir nenhuma personalidade, enquanto alguns amigos me ofuscavam pelo brilho de sua originalidade."[36] Ela acima de tudo se esforça para definir uma moral fundada tão-somente na liberdade e conclui a obra com estas palavras: "O homem nada conhece além de si mesmo e sequer poderia imaginar algo que não fosse humano: ao que mais compará-lo? Que homem poderia julgar o homem? Em nome de que ele falaria?"[37] Felizmente, se o Homem em geral não existe, os outros homens efetivamente existem: "Um homem sozinho no mundo seria paralisado pela visão manifesta da vaidade de todas as suas metas; ele certamente não poderia suportar viver. Mas o homem não está sozinho no mundo."[38] É o outro que está presente que nos permite fazer existir nossa vida ao dizê-la; e Simone de Beauvoir apela a todos os recursos da literatura: "Logo que meu passeio termina, sinto a necessidade de contá-lo a um amigo (...). Thoreau

---

* *Vanité*, termo que evoca não só um traço psicológico, "vaidoso", mas também o dado existencial da gratuidade, do ser "em vão". (N.T.)

vive anos nos bosques, sozinho, mas em seu retorno escreve *Walden ou a Vida nos bosques*; e Alain Gerbault escreve *Só através do Atlântico*. Até mesmo santa Teresa escreve *Castelo interior* e são João da Cruz, seus cânticos."[39] Comunicar, agir, são os meios de escapar ao solipsismo ameaçador, e Simone de Beauvoir desenvolve no plano moral o tema do "engajamento" que se tornará, no contexto político da Libertação e através das reflexões sobre a literatura, um dos elementos fundadores da revista *Les Temps Modernes*: "Até mesmo nossa passividade é escolhida; para não escolher, é preciso ainda escolher não escolher; é impossível escapar."[40] Frases como esta marcaram profundamente as gerações do pós-guerra, que repetiria "não fazer política é ainda fazer política", sem necessariamente discutir grupos, partidos, os campos próprios da política... De passagem, Beauvoir recorreu, é claro, às análises de *O ser e o nada*, e também concedeu lugar nada negligenciável a *O estrangeiro*, que Camus publicou em 1942. Assim começa a se desenhar, nos difíceis anos da guerra, a rede daqueles que se tornarão os *maîtres à penser* no tempo da paz recuperada.

No outono de 1944 é publicado *Pirro e Cineias* e no fim do mesmo ano se constitui aquilo que será o comitê diretor de *Les Temps Modernes*. Neste ínterim, tudo virou de ponta-cabeça: desembarque dos aliados na Normandia em junho, libertação de Paris em outubro. Sartre e Simone de Beauvoir estão nesse momento em Neuilly-sous-Clermont, no Oise, hospedados no albergue-mercearia do vilarejo. No meio de julho, com efeito, um dos membros da rede *Combat* foi preso e Camus aconselhou o casal a se afastar de seus locais habituais. Mas eles não aguentam estar longe de Paris no momento em que os libertadores chegam. Pegam as bicicletas e em Chantilly pulam num trem que os leva à capital sob o fogo ainda de algumas metralhadoras. Instalam-se no hotel Welcome, na esquina da rua de Seine com o bulevar Saint-Germain: de sua janela, veem a bandeira com a cruz gamada balançar sobre o Senado, mas da janela dos Leiris, no cais de Grands-Augustins, Simone percebe a bandeira tricolor no alto da *Préfecture de Police*. É ela que escreve, sob a assinatura de Sartre, os artigos que Camus pediu para *Combat* sobre aqueles estranhos dias parisienses: "Lembro-me do silêncio estranho e ardente das ruas onde alguns blindados ainda patrulhavam e onde, aqui e ali, ainda zunia uma bala." Paris liberada, a guerra duraria ainda cerca de nove meses. Mas Beauvoir já está numa outra época.

Desde janeiro de 1944, após as férias que passa esquiando em Morzine com Bost, ela se vê envolvida, em Paris, com um pequeno bando de amigos que participam, de modo mais ou menos próximo, de grupos resistentes, mas que decidiram também viver recusando a pesada tristeza daqueles tempos de amargura. Não é mais apenas a "família", com seus amores cruzados, seus pequenos e grandes dramas de ciúme e de influência. Tudo já não se passa apenas em torno do casal Sartre-Beauvoir, mas com outros intelectuais prestigiosos, gente de teatro (Sartre se tornou importante no meio após a estreia de *As moscas* em junho de 1943). Eles discutem, se indignam e, enquanto as redes mais importantes das quais alguns deles participam organizam instrumentos de resistência, de modo informal, mas no mesmo espírito, eles retomam certos projetos que "Socialismo e Liberdade" antecipara: que deveria ser a França de amanhã, que lugar poderiam ter no jogo político? E — para esquecer? por provocação? para simplesmente proclamar crença no futuro? — se encontram para o que chamam de *fiestas*... A primeira destas festas aconteceu no grande apartamento em que moram os Leiris. Picasso, ligado aos donos da casa pelo grande galerista Kahnweiler (de quem Louise Leiris, esposa de Michel, é cunhada) tem a dois passos do apartamento, no palacete de Bretteville, à rua de Grands-Augustins, um ateliê onde pintou, entre outras coisas, *Guernica*. O pintor escreveu uma peça, *O desejo pego pelo rabo*. Propõe que amigos organizem uma leitura. Time prestigioso: Camus dirige, Sartre, Leiris, Dora Marr e Simone de Beauvoir têm os papéis principais. Assistindo, ninguém menos que Jean-Louis Barrault, Bataille, Salacrou, Georges Braque, Georges Limbour, Jacques Lacan, Sylvia Bataille... Para interpretar o papel da prima, o Castor usou, emprestado por Olga, um belo pulôver de angorá vermelho, e um colar com grandes pedras azuis, de Wanda, e ficou felicíssima ao ser elogiada por Picasso pela combinação das cores. Os espectadores se aglomeram na sala dos Leiris e os mais íntimos se reúnem depois a "apresentação", decididos a festejar até as cinco horas da manhã, em torno de um bufê incrível naqueles tempos de escassez: um cliente argentino de Picasso providenciou até um enorme bolo de chocolate! Um jovem frequentador do Flore, Mouloudji, canta *Les petits pavés* e, entre duas canções de jazz — música norte-americana diabolizada pelo ocupante alemão —, Sartre, de quem todos conheciam a bela voz, interpreta *Les papillons de nuit* e *J'ai vendu mon âme au diable*... Os detratores do casal Sartre-Beauvoir (e muito particularmente o autor de *Uma tão doce ocupação*) se aproveitaram para vilipendiar aquelas *fiestas* numa época de desgraças para tanta gente. Elas reuniam porém homens e mulheres que não tinham nenhuma cumplicidade com o ocupante nem com a ordem moral de Vichy: por exemplo, na casa de Georges Bataille, num apartamento dando para o pátio de Rohan, se escondia o músico judeu René Leibowitz. Talvez expressem, bem mais do que textos lastimosos, uma certa maneira de não aceitar a servidão face aos senhores de então. Simone de Beauvoir se recordará em *A força da idade*: "Fora, a não ser para os ocupantes e seus protegidos, as ruas não eram mais caminhos, e sim barreiras; ao invés de unir, isolavam os imóveis que mostravam suas verdadeiras fisionomias: barracões de prisioneiros. Paris era um vasto *stalag*. Tínhamos conjurado esta dispersão e, se não havíamos infringido a regra, tínhamo-la iludido pelo menos: beber e conversar juntos, no meio das trevas, era um prazer tão furtivo que nos parecia ilícito; participava da graça das felicidades clandestinas."[41]

É exagero dizer que aquelas *fiestas*, indo do começo ao fim do toque de recolher (se o programa não se interrompesse às dez horas, era melhor mantê-lo até as cinco da manhã!), tinham, de certo modo, o mesmo sentido que a atividade intelectual febril que tomaria conta da maioria dos participantes para preparar as atividades vindouras? Como se os três anos seguintes à suspensão de "Socialismo e Liberdade", no fim de 1941, se abolissem subitamente. O editor da *NRF* pensa em fazer uma espécie de nova *Encyclopédie:* Simone de Beauvoir com Sartre, Camus e Merleau-Ponty querem se encarregar da parte reservada à filosofia moral: "Devíamos fornecer uma ideologia ao pós-guerra", resumirá Simone de Beauvoir ao recordar as promessas do período.[42] Sartre também propõe à Gallimard — que se debate com problemas de fornecimento de papel — de criar uma revista: "Seríamos os caçadores de sentido, diríamos o verdadeiro sobre o mundo e sobre nossas vidas."[43] Simone de Beauvoir passa então da exclusiva atividade de escrever, que era o essencial para ela, a uma espécie de ativismo militante, e é o que explica sua visita, naquele dia de janeiro de 1945, a Jacques Soustelle. Ela tinha vivido os primeiros anos da guerra na confusão e no medo; por alguns meses, de abril a outubro de 1941, tinha tentado com Sartre organizar uma rede resistência; por dois anos e meio, a seguir, os dois se limitaram a sobreviver, se contentando em escrever, publicar, montar no teatro obras toleradas pela censura. Com *A convidada*, ela havia conhecido sucesso e depois publicado uma primeira obra filosófica, *Pirro e Cineias*. Em torno do casal, após a publicação de *O ser e o nada*, após a montagem de *As moscas*, o círculo de admiradores, de companheiros, de amigos, tinha crescido. No momento em que o mundo emerge do mais terrível dos conflitos, eles estão maduros para ocupar o lugar que sentem ser o deles. É ainda Simone de Beauvoir quem formula melhor isto que vai explodir como uma evidência: "Tínhamos chegado ao fim de uma noite, a alvorada despontava; lado a lado, preparávamo-nos para uma partida inteiramente nova",[44] e também: "O mundo, o futuro eram-nos devolvidos e nós nos lançamos neles."[45]

6.
NOVEMBRO DE 1951

"Talvez eu faça tudo em excesso, trabalhar, viajar, amar você. Mas é assim que sou, prefiro não fazer as coisas a ter que fazê-las com moderação."
SIMONE DE BEAUVOIR,
Cartas a Nelson Algren.[1]

Neste mês de novembro de 1951, o Castor realiza de repente uma das suas fantasias dos anos de Ocupação, em que penava duramente com Sartre de bicicleta pelas pequenas estradas do sul da França, sonhando modestamente com uma motoneta![2] Agora, graças a um adiantamento de seu editor (*O segundo sexo* é um verdadeiro sucesso), ela se dá de presente um carro "novinho em folha": nos anos seguintes à guerra, é quase uma loucura. Ela está com 43 anos e, como muitas mulheres da época, não tem carteira de motorista, mas que importa! Logo vai ter aulas na praça Montparnasse com (isso não é invenção) um tal sr. Voiturin...* Quanto a Bost, ele obtém o carteira "rapidamente",[3] e põe antes as mãos no volante. Sartre desencavou sua própria licença, obtida muitos anos antes, mas os amigos, por unanimidade, o proíbem de usá-la! De todo modo, não é do feitio do Castor recusar por muito tempo o prazer de uma nova autonomia. Assim que tem no bolso o papel cor-de-rosa que a autoriza a dirigir, faz umas tentativas desajeitadas,

---

* Sobrenome que evoca a palavra *voiture*, carro, o que leva Simone, em suas *Memórias*, a brincar com essa "predestinação". (N.T.)

subindo nas calçadas, atravessando vilarejos aos domingos de manhã a menos de dez por hora e depois, muito rapidamente, está na direção do "Simca de um modelo novo, um Aronde",⁴ escolhido a conselho de Jean Genet, e que se torna um dos grandes prazeres da sua vida: possibilidade de evasão para a parisiense ávida do campo, facilidade de se oferecer escapadas com os amigos mais queridos... Um pouco deste entusiasmo é transmitido nesta carta a seu amante norte-americano, Nelson Algren, do dia 9 de novembro de 1951. Ela começa pelas palavras "Grande acontecimento!" e continua assim: "Como uma mulher não pode viver sem uma paixão, e estou proibida de amar, decidi dedicar meu sujo coração a algo menos desagradável que um homem; me presenteei com um belo carrinho preto."

Vamos dar uma olhada mais atrás para entender o que é essa "proibição de amar". Às vésperas de seus quarenta anos, o período entre 1945 e 1947, foi para Simone de Beauvoir o de uma tripla reviravolta, ou de três "estreias": antes de mais nada, a primeira ameaça séria ao pacto com Sartre; depois, a novidade de sua primeira grande viagem solitária; enfim, a primeira paixão que perturba verdadeiramente seu coração e seu corpo. Tudo isso se passa do outro lado do Atlântico... De três maneiras, Simone de Beauvoir descobriu a América.

Sartre é que tinha começado, mas os dois — e todos os amigos — sonhavam com isso havia muito! "Significava tantas coisas, a América! E, em primeiro lugar, o inacessível; jazz, cinema, literatura, ela havia nutrido a nossa juventude..."⁵ Ao final da guerra, na França, os G.I.* transformam os hábitos de cinco anos de escassez: põem para tocar em picapes discos de Nova Orleans, convidam para dançar as moças com solas de madeira e vestidos de tecido *rayon*, eles "confraternizam"... Um dia, Nathalie Sorokine — que ficou noiva de um G.I., Ivan Moffat — propõe a Sartre e Beauvoir um encontro com Hemingway, correspondente de guerra em Paris, hospedado num quarto grande e feioso do Ritz, com camas de cobre. O casal então conhece um de seus ídolos literários deitado de pijama, com uma destas viseiras verdes que se usavam para proteger os olhos da luz, e bastante encharcado de uísque. Sartre troca

---

* Abreviatura de *Government Issue*: nos EUA, soldado raso, pracinha. (N.T.)

com ele algumas palavras... embriagadas, que provavelmente não traduzem o profundo respeito que os jovens escritores de então têm pelo autor de *Por quem os sinos dobram*. Foi seguindo os traços de Hemingway que eles quiseram descobrir a nova República espanhola em sua primeira viagem, no verão de 1931, e foi também inspirados nele que vibraram com as touradas nas arenas. Mas sobretudo, ao lado de Faulkner, Hemingway era para eles um modelo literário. Citando-o, Simone de Beauvoir dirá frequentemente quanto ela devia à leitura das suas novelas e romances as próprias tentativas literárias. Recordará a Madeleine Gobeil, numa entrevista à *Paris Revue*: buscava nele "certa simplicidade de diálogo", a atenção "às pequenas coisas da vida", "a maneira como ele descrevia as coisas, os objetos e as ações ordinárias". E acrescenta: "Como (...) nunca tive gosto pela prosa florida, a simplicidade do seu estilo me encorajou a adotá-lo e fazê-lo meu."[6]

Contudo foi Sartre — e Sartre sem ela — o primeiro a partir. Ele decola antes mesmo do fim da guerra, em 11 de janeiro de 1945, num avião militar, na companhia de sete outros jornalistas franceses. Representa os jornais *Combat* e *Le Figaro*, e a delegação deve visitar os Estados Unidos por dois meses a convite oficial do departamento de Estado para explicar à população francesa "o esforço de guerra" norte-americano. Camus é que havia obtido a indicação de Sartre. Os jornais norte-americanos já previamente o apresentam como "o autor de *O muro* e de numerosos escritos filosóficos, uma das mentes mais potentes, mais penetrantes, mais originais de sua geração".[7] Viagem fatigante de dois dias, com mais de 24 horas de voo numa aeronave não pressurizada, três escalas... e se trata de um batismo aéreo para Sartre! O esforço de guerra dos norte-americanos? É antes de mais nada a opulência que salta aos olhos dos jornalistas, comparada à miséria da Europa em guerra. Na chegada, limusines para levá-los ao Plaza Hotel, numa cidade que brilha mesmo à noite: "Às dez e meia da noite, estavam cheias de gente. Tudo brilhava e estava repleto de lojas iluminadas. (...) lojas abertas, iluminadas, com gente trabalhando — cabeleireiros, às 11 da noite (...). Era possível pentear-se, barbear-se, lavar o cabelo, às 11 da noite", contará depois a Simone de Beauvoir.[8] O hotel? "A primeira coisa que vimos foi uma porta de vaivém, de onde saíam em massa senhoras de cabelos brancos, decotadas, com vestidos de noite; senhores de *smoking* (...) na manhã do dia seguinte o *breakfast* foi maravilhoso."⁹ Os anfitriões norte-americanos se espantam com as vestes puídas dos jornalistas: Sartre abandona o surrado paletó de couro de ovelha imortalizado por Cartier-Bresson, que ele encomendara a um artesão (assim como um casaco de pele de coelho para Simone) e ganha paletós e calças, um terno listrado... Uma das primeiras manifestações de Sartre a abalar a imprensa norte-americana se deu por um artigo enviado por ele ao *Figaro* e comentado de maneira alarmista pelo *New York Times* em 25 de janeiro. Sartre tomava ali o partido de Gaulle no conflito que o opunha a Giraud, denunciando de passagem o apoio concedido a este último pelo departamento de Estado norte-americano e por parte da colônia francesa nos Estados Unidos. O caso, retomado pelos comentários indignados de Geneviève Tabouis, exilada em Nova York, onde havia lançado um jornal, *Pour la victoire* [Pela vitória], já em 1940, causou algum barulho. "Primeira e última imagem de Sartre num papel puramente gaullista", se divertirá Annie Cohen-Solal.¹⁰

Enquanto isso, Simone de Beauvoir se decidiu também a uma viagem ao exterior. Insistindo em fazer um paralelo com a viagem de Sartre à América, ela compara mais tarde as escapadas de ambos além das fronteiras: "Eu também tive minha oportunidade."¹¹ Visita a irmã em Portugal. Hélène de Beauvoir se casara com Lionel de Roulet, o ex-aluno de Sartre que havia seguido as tribulações da "família" desde os anos do Havre e de Rouen, a quem o professor chamava em público "meu discípulo" e, de vez em quando, por outros apelidos também irônicos mas menos brilhantes. Agora adido cultural pelo ministério do Exterior, estava Portugal desde 1939, onde ocupou de início um cargo ao sul, em Faro, sendo transferido depois para Lisboa. Em ligação com o Instituto Francês, ele criou lá uma revista luso-francesa: *Affinidadès*. Em 1940, Simone ofereceu a Hélène uma viagem de um mês para encontrar o amigo e os dois se casaram em Lisboa, diante do cônsul da França em Faro. O jovem casal se estabeleceu em seguida na capital portuguesa, onde Lionel de Roulet cria então um semanário, *O Globo*. O jovem adido da embaixada quer retribuir a Simone a gentileza da viagem oferecida a Hélène e consegue para ela uma turnê de palestras sobre a Ocupação.

Após negociações complicadas para obter ordens de missão, Simone de Beauvoir embarca então de trem para Hendaye, em 27 de fevereiro 1945. Mas está fora de questão encolher a viagem inesperada: ela quer ver o que se tornou a Espanha de Franco à margem da guerra. Não é mais simplesmente a visitante ávida de museus e de monumentos típicos que acompanhara a sra. Morel e Guille em tempos passados. Volta ao Prado, mas apenas para uma olhada distraída nas célebres pinturas: "Estava separada de El Greco, de Goya, dos séculos passados, da eternidade; meu século me colava aos meus pés."[12] O gosto de devorar a vida ainda a estimula e Madrid oferece imagens de opulência: "A abundância, invisível outrora, parecia-me inteiramente nova e me deslumbrava. Seda, lã, couro, víveres! Eu andava até perder o fôlego e, enquanto caminhava, comia; sentava e comia: passas, brioches, *gambas*, azeitonas, doces, ovos fritos, chocolate com creme; bebia vinho, café de verdade."[13] Mas rapidamente as imagens se sobrepõem: "Havia falangistas, policiais, soldados em todas as esquinas; nas calçadas passavam em procissão padres e crianças vestidos de negro, carregando cruzes."[14] Amigos haviam dado endereços de espanhóis antifranquistas; ela os procura, se esforça para conversar, para compreender. Anota com a minúcia de um repórter os salários dos trabalhadores, as relações entre os preços dos alimentos de primeira necessidade e os salários. Ouve relatos de assassinatos, de torturas. A guerra transformou a jovem que em 1934 passeava pela Alemanha hitlerista sem se dar muito conta do que ali se preparava, e que se recusava, com Sartre, a passar a fronteira austríaca temendo "aborrecer-se" numa "cidade desfigurada por um drama absurdo".[15]

Ela tem em Lisboa as mesmas reações que em Madrid. É, antes de mais nada, o choque diante do luxo das lojas em que sua irmã — incomodada por vê-la tão mal vestida — se pôs a transformá-la dos pés à cabeça, e o entusiasmo que ela é incapaz de reprimir, por roupas que resolve comprar. A listagem é surpreendente: "Em uma tarde fiz um enxoval completo: três pares de sapatos, uma bolsa, meias, roupa de baixo, pulôveres, vestidos, saias, camisas, um casaco de lã branco, um casaco de pele."[16] Em seguida, encontros com opositores do regime de Salazar. Das conversas com eles, retém imediatamente o que lhe parece essencial; o fado não é a expressão de uma melancolia consubstancial à alma portuguesa: "Em sete milhões de portugueses, há setenta mil que comem até se saciarem: as pessoas são tristes porque têm fome."[17] Mesmo sem deixar de admirar a civilização portuguesa ao passar por igrejas pintadas, ao notar o aspecto africano das capas coloridas postas sobre os ombros, ela busca antes de tudo analisar o sistema, e prepara com cuidado a documentação codificada com que alimentará os artigos que escreve para *Combat*. Ela de fato envia ao jornal de Camus uma reportagem sobre Madrid que será publicada com sua assinatura em *Combat-Magazine* de 14 e 15 abril, e textos sobre Portugal, assinados como Daniel Secrétan e que serão publicados no jornal a partir de 23 de abril. O que nos impressiona hoje à leitura desses textos são os julgamentos fulminantes sobre o regime de Salazar que acompanham duas preocupações de jornalista: apresentar fatos que ilustrem a situação, equipar seus argumentos com números e referências precisas. Por exemplo ela relata cenas como a seguinte: está sentada no terraço de um restaurante, convidada para almoço por um rico português; uma nuvem de crianças os cerca e ela estende a um dos meninos alguns trocados, seu companheiro de mesa se sobressalta e diz ser uma esmola muito alta, que será desperdiçada em doces e cigarros. E não deixa de concluir: "A violência de um tal reflexo ilustra bem o ódio que os ricos têm pelos pobres. Eles os temem por perfeitamente saberem que sua fortuna é fruto de uma vergonhosa exploração."[18] E os números vêm então em apoio à tese: comparações entre a renda anual miserável dos pescadores e o lucro da empresa portuguesa de pesca, dos salários baixíssimos dos funcionários com os vencimentos das "criaturas do regime", denúncia dos privilégios vergonhosos de alguns etc. A abertura do artigo poderia também servir de conclusão: "Disseram-me: 'É verdade que o regime de Salazar é um regime autoritário, mas é um regime moderado, paternal, que soube evitar os excessos do fascismo, e a obra que Salazar realizou justifica a sua tomada do poder: o que ele fez pelo regime é imenso.' Visitei Portugal, procurei ver o que o sr. Salazar fez pelo seu povo. E vi." Esses textos eram tão impactantes que a direção de *Combat* interrompeu a publicação dos artigos e o fim das reportagens foi publicado na revista *Volontés*.

Ao voltar, o Castor desempacota de suas malas avalanches de víveres para distribuí-los generosamente entre os amigos e passa a se mostrar nas grandes ocasiões com as roupas novas compradas lá, desfrutando de um prazer quase infantil em exibir os sapatos com solas de borracha diante de uma elegante desconhecida que a questiona com curiosidade sobre a proveniência de tais maravilhas. Alívio após a escassez suportada por cinco anos, compensação também para a decepção de não ter podido acompanhar Sartre à América. Pois, no momento do retorno dela, no início de abril, Sartre ainda não voltou de seu périplo além-Atlântico. É sem ele, e também sem Bost, que se encontra na Alemanha para uma reportagem, que ela celebra a vitória, dia 8 de maio de 1945. Entre os amigos de longa ou de curta data que a acompanham nas euforias noturnas da festa, ao lado da sra. Morel, de Olga, de Mouloudji, de Roger Blin, se encontra um ator de origem russa, seis anos mais novo, Michel Vitold Sayanoff, que escolherá para o teatro — ao qual se preparou fazendo o curso de arte dramática de Raymond Rouleau — o pseudônimo de Michel Vitold.

Os colegas de Sartre voltaram da viagem à América. Já ele, prolonga a estadia. De Nova York chegam notícias dizendo que não pensa em voltar antes do fim de maio. Cartas? Na publicação das *Cartas a Castor*, que Simone de Beauvoir organizou, uma nota avisa: "Durante a viagem à América, Sartre me escreveu poucas cartas, além do mais perdidas. Não havia correio aéreo. Por navio, as cartas chegavam com imenso atraso."[19] Annie Cohen-Solal deu detalhes sobre os motivos dessa demora em voltar: em Nova York, ele encontrou Henriette Nizan e disse estar decidido a pôr fim na campanha de difamação contra Paul Nizan, morto no começo da guerra e acusado de traição pelo Partido Comunista simplesmente por não aprovar o pacto germano-soviético; além disso, trabalha para Gaston Gallimard, tentando obter alguns contratos em nome da editora, encontra Jacques Schiffrin, o fundador da coleção Pléiade, que precisou deixar a França devido às leis raciais, encontra um ex-colega de Normale Sup que leciona em Columbia, dá algumas palestras sobre literatura francesa contemporânea... A biógrafa de Sartre acrescenta: "E encontra Dolorès Vanetti."[20] E Dolorès não é a menor das razões de prolongar sua estadia. Embora falemos aqui de Simone de Beauvoir, e talvez *por isso mesmo*, é preciso dizer algumas palavras sobre Dolorès. O Office of War Information (O.W.I.), que organizou a turnê de jornalistas franceses, inclui programas de rádio em língua francesa, num dos quais Dolorès Vanetti apresenta desde o início um "show feminino". Ela tinha sido atriz em Paris antes da guerra. Nos Estados Unidos, teve uma ligação com André Breton e se casou com um rico médico norte-americano. Sartre a encontra nos corredores do O.W. I. Imediatamente se apaixona, enquanto ela demora um pouco mais para se ligar a ele. Dolorès, em todo caso, logo se torna indispensável, simplesmente porque fala tão bem inglês quanto francês e conhece perfeitamente os meios intelectuais de Nova York e da colônia francesa. Já velho e com Simone de Beauvoir a fazer perguntas — a conversa data de 1974 — sobre a viagem prolongada, nota-se certa insistência dela sobre as diversas pessoas encontradas nos Estados Unidos: "Havia franceses?"... "Mas você tinha mesmo de encontrar norte-americanos?"... "Em Nova York (...) encontrou muitos franceses?" etc. Sartre se cala obstinadamente sobre Dolorès, como se fosse melhor não abordar este capítulo com o Castor... Simone de Beauvoir, por sua vez, será também discreta com relação ao mesmo assunto em 1963, em *A força das coisas*, ao evocar a demora de Sartre em voltar dos Estados Unidos: escreverá laconicamente a propósito da festa de 8 de maio: "Sartre ainda estava em Nova York."[21]

Coincidência? Sartre retornou na segunda quinzena de maio, mas é sem ele que Simone de Beauvoir empreende em julho uma viagem de férias: um passeio de bicicleta pelas regiões da Creuse e do Maciço Central, na companhia de Michel Vitold. Ela conta a Sartre, não sem delicadeza, os episódios desta pequena viagem, insistindo nas qualidades do companheiro de jornada; primeiramente, se dirigindo ao péssimo esportista que era o filósofo, destaca que Vitold não teme o esforço físico — "Vitold é um formidável companheiro de viagem, pois, para começar, é um ás na bicicleta, pode fazer duzentos e cinquenta km em um dia, sobe qualquer colina a 15 por hora" etc.; depois vêm as outras qualidades — "ele tem uma 'presença', como se diz, que me cativou de imediato", "tem uma paciência de anjo". E eis detalhes que não são seguramente citados por acaso: quando uma das bicicletas tem um pneu furado, ele transporta Simone de Beauvoir no bagageiro, jantam juntos à beira do rio, andam de bote no Cher, e quando se trata de parar à noite, ela destaca que ele sabe dormir ao ar livre, como ela antigamente, e que os albergues às vezes dispõem de quartos de um só leito, onde eles se deitam, especifica ela, "sem segundas intenções".[22] Praticamente no mesmo momento, por sua vez, Sartre mantém o Castor informado de suas relações com a nova amiga: fala de uma carta de Dolorès que lhe deu "imenso prazer", e na qual "sente um calor" por trás de uma "rigidez estudada".[23] Mas, de sua parte, não é surpreendente: Sartre sempre foi pródigo em confidências sobre seus amores "contingentes". Em agosto, Sartre e Castor se reencontram para uma estadia de um mês em Pouèze, na casa "daquela senhora". Simone, porém, ao contrário do que fazia sempre, não fica num quarto da própria casa, isolando-se num pavilhão aos fundos do jardim. Retoma seus dias de estudo. Pois, em viagem, como a Paris, estando Sartre presente ou não, ela continua a escrever, a preparar o primeiro número da futura revista, de cuidar das publicações em curso.

Façamos um balanço. Quando *A convidada*, seu primeiro romance a ser publicado, foi lançado, em agosto de 1943, estava terminado há muito tempo (desde o começo do verão de 1941) e nesse intervalo Simone de Beauvoir deu os últimos toques em *O sangue dos outros*. É se referindo a ele que a autora declara ter entrado no "período moral"[24] de sua vida literária, "período moral" em que também produziu, como vimos, *Pirro e Cineias*. Ao emprestar uma cópia datilografada de *O sangue dos outros* a Camus, ele diz: "É um livro fraternal",[25] e ela pensa: "Vale a pena escrever se se pode criar fraternidade com palavras."[26] Em suas *Memórias*, porém, ela se mostra severa com relação a esta segunda obra de ficção, tratando-a até mesmo como um "romance de tese".[27] O livro é publicado em setembro de 1945, sendo bem recebido pela crítica e pelo público, que veem nele uma das primeiras obras sobre a Resistência.[28] Já em maio de 1945, Simone de Beauvoir se relança ao trabalho, desta vez num projeto para o teatro: escreve em três meses e, em julho, a peça que ela intitula *As bocas inúteis* está pronta no momento em que é publicado *O sangue dos outros*. Neste mesmo ano, enfim, ela continua a trabalhar em outro romance, iniciado em 1943, *Todos os homens são mortais*, e que só sairá pela Gallimard em novembro de 1946. Durante o período da guerra, ela produziu então nada menos que quatro obras de ficção. E, mais ou menos encorajada de início por outros filósofos (como vimos a propósito do pedido de Jean Grenier), depois motivada pelo projeto de *Les Temps Modernes* e depois por *Pirro e Cineias*, ela não mais abandona, como se considerasse terreno de Sartre, de Merleau-Ponty e de alguns outros, o campo dos ensaios filosóficos: em novembro de 1945, escreve um artigo de vinte páginas sobre "Idealismo moral e realismo político",[29] e ao mesmo tempo uma resenha sobre a tese de Maurice Merleau-Ponty, *A fenomenologia da percepção*; em dezembro, ela abre o número 3 de *Les Temps Modernes* com um editorial sobre "O Existencialismo e a sabedoria das nações"; ao mesmo tempo, responde, em *Les Lettres Françaises*, a uma entrevista de Dominique Aury, fazendo uma exposição da qual vários artigos de imprensa[30] destacarão a grande qualidade; também aceita dar no clube Maintenant, em 11 de dezembro de 1945, uma conferência sobre "O Romance e a Metafísica".

Enquanto trabalha em seus próprios livros, em suas próprias contribuições, Simone de Beauvoir se ocupa ativamente da montagem da revista. Já a vimos se desdobrar para obter papel e ela se mantém atenta aos laços com Gallimard, que aceitou apoiar *Les Temps Modernes*, então se inicia na paginação com Paulhan, lembra os diversos autores de suas promessas de contribuição, organiza a logística das assinaturas, escolhe a capa. Sobre este último ponto, surge uma discussão: Picasso, ligado por amizade a Leiris, Sartre e Beauvoir, desenha um projeto; evidentemente a ideia é bela, mas convém a uma revista de debates? Simone de Beauvoir se decide por uma apresentação mais sóbria, sugerida por um arte-finalista da Gallimard: sem grafismo distrativo, apenas o nome da revista, a data e o sumário figurando sozinhos, em preto e vermelho, na página de rosto. No verão de 1945, tudo está mais ou menos resolvido. Após a escapulida de bicicleta com Vitold, após a escapulida de outubro em La Pouèze (é durante essa estadia que explode a bomba de Hiroshima), após uma pequena viagem com Sartre em setembro, quando Simone de Beauvoir não tem mais a impressão de descobrir Bruges, Antuérpia, Gante... mas, diz com nostalgia, "saborear o prazer de 'rever'",[31] os exemplares do número 1, datado de 1.º de outubro de 1945, saem da gráfica. No editorial, Sartre apresenta as intenções da nova revista, a ligação entre literatura e engajamento: a frase "Todos os escritores de origem burguesa conheceram a tentação da irresponsabilidade..." abre o artigo; e um esforço de equilíbrio o fecha: "Na 'literatura engajada', o *engajamento* não deve jamais fazer esquecer a *literatura*..." Manifesto coletivo, é claro. Menos coletiva é a dedicatória, que Simone de Beauvoir descobre no mesmo momento que todo mundo, acrescentada em itálico acima do editorial, ou seja, na cabeça do número 1 da revista tão laboriosamente preparada pelo Castor: *A Dolorès*. *A força das coisas* se mantém muda com relação a essa dedicatória, como se a pluma ainda se recusasse, 18 anos depois, a evocar o choque sofrido; Deirdre Bair insistiu sobre a dificuldade que Simone de Beauvoir deve ter sentido para falar de Dolorès, mesmo em 1982, no momento em que obteve dela uma série muito longa de encontros e entrevistas. O Castor evoca então as "outras mulheres" de Sartre; eram, diz ela, "quase todas minhas amigas também, mesmo as que não importavam, todas sabiam se mostrar amigáveis comigo. Mas aquela, Dolorès, foi quase a única vez que..." E a narradora continua: "Ela perdeu o fio do pensamento e parou."[32] As *Memórias* não mencionam Dolorès antes de evocar o retorno da segunda viagem de Sartre à América.

Se só estivéssemos escrevendo a história dos amores de uma mulher, poderíamos nos debruçar sobre esta segunda viagem de Sartre, poderíamos também fazer um paralelo imediato com a travessia do Atlântico pela própria Simone de Beauvoir, em janeiro de 1947, e o encontro com seu amante norte-americano. Mas o Castor se inscrevia bastante mal nos esquemas habituais, preocupada sobretudo em inventar sua vida. Tampouco há qualquer coisa que se assemelhe a uma espera banal, a um período vazio, entre outubro de 1945 e janeiro de 1947. Sartre entrava num período de grande notoriedade pública, e — por razões próprias, bem como pelo lugar que tem diante do filósofo — ela compartilha desta notoriedade. O romance *O sangue dos outros*, publicado no fim de setembro, *As bocas inúteis* — cuja estreia, dirigida por Michel Vitold no *Théâtre des Carrefours*, acontece em 20 de outubro —, as conferências que ela aceita, os artigos que escreve, tudo isso já seria o bastante! Mas ela é arrebatada também pelo que faz do existencialismo a corrente de ideias na moda. Fato raro, a filosofia parece sair da universidade e das classes finais dos liceus, e o ponto de partida disto, que hoje em dia seria considerado golpe midiático, é dado pela importância da palestra realizada em 29 de outubro, sob a égide do clube *Maintenant*, na sala dos *Centraux*. Título da palestra: "O existencialismo é um humanismo"; orador: Jean-Paul Sartre. Simples e pequenos anúncios nos "cadernos" do *Le Monde*, do *Le Figaro* e no *Le Libération* de d'Astier de la Vigerie, alguns cartazes colados por iniciativa dos organizadores, nada fazia antever um sucesso gigante. E, no entanto... É verdade, a sala é pequena e não pode acolher senão algumas centenas de pessoas, mas a multidão se aperta do lado de fora, em total desordem e, segundo os artigos e recordações da época, Sartre, vindo de metrô, depois a pé, leva um bom quarto de hora para chegar à pequena cadeira instalada para ele em cima do estrado. Houve brigas entre os espectadores, desmaios... Em 1947, no romance *A espuma dos dias*, Boris Vian evoca o acontecimento à sua maneira extravagante e zombeteira: "Jean-Sol Partre (...) a duquesa de Bovouard e seu séquito (...) o público de rostos fugidios de óculos, cabelos eriçados, guimbas amarelecidas (...) trancinhas miseráveis amarradas ao redor da cabeça e casacos de couro de ovelha vestidos diretamente no corpo nu, com brechas em forma de fatias de seios"...[33] etc. Por muitos anos, o texto da palestra, editado em formato de bolso,[34] servirá de material opcional estudado nas aulas de filosofia para o exame oral de bacharelato. É importante também para "defender" o existencialismo, tratado nesta época — dirá Simone de Beauvoir nas suas *Memórias*[35] — como "filosofia niilista, 'miserabilista', frívola, licenciosa, desesperada, ignóbil". O assunto já havia sido abordado num breve artigo da revista *Labyrinthe*,[36] intitulado "Introdução a uma moral da ambiguidade", e o texto inteiro foi enfim publicado em fascículos na *Les Temps Modernes*, de novembro de 1946 a fevereiro de 1947,[37] com o título *Por uma moral da ambiguidade*.

No momento da famosa palestra, estamos a alguns dias da descoberta por Castor da dedicatória a Dolorès na capa da revista para cuja criação ela tanto contribuíra. Em meados de outubro, ela desaparecera de Paris por um tempo e seus amigos próximos sabiam o motivo. J. B. Pontalis confidenciou a Deirdre Bair[38] que, vendo quanto ela tinha ficado magoada, todos respeitaram o silêncio observado pela própria Beauvoir. Por volta de 20 de outubro, ela retorna ao círculo dos amigos e retoma a participação nos ensaios de sua peça. Se alguma coisa se quebrara, está fora de questão para ela deixar transparecer seu desconcerto.

Ela vai então à palestra e se mantém ao lado de Sartre no fluxo dessa espécie de corrente que faz deles os líderes. É ela que será entrevistada por *Lettres Françaises* para definir a nova corrente filosófica, é ela ainda que escreverá o editorial para o número 3 da *Les Temps Modernes*, de 1º de dezembro de 1945 e intitulado, como um manifesto, "O existencialismo e a sabedoria das nações". Entre o gancho do começo sobre a repercussão da nova filosofia, diz: "Poucas pessoas conhecem esta filosofia que se batizou um pouco ao acaso como existencialismo; muitos a atacam", e a conclusão segue bem no espírito da Libertação: "Uma filosofia como esta pode corajosamente recusar os consolos da mentira e da resignação: ela confia nos homens", uma tentativa em vinte páginas de definir o existencialismo, antes de tudo, como moral, repousando sobre a dupla convicção na liberdade do indivíduo e nos laços mantidos entre si pelos homens, e recusando a omissão e o pessimismo que lhe são imputados, dadas as manifestações extravagantes destes que são então chamados "existencialistas". Sem renegar as *caves* de Saint-Germain-des-Prés, onde Boris Vian logo se tornaria um grande amigo do casal Sartre-Beauvoir, trata-se então de reivindicar, para a nova doutrina, sua credencial filosófica. No dia seguinte à publicação, ela escreve a Sartre: "Parece que meu editorial do número 3[39] causou uma excelente impressão, me disseram Merleau-Ponty e Camus".[40] Quanto à peça, *As bocas inúteis*, mesmo que não tenha ficado em cartaz por mais de cinquenta apresentações, mesmo que qualificada como demasiadamente didática ("As ideias no teatro. Menos teatro do que ideias", escrevem Jean-Jacques Gautier no *Le Figaro*, e — mais maldoso ainda — o crítico do *Cité-Soir*: "A arte se confunde com o professorado"), mesmo que, na noite da "costureira",* Jean Genet, sentado a seu lado, tenha resmungado: "Teatro não é isso! Não é isso, de jeito nenhum!", a peça ainda assim rendeu à autora alguns elogios; Gabriel Marcel, por exemplo, julgou sua construção superior à de *Calígula* de Camus, que se apresentara um pouco antes. Em todo caso, Castor gosta do tipo de contatos que o teatro proporciona: as dúvidas fervorosas dos ensaios, o prazer compartilhado

---

* Último ensaio de uma peça de teatro antes do ensaio geral, em que a costureira dá o último retoque no figurino. (N.T.)

com uma sala quando explodem os aplausos, quando se multiplicam os apelos para a volta dos artistas ao palco (ela passou por isso ao lado de Sartre nas apresentações de *As moscas* e de *Entre quatro paredes*), as festas e encontros depois do espetáculo... Então, dirá ela mais tarde, os pratos da balança pesaram para o lado bom: "Ganhei algum dinheiro, minha mãe ficou feliz, meus amigos e eu nos divertimos."[41] Naquele período, todas as diversões valem a pena. No momento em que terminam as apresentações de *As bocas inúteis*, Sartre já partiu de novo para Nova York. Embarcou no dia 12 de dezembro num *liberty ship*, um destes cargueiros militares símbolos da ajuda norte-americana à Europa, durante a guerra. Ele passa três semanas no navio e conta longamente ao Castor[42] as vicissitudes da travessia: um "estado extraordinário e lânguido" em que "o vento e o balanço nos afetam a cabeça", os dias se passam em busca de uma posição estável, os passageiros "são *todos* pétainistas e colaboracionistas", sonhando com "uma boa ditadura na França". A carta se encerra com palavras tão ternas quanto nos bons dias: ele conta sua esperança de estar em Nova York no dia 4 de janeiro, e depois: "Você já estará há quinze dias em Túnis. Aproveite bem, meu docinho, se divirta. Eu te amo com todas as minhas forças..."

Em Túnis? Simone de Beauvoir só chegará à Tunísia em 26 de janeiro. Enquanto Sartre se entediava em seu cargueiro, ela não quis cancelar o ritual das férias na neve e foi para Megève. Antes, tinha passado uns dias bem ocupada em Paris, como conta a Sartre sem dispensar detalhes: primeiro, uma "noite formidável" com Camus, jantar no Lipp, drinques no bar do Pont-Royal, prolongamento na rua de Seine, no quarto de Simone do hotel de Louisiane — ela se entende tão bem com o autor de *O estrangeiro* que fala em passar quinze dias com ele no mês de fevereiro. No sábado, noitada com Bost; no domingo, almoço com a sra. Mancy, mãe de Sartre; na segunda à tarde, duas horas com Violette Leduc — que ainda não publicara senão uma novela, *Minha mãe nunca me deu a mão* —, "com quem as coisas começaram mundanas e quase alegres para terminarem em desastre"[43]; almoço com Merleau-Ponty; outro ainda com Jean Genet — o poeta marginal e genial de *Condammé à Mort* [Condenado à morte], *Norte Dame des Fleurs* [Nossa Senhora das Flores] e *Chants secrets* [Cantos secretos][44] que Sartre conhecera no momento da Liberação de Paris. E o trabalho continua! Ela já está preparando o número 6 da revista, a ser publicado em março de 1946, e se propõe a escrever um editorial sobre a objetividade.[45] Pretende aproveitar as férias em Megève para começar a redação deste texto. Lá, irá alternar como sempre atividades de estudo e longos passeios de esqui nas pistas do monte de Arbois. Não estará sozinha: além de algumas refeições com Armand Salacrou, com quem deparou por acaso, encontrou um ex-aluno de Sartre dos tempos do liceu Pasteur em Neuilly, "transtornado de emoção e de reconhecimento" quando ela se convida a almoçar na casa dele ou o guia nas aulas de esqui, chamando-o de "o pequeno Lefèvre-Pontalis". Sabemos que Jean-Bertrand Lefèvre-Pontalis se tornará, sob a assinatura de J.B. Pontalis, um colaborador regular da revista e, sobretudo, um psicanalista célebre. Por ora, Simone se contenta em disparar algumas maldades sobre a esposa do jovem: "Sua mulher me parece uma tremenda pateta" e ele se aborrece com ela.[46] Bost e Olga também estão lá, com Wanda, que voltou de Bordeaux onde tinha acompanhado Sartre para o embarque no navio. É então em Mevège que ela recebe um telegrama dizendo que deve pegar um avião para uma série de palestras na Tunísia e na Argélia sobre a literatura francesa contemporânea, a convite da Aliança Francesa. Quando chega a Paris, o avião já partiu! Ela toma suas providências e acaba por conseguir um lugar uma semana depois. No último momento, outro passageiro fica com o assento previsto para ela; ela insiste, suplica, e acaba conseguindo viajar na carlinga entre os dois pilotos, com uma vista de 360 graus da paisagem! Mas, sem se entregar à autopiedade, ela não deixa de dizer que faz sozinha sua primeira viagem de avião e, curiosamente, quando conta essa travessia do Mediterrâneo em *A força das coisas*, após ter descrito as peripécias do embarque, traz uma evocação, como que um aparte, ao companheiro que partiu sem ela para o outro lado do Atlântico: "Dizíamos: um dia, quando formos ricos, tomaremos o avião para Londres; mas parece que ficamos doentes durante toda a viagem e que, de qualquer modo, não vemos quase nada."[47] Mas que se danem as decepções! Como sempre, Simone de Beauvoir está decidida a aproveitar ao máximo a ocasião: visitas a lugares célebres em torno de Túnis, Cartago, Hammamet, guiada pelo representante da Aliança Francesa, minúscula aventura em que, adormecida na praia, ela quase é agredida por um velho árabe do qual se desvencilha oferecendo o pouco dinheiro que tinha com ela, depois Sousse, Sfax, o circo romano do El Djem, Kairouan, Djerba... Para ir a Medenine visitar as construções típicas das paisagens de pedra e areia que são as *gorfas*, se vale de transportes militares e espera — lendo num terraço ao sol o *Espártaco* de Koestler — o caminhão militar que lhe dará carona numa excursão ao deserto. Dez dias livres para isso![48] Ela é invadida pela beleza das paisagens, fica emocionada ao encontrar o nome de Gide gravado de próprio punho pelo autor de *Os frutos da terra* num banco da praça. Chega à Argélia de trem, contando, de passagem, uma história típica daquela época: o cobrador deixa de fazê-la pagar a passagem que ela não teve tempo de comprar na estação, e ela insiste: "'Uma passagem? Tem?' (...) 'Vejam só: uma europeia!' e, dito isto, ofende e expulsa do trem os "nativos" que tentam viajar gratuitamente se agarrando aos estribos dos vagões.[49] Na Argélia, que lhe parece "melancólica" depois do "deslumbramento do Saara", deplora não ter podido visitar sozinha o que quisesse: "Nunca me deixaram sozinha, e só vi cenários."[50] Após mais de um mês de desterro, ela volta a Paris no fim de fevereiro.

Seus amigos estão quase todos fora: Bost partiu para uma reportagem na Itália, Camus embarcou para Nova York, Olga e Nathalie Sorokine desertaram a capital e, sobretudo, Sartre ainda não voltou... "Eu trabalhava, me entediava um pouco", anotaria ela.

Mas é pouco dizer que Simone de Beauvoir não suporta a melancolia. Ela procura novos contatos e se torna amiga de Boris Vian. Ao encontrá-lo no bar do Pont-Royal, se sente primeiro incomodada com o que considera certo narcisismo e superficialidade: "Achei que ele se ouvia demais e abusava dos absurdos." Depois, numa "festinha" dada pelos Vian, Boris chamou-a para uma xícara de café por volta das duas horas da madrugada: "Sentamo-nos na cozinha, e falamos até de madrugada: do seu romance, do jazz, da literatura, de sua profissão de engenheiro. Eu não descobria mais nada de afetado naquele longo rosto liso e branco, mas uma extrema gentileza, e uma espécie de candura obstinada (...) Falávamos, e a aurora chegou rápido: eu atribuía o maior valor a esses momentos fugazes de amizade eterna, quando me era dado colhê-los."[51]. Porém, mesmo com os amigos, ela é orgulhosa demais para se mostrar melancólica ou deixar transparecer que se sente abandonada. O último texto dela publicado na imprensa norte-americana é todo em homenagem a Sartre, que ela apresentou às leitoras norte-americanas no *Harper's Bazaar* sob o título "Jean-Paul Sartre: estritamente confidencial".[52] Ela evoca com humor o não conformismo do filósofo: "Sartre sempre demonstrou violenta antipatia pelas pessoas infladas de importância. Não gosta dos doutores, nem dos engenheiros, nem dos ministros", e termina o perfil com essas palavras que relembram o credo comum de ambos na liberdade, e que ela talvez repita para si mesma, tentando aceitar a situação: "Sartre é atualmente uma pessoa em perfeita harmonia consigo mesma, um homem feliz. Além disso, não sente nenhum incômodo em ser feliz, pois está convencido de que os outros podem descobrir com mais ou menos facilidade, na tomada de consciência de sua própria liberdade, uma felicidade tão sólida quanto a dele."

As cartas da América enviadas por Sartre, por mais que falem de seu desejo de retorno, da ternura por seu "encantador Castor", falam sem cessar do novo vínculo: "Quero voltar, estou morto pela paixão e pelas palestras. Gostaria de te ver tranquilamente",[53] ele escreve no fim de fevereiro. Para contar esse retorno, em 15 de março de 1946, um longo parágrafo de *A força das coisas* começa com estas palavras: "Ao voltar da América, Sartre me falou muito de M.",[54] referindo-se, é claro, à amiga norte-americana que ela se recusa a chamar pelo nome, apesar do pedido de Sartre no momento da publicação. Sartre lhe diz que Dolorès e ele decidiram passar a cada ano três ou quatro meses juntos. E, sem dúvida com uma ingenuidade cruel, ele conta sem cessar as caminhadas em Nova York onde param ao mesmo tempo, sem terem combinado, diante dos mesmos espetáculos, os gostos partilhados, a compreensão mútua espontânea, a alegria do tempo passado com a amiga de lá. Simone de Beauvoir está abalada pelas expressões que ele emprega para evocar esta Dolorès que ela cumula, diante dele, de todas as qualidades que sabe que ela própria não tem. A famosa distinção que ela havia aceitado tão bem, entre o amor necessário e os amores contingentes, já não basta mais. Ela hesita em fazer a pergunta, em escolher as palavras, são termos quantitativos que lhe ocorrem, querendo falar de diferença essencial, e ela lhe lança, de repente: "Francamente, de quem você gosta mais, de M. ou de mim?" Sartre responde bem brutalmente: "Gosto muitíssimo de M., mas é com você que estou"[55]. Como interpretar este "estou com você"? Apesar de tudo? É um fato? Estou com ela em pensamento, em amor, mas para a vida cotidiana estou aqui? Simone de Beauvoir fica abalada pela secura do tom, perplexa. Então, como nos períodos de grande perturbação (como o que vimos no período de seu desconcerto, durante o desastre de junho de 1940), ela anota num diário o que chama de "poeira cotidiana da minha vida",[56] e reproduzirá estas páginas de diário em suas *Memórias* para o período entre 30 de abril e 18 de maio de 1946. Em 18 de maio, o tom das notas cotidianas está dado: "Esta tarde estou na parte de cima do Flore, perto da janela, vejo a calçada molhada, os plátanos agitados por um vento desagradável; há muita gente, e, lá embaixo, um grande burburinho. Não me sinto bem aqui. Parece-me que nunca mais recomeçarei a trabalhar aqui como fiz durante todos esses anos."[57] E os Estados Unidos, através de Dolorès, estarão presentes todos os dias daquela primavera de 1946: é sempre Simone de Beauvoir que zela pela preparação dos próximos números da *Les Temps Modernes*, mas Sartre decidiu que o número especial do verão, que fecha o ciclo do primeiro ano da publicação, seria sobre os Estados Unidos. O número 1 abrira com a dedicatória a Dolorès, o ano se encerra por outra edição totalmente impregnada por aquela que Sartre dizia que tinha lhe "dado a América".

Contudo, outras atividades vão novamente consolidar os laços com Sartre: primeiramente, três semanas de viagem à Suíça, onde o editor Skira organizou para eles uma turnê de palestras; em seguida, é o editor italiano Bompiani quem os convida a Milão. A Itália está sob o impacto das cessões obrigatórias dos vencidos aos vencedores: Brigue e Tende devem ficar com a França, Tito reclama Trieste. Seus auditórios se dividem entre fascistas nostálgicos, antifascistas de curta data, comunistas linha dura, malvistos por causa das exigências iugoslavas... O coração de Bompiani pende para a direita, e ele se irrita com o casal "existencialista", negando-se a pagar o prometido para a continuação da viagem. Mas outro editor está a postos, o célebre Arnaldo Mondadori, que propõe a Sartre ficar com os direitos de tradução, contratados com Bompiani, de quem o filósofo se queixa. Mondadori concede um confortável adiantamento de direitos autorais, além de oferecer ao casal, com todo luxo, a viagem esperada: primeiro Veneza, com estadia no Grande Hotel, depois Florença. O casal prosseguirá o périplo até Roma num carro alugado, e será recebido com todas as honras devidas a hóspedes de prestígio: noitada na Villa Médicis, recepção no palácio Farnèse. Pela primeira vez na vida, Simone de Beauvoir veste um traje de gala! Encontros frutíferos também para *Les Temps Modernes*: Carlo Levi, autor do célebre romance *Cristo parou em Eboli*, do qual a revista apresentará trechos em novembro, Ignazio Silone, um dos fundadores do Partido Comunista italiano, que, de Moscou, teve um grande papel na constituição do front antifascista italiano, Alberto Moravia... A viagem continua por Nápoles e Capri, com retorno a Roma, onde o casal fica ainda alguns dias, antes de voltar a Milão, onde se separa: Sartre volta diretamente a Paris, Simone de Beauvoir começa a pé um périplo de três semanas nas Dolomitas. Ela está com 38 anos, redescobre os prazeres das caminhadas solitárias da juventude nas paisagens do sul, e emprega as mesmas palavras exaltadas para falar disso: "E depois, de cume em cume, de refúgio em refúgio, através dos pastos e dos rochedos, caminhei. Reencontrei o odor da relva, o ruído dos seixos ao longo das barreiras caídas, o esforço ofegante da escalada, a volúpia da libertação, quando a bolsa escorrega dos ombros que se colam à terra, as partidas sob o céu pálido, o prazer de desposar, da aurora à noite, a curva do dia."[58] O outono traria ainda a Simone de Beauvoir duas ocasiões de viagem: à Itália, primeiramente, desta vez somente em Roma, onde acompanha Sartre, que fora solicitado por um cineasta que deseja dirigir uma adaptação de *Entre quatro paredes*; depois, em novembro, à Holanda, onde é convidada a dar palestras num país que parece um campo de ruínas. Sartre se junta a ela na semana seguinte para descobrirem os Rembrandt e os Vermeer nos museus. Quando volta a Paris, *Todos os homens são mortais*, seu terceiro romance, acaba de ser publicado. Na Gallimard, Queneau tinha proposto que se fizesse logo uma tiragem de 75 mil exemplares. A prudência aconselhou em boa hora o editor: o livro tem uma acolhida muito fria. Alguns pressagiam que Simone de Beauvoir não mais escreverá romances e a autora conclui: "Perto dos meus sucessos anteriores, era um incontestável fracasso.

(...) se me condenavam, era porque eu de certa maneira falhei."[59] E sempre segura do ímpeto que a move, ela se recusa a se "questionar" e a se "atormentar". Mas certamente por já está alhures; em outubro, soube, por Philippe Soupault, que seria chamada aos Estados Unidos, para uma turnê de palestras em universidades norte-americanas. O Serviço de Relações Culturais ofereceu a passagem de avião e a partida fica prevista para janeiro. "Todo o trimestre foi iluminado por esse fato.", escreve ela.[60]

Ela encontrou Philippe Soupault no Flore em 17 de maio de 1946. Para ela, que se lembra do fascínio dos seus dezoito anos — no tempo de seu primo Jacques — com relação ao radicalismo dos surrealistas, aquele homem tinha algo mítico. Soupault é um dos fundadores, com Aragon e Breton, da revista *Littérature*, e publicou com Breton *Les Champs magnétiques* [Os campos magnéticos]. Em 1942, ficou preso por oito meses, por ordem do governo de Vichy. Foi quando escreveu *Le Temps des assassins* [O tempo dos assassinos], publicado em 1945 pelas Éditions de la Maison Française em Nova York e que permaneceu inédito na França. Pouco inclinado a se fazer de herói, ele estima que toda a sua resistência e infelicidades durante a guerra foram bem pouca coisa em comparação ao que aconteceu a outros. Na Libertação, lhe confiaram a direção de programas estrangeiros da Radiodiffusion Télévision Française (RTF) e ele é um dos mais bem posicionados para saber quanto a América do pós-guerra está "ávida por se atualizar sobre os movimentos intelectuais franceses". Ora, após Sartre, após Bost, após Camus, Simone de Beauvoir "quer seu quinhão da América".[61] Em 17 de maio de 1946, ela escreve em seu diário: "Sempre me sinto estranha quando vejo um cara que admirei aos vinte anos, que me parecia inacessível, e que é um homem de carne e osso, maduro. Soupault me pergunta se eu gostaria de ir à América. Promete fazer com que eu seja convidada em outubro, se eu realmente quiser, e diverte Sartre porque parece desconfiar da minha fragilidade. Claro que quero, e insisti, morro de vontade de ir, e ao mesmo tempo sinto um pouco de angústia no coração diante da ideia de partir por quatro meses". Soupault então prepara para ela, em contato com os serviços culturais franceses, uma turnê de palestras nas universidades norte-americanas, tendo por tema: "Os problemas morais do escritor do pós-guerra". A América lhe será dada, para além de todas as suas esperanças, mas a mulher infatigável que ela é foi quem obteve os meios para esta conquista.

É difícil seguir aqui a cronologia estrita e alinhar as datas: nos quatro meses que se se passam entre 25 de janeiro de 1947, quando embarca em Orly, e 21 de maio, quando retorna à França, se sucedem sem dúvida mais de vinte palestras que a levaram da costa leste à costa oeste, sem falar das incursões ao norte dos Estados Unidos. Mas ela também aproveita cada parcela de tempo para encontrar amigos, correspondentes da *Les Temps Modernes* já contatados por Sartre e Bost, escritores que ela admira, como Richard Wright e, especialmente em Nova York, faz a pé longos périplos de descoberta da atmosfera da cidade e de seus bairros. A Deirdre Bair, ela confidencia que, em sua busca faminta pela América, ela mais parecia um "dervixe rodopiante, de tanto que temia perder alguma coisa".[62] Para nos esclarecer sobre essas descobertas sucessivas, temos hoje a obra *A América dia a dia*, que ela escreveu em diversos fascículos para *Les Temps Modernes* entre janeiro e abril de 1948, e que será publicada no mesmo ano, com dedicatória a Ellen e Richard Wright, pelas Éditions Morihien, antes de ser retomada pela Gallimard em 1950. Simplesmente, a sucessão de lugares, cenas, encontros, por mais que exposta sob a forma de um diário, foi organizada por Simone de Beauvoir não para servir a algum registro biográfico exato das etapas dessas descobertas (o diário foi elaborado de maneira retrospectiva), menos ainda a alguma construção teórica sobre o estado exato do país que ela visita, mas para permitir ao leitor perceber as emoções e os julgamentos pessoais suscitados pelos contatos rápidos. Assim, ela faz questão de precisar, no prefácio, retomando os termos filosóficos que lhe são caros: "Não me pareceu inútil, ao lado dos grandes quadros realizados por gente mais competente, contar no dia a dia como a América se desvelou a uma consciência: a minha".[63] É, portanto, a América de Beauvoir que nos cabe procurar, a que ela absorve às custas de hambúrgueres engolidos em tamboretes de bar (ela ficou surpresa, na primeira vez, por não lhe trazerem talheres para atacar esses espessos sanduíches...), de incursões solitárias pelo Harlem, contra as quais seus ouvintes de Colúmbia tentam preveni-la, de conversas organizadas pelos

Wright (com o pastor de uma igreja batista, por exemplo), da Fundação Barnes, na Filadélfia, em que o proprietário recusa qualquer visita, mas onde ela tenta entrar a todo custo, correndo o risco de deixar sem graça o professor que a acompanha, seu choque ao perceber todas as contradições sob as quais lhe pareciam viver as estudantes das universidades femininas, vestidas de jeans e de roupas masculinas em suas atividades ao ar livre no campus, e se disfarçando de mocinhas com chapéu e luvas para agradar as mães, ao voltar à cidade. A obra insiste numerosas vezes nos traços distintivos das mulheres norte-americanas, comparadas às do velho continente. Com certeza tais observações forneceram boa parte do material para o trabalho sobre as mulheres que Simone de Beauvoir empreenderia a partir de fins de 1947, e que deram origem a *O segundo sexo*, inspirando uma abordagem comparativa e sociológica "das" mulheres e não "da" mulher.

Para acompanhar (correndo o risco de perder o fôlego) o desenrolar exato da viagem, a melhor fonte está certamente nas cartas enviadas a Sartre durante o périplo norte-americano: vinte e três cartas de 25 de janeiro a 8 de maio, mais de oitenta páginas na edição de *Cartas a Sartre*.[64] Após as manifestações de apego na primeira carta, durante a escala em Terra Nova, "sinto que não estarei separada de você nem por um minuto, nada pode nos separar", ela tem uma semana cheia em Nova York antes das conferências; vale citar, lançados de qualquer jeito nessas cartas vibrantes e repletas de detalhes, a "poesia do conforto", o gosto incomparável dos "martínis", as *drugstores* que ela "adora", as lojas "assustadoras mas divertidas", e a descoberta do fast-food ("comer muito rápido qualquer coisa, em qualquer lugar, isso me agrada"); as relações assaz frias com os funcionários e outros trabalhadores encarregados de sua acolhida, assim como com quase tudo que se remete ao aspecto "oficial" da viagem: a "velhota das relações culturais", "a Perrier", como diz, e, para designar as agentes literárias ligadas à Gallimard, "a Saunders (...) é uma velha horrorosa", "a Macht", que ela trata como uma "gorda medonha", depois de "canalha, uma vadia", por perceber uma tentativa de sedução de sua interlocutora que denigre Dolorès e não para de elogiar Sartre, além das "velhas do Instituto Francês (...) essas putas velhas que não entendem francês", dos franceses do corpo diplomático "do gênero de Roulet, formais e salafrários", sem contar todos aqueles que ela acusa de terem organizado com descaso a viagem, incluindo-se o ministro Louis Joxe etc. Por outro lado, ela não tem palavras o bastante para elogiar os reencontros com velhos amigos: os Gérassi, em particular, Claude Lévi-Strauss, cuja mulher, "apesar de visivelmente grávida, chega a ser gentil e até vibrante", sobretudo os Wright ("R. Wright, tão gentil que eu o abraçaria no meu coração", "a única pessoa de quem gosto de verdade aqui e que vejo com real prazer"); ela visita, é claro, o Museu de Arte Moderna, o Metropolitan, os *Cloisters** vai à casa de Matisse e de Peggy Guggenheim, atravessa a ponte do Brooklyn, "uma coisa formidável", sobe ao topo do Empire State Building, explora o Village, se arrisca no Bronx, sem esquecer de se atirar, nas raras horas vagas, nos cinema onde "se delicia" com filmes de animação e *thrillers*. Mas sobretudo há noitadas inesquecíveis: na casa de Billie Holiday com "uma pequena orquestra negra", nas "boates de jazz" onde os Wright a levam, no Savoy onde se maravilha — "éramos as duas únicas mulheres brancas e nenhum homem branco. Bebemos uísque e vimos dançarem maravilhosas negras" —, a um concerto de Louis Armstrong no Carnegie Hall etc. Ao final da primeira estadia em Nova York, ela escreve a Sartre, no dia 11 de fevereiro, "não é mais a sua Nova York, é a minha", e depois: "Não se admira de tudo que fiz nesses quinze dias? Quase todos os bairros de Nova York e todos os museus e galerias, os cinemas, todas as boates das quais você tinha me falado e outras mais, e tanta gente."

Após a pausa nova-iorquina, vem a turnê de conferências. Ela começou pela prestigiosa universidade feminina, Vassar. Começa seu circuito por New London e Washington, com a visita a alguns museus e o encontro, solicitado por ela, com Saint-John Perse, seguindo depois uma conferência na universidade da Virgínia. Vai ao norte para uma conferência em Rochester (com uma escapulida de carro por Buffalo e as cataratas do Niágara), passa por Cleveland, onde visita uma exposição de Degas e admira "um grande Picasso azul". Novas palestras em Oberlin

---

* Os Claustros: um ramo do Metropolitan Museum of Art dedicado à arte e arquitetura da Europa na Idade Média. (N.T.)

e depois Chicago. Ali, conhece Nelson Algren e vem a interminável travessia (três noites e dois dias) de Chicago a Los Angeles. Palestras nas universidades e visita da costa oeste com Nathalie Sorokine, morando em Los Angeles, em Westwood, perto de Beverly Hills, com seu marido Ivan Moffat, o G.I. que ela conhecera em Paris quando da Libertação e que acompanhou à América no fim da guerra. Ivan Moffat trabalha nesta época como *writer* para o diretor George Stevens, e Simone de Beauvoir pode, graças a ele, visitar mecas do cinema, conhecer atores e figuras tão míticas quanto Man Ray ("que me fez lembrar, ela diz a Sartre, todas as minhas velhas lembranças do 'Ursulines'* e do cinema de arte"), comer nos restaurantes da moda, assistir à *première* de *Monsieur Verdoux*, apresentado pelo próprio Charlie Chaplin... Nathalie Sorokine leva-a para navegar pela costa e ela se maravilha escalando a colina do Telégrafo, atravessa a Golden Gate, contempla a baía de São Francisco... Após a palestra no Mills College, teve inclusive a ocasião de jantar com Darius Milhaud, que lhe ofereceu os dois discos de sua *Petite suite française*. Como que tomada pelas paisagens de *westerns*, ela excursiona também a Monterey, Sacramento, Reno, Las Vegas, Vale da Morte... Na Universidade de Berkeley, é recebida por professores que ela acha velhos e monótonos — "creio que os universitários daqui são uns fósseis terríveis"... Depois, Simone de Beauvoir começa o retorno à costa leste: viagem de três semanas de carro, na companhia de Nathalie Sorokine, que "geme e sofre como se eu a estivesse obrigando a fazer o trajeto a pé", pelos "mais desertos dos desertos", pelo Texas, por Houston, por Nova Orleans (palestras em "uma maravilhosa universidade, cheia de azaleias e de camélias"), com noites nos *clubs*, Absinthe Hall, Absinthe House, com músicos negros e muito álcool, dos quais ela volta com Nathalie "nem sequer bêbadas, e em êxtase", pela Virgínia, Alabama, Flórida... Seguindo além de Nova York, onde parou por alguns dias, reencontrando Richard Wright, que a leva novamente aos círculos negros da cidade, dando por todo lado conferências e entrevistas, ela volta, em razão de compromissos, à Filadélfia e depois Massachussets, com mais conferências, especialmente em Harvard... No dia 24 de abril, está

---

* O Studio des Ursulines, um dos cinemas mais antigos de Paris. (N.T.)

"emocionada" em dizer a Sartre que vai revê-lo enfim dentro de quinze dias, anunciando que sua passagem está marcada para 10 de maio, e descreve seus últimos encontros nova-iorquinos: os pintores Miró, Tanguy, Calder, o músico Bernstein, o pianista Robert Casadesus, o filósofo e sociólogo Georges Gurvitch... Na antevéspera de sua partida, recebe um telegrama de Sartre, pedindo que postergasse o retorno por uma semana, telegrama confirmado por uma carta que a "faz chorar o dia inteiro": "Achei a ideia de voltar antes do que você queria tão insuportável que sábado fiquei realmente doente por não conseguir trocar a passagem. Mas segunda-feira me arrastei com tanto sucesso que, na terça, estava tudo arranjado. Então estarei no domingo 18 (...) na estação dos Invalides." E, já que Sartre impunha este prolongamento da viagem, ela decide pegar um avião para Chicago e ir encontrar "o cara de que gostei lá"... Este "cara" é Nelson Algren.

Tentamos retraçar rapidamente esta viagem à América. Será possível fazer um balanço? O livro escrito por Simone de Beauvoir e publicado no ano seguinte, *A América dia a dia*, apesar da forma de diário escolhida pela autora — como dissemos — para privilegiar a diversidade acima da síntese, permite, sem dúvida, destacar os temas dominantes. Para além das impressões, dois grupos de observações emergem: as que tratam dos comportamentos mais ou menos racistas de uma parte da população norte-americana e, como dissemos, as que apresentam com curiosidade as diferenças entre as mulheres do novo continente e as europeias.

Um aspecto da viagem que é mais "estritamente pessoal" do que tudo que ela tinha revelado de Sartre à *Harper's Bazaar* não é abordado nesta obra: refere-se ao "cara" do qual ela não apenas gostou, mas que continua a prezar intensamente, o "cara" que vai, por vários anos, revolucionar sua existência, um "norte-americano típico, rosto e corpo sem expressão, que começou como viajante através da América em trens de carga e como *pin-boy*, o rapaz que reúne os pinos nos boliches. Depois escreveu com algum sucesso e agora há dois anos vive de um contrato, para depois voltar a ganhar a vida não importa como. Escreve sobre Chicago, onde sempre viveu (...) é quase comunista, é claro. Achei-o muito simpático, inteligente e humano, como eles podem ser quando dão certo".[65] Essas palavras emocionadas para evocar um encontro falam, é claro, de Nelson Algren. Um ano mais jovem que ela, havia publicado, até o momento em que a conheceu, dois romances: *Somebody In Boots*, em 1935, e *Never Come Morning*, em 1942, o livro que o tornou conhecido e lhe rendeu uma bolsa da Academia Norte-americana de Artes e Letras. Ele também tem em andamento uma coletânea de novelas que se tornará *The Neon Wilderness* e um romance que será sua obra mais célebre: *O homem do braço de ouro*. É de fato o sujeito um tanto deslocado que Simone de Beauvoir descreve: raízes misturadas (origens judaicas, suecas e alemãs), saído do mundo operário (pai mecânico, família vivendo no meio dos operários imigrantes de Detroit e depois de Chicago), diplomado na universidade de Illinois, que ele deixa aos 22 anos, aventurou-se em seguida por estradas do sul dos Estados Unidos e do México, ganhando a vida com alguns bicos mais ou menos confessáveis, pedindo esmola de tempos em tempos, passando inclusive quatro meses numa prisão do Texas. No dia em que Simone de Beauvoir telefonou para pedir uma entrevista, ele desligou brutalmente, desculpando-se mais tarde e dizendo não ter entendido o que ela queria, com seu sotaque carregado. E depois se veem, ele a arrasta por bairros de Chicago em que não se levam os turistas, bairros equivalentes aos que ela tinha querido visitar sozinha em Nova York, preocupando seus anfitriões. E ela rapidamente vai amar este homem que não segue os cânones habituais, afronta as leis e os códigos, como ela sempre tentou afrontar. Que ele fosse bonito, grande e forte só ajudou as coisas.

Entre este início de 1947, quando experimenta com Algren isso que bem merece a expressão, embora tão surrada, de amor à primeira vista, e aquele dia de novembro de 1951, quando ela declara com ironia que acaba de substituir esse amor pela empolgação de um "belo carrinho preto", o que se passou?

Para a decupagem, poderíamos apresentar o filme assim: primeira sequência, encontro em Chicago por recomendação de uma escritora amiga de Algren — uma noitada e uma tarde, em 22 e 23 de fevereiro de 1947; segunda sequência, de fim de abril ao começo de maio, no lapso de tempo imposto por Sartre para que adiasse o retorno, Simone de Beauvoir, em vez de esperar em Nova York, pega um avião para passar três dias com Algren em Chicago. Tornam-se amantes e ele a acompanha a Nova York, onde passam juntos vários dias; terceira sequência, Simone de Beauvoir retorna a Chicago para ver Algren, de 9 a 23 de setembro de 1947; quarta sequência, do fim de abril a 14 de julho de 1948, nova viagem de Beauvoir. Algren e ela descem o Mississipi num barco a vapor até Nova Orleans, depois passam por Yucatan, pela Guatemala, e voltam ao México. Mas, "chamada" por Sartre, Beauvoir anuncia brutalmente a Algren que vai encurtar sua viagem, deixando-o chocado e desamparado; quinta sequência, no começo de maio de 1949, é Algren que pega um navio para a França, onde se hospeda com Simone de Beauvoir no estúdio que ela ocupa na rua da Bûcherie. Viajam juntos pela Itália, Tunísia, Argélia e vão ao Marrocos, a Marrakech. Após uma etapa no sul da França, na casa de Olga e Bost em Cabris, voltam em setembro a Paris, de onde Algren parte de volta para a América, desta vez de avião, em meados de setembro; sexta sequência, de julho a setembro de 1950, Beauvoir reencontra Algren em Chicago, ficam depois em um chalé às margens do lago Michigan, mas as coisas não correm bem entre os dois e, quando volta à Europa, Simone de Beauvoir pensa em nunca mais revê-lo.

Das três últimas sequências (1953, viagem abortada de Algren à França; 1960, périplo europeu de Algren em que Beauvoir o acompanha, estadia de Algren no apartamento de Castor enquanto ela faz uma viagem ao Brasil com Sartre; primavera de 1964, revolta e ruptura definitiva por parte de Algren, quando da publicação da tradução norte-americana de *A força das coisas*), que não fazem senão fechar definitivamente esta história, falaremos mais adiante.

História apaixonada, sempre dolorosa, apesar da felicidade que engendra, pois a ameaça da separação está sempre presente: separação geográfica ("um amor transatlântico", como diz Sylvie Le Bon de Beauvoir),[66] separação de línguas (Algren não fala nem escreve em francês e jamais tentará — apesar das exortações da interessada — se revezar com Simone de Beauvoir no esforço que representa a abundante correspondência que mantiveram), impossibilidade definitiva, invocada por aquela que se pensa sempre como o Castor, de aceitar um pacto de fidelidade à um homem, afora aquele que ela continua a respeitar com relação à Sartre, e impossibilidade recíproca por parte de Algren em aceitar Sartre como um terceiro no casal. Sobre este amor, temos hoje um documento excepcional, pois até 1997 o leitor que se indagava sobre o encontro de Simone de Beauvoir e Nelson Algren só dispunha da versão romanceada apresentada pela própria Simone de Beauvoir com o personagem Lewis Brogan, em *Os mandarins*. Desde 1997, contamos com a correspondência entre os dois amantes (embora as cartas de Algren sejam apenas evocadas, devido à recusa de publicação por parte de seus agentes norte-americanos), um documento tão comovente quanto exaustivo. O conjunto de cartas não apenas se lê "como um romance", mas também constitui uma mina de informações sobre Simone de Beauvoir, para além, inclusive, da história amorosa com Algren. Com efeito, o primeiro contato, no final da primeira estadia de Simone de Beauvoir nos Estados Unidos, foi breve demais para que os dois amantes verdadeiramente se conhecessem e Simone apresenta sua vida em Paris, presente e passado, com uma riqueza de detalhes e uma liberdade de tom que nem sempre alcança em suas *Memórias*. Além disso, como ele pouco sabe do que acontece na França, e ela gosta de fazê-lo participar de seus gostos e de suas atividades, suas cartas constituem uma espécie de crônica da vida cultural, literária, artística e política da França e do microcosmo parisiense daqueles anos. Por exemplo, ela conta os encontros com seus próximos (a irmã Poupette, de quem ela não fala muito bem, em particular sobre seus talentos na pintura, que ela raramente aprecia, "a mulher feia", Violette Leduc,[67] "a russinha", Nathalie Sorokine, "a judiazinha", Bianca Bienenfeld etc.). Ela o mantém informado sobre a última peça de teatro que viu, a última obra que leu, tentando sempre estabelecer graduações nas suas preferências e justificar suas recusas. E fala de si mesma, na urgência de fazer com que ele a conheça mais, com uma sinceridade que não descobrimos senão em filigranas no restante da sua obra. Assim, em 3 de julho de 1947: "Você sabe, para mim, a existência não é fácil, embora eu sempre tenha querido ser feliz e talvez por querer tanto ser feliz. Amo com paixão a vida, abomino a ideia de ter de morrer. Sou também terrivelmente ávida, quero toda a vida, ser uma mulher e também um homem, ter muitos amigos e também a solidão, trabalhar enormemente, escrever bons livros e também viajar, me divertir, ser egoísta e também generosa... Você vê, não é fácil ter *tudo* que quero. Ora, quando não consigo, isso me deixa louca de raiva".[68]

Os apaixonados estão sós no mundo, diz a *vox populi*... E Simone de Beauvoir está apaixonada nesse verão de 1947, quando, mal chega em Paris, quer voltar a Chicago, quando duas longas cartas suas partem toda semana para a América! Antes de chamá-lo "meu marido" em suas cartas, ela assinala, desde seu retorno em maio, "sou sua mulher para sempre",[69] e usa ostensivamente um anel que ele lhe deu. No entanto, nem sua atividade, nem sua vida social parecem ter descanso... Em junho, ela passa um momento — sozinha ou com Sartre, conforme os dias — num pequeno hotel em Saint-Lambert, no vale de Chevreuse. Foi o que Sartre imaginou para evitar encontros a três com Dolorès, que não quer abandoná-lo e prolonga sua estadia parisiense. A paixão vivida por Simone sem dúvida relativiza seus projetos: "É difícil voltar a escrever, não vejo muito bem por que alguém deva escrever o que quer que seja."[70] Mas retoma as notas que começou a redigir "sobre as mulheres" no começo do ano, achando que "a coisa não está muito ruim" e decidindo "trabalhar seriamente". Ao mesmo tempo, prepara o livro sobre a América e, a cada perambulação por Paris, passa na *Les Temps Modernes* e pega um punhado de manuscritos para avaliar a possibilidade de publicação na revista; revista em que batalha ao mesmo tempo, assim como frente a editores parisienses, para conseguir a publicação de textos de Nelson. Em suas escapulidas parisienses, vê filmes, passa algumas noites nas *caves* de Saint-Germain-des-Prés em que Boris Vian toca sua "*trompinette*"...* Até organiza uma *party* numa dessas *caves* para festejar seu retorno da América: "fracasso total", ela diz a Algren, os convidados caíram rapidamente na bebida! Mas o trabalho retoma o passo: "Falo do meu trabalho", ela escreve em 17 de junho, "porque nada mais importa neste momento". Quando chega julho e o período das férias, Sartre parte e ela se decide por uma viagem sozinha à Córsega, onde retoma por um momento seus hábitos de caminhadas solitárias, correndo o risco de se perder na montanha. Depois vai a Londres para assistir com Sartre à estreia de *Mortos sem sepultura* na companhia do editor Nagel e

---

* Como ele costumava se referir ao seu trompete. (N.T.)

— sempre com Sartre — faz um périplo por regiões do norte: Copenhague, Gotemburgo, Estocolomo e uma ilha sueca. Como Algren tem raízes nesse país, ela começa a carta de 10 de outubro com essas palavras: "Nelson, meu bem-amado, escrevo de sua pátria ancestral, de uma rochosa ilha sueca, selvagem, triste e bela, cingida por um mar cinzento, uma paisagem lunar onde a gente se sente bem perto do Polo Norte." Mas, desde já, incentivada por Sartre, a passagem está comprada para sua segunda travessia do Atlântico, no mês seguinte.

Contudo, apesar das viagens e encontros, Simone de Beauvoir, ainda e sempre, trabalha. No seu livro sobre a América, claro, e na obra que vai rapidamente monopolizar todos os seus esforços: um ensaio sobre as mulheres. Quando ela começou a enorme compilação de documentos que serviu de base para *O segundo sexo*? Outubro de 1946, precisa ela numa nota de suas *Memórias*[71], 1947-1948 responde assaz vagamente a Deirdre Bair, que a questiona sobre este ponto.[72] Vem em primeiro lugar o desejo: a autora de *A força das coisas* explica a necessidade de se fixar objetivos, preparar uma nova obra, como resposta a uma carência, ou como isso que os médicos chamam de uma "impaciência" muscular: "Meu ensaio estava terminado, e eu me perguntava: que fazer? Sentava-me no Deux Magots, olhava a página em branco. Sentia a necessidade de escrever na ponta dos meus dedos, e o gosto das palavras na garganta, mas não sabia o que começar."[73] Giacometti a percebe um dia neste estado, e vê nela um "ar bravo": ela confessa ao escultor seu desejo de escrever e a falta de um assunto que conseguisse mobilizá-la: "Escreva qualquer coisa", responde ele! Mas Simone de Beauvoir não sabe fazer "qualquer coisa"... Como na época de seus primeiros escritos de ficção, ela ainda deseja falar de si mesma e — talvez porque acaba de observar nos Estados Unidos mulheres bem diferentes dela? Talvez por estar vivendo uma grande experiência amorosa? — se pergunta o que significa para ela o fato de "ser mulher". Sua primeira reação diante desta questão é de evitação: "Para mim, (...) isso, por assim dizer, não contou."... Se acreditarmos em suas lembranças, foi quando Sartre interveio: "De qualquer modo, você não foi criada da mesma maneira que um menino: seria preciso prestar mais atenção a isso." "Eu prestei e tive uma revelação: este mundo era um mundo masculino, minha infância fora nutrida de mitos forjados pelos homens (...) abandonei o projeto de uma confissão pessoal para me ocupar da condição feminina em sua generalidade", diz ela.[74] Apressada como sempre, estudiosa como nunca, Simone de Beauvoir retoma então o caminho da Biblioteca Nacional para estudar o que ela parecia ter nomeado imediatamente de "os mitos da feminilidade".[75] Nos primeiros meses de 1948, ela se diz monopolizada pelos contatos com os amigos, por todas as tarefas que constituem a vida cotidiana com Sartre, em especial pela atividade política na qual está lançada (programas de rádio para o RDR, organizações de encontros, textos para a revista etc.), ela passa também muito tempo conversando por escrito com Algren e preparando a terceira viagem, a que efetuará a partir do fim de abril, e que deveria levá-los a uma espécie de cruzeiro pelo Mississipi e por um périplo na América Central. Porém, antes dessa viagem, ela ainda redige os três primeiros fascículos (sob o título "A mulher e os mitos") que aparecem sucessivamente na *Les Temps Modernes* de maio, junho e julho de 1948. Depois, a partir do verão de 1948, ela reencontra verdadeiramente seu ritmo de estudante para a preparação e conclusão de *O segundo sexo* (o primeiro volume está concluído e entregue ao editor, diz ela, já no outono). Assim, escreve ela a Algren no dia 26 de julho de 1948: "Durante o dia todo, na Biblioteca Nacional, consultei grossos livros de biologia e de fisiologia, a fim de determinar o momento em que você decidiu ser homem e eu escolhi ser mulher."[76] No dia 8 de agosto, ela lhe confidencia trabalhar com a ajuda de um "comprimido estimulante"![77] Em 1949, a revista publica em fevereiro "O mito da mulher e os escritores: Stendhal ou o romanesco do verdadeiro", em maio: "A iniciação sexual da mulher", em junho dois estudos: "A lésbica" e "A maternidade". Quanto à obra propriamente dita, ela é publicada pela Gallimard em dois tomos, o primeiro em junho de 1949, o segundo em novembro do mesmo ano. O título foi discutido com Sartre e Bost, a quem a obra será dedicada. Dois anos de trabalho no máximo! Para um livro que vai renovar completamente, na França e no mundo, a maneira de colocar as questões relativas à diferença dos "gêneros", e que se apresenta sob a forma de dois fortes volumes, o primeiro, *Os fatos e os mitos*, com cerca de quatrocentas páginas na edição original, e o segundo, *A experiência vivida*, com cerca de seiscentas páginas... Simone de Beauvoir quer se desculpar por tê-lo feito tão rápido? Todo autor de ensaios conhece bem o sorrisinho colorido de desprezo que vem aos lábios de certos críticos quando do anúncio de uma gestação demasiado curta! Em todo caso, ela se explica sobre essa relativa brevidade em *A força das coisas*: "Não passei mais de dois anos trabalhando nessa obra. Tinha conhecimentos de sociologia e de psicologia. Devia à minha formação universitária métodos de trabalho eficazes: eu sabia classificar e analisar rapidamente os livros, eliminar aqueles que não passavam de repetições ou de fantasias; fiz um inventário mais ou menos exaustivo de tudo o que fora publicado em francês e em inglês sobre a questão (...) Aproveitei também, sobretudo no segundo volume, aquele interesse que durante anos Sartre e eu havíamos tido pelas pessoas: minha memória forneceu-me material abundante."[78]

Sinal da notoriedade de Simone de Beauvoir e sem dúvida do existencialismo também: numa época em que não havia nem moda nem movimento feminista, em que as obras francesas sobre esse tema eram praticamente inexistentes, a Gallimard vende 22 mil exemplares do primeiro volume já na primeira semana. Acrescente-se ainda que esse primeiro tomo mais parecia um trabalho de erudição! Mas, quando ela entrega a *Les Temps Modernes* os capítulos sobre a sexualidade e a homossexualidade feminina, sobre a maternidade, o sucesso se torna um escândalo! Esquece-se a mensagem essencial de *O segundo sexo*: "Ninguém nasce mulher: torna-se mulher" — para se falar da perplexidade causada por uma mulher que ousa falar sem muitos rodeios sobre a maneira como a sociedade modela os indivíduos em nome do pertencimento a um "gênero". Ela depois contará em suas *Memórias* a fama diabólica que adquiriu então: cartas com insultos, assinadas ou anônimas, todo tipo de sátiras, ela é alvo de diversos qualificativos: "Insatisfeita, frígida, priápica, ninfomaníaca, lésbica, cem vezes abortada, fui tudo, até mesmo mãe clandestina. Ofereciam-se para curar minha frigidez, para saciar meus apetites de vampiro, prometiam-me revelações em termos abjetos, mas em nome da verdade, da beleza, do bem, da saúde e até mesmo da poesia, indignamente saqueados por mim."[79] E ela cita até a carta enviada por François Mauriac a um colaborador da *Les Temps Modernes*: "Fiquei sabendo tudo sobre a vagina de sua patroa".[80]

É essa mulher escandalosa que Algren vai encontrar em Paris, no começo do mês de maio de 1949. O reencontro acontece na rua da Bûcherie, no primeiro apartamento propriamente dela, que Simone de Beauvoir alugou depois de morar com a família e em quartos de hotel. Na sua segunda estadia em Chicago, ela havia apreciado a intimidade amorosa oferecida pela "casinha de Wabansia", onde passou as duas ou três semanas de sua estadia de setembro de 1947. Ela escreve a Algren, alguns dias após seu retorno, exprimindo — mesmo que com ironia — os sonhos de mulher apaixonada, que se tornam quase sonhos de mulher submissa e dona de casa: "E eu seria ajuizada, lavaria louça, varreria. Eu própria iria comprar ovos e doces ao rum, e não tocaria em seus cabelos, sua face ou no seu ombro sem sua autorização."[81] Eis Simone de Beauvoir, que tinha se livrado até então de toda preocupação de moradia e de faxina graças aos quartos de hotel, de fazer mercado e da cozinha, graças aos restaurantes, ei-la então em busca do "seu" lar; por volta de meados de outubro, e se estabelece, portanto, "em sua casa" num imóvel vetusto de uma das pequenas ruas asfaltadas perto de Notre-Dame — ou do Quartier Latin, segundo as referências dela —, na rua da Bûcherie, n.º 11. Não se trata, de fato, de nada mais do que um quarto mobiliado, ao qual se tem acesso por uma escada em caracol, mas de uma das duas janelas ela vê "o Sena, a hera dos muros, as árvores e a Notre-Dame",[82] e da outra ela mergulha na vida fervilhante da rua: um hotel miserável, trapeiros, mendigos, o vaivém de gatos e cachorros que seus donos levam aos dois veterinários vizinhos. Ali, apesar da estreiteza dos cômodos, apesar do conforto rudimentar (nenhum banheiro, uma única lareira para todo o aquecimento: não se saiu ainda do pós--guerra!), ela se sente em casa, ao abrigo dos curiosos e dos jornalistas. Também pode decorar sua moradia à sua maneira: cortinas vermelhas nas janelas, lampadários de bronze verde desenhados por Giacometti. Ela o decora primeiro com reproduções de Van Gogh em cores intensas, depois sua irmã lhe oferece "um quadro ruim", "flores tristes em uma triste sala";[83] e também ganha de presente outro quadro, desta vez uma aquarela... de Fernand Léger. É então nesta minúscula moradia que ela acolhe, no começo de junho de 1949, Nelson Algren, desembarcando da América pelo "trem transatlântico", com malas abarrotadas de uísque, chocolate, livros, fotos... Ela o leva para visitar Paris, lhe apresenta Sartre e seus amigos, e as férias de verão serão com ele: viagem à Itália, em Roma e Nápoles, périplo pela África do Norte, passando por Túnis, Djerba, Argrel, Fez, Marrakech... Nelson fizera Simone experimentar o exotismo do sul dos Estados Unidos e da América Central, ela lhe oferece, em troca, o calor dos países mediterrâneos. Ele tinha conhecido Marseille, de onde tinha pego um navio como G.I. após a guerra, ela também tinha, por sua vez, boas razões para cultivar a lembrança: visitando a cidade, eles continuam, portanto, a tecer para si mesmos uma história comum. Algren partirá de volta para Chicago, desta vez de avião, em meados de setembro.

É difícil, porém contar esta visita do amante norte-americano como um parêntese, e além do mais Simone de Beauvoir nunca tenta cultivar sua vida privada à margem de seus outros engajamentos; como vimos, este ano de 1949 é permeado de publicações sucessivas de diferentes fascículos de *O segundo sexo*, e a mulher de 41 anos que é Simone de Beauvoir se tornou célebre. Afora suas próprias publicações, ela está estreitamente misturada à história da corrente política à qual Sartre tenta dar consistência.

Resumamos: desde seu retorno do cativeiro, Sartre tenta, sem muito sucesso, impor a conciliação entre a via comunista e um ideal libertário. Nesta aventura, teve como principal companheiro David Rousset. Quatro anos mais jovem que Simone de Beauvoir, ele tinha, em termos de formação política, uma história bem mais rica do que o casal de filósofos. Muito jovem, pertencera ao partido socialista SFIO, antes de se engajar no POI, o Partido Operário Internacionalista. Engajado na Resistência, fora preso pela Gestapo em 1943 e deportado a Buchenwald, depois liberto em abril de 1945, em péssimo estado físico, pelo Exército norte-americano. Desde seu retorno dos campos, escrevera dois livros que marcariam época: *O universo concentracionário*, em 1946, ganhador do prêmio Renaudot, e *Os dias de nossa morte*, em 1947. Diversas outras obras se seguiriam, entre elas, em 1949, *Entretiens sur la politique* [Conversas sobre a política] com Jean-Paul Sartre e Gérard Rosenthal. Pois ele havia fundado, em 1948, com Sartre e Georges Altmann (aos quais se juntarão intelectuais célebres como Camus e Breton), o *Rassemblement*

Démocratique Révolutionnaire (RDR), que pretende ser um novo partido político. É neste quadro que Simone de Beauvoir vai, pela primeira vez, exercer o que se poderia chamar de uma atividade "militante".

Antes mesmo do lançamento oficial do RDR, o casal Sartre-Beauvoir está em plena batalha política. As posições tomadas por Jean-Paul Sartre em *Les Temps Modernes*, em *Os caminhos da liberdade* e depois em *As mãos sujas* provocaram nos comunistas franceses, nesses tempos de preparação para a Guerra Fria, reações de ódio. Imediatamente após a guerra, Roger Garaudy criticara Sartre e o existencialismo no plano moral. O órgão cultural do PCF, *Les Lettres Françaises*,[84] tratava o existencialismo como "literatura de coveiros" e acusava Sartre de "fornicação intelectual" e cumplicidade com "a grande burguesia". Kanapa, ex-aluno de Sartre no liceu de Neuilly, tomará em seguida a frente com um opúsculo publicado em 1947 pela editora Nagel, à maneira de réplica com o título *O existencialismo não é um humanismo*.[85] A epígrafe de Henri Lefebvre dá o tom do panfleto: "Nenhuma indulgência é permitida com um empreendimento desta ordem." Sem indulgência, pois, Kanapa estigmatiza, de ponta a ponta, "mestres" como Heidegger, cuja colaboração com o nazismo é lembrada, e todas as correntes, cristãs ou ateias, do existencialismo, entendido como "novo cavalo de batalha filosófico" fabricado pela "burguesia reacionária" e levando à "guerra ideológica" com "um caráter ideológico preciso: o antimarxista". Evidentemente, é "o grupo da *Les Temps Modernes*" que recebe as maiores ofensas: após Sartre, "um senhor que domina bem o ofício da vulgarização", Simone de Beauvoir, Pouillon, Boris Vian, Richard Wright etc., "uma corja de burgueses desamparados, com visão amarga, pluma abundante, braços moles, desesperadamente, lamentavelmente moles". Face a esses ataques, a equipe da *Les Temps Modernes* responde multiplicando as intervenções: uma série de programas de rádio com esta frase-título: "Jean-Paul Sartre e seus colaboradores apresentam seu programa *Les Temps Modernes*." Dentre os colaboradores apresentados, Simone de Beauvoir. A primeira destas intervenções tem lugar em 20 de outubro de 1947, no dia seguinte do primeiro turno das eleições municipais que viram triunfar as listas do movimento gaullista (o RPF, *Rassemblement du Peuple Français*). O programa é fortemente direcionado contra de Gaulle. Os seguintes se apresentarão como debates, sempre sobre temas políticos: "Liberalismo e socialismo", "A crise do socialismo", "O movimento sindical e os conflitos sociais", "O verdadeiro sentido das reivindicações operárias", "Comunismo e anticomunismo". Mas o primeiro-ministro Ramadier, cujo governo tinha autorizado o programa, cai em 19 de novembro de 1947... Fim do programa *Les Temps Modernes*. No mesmo mês dois apelos são lançados por Claude Bourdet, diretor do jornal *Combat*, Emmanuel Mounier, da revista *Esprit*, Georges Altmann, redator-chefe de *Franc-Tireur*, e David Rousset. Trata-se de alertar a opinião pública sobre a escalada da Guerra Fria e de propor que os países socialistas da Europa se unam contra a política de blocos conduzida pelos Estados Unidos e pela União Soviética. Sartre aceita assinar. David Rousset e Altmann o convidam a se juntar a eles para lançar, a partir deste duplo apelo, um movimento político: o RDR vai nascer desta vontade conjunta e da dupla rejeição contra o Partido Comunista e contra o partido socialista SFIO. A primeira entrevista coletiva do movimento tem lugar em 10 de março de 1948, na sala Wagram. Sartre tem a posição hierarquicamente privilegiada de último orador, insistindo na vontade do RDR de ligar em seu programa e em sua ação "as reivindicações revolucionárias à ideia de liberdade". Simone de Beauvoir não está na tribuna da sala Wagram em março, mas sim na 13 de dezembro, na Pleyel, e simplesmente para traduzir o discurso de Richard Wright. Contudo, o casal Sartre-Beauvoir começa a desconfiar das pretensões de David Rousset, após uma viagem à América em que ele passa a se sentir apoiado pelas organizações sindicais norte-americanas que prometem recursos financeiros. Dez dias depois do congresso do Movimento pela Paz, reunido na sala Pleyel, ele se propõe a reunir na mesma sala "jornadas de estudos" consagradas, também elas, à paz. Seu objetivo mais ou menos ostensivo é constituir, em oposição ao Movimento pela Paz pró-comunista, um outro movimento pela paz que tomava claramente posição favorável ao bloco norte-americano. Beauvoir se aproximara, em suas viagens, pelos escritos de Wright, dos livros de Algren e das conversas com ele, de uma visão muito crítica da sociedade norte-americana, com seu racismo, seus bolsões de pobreza, sua maneira de reduzir os opositores ao silêncio etc. Quando ela faz observações relativas às falas de Rousset, ele a acusa de ignorância. Sartre é solicitado por Rousset para fazer parte da tribuna das jornadas de estudos de Pleyel. Ele hesita entre uma participação crítica e uma presença silenciosa. Simone de Beauvoir lhe recomenda abster-se: "Pela primeira vez, dei-lhe um conselho político: sua presença seria mais notada do que suas palavras; não devia comparecer.", ela destaca.[86] Conselho seguido. Sartre quer, além disso, uma explicação interna no RDR e reúne o congresso do movimento, que se pronuncia contra David Rousset. Oração fúnebre de Simone de Beauvoir: "O movimento deixou de existir".[87] Mais inquieto sobre a correção deste colapso, mais apegado, sem dúvida, que o Castor ao instrumento que esse movimento representava, Sartre escreve nas suas notas pessoais: "Estouro do RDR. Golpe duro. Nova e definitiva aprendizagem do realismo. Não se cria um movimento".[88] Esta versão do esfacelamento do RDR, dada por Simone de Beauvoir, é sem dúvida um tanto simplificada: a oposição não era apenas entre Sartre e Rousset mas entre duas linhas políticas, e a ruptura não se fez de um dia para outro. Contudo, se Jean-Paul Sartre deplora o fracasso da tentativa, Beauvoir manifesta certo alívio; talvez por recear ter de fazer uma escolha frontal entre pró e anticomunistas, mais também, sem dúvida, por se sentir pouco à vontade num mundo onde as querelas entre pessoas, tanto quanto as oposições de estratégia, são tremendas devoradoras de energia, de tempo e de dinheiro (ela insiste em suas *Memórias* sobre o dinheiro gasto a fundo perdido por Sartre no RDR). Trata-se, pois, para ela, no fim de 1949, do encerramento de um primeiro episódio militante, cujos objetivos nunca chegaram a verdadeiramente mobilizá-la.

Por outro lado, se os combates compartilhados com Sartre continuam a ocupar Simone de Beauvoir, ela tem agora — desde a publicação de *O segundo sexo* — seu próprio terreno de ação. Ela recebe uma correspondência abundante, em que as mulheres expressam seu reconhecimento pelo que estimam ser uma manifestação de solidariedade feminina. A autora é a primeira a se surpreender: não havia escrito para criar um movimento de opinião, evita "encerrar-me naquilo que se chama de 'feminismo'" e na "ilusão de transformar a condição feminina", que só mudará, na sua opinião, "à custa de uma subversão da produção";[89] tem apenas a impressão, ao trazer à tona alguns dados de história, ao denunciar os pressupostos arraigados, ao fazer uma obra filosófica e científica sobre os preconceitos comuns, de ajudar algumas daquelas que eram prisioneiras desses preconceitos. Mas, em outubro de 1949, ela é convidada a apresentar uma conferência pelo movimento sindical docente "A Escola Emancipada" sobre a condição da mulher. Na primavera de 1950, ela faz, a título pessoal, diante de um público popular, na rua Mouffetard, outra conferência; no mesmo ciclo, Sartre falou de teatro, Clouzot de cinema, e ela é solicitada a tratar do que parecia ter se tornado o "seu" assunto, "a mulher".

Ao mesmo tempo, as viagens de descoberta e de descontração continuam: "tradicional retiro na Pouèze", no fim de 1949, durante o qual ela trabalha na tradução do livro de Nelson Algren *O homem do braço de ouro* e no romance que projeta escrever sobre a geração intelectual à qual pertence. Depois, como se tivesse de manter um equilíbrio exato entre a companhia que devia reservar a Sartre e aos outros, especialmente a Algren ("No verão anterior eu não tinha feito nenhuma viagem com Sartre. Organizamos uma na primavera"),[90] embarca com Sartre para a África, a conselho de Leiris, que se interessa pela África negra e gostaria de ter as impressões do filósofo sobre seu campo de estudo. Preocupação de etnólogo, sem dúvida, mas também de político, devido à grave crise que atravessa então a Costa do Marfim, onde o *Rassemblement démocratique africain* de Houphouët-Boigny (RDA) se esforça em obter mais justiça e autonomia. Simone se ocupa da organização; como ela deseja ver o Saara, do qual mal chegou perto em suas viagens anteriores, o plano é o seguinte: Argel, Gardhaia, caminhão de Ghardaia a Tamanrasset pelo El-Goléa e In Salah, depois avião até Gao, sobre o Níger. Como se atrasaram na programação, não puderam ir a Tombouctou pelo rio, e o calor é forte demais para o périplo de caminhão. Além disso, Sartre se sente doente e suporta mal as doses de quinina que engole. O casal decide então abandonar a visita prevista e pegar um avião para Bobo-Dioulasso. Lá, Sartre e Simone de Beauvoir multiplicam as tentativas para encontrarem militantes do RDA... Nenhuma resposta a seus pedidos. Em contrapartida, os administradores das colônias os recebem com grande satisfação. "Partíramos para ver os negros que lutavam contra a administração: não os encontrávamos e éramos muito honrosamente recebidos pelos administradores."[91] Decidem subir de volta para Bamako, sempre esperando os contatos solicitados com o RDA, passam em seguida por Dacar, fazem a peregrinação à ilha de Gorée... Ao longo de todo o trajeto, observam de perto uma segregação bem diferente daquela que existe nos Estados Unidos: "Não se viam negros nos terraços dos cafés, nada de negros no luxuoso restaurante com ar-condicionado onde almoçamos; oficialmente, a segregação não existia; o peneiramento econômico da sociedade a substituía; nenhum ou quase nenhum negro tinha meios de frequentar os lugares onde se encontravam os brancos."[92] Para Simone de Beauvoir, a viagem é então um fracasso: ela ficará sabendo, no retorno a Paris, que o Partido Comunista francês, do qual o RDA era próximo, o tinha orientado a não fazer contatos com Sartre. Já que, decididamente, não descobririam grande coisa da África negra e, acrescenta ela, como que para se justificar, "para trabalhar em paz", eles decidem não voltar de imediato e assumem alguns dias de descanso no Marrocos: Meknès, Fez, no luxuoso palácio Djalnaï, depois Casablanca, onde são recebidos por Hélène de Beauvoir e Lionel de Roulet, que estão morando ali. Com eles, descobrem o Médio Atlas até Marrakech. "De onde vi cintilarem, muito além das muralhas vermelhas, as neves dos altos picos."[93]

O ano de 1950 a verá também atravessar novamente o Atlântico no começo de julho. Ela desejou vivamente essa viagem. Sua última carta antes da partida, em 24 de junho, acabava com essas palavras: "Dentro de dez dias, não haverá mais problemas. Eu sei, eu acredito. Estarei nos teus braços, é tudo. Venho a ti com mais amor do que nunca." Por que falar de "problemas"? A situação internacional se acirrou ao extremo com a Guerra da Coreia, que acaba de ser deflagrada. Será possível ainda viajar entre Estados Unidos e Europa, com a América lançando suas forças num conflito que a opõe ao mundo comunista? Essa inquietude é claramente expressa nas cartas de Simone de Beauvoir. Mas existe também, entre seu amante norte-americano e ela, outros temas de dúvida. Nos últimos meses, as cartas de Algren se tornaram cada vez mais raras e quase toda a correspondência da parte dela começa com queixas sobre essa escassez. Quando chega a Chicago, a preocupação se torna evidência: Nelson declara que não pode continuar a compartilhá-la, a sabê-la na Europa com outros enquanto ele se considera ligado exclusivamente a ela; em suma, com relação às esperanças que punha nela, não a ama mais. Ela escreve tudo isso a Sartre, que passa suas férias com Dolorès, confidenciando-lhe ao mesmo tempo a tristeza e o desejo de dominar essa passagem difícil: "Essa história, é estranho como estou revivendo-a rua por rua, hora por hora, com vontade de neutralizá-la, de transformá-la num passado inofensivo que eu possa guardar no coração sem o renegar e sem sofrer por ele."[94] Nelson vai hospedá-la como uma visita qualquer na casa que comprou com o dinheiro recebido pelo prêmio Pulitzer,[95] em Miller, às margens do lago Michigan. Ela passa ali longas horas lendo, num silêncio pesado. Um dia, decide se banhar; nunca foi boa nadadora e quase se afoga. Esse incidente a faz empregar, na carta em que o relata a Sartre, o termo "perder o pé" que ela atribui à angústia de morte na sua situação com Algren. Tanto mais que ela tem cada vez mais a impressão de gastar junto de Algren um tempo precioso que gostaria de viver com Sartre. Ela tinha, sem dúvida, posto mais ou menos conscientemente em equilíbrio sua ligação com seu amante norte-americano e a de Sartre com sua amante nova-iorquina. Soube que esta última tinha se tornado exigente em seu desejo de exclusividade, e tem palavras muito duras com relação a Dolorès: "Seria bom se Dolorès fizesse essa viagem à África. Se ficássemos em paz, poderíamos ter ainda alguns anos tão bons."[96] Nathalie Sorokine se junta a Nelson e Simone um momento, mas exaspera Algren, e há um desacordo a mais entre eles. No momento de voltar para a Europa, no dia 30 de setembro, ele a acompanha até Nova York, e só quando se afastou é que ela recebeu de sua parte — transmitida por um desconhecido — uma mensagem acompanhada de uma flor. Ela quase explode em lágrimas, renunciando o seu "bom comportamento, o duro imperativo de 'não mais chorar'",[97] e vai se refugiar no hotel Lincoln onde, na sua primeira viagem, o tinha encontrado na véspera da partida. Ela corre atrás de suas lembranças amorosas, tenta descrever o que sente: "Não estou triste, antes abatida, muito longe de mim mesma", e as últimas palavras da carta são de queixa e súplica: "Você me parece tão próximo, me deixe também aproximar-me de você."

No fim do verão de 1951, após ter empreendido as viagens habituais com Sartre (Noruega, Islândia, Escócia, Londres...), após ter trabalhado sucessivamente em dois artigos sobre Sade, um para uma coleção dirigida por Raymond Queneau,[98] outro para *Les Temps Modernes*,[99] ela retorna por um mês à Forrest Avenue no chalé do lago. Algren está então em vias de reatar com sua ex-mulher. Quando Simone se diz contente por manter sua amizade, ele responde: "Não se trata de amizade. Eu jamais poderia lhe dar senão amor."[100] Uma grande história se encerra. Ela a evoca de maneira derrisória quando anuncia a Algren a compra de seu primeiro carro, dia 9 de novembro de 1951. Mas a escritora que ela é faz de tudo semente, e Simone de Beauvoir não deixará de encontrar um lugar para seu amante norte-americano no romance que tem em andamento, e que se tornará *Os mandarins*.

7.
26 DE MAIO DE 1958

> "O fato é que sou uma escritora: uma
> mulher escritora não é uma dona de
> casa que escreve, mas alguém cuja vida
> inteira é dominada pela escrita."
> SIMONE DE BEAUVOIR,
> *A força das coisas*.¹

Na segunda-feira de Pentecostes, 26 de maio de 1958, como no tempo da guerra, Simone de Beauvoir retoma a escrita de um diário. Sem dúvida, por pensar que a hora é grave para o futuro político da França. Sem dúvida também porque os acontecimentos lhe parecem confusos e ela deve anotá-los para chegar a compreendê-los, imediatamente ou mais tarde. Sem dúvida, enfim, porque Claude Lanzmann, o companheiro com quem ela adquiriu o hábito de trocar ideias e impressões de cada dia, está em trânsito com uma delegação nos países comunistas; na Rússia e depois na Coreia do Norte...

Todos conhecem hoje em dia Claude Lanzmann e, para a maioria de nós, ele é antes de tudo o realizador do terrível painel que é *Shoah*.* No momento em que Simone de Beauvoir o conhece, em 1952, ele faz parte dos jovens que acabam de reforçar a equipe da *Les Temps Modernes*, decididos — com Marcel Péju entre outros — a participar da aventura de uma equipe que eles admiram, e a colaborar com sua renovação. Ele

---

* Documentário monumental levado a cabo ao longo de 11 anos, e lançado em 1985, que traz entrevistas com testemunhas, sobreviventes e perpetradores do Holocausto, na Segunda Guerra Mundial. (N.T.)

começa assim, aos 27 anos, uma verdadeira carreira de jornalista, após estudos de letras e de filosofia. No número de julho de 1952, ele assina seu primeiro artigo, consagrado à repressão, pelo prefeito Baylot e o comissário Brune, da manifestação contra o retorno de de Gaulle ao poder, no dia 28 de maio, na praça de la République, em Paris. Ele tomou de empréstimo o título de uma canção fanfarrona de Boris Vian, "Il fallait que ça saigne" [Tem que sangrar]. O tom é, de fato... sangrento. As "forças da ordem" são os agressores, os manifestantes comunistas se "armaram" com sacos de parafusos pesados e porcas, sendo acusados de "complô" contra a República, mas "frente ao exército policial que só queria sangue, eles conseguiram resistir às mais grosseiras provocações". E Lanzmann atribui a decepção à polícia quando, na falta de um verdadeiro sucesso do movimento de greve que se segue, no dia 4 de junho, reina uma calma rasa próxima da resignação: "Tem que sangrar! Não sangrou o bastante ainda. Mas as ocasiões perdidas serão compensadas, confiemos no governo." Ao jovem jornalista — que não realizava neste artigo nenhuma reportagem no sentido estrito, pois tinha deixado a França dois dias antes da manifestação — não faltavam nem capacidade de análise, nem ideias bem definidas, nem estilo.

Essa energia na imprudência, esse ardor, tudo isso é a própria juventude. E essas maneiras de se expressar tão brutais, tão inteiras, são tão opostas à reserva, à distância controlada que o filósofo cultiva! Simone de Beauvoir não pode se impedir de descrever o impacto de seu contato com Lanzmann, e ela faz a confidência numa carta a... Nelson Algren, de 3 de agosto de 1952. "Nelson, está me acontecendo a coisa mais incrível: existe alguém que está querendo me amar, amar de amor. Isto me torna meio feliz, meio triste. Feliz porque viver sem amor é muito árido; triste, porque não gostaria de ser amada por ninguém mais que você." Segue-se então uma descrição: "Esse alguém é um jovem judeu de 27 anos, de cabelos escuros e olhos azuis." Ela retoma o relato desse amor à primeira vista em *A força das coisas*.[2] Primeiramente, como para se desculpar por este novo engajamento, ela relembra ter decretado, aos trinta anos, que "depois dos quarenta anos, é preciso renunciar a um certo tipo de amor", e que já tinha descumprido esse gênero de princípios aos 39 anos, quando conheceu Algren. E analisa o que se passa cinco anos depois: "Agora tinha quarenta e quatro, estava relegada ao país das sombras: mas (...) se meu corpo se acomodava, minha imaginação não se resignava. Quando surgiu uma oportunidade de renascer mais uma vez, eu a agarrei." Esse texto não nos faz apenas devanear, é uma explicação completa! Simone de Beauvoir é o símbolo da liberdade feminina... Buscou desmistificar seu papel de mero objeto sexual para o olhar masculino... Ela tenta ainda negar o desejo sexual — "meu corpo se acomodava"... Mas os fatos estão aí, como que magnificados ainda mais por palavras dignas da linguagem dos romances fáceis: dizemos frequentemente, a propósito de um novo amor, que "refazemos" a vida, ela fala aqui de "renascer". Então a filósofa vem em socorro da racionalista e da mulher sem preconceitos: se nem a realidade física nem a razão bastam para dar conta da realidade forte demais, ela invoca este intermediário inventado na era da separação de alma e corpo e — como nos bons tempos de Descartes ou de Pascal — fala de imaginação para explicar o inexplicável e perdoar a si mesma por esta nova extravagância do coração.

Imediatamente a seguir, numa carta enviada da Itália no dia 3 de agosto de 1952, ela conta então a Algren sua primeira hesitação a recusar o convite de Lanzmann: "Caí no choro, soluçando como eu fazia desde a nossa separação. Alguém queria me amar e não era você. Aceitar equivaleria a lhe dizer adeus, um segundo adeus; e, no entanto, parecia delicioso ser amada ainda uma vez, mesmo que não fosse por você. (...) eu já havia aceito viver como uma velha senhora, uma vida sem amor. Para ele, eu ainda sou jovem, ele me ama."[3] Assim, a ligação que se esboça entre ela e Lanzmann é situada voluntariamente e imediatamente por ela como em continuidade, e se pudermos dizê-lo, em substituição da paixão pelo amante norte-americano.

É a mesma análise feita pela mulher de 55 anos que escreve *A força das coisas* e chama a atenção do seu leitor para a feliz distância que a autorizou, aos 44 anos, a conciliar seu amor por Lanzmann e seu indefectível apego a Sartre. "Algren pertencia a outro continente, Lanzmann a outra geração"... Como se a provocação à liberdade que tinha sido representada pela ligação entre os dois filósofos tivesse se transformado, com o tempo, em respeito a uma nova regra; como se a proclamação antimoral tivesse se transformado numa nova moral. E em outras passagens de suas *Memórias*, a prudente Simone de Beauvoir simplesmente aceita a evidência: "A presença de Lanzmann perto de mim libertou-me da minha idade. (...) Graças a ele, mil coisas me foram devolvidas: alegrias, espantos, ansiedades, risos e o frescor do mundo."[4] E ela descreverá com simplicidade sua emoção de ser amada por um homem 16 anos mais jovem, seu desejo de passar o maior tempo possível na companhia dele: ele será o primeiro homem com o qual ela adota uma verdadeira existência de casal, compartilhando o espaço exíguo da rua da Bûcherie, assumindo apenas com ele um *tutoiement** que ela não se autorizava a usar com ninguém, organizando — mas como ela poderia deixar de organizar? — durante as férias anuais com Sartre um período regular de dez dias, em que Lanzmann viria se juntar a eles. Talvez também devamos dar a devida importância, na sensação de estranheza que ela sente com relação ao novo amigo, a maneira apaixonada como Lanzmann reivindica sua judeidade. "É um jovem judeu", escreveu ela a Algren, insistindo, nas suas *Memórias*: "Para se definir, ele começava por dizer: 'Eu sou judeu.' Eu conhecia o peso dessas palavras; mas nenhum dos meus amigos judeus me fizera compreender plenamente o sentido delas. Sua situação de judeu — pelo menos em suas relações comigo — eles a deixavam passar em silêncio. Lanzmann a reivindicava. Ela comandava toda a sua vida."[5]

Ora, em 26 de maio de 1958, no instante em que ela retoma a escrita do seu diário, é uma frase de Lanzmann que a obceca; na antevéspera ela o acompanhou a Orly, de onde ele decolou para um périplo pelos países comunistas. Ele tinha pensado por um momento em adiar essa viagem: os acontecimentos em Paris pareciam tão graves! Mas agora, tudo parece decidido, e ele disse, mostrando os cercados floridos de macieiras, perto do hotel de Honfleur, onde eles tinham ido passar dois dias juntos, antes da separação: "Nem mesmo a relva terá a mesma cor."[6] Como se a *República* estivesse quebrando, enquanto era apenas uma república — a quarta — da qual se preparava o enterro. É preciso relembrar os fatos para compreender esse estado de ânimo. Em 1958, a França está

---

* Uso do pronome *tu*, mais íntimo e informal do que o *vous*. (N.T.)

atolada no caso argelino. Desde 1950, os sucessivos governos não conseguem liquidar os problemas colocados pelo que fora o império colonial: a derrota dolorosa de Diên Biên Phu marcou, em março de 1954, o fim da Indochina e o recurso tardio a Pierre Mendès-France permitiu garantir o fim da guerra pela adoção dos acordos de Genebra em maio do mesmo ano. O novo presidente do Conselho tentou evitar um conflito semelhante na África do Norte, preparando com Habib Bourguiba, oportunamente liberto, a independência negociada da Tunísia. Mas, já em novembro de 1954, estoura a insurreição argelina. A Argélia não é uma colônia como as outras: é considerada parte integrante do território nacional francês. A gestão do primeiro-ministro socialista Guy Mollet se mostra incapaz de dominar as consequências do que se chamava pudicamente a "rebelião" argelina. Ele será rapidamente ultrapassado à sua direita pelos partidários da "Argélia francesa", à sua esquerda por uma oposição cada vez mais pronunciada ao que se começa a saber sobre os métodos do Exército francês na Argélia. Alguns pontos de referência: em outubro de 1956, os chefes militares tomam a iniciativa de inspecionar o avião de Ben Bella e de outros chefes da FLN;* em novembro de 1956, Guy Mollet empreende, com a ajuda dos ingleses e dos israelenses, a expedição de Suez destinada a bloquear o canal e derrubar o coronel Nasser, considerado o principal sustentáculo da "rebelião" argelina; em fevereiro de 1957, o Exército decide bombardear a cidade tunisiana de Sakiet, supostamente a base dos "fellaghas";** em fevereiro de 1958, o livro de Henri Alleg sobre a tortura, *A questão*, é publicado pelas Éditions de Minuit. Derrotado, Guy Mollet precisa dar lugar ao jovem Félix Gaillard, que em poucos meses desiste em favor do democrata-cristão Pierre Pflimlin. No dia 13 de maio de 1958 — enquanto o general de Gaulle, que todos pensavam favorável à "Argélia francesa", faz os amigos saberem que ele aceita o papel de salvador que a direita quer fazê-lo desempenhar —, explode em Argel o "golpe dos generais". Tratativas são estabelecidas entre Pflimlin e os partidários gaullistas. Em Argel, o general Salal faz de Gaulle ser aclamado. O presidente do Conselho

* Frente de Libertação Nacional. (N.T.)
** Guerrilheiros pró-independência. (N.T.)

está numa situação de tamanha fraqueza que, em 28 de maio de 1958, o presidente da República René Coty apela ao homem do 18 de junho* para tomar de novo em mãos o destino do país. O choque provocado na esquerda por esse apelo é tremendo. Com a adesão de Guy Mollet ao novo poder, a velha SFIO se despedaça, alguns de seus militantes anticolonialistas partem para pequenos grupos que fundarão o PSU (o novo Partido Socialista Unificado), outros se aproximam dos "elétrons livres" que se tornam a partir de então homens como Pierre Mendès-France e François Mitterrand, que recusaram a investidura do general de Gaulle.

O diário mantido por Simone de Beauvoir de 26 de maio a 28 de outubro, e que ela inserirá em *A força da idade*, descreve o desconcerto provocado pelos acontecimentos, nela e nos seus próximos, e a impossibilidade para eles de compreenderem, senão denunciando o apelo ao General. Quando decide interromper a escrita, no dia 28 de outubro, ela escreve "impulsivamente"[7] um título na pasta em que reagrupou as folhas: *Diário de uma derrota*. O texto é repleto de angústias sobre o futuro e de ecos das tentativas de resistência à ascensão de um novo regime. Ela repete sem convicção que a França caminha diretamente para o fascismo: "Chegaremos ao fascismo e então, prisão ou exílio, Sartre vai se dar mal";[8] conta um pesadelo em que é capturada por policias numa estrada esburacada, com serpentes venenosas caindo do céu: "A única visão impressionante era dessas grandes formas apocalípticas acima da minha cabeça, e que caíam."[9] Descreve a passeata de 28 de maio, da praça da Nation à Bastilha, com os slogans hesitando entre "o fascismo não passará" e "de Gaulle no museu — os paraquedistas na fábrica"; multiplica os julgamentos definitivos sobre os "traidores" socialistas e sobre o novo poder; se diverte vendo Sartre desfilar, no domingo, 1.º de junho, cantando a plenos pulmões a *Marselhesa*: "[Ele] não tem mais nenhum respeito humano, e se sente bem dentro dessa multidão, ele que tem tanta dificuldade em aceitar as elites e se sente tão mal entre elas."[10] E, a propósito de alguns jornalistas que aderem a de Gaulle e

---

* Perífrase em referência a de Gaulle, que neste dia de 1940 fez seu primeiro discurso pela BBC de Londres, exortando os franceses que estavam em território britânico a se manterem com ele na luta contra os nazistas. (N.T.)

Malraux, em vias de aceitar um cargo ministerial, ela tem essa reflexão que cita entre aspas, como sendo uma frase que definisse uma teoria comum a Sartre e a ela, quase um enunciado de doutrina: "O intelectual pode estar de acordo com um regime; mas — salvo nos países subdesenvolvidos, que carecem de funcionários — ele jamais deve aceitar uma função de técnico, como faz Malraux. Deve permanecer, mesmo que apoie o governo, do lado da contestação, da crítica — em outras palavras: pensar e não executar."[11]

Depois daquele mês de maio, o poder ficaria nas mãos da direita por mais de vinte anos, com a esquerda se dividindo entre uma oposição parlamentar impotente e movimentos sempre tentados por posições extremas na medida em que não precisam se confrontar com as rudes disciplinas do governo, do consenso e dos compromissos impostos pela realidade. A esquerda do verbo, das posições filosóficas e morais, rica em personalidades brilhantes, em revistas de qualidade, em apelos e petições indiscutíveis, se tornará a referência obrigatória: vai proclamar a "verdade", o "porquê" de todas as situações, sem jamais se arriscar ao "como". Logo depois da guerra, Simone de Beauvoir e Sartre tinham falado da intenção de "se dedicarem à política". Mantiveram a palavra. Mas ao se atribuírem o magistério da linha "justa", talvez tenham evitado reconhecer que estavam duplamente separados do mundo em que pretendiam intervir: separados das instituições do poder, no qual não queriam sujar as mãos; e, mais ainda, separados daqueles para quem pretendiam agir, este "povo" que eles conhecem mal e estavam prontos a admitir, por um fenômeno de supercompensação que a psicologia muitas vezes já descreveu, que outras pessoas — mais próximas do movimento operário — eram seu porta-voz.

Por outro lado, Simone de Beauvoir é lançada na inatividade por sua permanente assimilação a Sartre. Antes que ela se engajasse realmente nos combates feministas, com o prestígio ligado a seu status de autora de *O segundo sexo*, já estava tacitamente combinado entre os dois caber a ele intervir sobre as posições políticas: em seu diário, no dia 5 de junho de 1958, ela se repreende por não ter militado o suficiente contra o retorno do general de Gaulle, e Sartre assume tranquilamente a responsabilidade por essa omissão: "Censuro-me por não ter sido mais ativa.

Sartre me diz o que eu me digo muitas vezes: para mim é difícil repetir o que ele faz; nossos dois nomes são apenas um."[12]

É no cerne dessas dificuldades, embora múltiplos aspectos pessoais se misturem ao debate, que se situa a difícil ruptura com Albert Camus. E é neste mesmo número da *Les Temps Modernes* em que Lanzmann fazia sua iniciação, que vão ser publicadas as cartas da ruptura definitiva. Sartre-Camus-Beauvoir, após mais de uma década de estranho relacionamento, feito de seduções recíprocas, de admiração e de ódio misturados. Relembremos: tudo começou em 1942, e sobretudo quando Camus vem felicitar Sartre, após o ensaio geral de *As moscas*, em 3 de junho de 1943. Ele é mais jovem, não tem ainda trinta anos, enquanto Sartre tem quase quarenta, e nesse período da vida a diferença conta. Camus é autor de textos notáveis, *O avesso e o direito*, *Núpcias* e deve a Sartre — quatro meses antes de se conhecerem no teatro — um formidável artigo sobre *O estrangeiro*, com elogios que ficaram célebres: "Cada frase de *O estrangeiro* é uma ilha. E caímos em cascata de frase em frase, de nada em nada."[13] Camus tampouco economiza em termos de admiração: "Jovem escritor notável, a meio caminho entre Céline e Kafka", escreveu ele a propósito da publicação de *O muro* na NRF, em 1937, e também louvará *A náusea* quando de sua publicação. A admiração de Camus se estende também a Simone de Beauvoir: na época das *fiestas* na casa dos Leiris, como vimos, foi ele que declarou a propósito de *O sangue dos outros*: "É um livro fraternal." Foi Camus também que recomendou a ela que confiasse os originais às Éditions de Minuit, que acabava de nascer nas tribulações da Resistência, com *O silêncio do mar*, de Vercors.

Para além desses intercâmbios literários, quais eram, porém, as relações pessoais entre Camus e Simone de Beauvoir naquela época? Possuímos desses laços duas versões muito diferentes. A primeira é a que se expõe na autobiografia da própria Simone de Beauvoir, a segunda é que se depreende das correções que ela faz, vinte anos mais tarde, desta primeira versão, nas conversas com sua biógrafa Deirdre Bair. *A força das coisas* insiste na amizade. Ela conta que, em 1942-1943, passa com Camus algumas noitadas a bebendo e conversando. Como tantos homens se dirigindo a mulheres, ele se considera autorizado, com ela, a sair das relações de trabalho, a discutir assuntos mais pessoais do que com Sartre: "Acontecia-lhe confiar-se intimamente a mim: mandava-me ler passagens de seus caderninhos de anotações, falava-me de seus problemas particulares."[14] Sem dúvida a autora de *O segundo sexo* propõe, alguns anos mais tarde, uma explicação deste tipo de relações fundada no machismo de Camus — elas eram possíveis "pelo fato de eu ser mulher — e portanto, como ele era feudal, não inteiramente uma igual"[15] —, omitindo, talvez simplesmente de passagem, que são as relações entre homens que são demasiado distantes, demasiado intelectualizadas, para permitirem abordar esses terrenos de intimidade. Mas, quaisquer que sejam as razões, a amizade entre eles, a intimidade que ela permite, não parecem postas em causa.

As coisas ficam muito diferentes nos comentários que Simone de Beauvoir fará em 1982: "Camus não suportava as mulheres inteligentes. Elas o deixavam desconfortável, embora ele zombasse delas ou as ignorasse, segundo seu grau de irritação. (...) Seu tom habitual comigo era, para falar polidamente, de uma ironia zombeteira. De fato, ele era completamente, e o mais frequentemente, insultuoso."[16] Deve-se, como o faz Deirdre Bair, remeter a severidade destes julgamentos ao medo que Beauvoir teria sentido de se ver suplantada na estima de Sartre por um escritor que o filósofo julgava então como seu igual, e por um homem que conjugava a sedução à inteligência? Em todo caso, a biografia "autorizada" de Simone de Beauvoir cita ainda esta frase: "Éramos como dois cães em torno de um osso. O osso era Sartre e nós dois o queríamos. E eu ainda mais do que Camus. Após certo tempo ele se cansou e partiu para farejar outra coisa."[17]

Contudo, durante a Ocupação, Camus não era simplesmente, para Sartre e Beauvoir, um colega na literatura. Como vimos, o casal tinha tentado, sem grande eficácia, criar entre os intelectuais uma rede de resistência. Ora, o autor de *O estrangeiro* participava de um movimento que tinha adquirido amplitude, o "Combat", embora os historiadores datem de modo contraditório a adesão de Camus ao movimento. E *Combat* se tornaria o título de um jornal clandestino para o qual Camus recrutou o casal, no fim do verão de 1943, com os pseudônimos de Castor e Miro. Quando todos sentiram que a derrota alemã se aproximava, foi também Camus que os levou às *fiestas* de que falamos. Sabemos também que foi

Camus que obteve para Sartre, em nome de *Combat*, uma vaga na viagem oficial do começo de 1945 aos Estados Unidos. E ouvimos a resposta de Sartre à entrevista em que lhe perguntaram, nessa viagem, quais eram as esperanças da literatura francesa: Camus e Simone de Beauvoir.

Porém, fissuras surgiram muito rapidamente na amizade. Nessa mesma viagem aos Estados Unidos, em que pusera num lugar tão alto o escritor Camus, Sartre não pode deixar de declarar, num almoço com o grupo da *Partisan Review* do qual participa, entre outros, Hannah Arendt: "Sim, é um amigo, um escritor de talento, um bom estilista, mas não verdadeiramente um gênio."[18] No artigo sobre *O estrangeiro* que citamos acima, Sartre tinha reservado algumas palavras no mínimo desdenhosas ao "moralista" Camus: "O sr. Camus usa certo coquetismo ao citar textos de Jaspers, Heidegger, Kierkegaard que ele parece, aliás, nem sempre ter compreendido bem."[19] E Simone de Beauvoir se lembra de algumas disputas já no primeiro momento da amizade: de uma noitada na casa dos Vian, por exemplo, no inverno de 1946. Merleau-Ponty estava lá, ele que acabava de começar, prosseguindo por vários números da *Les Temps Modernes* — a publicação se estende de outubro de 1946 a janeiro de 1947 — um artigo muito longo intitulado "O Yogi e o Proletário", em que, nesses tempos de Guerra Fria incipiente, justifica as posições de Moscou e do Partido Comunista francês. Camus o ataca brutalmente. Sartre apoia Merleau-Ponty. E o que poderia não ter sido mais do que uma troca de argumentos se transforma numa cena violenta: Camus sai batendo a porta. Sartre e ele ficam zangados por vários meses. Relembrando esta cena quinze anos depois, em suas *Memórias*,[20] Simone de Beauvoir não se questiona sobre a dureza de Sartre nem sobre a legitimidade das suas posições, mas interpreta a reação de Camus como uma "crise" de ordem pessoal e quase afetiva: ele acreditava demais em seu próprio charme, e não podia admitir estar errado, exigia que o amassem etc. E acrescenta algumas observações sobre o que avalia ser a pouca seriedade de Camus: "Ele folheava os livros ao invés de lê-los, decidia ao invés de refletir."

Porém, as relações entre Sartre, Camus e Beauvoir se restabeleceram após alguns meses. Iriam declinar, aos trancos e barrancos, conforme se endurecia o confronto Leste-Oeste e a obrigação, a que os intelectuais se sentiam arrastados, de escolher seu campo entre o comunismo e o "imperialismo norte-americano". Sartre tratara com desprezo a adesão de Camus à ação do "cidadão do mundo", Gary Davis, que pretendia ir além da clivagem militando "por um governo mundial". Camus tinha se recusado a assinar uma petição, iniciada por Sartre, contra a guerra na Indochina. A tensão entre os dois era permanente, apesar de certa cordialidade aparente. Isso até a publicação, em novembro de 1951, de *O homem revoltado*. Em abril, Beauvoir e Sartre encontram Camus num café perto de Saint-Sulpice. É um diálogo de surdos. Sartre não gostou do livro e decidiu que *Les Temps Modernes* não falaria dele. Mas Camus — que não sabe disso e crê que Sartre o aprecia — leva a conversa num tom brincalhão, se divertindo sobre o ridículo das críticas endereçadas à sua obra. Sartre evita responder e deixa que Camus não perceba suas reticências. Seria o grupo dos jovens recentemente recrutados pela revista (entre os quais Claude Lanzmann) que insiste em dizer quão mal eles avaliam a obra? Em todo caso, Sartre acaba por aceitar que se "cubra" o assunto, mas se recusa a fazê-lo: "Que aquele entre vocês que se sente menos hostil ao livro de Camus se encarregue disso", teria dito.[21]

Conhecemos a sequência: o artigo de Francis Jeanson sobre *O homem revoltado* é publicado na *Les Temps Modernes* de maio de 1952, Albert Camus responde com uma carta a Sartre datada de 30 de junho. Ela será publicada no número de agosto, seguida imediatamente por uma resposta de Sartre. Dois textos depois, um esclarecimento por Jeanson, intitulado "Para lhe dizer tudo". Infeliz Camus que havia reclamado do olhar da revista com relação a seu livro! A hostilidade de Jeanson transpira em todas as linhas; e já o seu título, "Albert Camus ou l'âme révoltée" [Albert Camus ou a alma revoltada],* remetendo o autor de *O estrangeiro*, que tinha contudo desejado descrever na sua exterioridade o comportamento de um homem contido por inteiro nos seus gestos, à velha espiritualidade dos antigos filósofos "essencialistas", como dizia Sartre. E a maldade de insistir sobretudo em dois pontos: a acolhida quase unanimemente favorável ao livro, por parte dos espíritos mais

---

*   Há semelhança fonética entre "l'âme revoltée" e "l'homme revolté". (N.T.)

conformistas e pela direita no poder, por um lado, e o "belo estilo", por outro... Como se poderia esperar de Camus, o livro é muito bem escrito... mas, para Jeanson, não se trata de uma qualidade acrescida ao pensamento, é a máscara simpática de um pensamento fraco. E o ponto fraco do pensamento de Camus seria a crítica à ideia de revolução e aos comunistas que fizeram dela o seu credo.

O próprio Camus não economiza na ironia; ele não se dirige a Sartre, mas ao "diretor de *Les Temps Modernes*". Tratam-no como filósofo ultrapassado, ele responde tratando o autor de *O ser e o nada* como simples burocrata, ou funcionário estabelecido em um escritório a serviço de uma política. Ele não se deixa enganar pelo fato de Sartre não ter escrito o artigo assassino... Compreendeu que Sartre não tinha tentado senão se esconder atrás de uma pluma servil da qual o "diretor" é evidentemente "solidário". Enfim, o artigo de Jeanson não deve ser analisado como um "estudo", mas como um "objeto de estudo", como um "sintoma"... A resposta de Sartre à resposta de Camus será uma declaração seca de ruptura, atribuindo, como em todas as rupturas, a responsabilidade à outra parte: "Nossa amizade não era fácil, mas sentirei falta. Se você a rompe hoje, é sem dúvida porque devia ser rompida." E situa a disputa filosófica e política no mero âmbito de uma decepção amorosa que procura justificativas racionais: "Também a amizade tende a se tornar totalitária: o acordo em tudo ou a desavença. E mesmo os sem partido se comportam como militantes de partidos imaginários." De passagem, algumas flechas mirando o incompetente que se permite incursões em esferas que ignora: "Não ouso aconselhá-lo a ler *O ser e o nada*, a leitura lhe pareceria inutilmente árida: você detesta as dificuldades do pensamento e rapidamente decreta não haver o que entender para evitar de antemão a crítica por nada ter entendido."

Após o que Jeanson volta a escrever para acrescentar, se fixando cada vez mais no homem Camus: "No momento em que criticava o seu livro, não apenas constatei em diversas pessoas, mas *também experimentei em mim*,[22] o sentimento de que *com relação a você* os direitos à crítica não eram os mesmos que com relação a qualquer um. Deveríamos a você, em suma, considerações particulares. (...) Você é, certamente, um homem muito público, mas com os privilégios do *sagrado*: "Albert

Camus" por essência, o Sumo Sacerdote da Moral absoluta (...) Em resumo, achei-o *tabu*. Ora, não gosto de tabus, e detesto a tentação de às vezes de respeitá-los."

Tudo estava feito, a família explodia à luz do dia. Sartre e Camus se transformavam nos "tristes protagonistas do mais fracassado dos grandes filmes espetaculares do ano de 1952".[23] E Simone de Beauvoir? De acordo ou não com o fundo e a forma desta ruptura, ela parecia tê-la ratificado sem reagir. Quando se recordar mais tarde de Camus nas suas *Memórias*, será sempre com a visão deste debate em torno de *O homem revoltado*. A frase que encerra a análise da crise de 1952 em *A força das coisas* é terrível: "Pessoalmente, essa ruptura não me afetou. Há muito tempo, o Camus de quem gostava tanto já não existia."[24]

Os protagonistas desta história proclamam então bem alto sua liberdade de julgamento. Porém, com o recuo, como estão presos nas armadilhas da grande História! A Guerra Fria estendeu sua glaciação dos Estados aos indivíduos. Apenas alguns anos se escoaram, sequer uma década, desde o fim do conflito mundial, seus extermínios organizados, a descoberta da barbárie sem limite e o terror da destruição atômica. Ao menos se dissera, em 1945, que a liberdade e a capacidade dos homens de dirigirem suas vidas tinham um futuro. Era o momento em que os jovens adultos — recusando a ideia de uma futura catástrofe — decidiam, como Simone de Beauvoir, se ocupar ativamente da política, para se recusarem a serem moídos, a exemplo das gerações precedentes, em confrontos sangrentos. Uma camisa de força voltou a se impor: em 1952, quem quisesse tomar partido, se exprimir sobre as relações entre os homens, sobre a organização da vida em sociedade, se via cativo de um campo ou de um outro.

Nos dias de maio de 1958, em que Simone de Beauvoir retoma a escrita de um diário para tentar compreender os acontecimentos que estão convulsionando a França, o tema é sem dúvida a guerra na Argélia e a incapacidade dos governos em solucionar a questão. Mas, para Lanzmann como para ela, a leitura do conflito é ocultada pela convicção de que de Gaulle quer dar um fim às instituições republicanas. Naquele tempo, a ameaça do fascismo é brandida pelo movimento comunista em qualquer ocasião. Mesmo que ela apenas mascare as dificuldades para compreender o que se passa dentro do território nacional e no confronto com as antigas colônias. Trata-se então, para os dirigentes do PCF e daqueles que lhes seguem os passos, de fazer a situação francesa se encaixar na configuração mundial imposta: leste ou oeste, comunismo internacionalista ou imperialismo norte-americano, "companheiros de estrada" ou "anticomunistas primários". Eu me lembro com grande precisão dos debates que tínhamos nas reuniões estudantis da época: àqueles que tentavam organizar a oposição anticolonialistas à guerra na Argélia (a ajuda à FLN, os movimentos de convocados etc.)* e seriam mentores dos grupos fundadores do PSU, respondiam como que em *leitmotiv* as manifestações e slogans dos "camaradas" comunistas para denunciar o fascismo em marcha, a ameaça de ditadura na França, da qual o conflito argelino era expressão. Como se fosse preciso reduzir a originalidade da situação francesa a um problema mais geral, solucionável segundo as explicações maniqueístas da época. Essa luta contra o fascismo era considerada mais aglutinadora do que a escolha de uma outra política acerca da libertação dos povos colonizados. E era apresentada como mais "avançada", mais "sólida", do que a ajuda à revolução argelina.

Simone de Beauvoir e Sartre são então tomados por esta fuga para a frente, e todos os engajamentos dos anos precedentes os levaram a isso. Porém, embora pareça presa ao turbilhão da atualidade, nem a filosofia nem a política são as preocupações essenciais de Simone de Beauvoir. Há alguns meses, ela conhecia o sucesso que esperava com seu romance *Os mandarins*, coroado pelo prêmio Goncourt em novembro de 1954. Ela já dizia desde a adolescência, e repetia quando falava de seus projetos de futuro com Sartre: quer antes de tudo ser uma escritora, é realmente um romance que ela quer escrever, um grande romance, que tenha sucesso e a consagre na literatura. Uma página de *A força das coisas* é característica a este respeito; ela tenta analisar seu estado de ânimo moroso por volta de 1952, antes do encontro com Lanzmann: o primeiro alerta verdadeiro sobre sua saúde, depois da pneumonia da juventude, por ocasião da descoberta de um tumor no seio (que felizmente se revelará benigno), o amor de Algren definitivamente perdido,

---

* Protestos por parte de jovens que já haviam sido liberados e foram, porém, remobilizados pelo Exército francês em nome da "manutenção da ordem" na Argélia e no Marrocos, em 1955. (N.T.)

e, sobretudo, esta impressão de que não mais se pertence. Ela então faz um inventário: tem um trabalho considerável, acompanhamento dos trabalhos de Sartre, participação muito ativa na *Les Temps Modernes*, solicitações de todos os tipos para viagens internacionais, declarações de seminários e de congressos etc. Mas nada disso não é o "seu" trabalho, seu verdadeiro trabalho: o grande romance a ser escrito sobre os intelectuais da sua geração, o que ela tem em mente há anos e que intitula então *Os sobreviventes*. Com sua dispersão ativista, sua disponibilidade excessiva a todas as tarefas, não está esquecendo o essencial? Ela se interroga: após relembrar os primeiros títulos de romances e de peças de teatro, omitindo, aliás, como elementos negligenciáveis, seus ensaios filosóficos, ela parece desprezar o tipo de sucesso de *O segundo sexo*: "*O segundo sexo* resistia, mas me valera na França uma reputação das mais equivocadas. Eu desejava outra coisa."[25]

Escrever *Os mandarins*, se dermos crédito às diversas precisões dadas pela própria Simone de Beauvoir, se estendeu de 1951 a 1954. Ela diz ter concluído uma primeira versão do livro por volta de junho de 1951; mas, como sempre se preocupa em ter a opinião de Sartre sobre o que escreve, hesita por muito tempo a lhe confiar o manuscrito. Como se tivesse se envolvido em terrenos íntimos demais. Ou como se duvidasse da sua capacidade de compor um romance sobre um tema tão ardente quanto o sentido da própria vida deles dentro da história do pós-guerra. Mas, em meados de julho, quando efetuam um cruzeiro pela Noruega, ela decide pedir que lesse o texto. Como de hábito entre eles, as críticas de Sartre não pecam pela indulgência: construção bastarda do romance, dificuldades de compor os diálogos, fracasso em dar conta de personagens de intelectuais (que segundo o filósofo não existem senão por suas obras, e dos quais não conhecemos justamente as obras...); com exceção deste último ponto, "inerente", diz ela, ao seu "empreendimento", ela decide "retomar tudo".[26] No outono de 1952, Beauvoir apresenta ao seu mentor uma segunda versão: ele ainda não fica satisfeito e lhe recomenda trabalhar mais. Ela fica tão desesperada que quase decide largar tudo;[27] finalmente, são Bost e Lanzmann que saberão encorajá-la. E o empurrão definitivo é dado em março de 1953 por Lanzmann, que passa com ela alguns dias em Saint-Tropez.

As páginas que Simone de Beauvoir dedica em suas *Memórias* à gênese do romance estão entre as mais instrutivas sobre sua concepção do trabalho literário. Precisões técnicas, em primeiro lugar, nas quais ela justifica a escolha dos personagens, o modo de tratá-los etc. Acerto de contas, a seguir, com a corrente dita do "novo romance", e com Nathalie Sarraute em particular. Esta, como se sabe, tinha tratado com ironia os autores que, em pleno século XX, se contentavam em adotar os modelos dos grandes romancistas do XIX. Seu ensaio "A era da suspeita" tinha sido publicado em 1950 na *Les Temps Modernes*.[28] Mas a revista tinha recusado, em fins de 1955, o ensaio seguinte, "Conversação e subconversação". É verdade que os ataques que Nathalie Sarraute fazia contra a literatura engajada podiam soar como diretamente hostis aos próprios princípios da revista. Simone de Beauvoir também vê uma crítica endereçada diretamente a ela, a respeito de *Os mandarins*, que acabava de ser publicado, e retomará em *A força das coisas* sua argumentação contra a autora de "A era da suspeita". Sem querer repetir aqui as críticas de Nathalie Sarraute, depois as justificativas de Simone de Beauvoir e enfim os ataques devolvidos de uma para a outra, sublinharemos a violência dos termos empregados pela autora de *Os mandarins*: ela se sente atingida pelo termo "tradicionalismo", que lhe parece qualificar sua utilização dos diálogos e do relato feito pelos personagens sendo "sustentado por um monólogo que se desenrola no presente"... Essa crítica de Nathalie Sarraute, segundo Beauvoir, "pressupõe uma metafísica que não se sustenta (...) ela confunde a exterioridade com a aparência. Mas o mundo exterior existe". Em vez de se refugiar nos "frêmitos quase imperceptíveis", o romancista deve, segundo Beauvoir, exprimir a vida em uma fábrica ou em uma moradia social",* não deixando o estudo disso apenas aos jornalistas. Em suma, Sarraute é acusada de querer condenar o romance a um "subjetivismo maníaco e sem verdade".[29]

Ora, com uma aplicação que parece querer dizer que ela dominou em todos os aspectos seu projeto como se fosse um trabalho universitário ou uma tese, Beauvoir reivindica o sentimento de construir uma obra

---

* No original, HML: sigla de *Habitation à Loyer Modéré*, um tipo de habitação popular. (N.T.)

que dá conta do tempo presente e — colocando o projetor nos "intelectuais" — transmite mensagens que tocam a todos. Sem dúvida, o mundinho dos *Mandarins* é composto de indivíduos que falam, escrevem, se analisam, e este mundinho corre forte risco de ser pobre nas ações necessárias para alimentar um romance. Ela anota: "Éramos intelectuais, uma espécie à parte, com a qual os romancistas são aconselhados a não se misturarem."[30] Sem dúvida, se trata de uma "fauna singular", mas ela acrescenta que se sentiu, naquele início dos anos 1950, em que se dedica a falar dos "sobreviventes", "situada num ponto do espaço e do tempo de onde cada som que tirasse de mim mesma tinha a possibilidade de repercutir em muitos outros corações". Quando escreve estas linhas, em 1962 ou 1963, para *A força das coisas*, pode falar com toda a confiança: ela sabia do sucesso de seu livro, das suas tiragens mesmo antes da atribuição do Goncourt...

Ela também se defende com vigor de ter querido escrever um "*roman à clés*"*, lembrando — como faria qualquer romancista — que a obra romanesca se alimenta, é óbvio, da vida de seu autor, mas que nunca foi intenção dela inserir sob a pele de seus personagens as pessoas mais conhecidas de sua história: ela própria sob os traços de Anne, além de Sartre, Camus e Algren, é claro. Essa defesa não esquece senão um ponto: que a busca das "chaves" de uma narrativa provém, antes de tudo, do leitor e do inevitável voyeurismo, uma vez que se dá a ele uma imagem que completa ou contradiz o que ele acha saber das personagens em questão. A mesma dificuldade existe já com relação a autores que não estão em destaque na mídia, mas são lidos por seus próximos, que não deixam de reconhecer, de passagem, as supostas fontes de inspiração do escritor. Então, quando a história concerne àqueles cuja vida, que se diz privada, caiu por inteiro no domínio público, nada impedirá o leitor ingênuo e fascinado, ou o astucioso que se pretende bem informado, de colocar nomes conhecidos atrás dos nomes de empréstimo e raspar com avidez a camada de verniz para descobrir — enfim! — a "verdadeira" natureza, os "verdadeiros" acontecimentos, que até então estavam escondidos. E

---

* Literalmente, "romance com chaves", conceito que designa um tipo de narrativa que trata de pessoas reais por meio de personagens fictícios. (N.T.)

a romancista protesta em vão: "Todos os materiais que busquei na minha memória, eu os triturei, alterei, martelei, distendi, combinei, transpus, torci, por vezes mesmo derrubei, e sempre recriei."[31] Registro feito... todavia o "material" resiste, e ele foi "buscado na memória" da autora, e tantos leitores ávidos preferem descobrir aquele que escreve, em vez daquilo que ele escreve... Mas que importa, afinal de contas, não existe nenhuma receita para o "verdadeiro romance", embora a tão exigente Nathalie Sarraute desprezasse fortemente aqueles e aquelas que, escrevendo, não tinham como ela o duvidoso projeto de fazer o que ninguém mais tinha feito antes.[32]

Em contrapartida, como se fosse uma justificação final do valor do seu romance, a evocação de *Os mandarins* será para Simone de Beauvoir a ocasião de desenvolver em quatro páginas, em *A força das coisas*, sob o título de "Interlúdio",[33] uma reflexão sobre o lugar do trabalho na sua existência. É a ocasião de dizer quanto — para além de todas as histórias — toda a sua vida, e singularmente o momento em que elabora este livro, "se organiza" em torno do trabalho cotidiano. "O trabalho dificilmente se deixa descrever: nós o fazemos, é só." A biografia se apega mais facilmente às viagens, aos amores que se fazem e se desfazem, aos encontros excepcionais, às crises e às rupturas. Das horas passadas à mesa de trabalho, o leitor não vê senão o fruto, o livro publicado, o sucesso ou o fracasso. Simone de Beauvoir gostaria que soubéssemos o que foi essencial para ela naquele início dos anos 1950, quando preparava *Os mandarins*: o tempo da documentação, a releitura "das cartas, dos velhos livros, de (seus) diários íntimos, dos jornais". Ela tenta reencontrar as etapas da fabricação do livro: as centenas de páginas escritas ininterruptamente e condenadas a não serem senão um esboço, a escrita definitiva com o esquema de cada capítulo e a retomada do texto, frase por frase, palavra por palavra. Lembramos das trocas ao mesmo tempo admirativas e irônicas entre Flaubert e George Sand quanto às respectivas maneira de trabalhar: "Não compará-la melhor do que com um grande rio da América, enormidade e doçura", escreveu o autor de *Madame Bovary* a uma George Sand que replicou: "Você tem angústias e dores de parto. É belo e jovem, não é para qualquer um." Simone gostaria de ser um destes escritores que não retornam à página escrita...

Está do lado de Flaubert, mesmo que o trabalho do estilo, a caça às assonâncias, não sejam do seu gosto. Quer antes de tudo o tom justo, a abordagem mais próxima do que pretende demonstrar, a construção mais hábil para atingir esse objetivo. E talvez porque a imagem que ela dá, de alguém que continua a ter uma vida social importante, leve a crer que a escrita não lhe toma tanto tempo, talvez e sobretudo por sempre ter sido uma trabalhadora obstinada e — quem sabe? — talvez porque a facilidade, a seu ver, seja um defeito, ela gosta de falar da disciplina laboriosa exigida na preparação de seus livros. Cada uma das obras, específica, lhe demanda de dois a três anos, serão inclusive quatro anos para *Os mandarins*, e — naqueles anos — ela passa de seis a sete horas por dia na sua mesa. É um esforço, sem dúvida. Mas também uma espécie de exigência interior: "Ao acordar, uma ansiedade ou apetite me obrigam a pegar imediatamente a caneta" e "um dia em que não escrevo tem gosto de cinzas". Sem dúvida, nos anos em que prepara *Os mandarins*, as viagens, as férias não faltaram, mas o livro a fazer está sempre presente: "Nos anos de que falo, fiz muitas viagens; isso equivaleu, em geral, a trabalhar em outro lugar."

Ela trabalha, pois. No final de 1953, a reescrita de *Os mandarins* está encerrada e os originais, enviados à Gallimard. O título definitivo foi longamente discutido: de *Os sobreviventes*, Simone de Beauvoir passou a *Os suspeitos*, que a seus olhos poderia enfatizar melhor "o equívoco da condição de escritor". Sartre propõe *Les Griots* para sugerir "esses ferreiros, feiticeiros e poetas que certas sociedades africanas ao mesmo tempo reverenciam, temem e desprezam". Esotérico demais, julga o grupo. É Lanzmann que dá a ideia: "Por que não *Os mandarins*?"[34] O livro é publicado em outubro de 1954. Em um mês, quarenta mil exemplares são vendidos e a cobertura da imprensa é excelente. O prêmio *Goncourt* fica novamente no horizonte, mesmo que seja visto como recompensa para "um jovem autor" que ainda não obteve reconhecimento do público. O prêmio lhe é atribuído em 6 de dezembro de 1954.

Essa distinção, lembramos, Simone de Beauvoir já havia esperado para *A convidada*, mas o prêmio tinha lhe escapado. Falaram então do Renaudot, que também foi entregue a outro. Em março de 1944 (a decisão do júri tinha sido adiada de dezembro de 1943 a março do ano seguinte), prevenida por Gallimard, ela havia esperado discretamente — mas assaz febrilmente — no Flore os resultados da deliberação: ela se lembra dos esforços de vestuário e de penteado que tinha feito para estar à altura. Tinha feito contato com o guardião vigilante da ortodoxia da esquerda, o Comitê nacional dos escritores,[35] para se assegurar de não haver oposição a que aceitasse o prêmio. "Se nesse ano me tivessem concedido o prêmio Goncourt, teria tido uma alegria total."[36] Simone de Beauvoir tinha então 36 anos e o sonho, compartilhado com Sartre, de se tornar uma escritora célebre a torturava. Hoje, tem 46 anos e há vários, sobretudo desde *O segundo sexo*, sua reputação está consolidada. Ela não tem mais, sem dúvida, com relação ao prêmio que muito rapidamente em sua carreira já previam, os júbilos de 1944, e a atmosfera, na *Les Temps Modernes*, é bastante refratária a distinções oficiais. Mas todos os amigos a aconselham a aceitar o prêmio, apenas se acautelando para não cair nas armadilhas midiáticas. Como para se desculpar, ela defende com muita ênfase, em *A força das coisas*, as boas razões que teve para entrar no jogo: "tocar o grande público" e aproveitar o aumento das vendas para participar um pouco da "caixa comum" mantida há tempos por Sartre. Sonha também em trocar o quarto da rua de Bûcherie, onde chove cada vez mais, por um lugar mais confortável...

Enquanto aguarda, é preciso administrar as relações com a imprensa. Ela recusa todas as fotografias, todas as entrevistas. Quando os jornalistas acampam na pequena escada que leva ao seu minúsculo apartamento e fazem perguntas a uma vizinha etc., ela se muda com Lanzmann, na véspera da deliberação, para a casa da sua advogada, Suzanne Blum, de onde não sai por muitos dias. A redação de *Paris-Match*, irritada, publica uma antiga foto miseravelmente retocada em que ela tem, como conta a Algren,[37] um aspecto "tão feio e [fiquei] tão envelhecida" que quem a conhece se pergunta o que lhe aconteceu. Para Algren, a quem ela sempre soube descrever os pequenos aspectos do microcosmo literário francês, ela acumula histórias sobre o prêmio e a boa peça pregada aos jornalistas. Explica também sua recusa em colaborar com a imprensa: não quer "obter publicidade" como fazem todos os outros, pois é "conhecida na França, desde *O segundo sexo*". Sobretudo, ela saboreia uma revanche contra "os jornalistas daqui escrevem sem parar imundícies ignóbeis" sobre Sartre e ela própria, e está feliz em fazer com que os "grandes patrões, (...) os diretores de jornais" compreendam que ela zomba de seu poder e bem pode "passar sem eles".

Porém, após a proclamação do prêmio, ela fará dois gestos em direção à mídia: um gesto afetuoso e um gesto político. Quanto ao afeto: a única foto do *Goncourt* será feita por Gisèle Freund, no patamar da escada do apartamento ocupado por Françoise de Beauvoir. Vê-se Simone, num mantô claro com gola de pele, ao lado da mãe, a quem fora visitar. A semelhança entre as duas é chocante: mesmas linhas do rosto, mesmos cabelos para cima, mesmo sorriso sério. Simone de Beauvoir não aceitará que esta foto seja publicada a não ser que as duas personagens nela apareçam. Quanto ao gesto político: a única entrevista que consente em dar será publicada no semanário dominical do Partido Comunista: *L'Humanité-Dimanche*. J.F. Rolland, que a entrevista, faz parte dos amigos que se reuniram para festejar a atribuição do prêmio, na mesma noite, na casa de Michelle Vian com Sartre, Lanzmann, Olga e Bost, e o escritor Scipion. J.F. Rolland nota a velocidade da fala (imensa!, "o entrevistador, que mal consegue anotar, sofre")[38] e as "respostas imediatas que mostram um pensamento preciso, bem organizado, vibrante, apoiado numa grande cultura". Ele não pode deixar de destacar também, talvez para tranquilizar seus leitores, a aparência agradável de Simone de Beauvoir: "Não imaginem uma professora de filosofia (que ela foi), uma sabichona austera, de óculos. A filosofia nada tirou da graça de seus traços regulares e do sorriso." Beauvoir começa com força e termina por uma declaração de lealdade à posição do Partido Comunista sobre a política francesa: para começar, justifica e escolha de *L'Humanité-Dimanche*: "Os intelectuais de esquerda devem ficar do lado dos comunistas e trabalhar com eles." Sua recusa em falar com os outros jornalistas? "A imprensa de direita, em seu conjunto, me enojou demasiadas vezes com seus procedimentos e mentiras: não queria ser eu mesma sua vítima." Para encerrar: um ataque contra o que Beauvoir nomeia, se alinhando às campanhas do PCF, "a mistificação Mendès-France." Ele havia, é claro, depois da queda de Diên Biên Phu, restabelecido a paz na Indochina após os acordos de Genebra, em seguida deu início ao processo de independência da Tunísia e procedido ao abandono da constituição da CED (Comunidade de defesa europeia) — objetivos aos quais os comunistas aderiam —, mas em sua declaração de investidura, em 17 de junho de 1954, Pierre Mendès-France tinha se recusado a contabilizar, nos votos que lhe eram necessários, os dos deputados comunistas, e isso o partido de Maurice Thorez não perdoou. Então, se alguns intelectuais, como sugeriu o entrevistador, "creem em Mendès-France", isso não pode ser, aos olhos de Beauvoir, senão "má-fé ou mal-entendido". Ela assinala a J.F. Rolland, além disso, que acaba de escrever um artigo para a *Les Temps Modernes* sobre "O pensamento de direita hoje".[39]

Um breve desvio por este artigo, e também ao que ela consagrará, em julho do mesmo ano, à crítica de Merleau-Ponty, pode dar uma ideia do maniqueísmo da época e, singularmente, dos "intelectuais de esquerda", na maneira deles de abordar a política. Sem dúvida esse texto enorme (quase oitenta páginas da revista) é, como todos os trabalhos de Simone de Beauvoir, solidamente alicerçado e alimentado de referências. Mas os pressupostos hostis são tão claros desde o começo que não podem redundar senão numa conclusão sem surpresa; o artigo começa por essa frase dupla: "A verdade é una, o erro, múltiplo. Não por acaso a direita professa o pluralismo." A advertência feita em nota pela autora na primeira página não poderia ser mais clara: "Para apreender o alcance dos textos que cito neste artigo, deve-se recordar que, aos olhos dos pensadores de direita, o privilegiado é o único dotado de uma verdadeira existência. Em linguagem burguesa, a palavra *homem* significa *burguês*. (...) Quanto ao não-privilegiado, ele é designado habitualmente pelo vocábulo: as massas, e não se lhe concede senão uma realidade negativa." Não surpreende, pois, que o artigo, iniciado com a afirmação: "Nós sabemos, o burguês de hoje tem medo", termine assim: "O ilusionista burguês (...) triste ou arrogante (...) é o homem da recusa. (...) Ele diz não ao 'mundo moderno', não ao futuro, ou seja, ao movimento vivo do mundo: mas sabe que o mundo prevalecerá. Ele tem medo: o que esperar desses homens de amanhã dos quais ele se tornou adversário? (...) seu supremo recurso é o de arrastar consigo a humanidade inteira para a morte. A burguesia quer sobreviver, mas seus ideólogos, sabendo-se condenados, profetizam o naufrágio universal. A expressão 'ideologia burguesa' nada mais designa hoje em dia de positivo. A burguesia ainda existe: mas seu pensamento, catastrófico e vazio, não é mais do que um contrapensamento." CQFD.*

Este texto causa um mal-estar. Será pelo abuso metodológico de partida: a confusão que ele parece sustentar entre uma noção de ordem sociológica (a burguesia) e um conceito de ordem ideológica e política (a direita)? Será porque a exposição abarrotada de referências parece mais um procedimento judicial de acusação do que um estudo de qualquer forma pouco histórico e objetivo? Não será sobretudo porque a noção de direita, nascida na simetria com a de esquerda — nos assentos das assembleias da Revolução — para indicar posições forçosamente datadas, permitindo apontar e discernir o adversário, é eminentemente instrumental, boa para a política, se prestando mal às interrogações e descrições objetivas? Que os partidários da esquerda se questionem sobre o que torna sua ideologia comum, que busquem discernir o que pode justificar suas escolhas e seus combates, não os autoriza a definir por contraste uma ideologia pressuposta em seus adversários. Dizer "lutamos contra isso ou aquilo" é justo e claro; dizer "se alguns não concordam conosco, é porque eles pensam isso ou aquilo" é bem menos justificado. O erro da *Les Temps Modernes* decorre talvez de ter querido, num número especial sobre a esquerda, resumir as ideias a ultrapassar e a combater sob a forma de uma entidade: a direita. Que a esquerda recuse o elitismo, o individualismo etc. (embora colocar no mesmo plano o anticomunismo — como faz Simone de Beauvoir — parece uma confusão de níveis heterogêneos), isso se pode proclamar no discurso militante. Que se deva reunir todos que não compartilham dos combates da esquerda na generosa distribuição de tudo que ela abomina é mais discutível... Mas os anos 1950 se prestavam demais a esse gênero de debates e de simplificações. A Guerra Fria não cessava de pintar tudo de preto e branco e os intelectuais — por não intervirem verdadeiramente nos acontecimentos políticos — tinham a tendência de forçar a mão.

* *Ce qu'il fallait démontrer*, como se queria demonstrar. (N.T.)

No fundo, Simone de Beauvoir muitas vezes confessou se sentir desconfortável na esfera política; ela diz isso a J.F. Rolland, na entrevista que citamos, ao se explicar sobre a personagem de Anne em *Os Mandarins*: "Como eu mesma, ela se sente pouco qualificada para se ocupar da política ativamente, tecnicamente." E insiste de novo na recusa a se tornar o que chamaríamos de uma "política", reconhecida por seu militantismo e eventualmente por sua carreira. Trata-se mais, para ela, de se definir como fazendo parte de uma "família": "Ela nada tem de uma especialista. Mas está em total acordo com seus amigos; sua vida e seu pensamento são dominados pelos princípios que ditam as ações deles." Mais tarde, quando Madeleine Chapsal perguntar se ela se considera "como engajada num combate político", Simone de Beauvoir citará justamente esse artigo, "O pensamento de direita hoje", indicando que se dirigia, ali, "a intelectuais, a estudantes, a estudantes já esclarecidos", e que se tratava de "refutar certos erros e exprimir certas ideias sobre a política".[40] Deirdre Bair conta que Beauvoir frequentemente lhe repetiu: "A política ou a filosofia não me ocupavam muito. Nunca escrevi um livro verdadeiramente político. Nunca me engajei na ação política e não posso dizer que a política tenha tomado muito do meu tempo."[41]

Será ainda o apego a sua "família" que a fará reagir na polêmica travada com Merleau-Ponty que, na primavera de 1955, acabava de publicar *As aventuras da dialética*, cujo propósito era "falar filosoficamente de política".[42] Essa obra, da qual mais da metade das páginas era consagrada à análise das posições de Sartre com relação ao Partido Comunista, sob o título "Sartre e o ultrabolchevismo" estuda as teses defendidas pelo filósofo no artigo "Os comunistas e a paz", publicado na *Les Temps Modernes* em 1952. Sartre tinha anunciado no começo desse texto: "O objetivo deste artigo é declarar meu acordo com os comunistas sobre temas precisos e limitados". Para Merleau-Ponty, esses temas de concordância são rapidamente ultrapassados e, julga ele, "é preciso procurar em 'Os comunistas e a paz', para além das fórmulas de unidade de ação, a de uma atitude de simpatia."[43] Esta afirmação é por certo seguida de uma demonstração que se apoia nos textos de Sartre. E se encerra com algumas frases que sinalizam o divórcio entre estes amigos de sempre: "Entre aquele que maneja os signos e aquele que maneja as massas, não há contato que seja um ato político: não há senão uma delegação de poder do primeiro ao segundo (...) não é possível ser ao mesmo tempo escritor livre e comunista, ou comunista e opositor, não substituiremos a dialética marxista que unia esses contrários por um exaustivo vaivém entre eles, não os reconciliaremos à força. É preciso então voltar, atacar pelos flancos o que não pode ser mudado de frente, procurar outra ação que não a ação comunista."[44] Mas é o próprio ponto de partida que Simone de Beauvoir por sua vez contesta, com o mesmo vigor, os mesmos ataques *ad hominem* que havia empregado com relação àqueles que ela agrupara como pensadores de direita. A ironia se pretende ferina desde o começo de sua resposta, ao atacar as qualidades de filósofo de Merleau-Ponty: "Quando Merleau-Ponty descobriu à luz da guerra da Coreia que tinha confundido até então Marx e Kant, compreendeu que devia renunciar à ideia hegeliana do fim da história e concluiu pela necessidade de liquidar a dialética marxista."[45] No corpo do artigo, ela declara com condescendência que ele "faz sorrir"[46]... depois virão os termos mais cortantes e, aos olhos de Simone de Beauvoir, as condenações mais irremediáveis: "Ser *a favor* dos proletários não é saudar à distância a miséria deles e seguir em frente: é levar a sério suas vontades. Merleau-Ponty se coloca de modo decisivo do lado dos cães de guarda da burguesia, no momento em que não encara o comunismo como uma realidade viva, enraizada na situação da classe explorada, mas como um jogo da imaginação. Nele, o comunismo se torna a mesma utopia que é para Aron e para todos os pensadores burgueses."[47]

Apesar de tudo, apesar dos textos ideológicos incendiários e apesar da pouca solicitude da autora com relação à "promoção" do seu romance (como se diz hoje em dia), o *Goncourt* acelera ainda mais as vendas já bem encaminhadas: 130 mil exemplares foram vendidos em um mês. Essas vendas permitiram a Simone de Beauvoir comprar o apartamento onde moraria até o fim da vida. Duas características: em primeiro lugar, ela o escolheu no bairro que tinha sido o da sua infância e adolescência, Montparnasse, na rua Schoelcher; em segundo lugar, ela evita apartamentos burgueses do tipo *haussmann* e opta — como havia feito sua irmã Hélène e em seguida sua mãe, após ficar viúva — por um antigo ateliê de artista, num imóvel art-déco. Em 1.º de setembro de 1955, ela conta a

Algren, que havia conhecido o desconforto da rua da Bûcherie: "Estou-lhe escrevendo do meu novo apartamento, espaçoso e ensolarado: uma escada interna dá para um jardim de inverno iluminado por duas janelas – é deslumbrante. Ele comporta uma verdadeira cozinha, um autêntico banheiro e ninguém do outro lado da rua, exceto os mortos de um imenso cemitério. E o céu inteiro entra por um vitral. Fica perto do bulevar Montparnasse; minhas visitas acham que não se pode sonhar com um apartamento parisiense mais perfeito." E acrescenta: "Vou concluir a arrumação em novembro, e quando você vier vai haver geladeira, gelo e bom uísque envelhecido..." Mas ela encurta a carta: "Querido, tenho muito que fazer, dentro de doze horas decolo para Pequim."[48]

De fato, no dia 2 de setembro de 1955 Simone de Beauvoir embarca com Sartre para a China. O périplo de dois meses será precedido e seguido de breves estadias em Moscou, que Beauvoir descobre depois de Sartre. Trata-se para ela da primeira viagem pelos países do leste: um ano antes, Jean-Paul Sartre tinha precisado interromper uma viagem na URSS; viagem memorável para ambos, pois o filósofo, usando e abusando de suas forças e pelo menos tanto quanto da vodca, tinha pego uma grave doença e sido hospitalizado em Moscou devido a uma crise, enquanto Simone de Beauvoir interrompia, para preparar seu retorno a Paris, uma estadia com Lanzmann no Lago Settons, na região de Morvan. Desta vez, eles viajam a convite do governo chinês. Sem dúvida partem com a esperança de descobrir uma nova face do comunismo. Vale lembrar que os homens e mulheres de esquerda daqueles anos nutriam ainda a esperança por uma sociedade liberta da "exploração do homem pelo homem", e se sentiam cada vez mais órfãos da revolução soviética, devido aos crimes reconhecidos do stalinismo. Era necessário encontrar fora da URSS a realização das promessas revolucionárias e o advento de uma sociedade justa. Durante alguns anos, o comunismo chinês representará para muitos a resposta a essa promessa. Fortemente enquadrado, sem intérpretes outros que não os concedidos pelas autoridades, o casal tinha pouca chance de ir além da versão oficial da realidade.

Simone de Beauvoir confidenciará suas impressões bem recentes em duas cartas a Algren. Na primeira, de 3 de novembro de 1955 (chegara a

Paris no dia anterior), compara a China a Moscou, com vantagem para a primeira: "É a China que me cativou." Tudo a seduziu: o exotismo do sobrevoo do deserto de Gobi, a capital, "Pequim, imensa e tranquila cidade camponesa". A amplitude das multidões e sua organização: "Prodigiosa celebração do 1.º de outubro, com meio milhão de participantes, bandeiras e flores nas mãos, aclamando Mao Tsé-Tung. Uma coisa de tirar o fôlego dos cínicos mais empedernidos". Ela assinala a visita à "região industrializada de Moukden, perto da Coreia", e do "sul: Xangai, Catão, apaixonante, maravilhoso!". Segue-se então o essencial: o presente deixa sem dúvida a desejar, mas toda a sociedade chinesa está voltada a um futuro que justifica as insuficiências atuais: pobreza, trabalho extenuante, são etapas na "longa marcha" da revolução, "o mais maravilhoso sendo a luta, de que ninguém fala, em que os chineses se engajam, ao preço de um trabalho estafante, contra a extrema pobreza inicial". Como ela visitou com Algren as regiões miseráveis da América Central e como ambos haviam reagido diante da degradação de homens regredidos ao estado de escravidão, ela faz questão de sublinhar que não se pode comparar a miséria de um povo que supostamente domina o seu próprio destino com a de populações escravizadas: "Lembro-me da sua indignação diante da miséria dos índios carregando nas costas pesados fardos, totalmente resignados, em aparência, à odiosa existência de bestas de carga. Os camponeses chineses também carregam tudo nas costas, fazem tudo com as mãos nuas, mas não *aceitam* qualquer coisa e a vida deles, embora dura, não é mais a de animais; eles sofrem para progredir, para melhorar de condição, por exemplo para possuir num futuro próximo uma casa, um trator — são imensas as diferenças." Progresso da higiene, da luta contra as doenças etc. Com "paciência", com "teimosia", "eles se ensinam uns aos outros a ler, a escrever e a compreender o mundo". Ela prevê o desenvolvimento chinês: "Chegarão lá, vão construir represas no rio Amarelo. (...) Moradias, diques, tudo, sem caminhão, sem nada além das suas mãos (...). Exatamente como os antigos maias, quando construíram os templos de Uxmal, salvo que, na China, tudo se constrói para eles, e não para sacerdotes e deuses". Ela tinha adotado o mesmo tom para responder a Paul Tillard no *L'Humanité-Dimanche* de 23 de outubro de 1955 sobre o respeito professado na China com relação às crianças, sobre o desejo de paz do povo chinês, que não pode querer a guerra, de tão ocupado que está com o seu próprio desenvolvimento.

Na carta seguinte, datada de 15 de dezembro de 1955, ela fala a Algren do livro sobre a China no qual já está trabalhando. Está muito consciente de que uma viagem curta é uma abordagem insuficiente, que ignora muita coisa, e parecendo querer se desculpar de antemão, tem essa fórmula lúcida e surpreendente: "Por meses vou forjar belas mentiras sobre aquilo que não vi", pois, para ela, a verdade da revolução chinesa existe efetivamente e trata-se de apresentá-la de maneira afável, não de enfeitá-la. A escrita de *A longa marcha* estará concluída em julho de 1956 e o livro é lançado no verão de 1957. O texto que o acompanha retoma a ideia essencial da justificação do presente pelo futuro: "Na China, hoje, (...) cada coisa tira seu sentido do futuro que é comum a todas elas. (...) Só quando apreendido no seu futuro é que este país aparece sob uma luz verdadeira: nem paraíso, nem inferno fervilhante, mas uma região bem terrestre em que homens que acabam de romper o ciclo sem esperança de uma existência animal lutam para edificar um mundo humano".

Quando, posteriormente, em *A força das coisas*, ela tratar deste livro, será ao mesmo tempo para defendê-lo e para se defender dele. Defender-se dele, pois sabe das críticas feitas à obra: desconhecimento da cultura chinesa tradicional ("essencialmente uma cultura de funcionários públicos e de magistrados: tocou-me pouco"), filtragem dos contatos com os escritores pelas autoridades políticas ("essa ignorância recíproca atrapalhava nossas conversas"), e ela confessa: "Eu estava ali, diante de um mundo que me esforçava por compreender, e onde não conseguia penetrar."[49] Mas, ao sublinhar o trabalho de estudo que acompanhou uma experiência demasiadamente escassa, ela reivindica a lição essencial que extraiu dessa viagem: "Mesmo assim, observando, consultando, confrontando, lendo, escutando, uma evidência rompeu essas semitrevas: a imensidão das vitórias alcançadas em alguns anos sobre os flagelos que outrora oprimiam os chineses, a imundície, a verminose, a mortalidade infantil, as epidemias, a subalimentação crônica, a fome; as pessoas tinham roupas e casas limpas e comiam." Regime eficaz, então? Não só isso, pois a eficácia é obtida, segundo a escritora, pela adesão do povo a esse esforço: "Uma outra verdade se impunha: a energia impaciente com a qual aquele povo construía o futuro."[50]

Por vários anos a China servirá de referência a Simone de Beauvoir como sucesso da libertação das mulheres. Ela repetiu, desde a época em que escrevia *O segundo sexo*, que a independência financeira proporcionada pelo trabalho é a condição desta libertação. E insiste cada vez mais, agora, que não pode haver futuro para as mulheres senão num regime que não explore os fracos: ela apresenta como indissociavelmente ligados o futuro do feminismo e o do socialismo. Num artigo sobre "A condição feminina" para *La Nef* de janeiro-março de 1961, ela declara: "Foi na China que vi as mulheres mais equilibradas que conheci." Eram sem dúvida trabalhadoras privilegiadas, "médicas, engenheiras". Mas, ela afirma, sobretudo não existem conflitos, para as trabalhadoras chinesas, entre a vida privada, a família e a existência profissional. Simplesmente porque o Estado precisa da colaboração delas e coloca à sua disposição as instituições necessárias. Enfim, o trabalho delas se insere em "um grande empreendimento coletivo". O artigo conclui: "Essa marcha rumo à abundância e à razão não pode se fazer senão a partir da reviravolta do sistema de produção. Se as mulheres não querem se contentar em dar a seus problemas singulares soluções individuais, é preciso que lutem ao lado dos homens que querem acelerá-la."[51]

É, porém, a uma empreitada literária totalmente diversa que Simone de Beauvoir vai se lançar de outubro de 1956 a março de 1958. Dois anos antes, ela havia mergulhado mais uma vez em suas lembranças, tentando ressuscitar aquela que tinha marcado tão intensamente sua infância e adolescência: Zaza. Por não poder viver sem trabalhar numa obra literária, mesmo que os escritos "engajados" tomassem boa parte do seu tempo, ela tentava — era o verão de 1954, mal terminara *Os mandarins* — escrever uma longa novela que lhe permitiria explicar a si mesma a morte da amiga de outrora. Sobretudo, ela confidenciou, "o único projeto que agora me entusiasmava era ressuscitar minha infância e minha juventude, e eu não ousava fazê-lo com franqueza".[52] Ao final de dois ou três meses, ela mostra o esboço a Sartre: "Ele torceu o nariz."[53] E, como nos inícios de *A convidada* e de *O segundo sexo*, o filósofo dá um bom conselho: se tem vontade de falar de si mesma, faça então de maneira direta!

Ela então volta a essa antiga vontade e se explicará longamente a este respeito em *A força das coisas*, reproduzindo anotações antigas e inéditas: "Sempre imaginei, dissimuladamente, que minha vida se depositava, nos mínimos detalhes, na fita de algum gravador gigante, e que um dia eu desenrolaria todo o meu passado. (...) A menininha cujo futuro tornou-se meu passado não existe mais. Quero crer, às vezes, que a trago em mim, que seria possível arrancá-la da memória, ajeitar os seus cílios desalinhados, fazê-la sentar-se, intacta, a meu lado. É falso. Ela desapareceu sem que sequer um frágil esqueleto comemore sua passagem. Como tirá-la do nada?"[54] Arrancar-se da própria memória... No vaivém impossível de contornar entre redescoberta e reconstrução, Simone de Beauvoir vai então escrever esse que, sem dúvida, será um dos seus mais belos livros, *Memórias de uma moça bem-comportada*, a que se seguirão mais tarde os três volumes consagrados à vida adulta. A obra, publicada inicialmente em fascículos na *Les Temps Modernes* em maio-junho e julho de 1958, sai no fim do verão pela Gallimard, com uma tradução inglesa e uma edição norte-americana já no ano seguinte. Após o enorme sucesso de *O segundo sexo*, após a consagração do Goncourt, a autora ganharia dos seus leitores um apego feito de amizade e de conivências.

Porém, com a obra memorialística provisoriamente encerrada, naquela segunda-feira de Pentecostes de 1958 em que retoma um diário para exprimir sua perplexidade ante a situação francesa, Simone de Beauvoir, rejuvenescida pelo encontro amoroso com Lanzmann, é antes de tudo uma mulher que se esforça para julgar a evolução política e ajudar a evolução da situação das mulheres. Intransigente, ela tentou fazer sentarem no banco dos réus as posições políticas que julgava opostas às suas e às de Sartre. Nem sempre acertou. Mas uma coisa permanece: inquebrantável desde as difíceis conquistas de independência de sua juventude, ainda procura sempre raciocinar com rigor, trabalha com obstinação, parece não duvidar da sua capacidade de dar conta do que Prévert chamava de "os aterrorizantes problemas da realidade".

8.
23 DE AGOSTO DE 1964

> "É isso que me seduz nas viagens: a vida sonhada fica mais importante do que a vida vivida; conto histórias a mim mesma e finjo que sou outra pessoa. No entanto, já há muito tempo que não me satisfazem esses espectros. (...) Conheci em outros tempos, quando em viagem, o prazer de organizar minha solidão. Hoje, prefiro compartilhar minhas experiências com alguém que me seja importante."
> SIMONE DE BEAUVOIR, *Balanço final*.[1]

Como expressar Roma? Quando se põe a contar suas viagens, no curioso volume de lembranças por temas que fecha suas *Memórias, Balanço final*,[2] Simone de Beauvoir nos arrasta primeiro para aquela que foi sua segunda cidade, sua segunda pátria. Antes da Itália, ela conheceu, no entanto, Espanha, Londres, Berlim, as cidades flamengas, Grécia, Marrocos, Portugal, Suíça etc. e só em 1946 é que faz com Sartre uma primeira viagem à península, a convite dos seus editores. Mas a partir desse instante, apesar da atração dos Estados Unidos, apesar das viagens cada vez mais numerosas exigidas por suas atividades literárias e militantes, Roma se tornará a cidade-chave do fim do verão, aquela onde eles reencontram o prazer de ver e rever bairros, monumentos, obras que eles amam, mas sobretudo de participar de maneira quase anônima, como faziam na Paris de quando eram jovens, da vida de uma grande cidade na qual podem se manter relativamente incógnitos e na qual reconhecem tudo que apreciam: vida artística e cultural intensa, terraços de cafés onde saboreiam o frescor da noite, tratorias e cozinha com que se deliciam, além da musicalidade da língua italiana, dos passeios a pé em ruas que lhes são tão conhecidas quanto as do Quartier Latin ou da Saint-Germain-des-Prés de outrora. Em Roma, eles construíram outro lar, que se tornou com o tempo cada vez mais confortável. Passaram de hotéis médios, "nos arredores da cidade",[3] a residências cada vez mais luxuosas, para se instalarem finalmente, de algumas semanas a dois meses por ano, na área do Panteão, perto da Câmara dos Deputados, no *Albergo Nazionale*. Ocuparão por vários anos quartos com varanda e ar condicionado que ainda hoje são mostrados aos visitantes, e onde ela lê, trabalha e descansará nas horas quentes entre os longos passeios. Em *A força das coisas*, como em *Balanço final*, Simone de Beauvoir escreve páginas tão belas, tão comovidas sobre Roma, que mereceriam ser retomadas nos guias para viajantes tranquilos que desejem conhecer o coração de uma cidade.

Naquele 23 de agosto de 1964, Roma está efervescente: prepara-se o funeral de Palmiro Togliatti. O líder do Partido Comunista italiano, aos 71 anos, acaba de morrer na Crimeia, onde estava em férias. A cidade fica imediatamente coberta de cartazes: È morto Togliatti, *Togliatti è morto*. Acontecimento nacional: Togliatti não era apenas o fundador do Partido Comunista italiano, aquele que havia passado todo o período fascista na "pátria do socialismo", ele tinha também participado de vários governos de coalizão do pós-guerra, antes que a Guerra Fria eliminasse os comunistas do poder. Uma tentativa de atentado contra ele, em 1948, tinha suscitado no país uma considerável comoção. Desde então, ele exerce uma grande influência, em seu partido, é claro, e enquanto chefe do seu grupo parlamentar na frente de oposição à democracia cristã, mas representava também, no plano internacional, a "busca de vias nacionais rumo ao socialismo" e a defesa da desestalinização. No dia 23 de agosto, seu corpo é levado a Roma e exposto na sede do Partido, na *via delle Botteghe oscure*, rua das Lojas escuras. A multidão não para de se aglomerar ali em homenagem ao falecido. No dia seguinte, o enterro com as massas operárias e camponesas parecerá, escreve Simone de Beauvoir, uma "quermesse fúnebre". Naquele dia, Roma não é mais para ela apenas a cidade do passado, da cultura, de certa serenidade radiante; é também o centro político da Europa tal como Simone de Beauvoir imagina. Para a esquerda francesa não comunista de então, Togliatti representa, com efeito, a difícil conciliação entre a fidelidade aos valores revolucionários herdados do marxismo e a preocupação em manter os valores ocidentais da democracia. Sartre e ela diversas vezes estiveram com Togliatti durante seus verões romanos, jantaram e discutiram apaixonadamente com ele. Então, nessa cerimônia de enterro a que (não como turistas, sem dúvida, mas ainda assim veranistas) não tinham previsto assistir, eles sobem no degrau superior de uma pequena escada de pedra ao pé da Coluna de Trajano: veem o mar de bandeiras vermelhas balançando, se sentem vibrando em uníssono com a multidão febril que não para de juntar ao cortejo. Estão ali pelo acaso do calendário, nos postos avançados do movimento pelo qual eles clamam desde a guerra e se desesperam por não vê-lo se realizar na França: uma massa popular e de intelectuais em sintonia com um Partido Comunista liberto do jugo stalinista e considerado portador das esperanças revolucionárias.

Essas viagens rituais a Roma, Simone de Beauvoir por um tempo partilhou com Lanzmann, enquanto Sartre as fazia com Michelle Vian. Desde o fim da ligação com Lanzmann, no inverno de 1958, apenas com Sartre ela passa seus verões romanos. Também com ele empreende as longas viagens "engajadas". Seus destinos correspondem exatamente às evoluções da situação política do planeta; houve a China em 1955 e haverá Cuba, de 22 de fevereiro a 20 de março de 1960, como convidados oficiais do governo revolucionário e do diretor do jornal *Revolución*, Franqui. Este, de passagem por Paris, havia insistido para que o casal fosse observar o que se passava por lá. O movimento iniciado por Fidel Castro em 1956 tomara o poder em fevereiro de 1959, após a fuga de Batista em 1.º de janeiro. O enviado cubano insiste: é bem uma revolução que está se fazendo não muito longe dos Estados Unidos e eles não podem ficar indiferentes a isso. Mas Sartre se sente cansado: tem apenas 55 anos, mas o alerta do verão de 1954 tinha sido duro, e havia assustado o Castor. Além disso, eles temem se afastar da França naquele momento em que os acontecimentos na Argélia fazem pesar, a seus olhos, sérias ameaças à democracia. Sartre, quase contente em verificar que em ambos a valentia de espírito prevalece sempre sobre os ônus físicos, confiou então a Simone de Beauvoir: "Pergunto-me,(...) se não é o cansaço de nossos corpos que nos detêm, mais do que um cansaço moral."[4] Eles então não hesitam por muito tempo: dizem sim à Cuba e à descoberta da esperança que vinha do oeste. Encontra, lá chegando, uma situação tensa: Washington acaba de retirar seu embaixador. Madrid, achando que Franco foi insultado pela televisão cubana, faz o mesmo. E, no grande jogo da Guerra Fria, a URSS marca pontos: Mikoyan acaba de ser recebido oficialmente em Havana.* Acolhido inicialmente de maneira suntuosa no Vedado, o casal Sartre-Beauvoir entra rapidamente numa intimidade ostensiva com Fidel Castro e seu círculo mais próximo, como por exemplo, é claro, o jovem conselheiro Che Guevara. O *leader massimo* percebe rapidamente as vantagens que pode tirar da popularidade do filósofo francês e da autora de *O segundo sexo*. Uma fotografia vai rodar o mundo: Sartre e Simone de Beauvoir sentados na lancha de Castro indo visitar com ele, pelo mar, sua propriedade em Cienaga de Zapata. Estão sentados lado a lado na embarcação e o chefe de Estado revolucionário está em pé atrás deles, camisa aberta, charuto na boca. Para o Castor, é grande a emoção. Sem dúvida ela está maravilhada pela beleza das paisagens, pelo exotismo das cidades e pelos testemunhos grandiosos do luxo colonial, sem dúvida é sensível à doçura do inverno tropical, de suas flores, de seus cheiros, mas talvez esteja ainda mais tocada pelo sentimento de ter sido lançada no coração da História em vias de se fazer, num local inesperado. Ela acaba de deixar a França onde, após as ameaças de fascismo nascidos dos sobressaltos da guerra da Argélia, se estabelece um regime que ela considera definitivamente autocrático. Com a OAS de um lado,** a repressão do Manifesto dos 121, de outro, além dos plenos poderes e a nova constituição desejada por de Gaulle, tudo isso não lhe inspira senão temor e revolta. E, mundo afora, reina a glaciação entre leste e oeste. Sartre, desde suas tentativas de uma rede na Resistência e desde o RDR, mais tarde, sonha — à base de artigos, de confrontos tempestuosos com a direita de Aron e de *Preuves*, de um lado, e com o Partido Comunista, de outro — em abrir uma terceira via que não renegasse a

---

*   Anastas Mikoyan, vice-primeiro ministro sob o governo de Nikita Kruschev. (N.T.)

** *Organisation Armée Secrète*, organização paramilitar e clandestina que se opunha, à independência da Argélia recorrendo para tanto a atentados terroristas. (N.T.)

liberdade nem a esperança revolucionária. Ora, a revolução está ali, diante de seus olhos, empreendida por homens pelo menos vinte anos mais jovens do que eles. Descobrem políticos que não vivem segundo a etiqueta empertigada dos regimes do leste nem nas querelas politiqueiras da esquerda europeia, líderes que amam como eles as longas conversas nas noites doces, e para quem a revolução parece ser uma festa permanente. Naquele mês de fevereiro, Havana dança o Carnaval em todas as suas ruas, em todas as suas praças, e Sartre diz ao Castor: "É a lua de mel da Revolução."[5] Um dia, bem mais tarde, fazendo um balanço, Simone de Beauvoir terá algumas palavras secas para julgar o regime castrista: "Há um país que durante certo tempo encarnou para nós a esperança socialista: Cuba. Logo deixou de ser uma terra de liberdade: lá eram perseguidos os homossexuais; na aparência de um indivíduo qualquer traço de anticonformismo era suspeito."[6] Mas ao contrário, quando termina, em março, a viagem a Cuba, Sartre e ela não têm palavras suficientes para exprimir seu entusiasmo com relação a Castro, a Guevara e à revolução na qual veem uma promessa para toda a América Latina: dirão isso publicamente numa conferência de imprensa organizada pelo adido cubano, numa escala em Nova York, na viagem de volta. E escreverão também, Sartre numa reportagem de dezesseis artigos, "Furacão sobre o açúcar", publicada no *France-Soir* de Pierre Lazareff (reportagem tão volumosa que Simone de Beauvoir e Lanzmann penam para conseguir formatar), e Castor num artigo, "Como vai a revolução cubana?", para o *France-Observateur*.[7]

Antes de retornar, quatro meses depois, à América Latina, Simone de Beauvoir vai — quase a contragosto — efetuar uma espécie de *flashback*: Nelson Algren volta à França e permanece por seis meses (entrecortados por viagens) no apartamento de Castor na rua Schoelcher, de meados de março (antes mesmo do retorno dela de Cuba) a meados de setembro. Entre eles, desde o verão difícil passado às margens do lago Michigan em 1950, as relações estão cada vez mais frouxas: ela, porém enviou mais dezesseis cartas entre seu retorno da América em outubro e o mês de dezembro daquele ano. Em 1951, foram trinta, depois apenas treze em 1952, seis em 1953, três em 1956 e só uma, desejando Feliz Ano-Novo, em 1957 e em 1958. O afastamento era previsível, claro, desde a hostilidade silenciosa das férias de 1950. Mas as razões de ruptura tinham-se acumulado: no essencial, Algren pedia a Simone de Beauvoir um amor exclusivo e não podia suportar a amizade que ela propunha, sem sacrificar sua relação privilegiada com Sartre. Do seu lado, ele tenta reatar com a primeira mulher, da qual tinha se divorciado e com quem acabará por se casar novamente, depois conhecendo outros amores... E enfim, uma última razão: em 1956, no momento em que é publicada a tradução norte-americana de *Os mandarins* com sua dedicatória, ele é evidentemente abordado por numerosos jornalistas. Ela compreende, pelo tom das respostas de seu amante nas entrevistas, que ele não aceita ter sido posto daquela maneira em cena: "Refleti muito sobre o passado, nestas últimas semanas, lendo numerosos recortes de jornais norte-americanos sobre mim e sobre você, com o coração apertado de arrependimento." E tenta explicar o que pretendeu escrever: "De fato, a história de amor de *Os mandarins* difere imensamente da realidade de nossa história, da qual tentei registrar apenas um pouco. Ninguém compreendeu como, no momento em que o homem e a mulher se separam irremediavelmente, eles continuam a se amar com um amor que talvez não morra nunca."[8] Em 1959, porém, são quatro cartas — bastante curtas — que partem para Chicago, e um bilhete em setembro evoca a possibilidade de uma viagem de Algren a Paris, quando Simone oferece hospedagem em seu apartamento. Oferecimento acompanhado de uma confissão: se pode acolhê-lo assim, é porque nenhum outro laço amoroso a impede e a ruptura com Lanzmann ocorreu no inverno precedente. Ela escreve dolorosamente: "Não sei se poderemos viajar para longe, mas, de toda forma, não será a minha vida novamente reconstruída que irá impedi-lo, até porque estou começando a desconstruí-la. Sim, senti necessidade de voltar a ser celibatária e assim estou vivendo agora. Logo, você poderá ser até mesmo meu hóspede, em meu apartamento – você terá um quarto exclusivo."[9] Ao voltar de Cuba, ela o encontra, portanto, na sua casa, trazendo com ele a desordem costumeira e suas negligências de boêmio. Em suas *Memórias*, lemos essa frase que diz muito sobre o amor tenaz entre ambos, apesar dos mal-entendidos e da distância: "Não ficamos surpresos de nos reencontrarmos de chofre, depois dos anos de separação e dos verões perturbados de 1950 e 1951, tão próximos como nos mais belos dias de 1949."[10] Um dia, ele confessa inclusive ter ido perambular a sós, maquinalmente, para os lados da rua da Bûcherie: "'Como se meu corpo não tivesse renunciado ao passado', disse-me ele, com saudade na voz."[11] Ela não pode então deixar de lhe perguntar, como se esperasse uma confirmação da natureza excepcional desse amor, e talvez de sua persistência: "'Era tão melhor assim, o passado?', (...) 'Aos quarenta anos eu não sabia que tinha quarenta anos: tudo começava!', respondeu-me impulsivamente."[12] Ocasião para Beauvoir sublinhar que o mal não estava na paixão deles, mas sim no peso da idade: "Já fazia um bom tempo que eu soubera da notícia; tinha uma idade, uma idade avançada. Pela maneira como nos havíamos reencontrado, havíamos apagado dez anos, mas a serenidade das despedidas me fez voltar à minha verdadeira condição: eu estava velha."[13]

Durante essa estadia, ela organizou para ele, fez em sua companhia algumas viagens de descoberta ou de redescoberta: a Espanha na primavera, depois Marseille, Turquia, Grécia... Mas, em Paris, negou-se a submeter seus horários aos de Nelson: no começo da estadia, fez com ele longas caminhadas seguindo os passos da primeira visita e por lugares ainda desconhecidos para ela, cujo lado pitoresco encantou Algren. Mas está fora de questão para o Castor procrastinar por muito tempo o que se tornou o essencial de sua existência: "Eu continuava a trabalhar em casa de manhã, e à tarde na casa de Sartre, com quem passava várias noites por semana." O trabalho é evidentemente a escrita, e também os engajamentos "militantes". Nesses meses, ela termina o segundo volume das suas *Memórias*, do qual cede o começo para ser publicado por *Les Temps Modernes*, em junho e julho, sob o título singelo de "Continuação". A batalha pela liberdade de utilização dos contraceptivos, em contradição com a lei francesa de 1920, começava e no fim de maio ela escreve um prefácio para *La grande peur d'aimer* [O grande medo de amar] da dra. Lagroua Weill-Hallé. A guerra da Argélia diariamente revela novos massacres e todos sabem, desde a publicação em 1959 de *A questão*, de Henri Alleg, que a tortura se tornou um instrumento banal de interrogatório. A pedido de Gisèle Halimi, a advogada que defende uma jovem argelina, Djamila Boupacha, Simone de Beauvoir denuncia, num artigo enviado a *Le Monde* (cujos exemplares serão imediatamente apreendidos em Argel) as torturas física e moralmente insuportáveis sofridas pela jovem por parte de militares franceses. E participa também de tentativas junto a autoridades oficiais para obter o fim destas práticas e a reabilitação de Djamila Boupacha. Em agosto, ela assina com toda a equipe da *Les Temps Modernes* o Manifesto dos 121. Nesse meio-tempo, concede com Sartre a um jornal suíço, *Dire*, uma entrevista que é publicada com o título: "Cuba ou a revolução exemplar". Para eles, trata-se de efetivamente ajudar na propagação do exemplo cubano, e eles se preparam para isso aceitando o convite de irem ao Brasil.

A missão que se deram de serem os propagandistas da revolução arrasta então Sartre e Simone de Beauvoir para o destino com o qual sonhavam antes mesmo do encontro com Fidel Castro: o Brasil. Da mesma maneira que antes de 1917 os socialistas estavam convencidos de que a Alemanha desempenharia o papel de detonador revolucionário na Europa, sem se perguntarem sobre o lugar que caberia à Rússia, assim também os internacionalistas dos tempos da Guerra Fria pensavam que o grande país daria o sinal da revolta contra "o imperialismo" dos Estados Unidos na América Latina, enquanto se multiplicavam os conflitos anticolonialistas na África e na Ásia. O escritor brasileiro Jorge Amado, numa estadia em Paris, insistira junto a Sartre: "Venham descobrir no Brasil os problemas concretos dos países subdesenvolvidos."[14] Querendo desempenhar até o fim seu papel de informar e despertar consciências quanto aos problemas internacionais, Sartre e o Castor não podiam deixar de fazer essa viagem. De lá, Malraux os havia atiçado e aumentado a urgência de partirem: então ministro de Estado encarregado dos Assuntos Culturais, e "da expansão e irradiação da cultura francesa", ele acabava de cumprir, em nome da França, um longo périplo que o levara à Argentina, Uruguai, Peru, México e Brasil. Tinha defendido o papel salutar da "pacificação argelina" pela França, e a batalha pela civilização supostamente levada a cabo pelas tropas francesas na África do Norte. Além disso, tinha criticado com veemência a atitude derrotista de certo número de intelectuais, entre os quais Jean-Paul Sartre. O casal Sartre-Beauvoir se sente, portanto, investido de uma missão tripla: combater com firmeza a propaganda gaullista sobre a França e a Argélia, da qual Malraux se fizera o arauto, se informar sobre a situação real dessa parte do mundo e poder, na volta, informar os intelectuais e a opinião pública francesa, enfim servir de conexão da revolução castrista nas terras da América Latina. A viagem dura de 15 de agosto a 1.º de novembro de 1960. Simone de Beauvoir lhe dedica mais de sessenta páginas em *A força das coisas*.* Annie Cohen-Solal considera que a viagem ao Brasil foi não apenas a mais longa, mas também "a mais política" de todas as viagens deles.[15] Já no dia seguinte à chegada, Simone de Beauvoir dá uma conferência na universidade do Rio sobre a condição da mulher e será convidada a multiplicar suas intervenções, às vezes diante de círculos femininos mais mundanos que militantes: em São Paulo, recorda ela, "falei novamente sobre as mulheres numa sala florida e perfumada, diante de senhoras paramentadas, que pensavam o contrário do que eu dizia; mas uma jovem advogada me agradeceu em nome das mulheres que trabalham".[16] Televisão, rádio, entrevistas de todos os tipos, autógrafos em livrarias, a autora de *O segundo sexo* é quase tão solicitada quanto seu célebre companheiro. E os amigos que organizaram a viagem fazem questão de lhes mostrar a realidade do país: sem dúvida serão recebidos oficialmente em Brasília pelo presidente Kubitschek, e depois pelo arquiteto da cidade, Oscar Niemeyer, mas também visitam os territórios contrastantes do imenso país. Em Simone de Beauvoir, a turista ávida por descobrir paisagens, cidades e símbolos da cultura, nunca está muito afastada; na Bahia, entre a praia e os bairros empoleirados, Amado os carrega às igrejas, mercados e ela lê, entre duas visitas, para compreender a população negra ali majoritária, *As religiões africanas no Brasil*, de Roger Bastide, se interrogando de passagem, no Recife, sobre os ritos do vodu e os transes das cerimônias de iniciação. Amado, cujo pai era fazendeiro, os inicia na compreensão econômica do país: leva-os a Ilhéus, o porto de exportação do cacau, a currais longe da costa onde os *vaqueiros*** a cavalo ajuntam o gado, a Cachoeira, onde Simone de Beauvoir lamenta o trabalho das

---

* Beauvoir justifica o tamanho deste relato que chama de "reportagem", no livro, dizendo que "o Brasil é um país tão atraente e tão pouco conhecido na França, que eu lamentaria não fazer meus leitores compartilharem integralmente a experiência que tive". (N.T.)
** Em português no original. (N.T.)

mulheres que amassavam, com os pés nus, as folhas de tabaco. No Rio, conhece o esplendor de um hotel de Copacabana, e se arrisca com uma de suas anfitriãs por ruas sórdidas de uma favela. O casal passa oito dias em São Paulo e depois, se lembrando da reportagem feita outrora por Bost, enviado especial de *Combat* ao Brasil, no fim da guerra, familiarizada também com os relatos etnológicos de seu antigo condiscípulo Claude Lévi-Strauss e seu célebre *Tristes Trópicos*, Simone de Beauvoir consegue ir com Sartre para a Amazônia. Pegam voo para Belém e depois Manaus. O sobrevoo do rio Amazonas será maravilhoso, mas na chegada, Simone de Beauvoir é acometida de fadiga e febre: "Senti-me inteiramente farta da seca, da fome e de toda aquela angústia."[17] Ela é levada a um hospital especializado no tratamento de doenças tropicais e diagnosticada com uma espécie de tifo. Ali permanecerá por oito dias e vê com alívio a perspectiva da partida.

Quando retornam a Paris, é para serem tomados por um outro turbilhão político: as consequências do "Manifesto dos 121". E o mínimo que se pode dizer é que eles não tentam se colocar a salvo. Alguns lembretes: Francis Jeanson e sua mulher Colette foram processados com dezesseis franceses e seis argelinos por terem ajudado a FLN, seja de forma material (transporte de "malas", hospedagem de membros da FLN etc.), seja ao divulgar os textos e tomadas de posição do movimento independentista argelino. O processo vem na sequência de uma multiplicação, em particular por parte de jovens convocados, de atos de insubmissão: recusa a participar da guerra, manifestações para bloquear a partida de trens militares etc. O "Manifesto dos 121" afirma sua solidariedade com relação a esses movimentos. Declara, entre outras coisas: "Respeitamos e julgamos justificada a recusa de pegar em armas contra o povo argelino. Respeitamos e julgamos justificado o comportamento dos franceses que consideram um dever oferecer ajuda e proteção aos argelinos oprimidos em nome do povo francês. A causa do povo argelino, que contribui de maneira decisiva para arruinar o sistema colonial, é a causa de todos os homens livres". Toda a equipe da *Les Temps Modernes* faz parte dos signatários. Processos são abertos, entre os quais o da "rede Jeanson", a partir do nome de seu principal ativista, Francis Jeanson, que por acaso foi também administrador da revista dirigida por Jean-Paul Sartre e diretor de coleção da editora Seuil. O processo Jeanson começa diante do tribunal militar no dia 7 de setembro. Antes de partir, Sartre havia recomendado à sua equipe: "Usem meu nome como quiserem..." Sartre e Beauvoir foram citados como testemunhas. Ora, a data de retorno à França estava marcada para duas semanas depois e, apesar de pedidos como fez Maurice Nadeau, eles não acham possível antecipá-la. Sartre envia primeiramente um telegrama de solidariedade, mas Roland Dumas, advogado de Jeanson, pede que, à falta de testemunho oral, uma declaração escrita pudesse ser comunicada à corte. Sartre deu um longo telefonema a sua equipe, e Lanzmann e Péju redigem a "carta" que será lida no processo, no dia 22 de setembro. A assinatura de Sartre seria inclusive mesmo falsificada pelo desenhista Siné... A carta procura ir além da simples declaração de solidariedade a um povo oprimido. Analisa a impotência da esquerda em resolver o problema desde o começo (sabe-se que foi no governo do primeiro-ministro socialista Guy Mollet, com François Mitterrand como ministro do interior, que se iniciara a política de repressão) e tenta também assimilar o combate contra a guerra na Argélia à luta pela democracia e contra as tentações fascistas na França. Ao fazê-lo, se esforça em trazer à tona a ligação entre esta luta e o questionamento do regime de plenos poderes implementado por de Gaulle, preparando, escreve Sartre, "a inevitável prova de força com o exército, adiada desde maio de 1958".[18] Sartre e Simone de Beauvoir tomavam partido num debate que dividia então os opositores da guerra. Ao insistir antes sobre a resolução do problema político francês, um certo número de intelectuais, dos quais Sartre teoriza nessa carta as posições, colocava a luta contra de Gaulle, caracterizado como um fascista em potencial, no centro do debate. Iam assim ao encontro do que era a preocupação maior do Partido Comunista francês, no momento em que o partido acabava de se posicionar contra o Manifesto dos 121. As sanções choverão contra os signatários: retirada do ar de jornalistas como a irmã de Lanzmann, Évelyne Rey, proibição de programas e de filmes nos quais estavam engajados artistas, como *Les Mauvais coups*, de Leterrier, em que Simone Signoret tinha o papel principal, suspensão de professores, entre os quais o célebre Laurent Schwartz na Politécnica etc. Enquanto isso, Simone de Beauvoir, que se recupera com dificuldade da doença, prolonga ainda um pouco a viagem na América Latina, com uma escala em Havana: lá, segundo ela, as coisas mudaram muito: "a lua de mel da revolução", tal como Sartre a caracterizara na primavera, parece ter sofrido, sob a ameaça de uma possível invasão de refugiados cubanos que viriam apoiar a logística americana, uma inflexão autoritária... As trocas calorosas da última estadia se calaram diante dos discursos convencionais, os operários visitados tinham a palavra cortada pelos representantes sindicais oficiais. Castro vem, contudo, cumprimentar o casal no momento do embarque...

Simone de Beauvoir não tentou mascarar sua preocupação no voo do retorno, com escalas nas Bermudas e em Madrid, antes da aterrissagem em Barcelona. As comunicações telefônicas com a França são raras e difíceis e dois amigos, Bost e Pouillon, na ausência de Lanzmann, detido em Paris, os esperam na capital catalã. Eles insistem para que o casal evite desembarcar em Orly, onde manifestantes hostis poderiam esperá-los. Partem então de carro e são advertidos na fronteira, por um comissário de polícia, de que sua passagem deve ser comunicada ao ministério do Interior e que eles devem avisar às autoridades o momento exato em que chegarão em Paris. Não escapam mais dos acontecimentos: a guerra da Argélia impõe sua presença. Face a essa guerra, Simone de Beauvoir poderia se autorizar, a partir do Manifesto dos 121 e do testemunho no processo Jeanson, a se sentir parte integrante do campo da resistência ao colonialismo, à tortura, às derivas autoritárias da política francesa. Afinal de contas, enquanto intelectual que denuncia situações inaceitáveis, enquanto personalidade que não hesita em afrontar a hostilidade de uma grande parte da opinião pública, ela poderia se justificar por ter escolhido o "lado certo" da batalha. Aos olhos dos jovens da minha geração que se puseram desse mesmo lado, a luta pela paz na Argélia, pelo reconhecimento do direito à independência dos povos colonizados, representava um objetivo exultante que justificava esforços e riscos. Admirávamos aqueles entre nós que ousavam desafiar as autoridades, reivindicávamos cantar "Le déserteur" que Boris Vian acabara de escrever, descobríamos nesses combates o tipo de entusiasmo que nos tinham descrito os mais velhos quando falavam das solidariedades e dos valores da Resistência. Nada disso se vê na maneira como Simone de Beauvoir se recorda desse período e do papel que desempenhou. Sem dúvida ela esteve com Sartre à frente de todas as petições, sem dúvida apoiou — como vimos a propósito de Djamila Boupacha — o combate contra a tortura, sem dúvida aceitou, apesar de não gostar desse tipo de manifestação, dar palestras na Bélgica e na França, sem dúvida a *Les Temps Modernes* foi um dos instrumentos mais preciosos para a expressão da oposição à guerra, mas para ela o desgosto e o sentimento de impotência prevalecem sobre a revolta; numa noite de 1961, Lanzmann levou-a para jantar "num vilarejo adormecido que recendia a campo". E ali, ele mostrou um dossiê sobre o tratamento infligido pelos *harkis** nos porões do bairro da Goutte-d'Or, em Paris, a muçulmanos que lhes eram entregues pela DST:** "Pancadas, queimaduras, empalações em garrafas, enforcamentos, estrangulamentos".[19] Ela julga então, à luz dessas atrocidades, as revoltas abstratas contra a condição humana que justificaram seus engajamentos da adolescência e da juventude. E volta contra si mesma o ódio pela época em que vive: "Hoje, eu me tornara escândalo aos meus próprios olhos. Por quê? Por quê? Por que deveria eu acordar toda manhã na dor e na raiva, atingida até a medula por um mal em que eu não consentia, e que não tinha nenhum meio de impedir?" E, imediatamente, esse texto se concatena com o que ela nomeia de sua "velhice": "'Infligem-me uma velhice horrível!', dizia a mim mesma. A morte parece ainda mais inaceitável quando a vida perdeu sua nobreza; eu não parava mais de pensar nisso: na minha morte, na de Sartre. Ao abrir os olhos todas as manhãs, dizia ao mesmo tempo: 'Vamos morrer' e 'Este mundo é horrível'."[20]

Os anos 1960-1961 são, com efeito, para Simone de Beauvoir, além do contexto político e mesmo fora deste, anos de morte. Em 4 de janeiro de 1960, Camus morreu num acidente de carro. Sartre, tão duro com

---

* Voluntários, geralmente argelinos, que serviam como milicianos a serviço do Exército francês durante a guerra da Argélia. (N.T.)
** *Direction de la Surveillance du Territoire*, ou Direção da Vigilância do Território, serviço de informações ligado ao Ministério do Interior da França e encarregado especialmente de contraespionagem. (N.T.)

o autor de *O estrangeiro* no momento em que romperam em agosto de 1952, expressa sua emoção num belo texto para o *France-Observateur*.[21] Admiração pelo pensamento tenaz do escritor, sem dúvida: "Pela obstinação de sua recusa, ele reafirmava, no coração da nossa época, contra os maquiavélicos, contra o bezerro de ouro do realismo, a existência do fato moral. (...) Por pouco que se o lesse ou refletisse a respeito, nos confrontávamos aos valores humanos que ele sustentava com punho cerrado: ele colocava o ato político em questão". O absurdo dessa morte, maior ainda que o de toda morte, pois era resultado de um acidente e ceifava um homem em plena maturidade, quando tantos referenciais balançavam: "Para nós, incertos, desorientados, *era preciso* que nossos melhores homens chegassem ao fim do túnel. Raramente as características de uma obra e as condições do momento histórico exigiram tão claramente que um escritor estivesse vivo." Simone de Beauvoir, em *A força das coisas*, também fala do seu abalo. Mas tem o cuidado de distinguir suas razões das de Sartre. Não lamenta o "homem de cinquenta anos" nem "esse justo sem justiça, de arrogância desconfiada e rigorosamente mascarada, que rasgara o meu coração ao aceitar os crimes da França", chora por sua juventude comum: "O companheiro dos anos de esperança, cujo rosto despojado brincava e ria tão bem, o jovem escritor ambicioso, louco pela vida, por seus prazeres, por seus triunfos, pelo companheirismo, pela amizade, pelo amor, pela felicidade." E essa morte é um empurrão a mais para pensar em seu próprio fim: "A série dos mortos começara, e continuaria até a minha, que viria inevitavelmente, cedo demais ou tarde demais."[22]

No dia 28 de novembro, é a vez de Richard Wright, o amigo norte-americano do casal, que guiou os primeiros passos de Castor em Nova York, o algoz da segregação racial, de quem tantos textos em tradução foram publicados pela *Les Temps Modernes*, fulminado por um ataque cardíaco. Depois, no início da primavera, no momento em que Sartre e Beauvoir passam uma temporada em Antibes, vem o anúncio de outra morte: a do amigo de juventude, daquele que tinha sido tão caro a Zaza, do companheiro de estudo, do filósofo cofundador e colaborador da revista: Maurice Merleau-Ponty. Claro, a revista publicará em julho um número oficial, *Merleau-Ponty vivo*, mas no momento em que chega o anúncio da parada cardíaca do amigo, e apesar das divergências dos últimos anos, é ainda à sua própria morte que Simone de Beauvoir se vê confrontada: "'Essa história que está me acontecendo não é mais a minha', pensei. Certamente não imaginava mais que a contava à minha maneira, mas acreditava ainda contribuir para construí-la; na verdade, ela me escapava. Eu assistia, impotente, ao jogo de forças estranhas: a história, o tempo, a morte."[23]

E nesse ano de 1961, quando eclode em abril o *putsch* dos generais, quando a OAS multiplica suas ações no território da metrópole, enquanto se desenvolvem tratativas secretas entre o poder gaullista e a FLN, começam para Sartre e Beauvoir os pesados meses de ameaças. Desde o Manifesto dos 121 e o processo Jeanson, eles são vigiados de perto pela polícia, copiosamente insultados pela imprensa de direita e frequentemente interpelados por simples passantes. Habituaram-se há muito tempo aos inconvenientes da celebridade, mas bastou a publicação de *O segundo sexo*, o estrondo das posições políticas, para que algumas dessas manifestações apenas incômodas se tornassem verdadeiramente odiosas. Um mandado de busca tem por alvo a *Les Temps Modernes*, que, no entanto, havia deixado em branco as duas páginas reservadas à publicação do manifesto. Contudo, o poder decide reservar aos funcionários as sanções mais graves e é nesse momento que de Gaulle teria declarado àqueles que gostariam de ver Sartre atrás das grades: "Não se prende Voltaire." Mas para a extrema direita e os partidários da guerra sem limites em nome da "Argélia francesa", não se tata de prendê-lo! Eles querem a morte do filósofo; em 3 de outubro de 1960, mais de cinco mil ex-combatentes que desfilam na Champs-Élysées gritam a plenos pulmões o slogan: "Fuzilem Sartre." E como a OAS decidiu ir o mais longe possível contra a guinada ocorrida na política argelina do general de Gaulle, as ameaças de atentados contra os opositores da guerra se tornam cada vez mais precisos. Sartre — e Simone de Beauvoir, que trabalha no mesmo apartamento que ele grande parte do tempo — vive então sob a ameaça terrorista por cerca de um ano, de junho de 1961, data da primeira carta específica de ameaça grave recebida por Sartre, até a assinatura da paz, em março de 1962. Para escapar, eles se escondem, trocam de domicílios. Em junho de 1961,

Sartre deixa seu apartamento no quarto andar da rua Bonaparte n.º 42 e se muda para o de Simone de Beauvoir; no momento em que partem para Roma, em julho, recebem um telefonema da mãe de Sartre: uma bomba explodiu no patamar do apartamento felizmente já abandonado. Em 7 de janeiro de 1962, outro atentado na rua Bonaparte: desta vez, o explosivo foi colocado no quinto andar, acima do apartamento da mãe de Sartre, a sra. Mancy. E a bomba era feita para matar: dois apartamentos e quartos de empregadas do sexto andar foram destruídos. Durante todo esse período, Sartre e o Castor tiveram de ceder aos conselhos dos amigos e vão de alojamentos precários a abrigos improváveis: um apartamento "deprimente" no bulevar Saint-Germain, onde se hospedam com pseudônimos, mas acabam sendo identificados e há um atentado a bomba nas proximidades, depois no cais Blériot, no 16.º *arrondissement* que ela detesta, onde se sente ao mesmo tempo isolada e cercada. Num quadro que Simone de Beauvoir considera hostil, com o medo que a atormenta, ela mergulha cada vez mais numa espécie de desgosto e vergonha pela política conduzida pela França, horrorizada com os crimes cometidos contra as populações argelinas. Outra morte vai se somar àquelas que tinham enlutado os meses precedentes: a de Frantz Fanon. Leitores apaixonados de seus dois primeiros ensaios, *Pele negra,* máscaras brancas publicado em 1952, depois *O ano V da revolução argelina*, publicado em 1959, Beauvoir e Sartre o conhecem pessoalmente há pouco tempo. Jovem psiquiatra martinicano, tinha apenas trinta e seis anos e vivia com intensidade os dramas de seus irmãos colonizados. Havia descrito com precisão os danos de ordem tanto psíquica quanto material causados pelas antigas servidões, e as dificuldades identitárias permanentes das suas vítimas. Fanon pedira a Sartre um prefácio para sua última obra, *Os condenados da terra*, a ser publicada como as duas anteriores pela Maspero. O encontro acontece em Roma; tão apaixonados e prolixos um quanto o outro, os dois homens não param de falar; às duas horas da madrugada, Simone de Beauvoir assume o papel de estraga-prazeres ao lembrar a Sartre que ele precisa se repousar e Fanon resmunga: "Não gosto das pessoas que se poupam..." Ele diria em seguida a Lanzmann: "Eu pagaria vinte mil francos para falar com Sartre da manhã à noite durante quinze dias."[24] Fanon, já minado pela leucemia, morreria no final de 1961. Em torno de Sartre e de Beauvoir, as fileiras aliadas se reduziam.

Também a saúde de Sartre se mostra cada vez mais claudicante. Ele nunca se cuidou; e consome cada vez mais drogas de todo tipo para sustentar um ritmo de trabalho cada vez mais intenso, preenchendo dia e noite, à base de anfetaminas, páginas e páginas que o Castor e ele julgam, pela manhã, insatisfatórias. Sem contar o álcool, o fumo e tudo mais... É nesses anos que Simone de Beauvoir ainda ganha fama de estraga-prazeres ao lado de Sartre, ela que já era meio maternal, meio enfermeira e até, dirão alguns, dama de companhia. Inspirada, era a pergunta que se fazia, pela possessividade e ciúme ou por alguma razão mais nobre? Parece bem mais que procurasse manter o rumo, o objetivo pactuado nos primeiros tempos: tornarem-se, e depois confirmarem que são escritores antes de tudo, passar todas as coisas e a si próprios pelo crivo da lucidez, do permanente desejo de explicação, e produzir uma obra estimável. Desde o choque da guerra, acrescentara-se a vontade de participar de maneira ativa no mundo que se constrói. Tudo correu bem por alguns anos — alguns meses? — após a Libertação. Desde então, são torturados por escolhas demasiadamente difíceis, divididos entre o gosto pela solidariedade e as exigências da liberdade. Em nenhum momento experimentam as satisfações dos políticos que sabem se contentar com o que é possível. E se reencontram sem cessar na posição de intelectuais que tentam mostrar a seus contemporâneos o mundo como ele é e indicar o que o mundo deveria ser... Pregam demasiadas vezes no deserto, eles a quem agradaria tanto, à falta do acordo do maior número, o calor dos grupos deserdados pelos quais pensavam lutar. Sartre vai assim do apoio a ações clandestinas à cegueira diante dos abusos do campo que escolheu, de condenações com relação ao Partido Comunista à não denúncia dos piores regimes do leste — porque disso "gostaria muito o *Figaro*"...* A esses engajamentos desmedidos, Simone de Beauvoir aprova, mas se coloca ligeiramente a distância. Talvez porque *O segundo sexo* tenha oferecido novos campos de reconhecimento e, ao mesmo tempo, de combate, específicos seus. Ou talvez por julgar exagerados os

---

* Jornal tido como expoente da "imprensa de direita". (N.T.)

fervores sucessivos de Sartre. Ou talvez ainda por sempre estado presente nela a ideia da morte possível, encontrada de maneira fulgurante nas suas angústias adolescentes, nos acidentes sofridos outrora numa estrada de montanha, mais recentemente no volante de seu carro, e também esta que dizima hoje seus amigos mais caros. Nesse ano de 1961, por mais que compartilhe plenamente com Sartre todas as suas tomadas de posição, todas as suas manifestações pela paz na Argélia e contra o regime gaullista (embora seja de Gaulle que vá instituir esta paz), todas as viagens (Cuba, Brasil e os países do leste, onde ele faz questão de ir apoiar os esforços de desestalinização: em Moscou em junho de 1962, em Moscou e Leningrado em janeiro de 1963, e em agosto do mesmo ano num longo circuito por terras soviéticas até a propriedade particular de Kruschev na Geórgia, e na Tchecoslováquia em novembro...), ela continua seu trabalho retrospectivo para *Memórias de uma moça bem-comportada*.

A força da idade foi publicado em novembro de 1960 pela Gallimard, com quarenta mil exemplares já vendidos antes mesmo de chegar às livrarias, e ela mesma dá o período situado entre junho de 1960 e março de 1963 como o da escrita de *A força das coisas*. Evidentemente, a comparação dos dois títulos sublinha por si mesma as diferenças entre as etapas da sua vida. Entre seus 20 e 37 anos, ela contava com o vigor e reivindicava construir sua vida; depois dos quarenta, seria preciso jogar com o que é mais forte do que ela: o tempo e a velhice que se aproximava, as rupturas após os amores, os fardos e tempestades do mundo social e político. E a morte, ameaçadora. Quando escreve *A força das coisas*, entre seus 52 e 55 anos, é o sentimento da finitude que se impõe, como o testemunham as últimas palavras do livro: após ter evocado tudo que a consciência individual contém de experiências inalienáveis, de belezas abordadas mas não retidas, de promessas irrealizadas, ela mede "com estupor" as barreiras levantadas entre sua "adolescência crédula" e sua vida de adulta, para terminar assim: "Fui ludibriada." As críticas vão se abater como avalanche. Satisfação revanchista dos bem-pensantes: eis no que dá uma vida sob o signo do existencialismo (subentendido: uma vida seguindo desejo de inventar regras de conduta novas e fruir todos os momentos da existência)... Explicação antifeminista: as mulheres são destroçadas quando, em nome de sua vontade de independência e na falta de estarem atreladas custe o que custar a um homem, acabam seus dias na solidão... Tentativa de compreensão disso que teria sido o fracasso final do casal Sartre-Beauvoir... Para quem quiser ler a fundo as páginas formidáveis que servem de conclusão a este terceiro volume das *Memórias*, a interpretação filosófica é contudo evidente: se o sábio Montaigne repetia que "filosofar é aprender a morrer", se pensarmos que "a" morte é fácil pois basta lembrar que ela é inseparável da renovação da vida, pensar a nossa própria morte é impossível. O envelhecimento poderia ser uma espécie de aprendizagem do desaparecimento final, mas é a cada dia mais escandaloso. "Bruscamente esbarro na minha idade",[25] escreve Simone de Beauvoir levantando-se de sua mesa de trabalho, e nunca nos habituamos a envelhecer: "A velhice: de longe é tomada por uma instituição; mas são pessoas jovens que de repente se veem velhas." Velhice do corpo, bem entendido, mas "esta também me infecta o coração. Perdi aquele poder que tinha de separar as trevas da luz, conseguindo obter, à custa de alguns furacões, céus radiosos."[26] É o tempo do "Nunca mais": nunca mais "os caminhos de montanha", "nunca mais um homem", e angústia inevitável: sofrer a morte do ser mais querido, ou lhe impor o sofrimento de partir antes dele. Mas tudo isso ainda está no campo do experienciado. O impensável é minha própria morte. Como pensar este mundo do qual não serei mais a consciência? É o *cogito* cartesiano às avessas: o pensamento varria todas as dúvidas, se meu pensamento se ausenta, nada mais existe: "Esse conjunto único, a experiência que foi minha, com sua ordem e seus acasos — a Ópera de Pequim, as arenas de Huelva, o candomblé da Bahia, as dunas de El-Oued, a avenida Wabansia, as auroras da Provença, Tirinto, Castro falando a quinhentos mil cubanos, um céu de enxofre acima de um mar de nuvens, a faia púrpura, as noites brancas de Leningrado, os sinos da Liberação, uma lua alaranjada sobre o Pireu, um sol vermelho subindo no deserto, Torcello, Roma, todas essas coisas de que falei e outras sobre as quais nada disse — em lugar nenhum isso ressuscitará. (...) Nada terá acontecido."[27]

Pela indicação abaixo destas linhas, foi em março de 1963 que Simone de Beauvoir as escreveu. No dia 24 de outubro, durante a estadia com

Sartre, como todos os anos, em Roma, Simone recebe um telefonema urgente: sua mãe acaba de ser hospitalizada, após uma provável fratura do colo do fêmur. Ela morrerá um mês mais tarde, de um câncer diagnosticado enquanto estava hospitalizada. A partir de dezembro, Simone de Beauvoir começa a escrever o livrinho dedicado a esta morte e intitulado por antífrase *Uma morte muito suave*, lançado no outono seguinte, sempre pela Gallimard. Essa minúscula obra de cento e sessenta páginas talvez seja a que aconselharíamos a quem quisesse conhecer o melhor de Simone de Beauvoir. Tudo está presente: uma relação minuciosa dos fatos, a secura quase brutal de quem não se contenta com palavras vãs, a ambivalência dos sentimentos que ela nutre durante toda a vida com relação à mãe, ao mesmo tempo adorada e detestada e, sobretudo, a revolta contra o absurdo desta morte, de qualquer morte. É por lá que começa e termina o livro: algumas linhas de Dylan Thomas são traduzidas na primeira página à guisa de epígrafe:

"*N'entre pas sagement dans cette bonne nuit.*
La vieillesse devrait brûler de furie, à la chute du jour;
Rage, rage contre la mort de la lumière."*

E a obra se fecha com considerações muito próximas da conclusão de *A força das coisas*: "Não há morte natural: nada do que acontece ao homem jamais é natural, pois sua presença questiona o mundo. Todos os homens são mortais: mas para cada homem sua morte é um acidente e, mesmo que ele a conheça e a consinta, uma violência indevida."

A autora começa seu relato de maneira quase fria, como se buscasse se blindar contra qualquer aparição da emoção. Ela simplesmente conta, e a primeira frase tem a secura desapegada do começo de *O estrangeiro* de Camus: "No dia 24 de outubro de 1963, uma quinta-feira, às quatro horas da tarde, eu estava no meu quarto do hotel Minerva..." Telefonema de Bost anunciando um "acidente" com sua mãe. Bost mora, com efeito, no mesmo edifício que Françoise de Beauvoir; foi o primeiro a ser avisado de uma queda no banheiro que obrigou a mãe de Simone a chamar por socorro; ela se arrastara no chão durante duas horas para chegar ao

---

* Não entres docilmente nessa boa noite. / A velhice deveria arder de fúria, ao cair do dia; / Raiva, raiva contra a morte da luz. (N.T.)]

telefone. É primeiramente levada ao hospital, onde se diagnostica uma fratura do colo do fêmur, e depois a uma clínica, onde esse diagnóstico é contestado, exames são realizados, um tumor é descoberto e tenta-se uma operação infrutífera. Simone de Beauvoir anotou tudo dos bons e dos maus aspectos do tratamento, das atitudes dos médicos e do pessoal da enfermagem. Mas mais que tudo, ela descreve seu espanto diante de suas próprias reações: da frieza do início — "Não me impressionei muito com essa opinião pessimista. Apesar de sua invalidez, minha mãe era sólida. E, no fim de contas, tinha a idade de morrer."[28] — ao sentimento da presença necessária junto da moribunda: em novembro, estava de longa data prevista uma viagem a Praga com Sartre, a convite da União dos Escritores. No dia seguinte da chegada à Tchecoslováquia, sua irmã informa por telefone que o estado da doente se agrava e ela, apesar dos compromissos assumidos, logo obtém uma passagem de retorno: "Eu não tinha especial empenho em rever mamãe antes de sua morte; mas não suportava a ideia de que ela não me voltasse a ver. Por que dar tanta importância a um instante, já que não haverá lembrança dele? Tampouco haverá reparação. Compreendi por minha própria conta, até a medula de meus ossos, que nos derradeiros momentos de um moribundo pode encerrar-se o absoluto."[29] Esses dias finais serão para Simone um confronto com Françoise, é claro, com Poupette, que veio da Alsácia para acompanhar a doente, mas mais ainda consigo mesma: rajadas da infância, lembranças sobre as relações amorosas e conflituosas entre sua mãe e seu pai, reflexões sobre o destino das mulheres tal como vivido — na submissão e na revolta, ao mesmo tempo — por aquela que temia mais do que tudo "passar por uma idiota" aos olhos de suas filhas. E como ela se reconhece nessa mulher tão diferente dela! É claro, Simone sempre se irrita com os reflexos "burgueses" de Françoise, que lhe lembra demais o universo contra o qual ela outrora se rebelou: quando sua mãe se queixa da companhia de mulheres mais modestas em sua breve estadia no hospital, quando deplora o tipo de alimentação não conforme ao bom gosto, servida nessa instituição. Porém, quanta admiração contida neste último encontro! Que homenagem a essa mãe que quis, após a morte de Georges de Beauvoir, enfim experimentar a independência que tanto criticava em Simone e, de modo diferente, em Hélène. Françoise de Beauvoir havia se mudado então do apartamento burguês da rua de Rennes para um antigo ateliê transformado em estúdio, em "duplex" com mezanino; vendeu o piano de cauda e os pesados móveis de pereira enegrecida, empreendeu uma formação tardia, com cursos e estágios, para obter a qualificação necessária a um posto de bibliotecária-assistente na Cruz Vermelha. Ocupou-se benevolamente de diferentes bibliotecas de associações, "estudava alemão, italiano, mantinha atualizado seu inglês. Bordava para instituições de caridade, participava em vendas beneficentes, não perdia uma conferência de interesse."[30], todas essas atividades gratuitas que sua vida de esposa burguesa e de mãe de família lhe havia recusado. Ampliara seu círculo de conhecidos com novas amigas e tinha enfim feito viagens a que o marido, demasiadamente caseiro, se recusava: aproveitando a situação de Lionel de Roulet nos postos diplomáticos, tinha ido ver Hélène em Viena, em Milão, tinha adquirido o hábito — como Simone — de pequenas estadias de verão em Roma, em Florença, e visitou os museus célebres da Bélgica, da Holanda... Uma atividade tão feliz por enfim escapar das coerções da cozinha, da arrumação doméstica, das obrigações cotidianas e das recepções obrigatórias... E não é um duplo de Simone, com suas impaciências, que se irrita com os cuidados sem fim que lhe prodigalizam: "Hoje não vivi. Estou perdendo os dias."[31] Últimos momentos intermináveis embrutecidos pela morfina, em que cada despertar chama novas dores. É nesse momento, quando Hélène reclama que estão fazendo sua mãe sofrer inutilmente, que sobrevém o diálogo explicando o título da obra que Simone de Beauvoir se sentirá obrigada escrever: "'Os médicos diziam que ela se apagaria como uma vela; não foi isso, não foi nada disso', disse minha irmã entre soluços. — Mas, minha senhora — respondeu a acompanhante —, asseguro-lhe que ela teve uma morte muito suave.'"[32]

Não existe morte suave: "Raiva, raiva contra a morte da luz."

Simone de Beauvoir com 3 anos, c.1911.
© Rue des Archives / The Granger Collection, New York

Em Marseille, com suas alunas do liceu Montgrand.
© Rue des Archives / The Granger Collection, New York

Em sua mesa de trabalho, 1945.
© Roger Viollet Collection /Getty Images

Simone de Beauvoir no Café de Flore, em Paris, 1948.

© Charles Hewitt / Getty Images

Com Sartre, em 1948. O broche é do artista Calder.

Em Cabris com Nelson Algren e Olga, 1950.
© Rue des Archives / The Granger Collection, New York

No Egito com Sartre e Claude Lanzmann, em 1967.
© Keystone-France / Getty Images

Em 1971, nas ruas de Paris.
© AFP / Getty Images

No Comitê Internacional pelos Direitos das Mulheres,
em 13 de março de 1979, na França.

© Daniel SIMON / Getty Images

9.
4 DE MARÇO DE 1972

"A galope os dias me escapam, e em
cada um deles enlanguesço."
SIMONE DE BEAUVOIR,
Malentendu à Moscou.[1]

Um dia do inverno de 1972: 4 de março. Um enorme cortejo — duzentas mil pessoas, dizem os organizadores, cem mil, anuncia a polícia —, espantosamente silencioso em comparação aos de 1968 que estão ainda na memória de todos, se escoa lentamente, silencioso, fúnebre, da praça Clichy ao cemitério *Père-Lachaise*, para o enterro de Pierre Overney. Vermelho esse cortejo pelas bandeiras que se agitam, preto por algumas outras bandeiras também e pelo luto que se exibe nas braçadeiras dos manifestantes. Michelle Manceaux, que acaba de publicar *Os maoístas na França*, com um prefácio de Sartre, transportou Beauvoir e ele para que pudessem participar da manifestação. Beauvoir some bem rápido: deve assistir a uma reunião do *Choisir*.[2] Quanto a Sartre, ele tem muita dificuldade de caminhar e deixa o cortejo para ir diretamente ao enterro propriamente dito, com Michelle Vian. Simbólica, essa repartição de obrigações. Nas lutas nascidas do pós-1968, o Castor se situa antes no campo feminista, enquanto Sartre se tornou o porta-voz de grupos revolucionários que querem derrubar o velho mundo.

É claro, o Castor está sempre ao lado de Sartre nas ações que ele conduz e naquelas a que ele adere. Juntos eles participaram dos "acontecimentos" de 1968; em abril e depois em maio de 1965, tinham dado a palavra a estudantes, em *Les Temps Modernes*, com um dossiê intitulado "Os problemas dos estudantes": Marc Kravetz, entre outros, esteve entre os signatários. Em 1968, ficam a princípio à margem das revoltas que se esboçam. Depois, em 6 de maio, quando os estudantes de Nanterre se instalaram na Sorbonne, quando Cohn-Bendit é convocado por um conselho disciplinar, quando verdadeiras batalhas de rua acontecem no Quartier Latin, Simone de Beauvoir — que geralmente não é uma fanática por informações de rádio — fica de ouvido colado no transistor. Manifestações, ocupações, barricadas na rua Gay-Lussac, repressão policial, ela não pode deixar de seguir as peripécias disso que ainda não se sabe como nomear: movimento, revolta, insurreição? Quando os primeiros sindicatos operários também convocam manifestações, quando professores cada vez mais numerosos se juntam às fileiras de seus alunos, Sartre e Beauvoir assinam um manifesto, publicado na véspera da grande manifestação do 10 de maio, parabenizando os contestadores por quererem "escapar, por todos os meios, a uma ordem alienada".[3] Sartre declara sem rodeios, na Radio-Luxembourg, que é preciso "quebrar a Universidade". Simone anseia descobrir, nesta Sorbonne onde passou horas tão estudiosas, os sinais de uma liberdade totalmente nova, e descreve com entusiasmo as cenas observadas: a diversidade das opiniões expressas ("balcões palestinos vizinhos de um estande de sionistas de esquerda"), o abandono das normas de conforto burguês e a solidariedade na organização espontânea ("Muitos estudantes passavam a noite nos próprios locais, enfiados num saco de dormir. Simpatizantes traziam sucos de frutas, sanduíches, pratos quentes"), ela "perambula" pelos corredores e no pátio da Sorbonne, participa da "festa" em frente do teatro do *Odéon*, também ocupado. Em *Balanço final*, relembra satisfeita a noite de 20 de maio em que Sartre teve papel importante, com ela se limitando a se perder na multidão; era uma ação em comum como outras tantas, em que ela mais uma vez admira o carisma deste "homenzinho" tão mais apto para a escrita e para o pensamento do que para as intervenções em multidões, e que tem, *volens nolens*, o lugar de orador e guia. Ela se lembra: escritores foram convidados à Sorbonne para discutir com os estudantes. Com Sartre, ela encontra, no "Centro de agitação cultural", animado pelo filósofo e sociólogo Georges Lapassade, alguns intelectuais, entre os quais Marguerite Duras, Duvignaud, Claude Roy. Como driblar a massa para chegar ao grande anfiteatro onde deve ocorrer o debate? Subitamente, Sartre é como que "arrebatado": estudantes o levam para perto dos microfones, Marguerite Duras pragueja contra o "vedetismo". Ele obtém o silêncio apesar da multidão agitada, onde não conta senão com amigos. Saúda "esta democracia selvagem que vocês criaram e que incomoda todas as instituições" e, durante uma hora, responde às questões. Em Cuba, diante de plateias das quais não falava a língua, tinha mostrado uma tal simpatia pela revolução, que partilhara, em algumas conferências de imprensa, o fervor do povo por Castro. Na Sorbonne, ele se torna uma das referências de um movimento cujos animadores são moços e moças que poderiam ser seus netos. Depois que de Gaulle retomou o controle da situação, Beauvoir recorda ainda ter sido solicitada por Lapassade para vir observar os excessos da ocupação dos locais da velha universidade. Ela percorre, um pouco estarrecida, os corredores e anfiteatros "empesteados de haxixe e de maconha", observa, ao lado de pacíficos estudantes preocupados apenas em "proibir o proibir", homens "com capacetes e barras de ferro", que eram então chamados de "Katangais", preparando confrontos com estudantes de extrema direita da universidade de Assas. Fica chocada com a sujeira reinante, as degradações e pelas cenas relatadas por um Lapassade cujos trabalhos sobre as instituições não o haviam preparado para tais abusos. Mas quando Lapassade pede a Beauvoir que escreva um artigo sobre o que ele chama "o apodrecimento da Sorbonne", ela tem uma reação espontânea de recusa: não pode denunciar — mesmo que sejam apenas *avatares* — as consequências do movimento de maio e os estudantes que Sartre e ela mesma escolheram apoiar.

O casal continuará a se misturar aos episódios pós-68: desde o verão de 1969, quando encontraram, na estadia habitual na Itália, os dois irmãos Cohn-Bendit, Kravetz, François George e alguns outros, eles tentam lhes oferecer um meio de expressão na *Les Temps Modernes*. Mas o pequeno universo dos então chamados "grupúsculos" está demasiadamente ocupado pela luta de influência a que se dedicam "maoístas" e "trotskistas", além de um pouco desdenhoso com relação a uma revista que se tornou, aos olhos deles, uma "instituição" entre outras, não querendo se colocar atrás de qualquer autoridade que seja. Contudo, Sartre quer se manter disponível quando os membros dos grupos "revolucionários" o procuram. E Simone de Beauvoir não fica à distância, mesmo que — no casal — seja Sartre quem toma as primeiras iniciativas, assina textos, formula princípios e escolhas. Desenvolve-se então uma longa guerrilha contra o poder. No momento da eleição presidencial que se segue à partida de de Gaulle, após o fracasso do referendo de 27 de abril de 1969, Beauvoir e Sartre (que tinham se recusado a votar no referendo) assinam uma declaração conclamando ao voto em Alain Krivine, um dos animadores, em nome de um grupo trotskista, do movimento de maio. Outros intelectuais, como Colette Audry, Marguerite Duras, Michel Leiris, Maurice Nadeau se juntam a eles. Um ano depois, em abril de 1970, é em apoio a um grupo maoísta ameaçado que eles se mobilizam. Sartre aceita emprestar seu nome para a direção de *La Cause du Peuple*, o órgão de um grupo deste movimento, a Esquerda Proletária. Dois diretores do jornal, Le Dantec e Le Bris, acabavam de ser presos; reivindicando para eles um papel idêntico ao dos resistentes durante a guerra, eles querem nada menos do que libertar o território francês da "ocupação burguesa" e, evidentemente, por outros meios que não os previstos pelas instituições: dizem-se dispostos a tudo para dar cabo do inimigo de classe e atacam, com pelo menos tanta violência com que atacam a própria burguesia, o Partido Comunista e os sindicatos, acusados de anestesiar o vigor revolucionário. Por mais conturbada que fosse a história de Sartre com os comunistas, ele não pode aprovar esses amálgamas; mas, sem esconder alguns desacordos com seus jovens "camaradas", está decidido a apoiá-los até o fim. Participa como testemunha do processo de Le Dantec e Le Bris e apresenta, no prefácio do livro de Michelle Manceaux sobre os *Maoístas na França*, as razões deste apoio: havia se impressionado, ele escreve, ao conhecer os "maos", por eles aceitarem a violência como modo de ação. Enquanto os socialistas das "democracias" burguesas, e Kruschev na União Soviética, tinham adotado a "coexistência pacífica", seus jovens amigos repetiam à vontade a fórmula do Grande Timoneiro:* "O poder está na ponta do fuzil"; acreditavam na espontaneidade das massas, ao invés de ver nelas meramente forças que o Partido deveria organizar (o qualificativo irônico "*spontex*" se colará rapidamente à sua primeira designação)**; enfim, e esse é sem dúvida o principal mérito deles, aos olhos de Sartre, seu anti-autoritarismo é antes de tudo a reivindicação da liberdade, trata-se portanto de uma posição essencialmente "moral". "Violência, espontaneidade, moralidade: estas são, para os *maos*, as três características imediatas da ação revolucionária. (...) Os partidos clássicos da esquerda permaneceram presos ao século XIX, à época do capitalismo concorrencial. Mas os *maos*, com sua *práxis* anti-autoritária, aparecem como a única forma revolucionária — ainda em seus inícios — capaz de se adaptar às novas formas da luta de classes, no período do capitalismo organizado".[4]

O apoio ao movimento maoísta acarretou para Sartre e Simone de Beauvoir acontecimentos em cascata. No processo do fim de maio de 1970, a Esquerda Revolucionária foi dissolvida, mas seu jornal manteve uma existência legal e Jean-Paul Sartre continua na sua direção. É o Castor que organiza, no apartamento da rua Schoelcher, uma conferência de imprensa para "condenar a arbitrariedade". Ela também que preside, com Michel Leiris, uma associação de apoio, "Os 'amigos de *La Cause du Peuple*'". É ainda do seu apartamento que parte, no dia 21 de junho, o pequeno grupo, do qual ela própria e Sartre são evidentemente as estrelas, que vai se encarregar da venda do jornal de viva voz numa via pública. Simone jamais praticou esse tipo de ação; quando ela descreve tais cenas em suas *Memórias*,[5] tem sessenta e quatro anos. Tinha sessenta e dois no momento dos fatos e sua pluma exulta como a de uma iniciante para registrar os acontecimentos do percurso: eles partem da rua Daguerre — diante dos comerciantes que lhes eram familiares, ela

---

*   Alusão ao modo como era chamado Mao Tsé-Tung, como líder da "revolução cultural" na China. (N.T.)

**   O termo *Mao-spontex* (ou "maoísmo espontaneísta", espécie de "anarcomaoísmo") designa uma corrente política na junção entre o marxismo e o movimento libertário, na Europa ocidental nos anos 1960 e 1970. Quanto à forma "spontex", é uma alusão pejorativa à esponja de cozinha da marca francesa Spontex. (N.T.)

observa com uma espécie de alegria provocativa —, descem a avenida Général-Leclerc e chegam à Alésia com as mãos vazias, todos os exemplares já distribuídos. Observação saborosa sobre a estranheza da situação: num dado momento, um policial confisca um pacote de jornais de Sartre e o segura pelo braço. Ouve-se um grito na multidão: "Você está prendendo um prêmio Nobel", e o policial se retira... Nova distribuição no dia 26 de junho. Desta vez, o grupo deixou a *rive gauche* * e escolhe simbolicamente, para começar os trabalhos, a calçada em frente à sede de *L'Humanité* (o jornal dos "reformistas" do PC) para ir até Strasbourg-Saint-Denis. Dessa vez a polícia chega com um camburão e leva todos para verificação de identidade... a não ser Sartre, a quem um policial declara: "O senhor está livre, sr. Sartre." Impossível para o filósofo aceitar essa medida... de exceção! Ele continua a berrar o título do jornal e consegue finalmente ser preso! Na delegacia, recolhimento de documentos de identidade. Numa carteira, eles reparam no patronímico: "Simone Bertrand de Beauvoir" e um deles, preocupado, pergunta: "Bertrand de Beauvoir, não é o escritor?" Naquela época, viam-se frequentemente nos comissariados dois mundos bem próximos: o dos "tiras" e o dos militantes. Os primeiros desconfiavam dos segundos, gente frequentemente instruída, rica, que se rebelava de maneira incompreensível contra uma ordem que a beneficiara; os segundos desprezando os primeiros, que não conhecem nada de suas razões de agir, de seus códigos e das personalidades com as quais contavam em suas fileiras. Assim, quando um policial pergunta: "Afora o sr. Sartre, há outras personalidades aqui?", todos respondem em coro: "Todos somos personalidades." Quando o oficial de serviço propõe libertar Sartre e Beauvoir, se depara, é claro, com a recusa deles. Então, para não criar mais desordem, a autoridade prefere liberar o grupo todo. O incidente será tema de longos artigos no dia seguinte. As manifestações prosseguem após o período das férias, com outras razões ainda para desafiar os poderes públicos: Sartre deu

---

* A "margem esquerda", modo como era conhecida "essa estreita faixa de velhas casas e ruas mais velhas ainda ao longo do Sena, onde viviam e trabalhavam escritores e artistas", como explica Herbert Lottman em livro dedicado à história deste fundamental "point" político e cultural de Paris no século passado. (N.T.)

seu nome para a direção de dois outros jornais oriundos do movimento maoísta, *Tout* e *La Parole au Peuple*. Ele aparece também como apoiador do Socorro Vermelho, associação que, sob seu título humanitário, vem em auxílio aos grupos revolucionários postos em semiclandestinidade. Em setembro, tendo corrido rumores de apreensão contra o *La Cause du Peuple*, Simone de Beauvoir deve acompanhar um militante à gráfica para buscar pacotes de jornais. Calafrios para o Castor: o carro deles é seguido por um carro de polícia à paisana. Cheiros de tinta, ambiente sonoro das impressoras e máquinas de dobrar na gráfica: os exemplares são carregados e Simone deve ajudar a levá-los até a livraria de François Maspero, *La Joie de Lire*, na pequena rua Saint-Séverin, na parte de baixo do bulevar Saint-Michel. De novo, venda em viva voz naquela área do bulevar. Estudantes são presos, mas outras "personalidades", dessa vez do cinema, Jean-Luc Godard, Delphine Seyrig, Évelyne Pisier, se juntaram aos vendedores: quando os camburões levam os militantes ao comissariado da praça do Panthéon, jornalistas, câmeras de televisão francesas e estrangeiras estão lá... Operação bem-sucedida! No final de janeiro de 1971, é Simone de Beauvoir que participa, sem Sartre dessa vez, mas com Michel Leiris, de uma reunião para celebrar a vitória de *La Cause du Peuple* no auditório da Mutualité: a associação dos amigos do jornal que ela preside foi reconhecida pelo governo! Alguns meses antes, em setembro de 1970, aplicando a receita adotada para *La Cause du Peuple*, Beauvoir aceita também a direção de outro jornal a ser protegido, *L'Idiot international*, com um comunicado à imprensa: "Face à repressão, que toma formas cada vez mais brutais contra a liberdade de expressão, Simone de Beauvoir aceitou assumir diante da justiça de classe as responsabilidades de diretora de *L'Idiot international*". Essa decisão não impede, contudo, em 19 de outubro, a instauração de processo contra o ex-diretor da publicação Jean-Edern Hallier e outros dois jornalistas por "incitação a crimes contra a segurança do Estado". Beauvoir traz então a público uma longa carta onde reivindica para si a mesma acusação. *Le Monde* publica integralmente a carta na sua edição de 19 de outubro. Evidentemente o poder não a persegue. Ela abandonará a direção de *L'Idiot international* em 5 de maio de 1971, denunciando as críticas de Jean-Edern Hallier contra os grupos esquerdistas, garantindo, entretanto, que "conserva a amizade" pelo jornal e que "fará o possível para ajudá-lo (...) se ele estiver em perigo". Sua carta será publicada por outro jornal, *J'accuse* J.E. Hallier responderá, por sua vez, taxando Simone de Beauvoir de "aventurerismo político". Sua responsabilidade no *L'Idiot international*, porém, terá para ela consequências: será processada por difamação contra a polícia, por queixa do ministro do Interior, após a publicação pelo jornal de uma entrevista de Denis Langlois, autor d*e Dossiers noirs de la police française* [Dossiês negros da polícia francesa].

Ao sair como que se desculpando do longo desfile em homenagem a Pierre Overney, naquele início de março de 1972, talvez ela recapitulasse as peripécias de seus engajamentos ao lado de Sartre e dos amigos maoístas. Talvez repetisse a si mesma os termos que empregou no famoso artigo escrito há um ano, em *J'accuse*,[6] denunciando a sanção puramente formal aplicada ao dono da fábrica de Méru, na região de l'Oise; escrevia em seu próprio nome e suas frases ferviam de indignação. Um certo sr. Bérion, era o diretor da empresa Rochel, responsável pelo acondicionamento de produtos a gás para a fabricação de inseticidas e de cosméticos. Uma explosão ocorreu na fábrica; cinquenta e sete pessoas (das quais a maioria eram jovens operárias) se feriram, atingidas por queimaduras importantes e três delas morreram. A investigação revelou graves negligências: estoque de produtos perigosos ultrapassando os limites permitidos, falta de formação para as precauções necessárias, recusa a parar a produção ao se produzirem os primeiros sinais alarmantes de vazamento de gás etc. O sr. Bérion fez ouvidos moucos às observações de órgãos de segurança e a Inspeção do trabalho dramaticamente se omitiu face às exigências de rentabilidade. Após ter constatado a insignificância da pena do sr. Bérion e as consequências sofridas sem compensação pelos operários e operárias, Simone de Beauvoir concluiu, com um apelo militante: "Neste exato momento, na maior parte das fábricas da França, os trabalhadores estão em perigo. Para defendê-los contra patrões assassinos, eles não podem contar com a Inspeção do trabalho nem com os tribunais nem com o Seguro Social: com ninguém. Só podem contar com eles próprios. Camaradas trabalhadores, não deixem seus exploradores brincarem com a saúde e a vida de vocês. Façam com que respeitem as medidas de segurança.

É preciso acabar com o escândalo que a tragédia de Méru traz à luz do dia: *Na França, hoje, pode-se matar impunemente.*"

Mas o assassinato de Overney é outra coisa. Na sequência direta dos confrontos de maio de 1968, transferidos, em nome da doutrina maoísta, dos movimentos estudantis aos bastiões das "lutas" operárias. Embora, em *Balanço final*, Simone de Beauvoir justifique essas escolhas, foi Sartre que as definiu. Foi ele que, em 12 de dezembro de 1970, esteve em Lens como presidente de um tribunal popular para protestar contra a morte de dezesseis mineiros, depois de uma explosão de grisu nas Hulheiras do Norte,[7] ele que multiplicou, em 1971, as conferências de imprensa para apoiar as greves de fome e as ações de todo tipo contra as condições de cárcere dos presos políticos. Ele, enfim, que participou da radicalização, na Renault, em Billancourt, de um conflito em torno de licenciamentos: aceitou entrar clandestinamente na fábrica a bordo de uma "Estafette"* com militantes e amigos, entre eles Georges Michel,[8] a cantora Colette Magny e alguns jornalistas. Sartre tenta tomar a palavra mas é rapidamente expulso e fará, no interior mesmo da fábrica, duas conferências de imprensa, entre as quais a que se tornou célebre graças a uma foto em que é visto em cima de um tonel, discursando para os ouvintes. As ações de guerrilhas entre os grupos maoístas vindos do exterior e as vigílias na Renault degringolam: há uma morte, a de Pierre Overney, que um imenso cortejo leva hoje ao cemitério. E talvez não seja inútil observar mais de perto como Simone de Beauvoir praticamente se desculpa por não estar presente no enterro, para compreender a maneira como ela toma suas reservas com relação a certos engajamentos sartrianos. Ela volta em duas frases diferentes às dificuldades de seu companheiro, em participar dessas manifestações: "Sartre caminhava com dificuldade", depois: "Por causa das suas pernas, não pôde acompanhá-lo [o enterro] até o fim";[9] quanto às suas próprias razões para abandonar o cortejo, ela é bem breve: "Em virtude de uma reunião do Choisir", e tem o cuidado de acrescentar em nota, a propósito deste movimento,

---

* Tipo de van produzida pela Renault. (N.T.)

"grupo feminista do qual era codiretora e onde minha presença naquele dia era indispensável".[10]

Beauvoir estava consciente disso: se há um lugar em que ela realmente faz diferença, onde suas opiniões são ouvidas e respeitadas, é justamente o movimento feminista. No terreno das lutas sociais e políticas, Sartre exerce um magistério em que — após seus amigos filósofos de outrora — jovens exigentes não cessam hoje de contestar rudemente as posições que ele toma. A presença de Simone de Beauvoir no movimento das mulheres é de outra ordem; nas reuniões ela representa, para a maior parte das militantes, uma autoridade moral, é antes de tudo a autora da obra que renovou profundamente a teoria feminista, *O segundo sexo*. Antes de deixar discretamente o cortejo preto e vermelho em memória de Overney, talvez ela pense em outros cortejos tão mais novos, mais inventivos, como o de 20 de novembro de 1971 "pelo aborto livre e gratuito". O enterro do militante assassinado diante das fábricas da Renault fechava uma época, as manifestações das mulheres abriam perspectivas desconhecidas.

Desde o início do século, com as sufragistas reivindicando o direito de votar, as burguesas à maneira da senhora Brunschvicg e de Louise Weiss tentando impor a respeitabilidade e o ingresso na política, as provocadoras desafiando a ordem estabelecida, como Madeleine Pelletier, ousando uma candidatura proibida, ou como Hélène Brion, afrontando o conselho de guerra, em 1917, por causa da propaganda pacifista desde essa época, pois, as francesas, enquadradas pela ordem moral da qual era símbolo a lei de 1919, que proibia até a informação sobre a contracepção, viam-se submetidas a um destino de menores eternas. Claro, antes da guerra o *Front Populaire* tinha, paternalisticamente, reconhecido posições de favor a algumas delas: três mulheres nomeadas a cargos ministeriais (embora não pudessem ter o direito de votar!), "conselheiras" cooptadas por algumas municipalidades de esquerda. Mas Léon Blum — prevenido por seus aliados radicais que temiam uma inflexão da política à direita pelas mulheres, sob a influência do clero católico — declarava sem rodeios que a evolução devia vir da boa vontade dos homens: "As mulheres devem ascender ao poder não pela base, mas pelo topo". A participação das mulheres na Resistência sem dúvida pesou na decisão do general de Gaulle e das forças da Libertação de "concederem" às mulheres o direito de voto. Mas tudo isso passou um pouco como que por cima de suas cabeças. As jovens que tinham participado, em maio de 1968, do entusiasmo libertário se sentiram frequentemente frustradas por uma tentativa de revolução placidamente ignorante com ralação aos seus problemas. Ficaram indignadas por verem alguns dos seus companheiros de lutas bem mais preocupados em tirar vantagem, para seu próprio prazer, das palavras de ordem sobre liberdade sexual do que em compartilhar as angústias com a gravidez indesejada, sem falar das coerções da velha divisão de papéis: a mulher no lar, o homem na "vida ativa". Simone de Beauvoir era evidentemente uma teórica internacionalmente reconhecida do movimento feminista. Mas, além disso, estava no coração dos problemas que se colocavam então para as mulheres na França: tinha se engajado muito cedo, como vimos, do lado de grupos que deram origem ao movimento Planning Familial, trazendo em particular o apoio da sua autoridade aos livros de uma de suas fundadoras, a doutora Lagroua Weill-Hallé e é uma das primeiras a assinar e a preparar o sucesso do "Manifesto das 343".

Ao descrever, em *Balanço final*, as ações que levaram à emergência e às tomadas de posição públicas do movimento das mulheres, Simone de Beauvoir insiste com modéstia no fato de praticamente nunca ter sido, ela própria, a iniciadora. Embora as vendas não autorizadas de jornais, os choques com as forças da ordem e os poderes públicos permitam supor o contrário, ela nunca teve prazer na militância nem o carisma para isso. Simplesmente, considera necessário se colocar à disposição das mulheres que agem. E seu prestígio é tão grande que é evidentemente solicitada de todo lado. "No final de 1970", ela conta, "alguns membros do Movimento de Libertação das mulheres entraram em contato comigo (...) queriam desencadear uma campanha a favor do aborto livre. Para chocar a opinião pública, propunham que mulheres conhecidas e desconhecidas declarassem que tinham feito aborto". Ela acrescenta simplesmente: "A ideia me pareceu boa."[11] Ela não se dá ao trabalho de contar, nas últimas páginas de suas *Memórias*, o esforçou despendido, à sua maneira sóbria e organizada, em prol do sucesso da empreitada. Reuniões regulares aconteceram por várias semanas em seu apartamento da rua Schoelcher aos domingos, entre as 17 e as 19 horas: nesse momento, Beauvoir punha para fora quem ainda pretendesse discutir mais e fechava a porta.[12] Durante as duas horinhas do encontro, ela participava com seriedade e eficácia, abrindo amplamente seu caderno de endereços, prodigalizando seus conselhos. Mais tarde, numa entrevista a John Gérassi, quando ele evoca o seu papel neste período, ela explica: "Aquelas que tinham mais a perder tomando posição, isto é, as mulheres que como eu talharam uma carreira, devem aceitar assumir riscos — a insegurança ou simplesmente o ridículo — para encontrar sua dignidade humana. E devem compreender que suas irmãs mais exploradas serão as últimas a se juntarem a suas fileiras."[13] Se repararmos bem, o método é o mesmo utilizado pelo Manifesto dos 121: personalidades conhecidas reivindicam as "culpas" das quais se acusa um certo número de "culpados" anônimos. Elas exigem, se estes últimos forem perseguidos, que também elas o sejam. Fazendo isso, lançam luz sobre a lógica das ações proibidas e sobre a natureza insuportável da proibição. Como a penalização dessas personalidades acarretaria forçosamente protestos, escândalo e perturbação da ordem pública, o poder não as persegue. Donde o silogismo suplementar: "Conforme você for poderoso ou miserável...", donde a nova denúncia da pseudo-ordem estabelecida etc. Assim Beauvoir, que se acusa de ter abortado, sempre garantiu mais tarde — e Sylvie Le Bon ri muito quando duvidam disso — jamais ter passado por gravidez ou aborto. Ela sabe (as palavras empregadas na entrevista com John Gérassi o comprovam) que não se arrisca muito à "insegurança" ao se acusar, embora possa ser atingida pelo "ridículo". Mas nesse terreno, desde *O segundo sexo*, e as repreensões a seu respeito por parte dos defensores da ordem moral, ela ouviu e leu todo tipo de injúria, todas as palavras difamatórias. Rapidamente as mulheres compreendem que devem usar as armas da provocação, entre as quais o ridículo; no início do século XX, os movimentos feministas sucumbiram por excesso de respeitabilidade, por não aceitar as piadas degradantes de que eram alvo os "*bas-bleus*"* e outras sufragistas. As

---

* Literalmente, "meias azuis"; nome masculino, porém aplicado (pejorativamente) a mulheres de letras, que ousassem expressar suas opiniões; eram julgadas "pedantes", dadas ao exibicionismo intelectual. (N.T.)

"343", rapidamente qualificadas de "vadias" [*salopes*] por certos bem-pensantes maledicentes, compram a briga e retomam para si, com humor, o qualificativo com que eram taxadas.* Nas manifestações que se seguem à assinatura do manifesto, Beauvoir fica maravilhada com a inventividade de suas jovens camaradas, com as palavras de ordem provocativas e divertidas. Quando da manifestação de 20 de novembro — um dia escolhido ao mesmo tempo em diferentes países, para marcar a amplitude das reivindicações feministas —, o cortejo delas cruza com uma delegação de objetores de consciência: as mulheres começam então a gritar e retomam, afora as inevitáveis interpelações ao ministro de Estado de Defesa Nacional — *"Debré, salaud, les femmes auront ta peau"*,** os antigos slogans feministas do início do século: *"Pas d'enfants pour le casse-pipe"*...*** Simone conta, deliciada (com o mesmo prazer sentido por todas que dificilmente se reconheciam nos melancólicos desfiles políticos e sindicais do pós-68) os episódios da *"manif"* [manifestação] que tinha sido autorizada: "Caminhamos da République até a Nation, ocupando toda a rua, com cartazes e slogans; militantes brandiam esfregões, arames com roupa de cama suja, bonecas de papel, bolas; uma delas distribuía salsa — símbolo do aborto clandestino — que algumas colocavam nos cabelos. (...) Soltamos balões, cantamos, entoamos ritmadamente as palavras de ordem: 'Criança desejada, criança amada. Maternidade livre.' Alguns pais tinham levado seus filhos, e viam-se crianças de seis anos gritando com os adultos: 'Teremos os filhos que quisermos'. (...) Na Nation, as mulheres treparam no soclo de uma das estátuas e queimaram esfregões, símbolo da condição feminina. Houve novos cantos, farândolas: era uma festa alegre e fraternal."[14]

Em fevereiro de 1972, começaram também as reuniões para preparar as "Jornadas de denúncia dos crimes contra as mulheres" que ocorreram em maio na Mutualité. Ela desempenha, na preparação desse tribunal, ao lado das animadoras da Liga dos Direitos da Mulher, entre as

---

*   Estratégia de ressignificação do insulto alheio que se assemelha, em certo sentido, ao fenômeno da "SlutWalk" ou, como conhecida no Brasil, "Marcha das Vadias". (N.T.)
** Algo como "Debré, canalha, as mulheres vão te esfolar". (N.T.)
*** Que nenhuma criança seja mandada para morrer na guerra. (N.T.)

quais Anne Zelenski e Christine Delphy, um papel determinante. Alice Schwarzer, que também participa desses trabalhos, evoca, com emoção e sem reverência exagerada, as reuniões desse grupo: "Guardamos uma lembrança vívida de Beauvoir. No começo, a tratávamos com uma mistura de respeito e insolência. Depois, com muita afeição, simplesmente." E lembra traços que conhecemos bem e surpreendiam nas assembleias militantes: "Ela chegava sempre na hora marcada (a falta de pontualidade é uma das coisas que ela detestava), nunca tinha um minuto a perder, falava com lucidez, clareza e um estimulante desprezo por todas as convenções — nunca íamos longe demais, a seu ver. E se mostrava às vezes, nas suas atitudes, comovente por sua boa educação. A maneira como segurava a bolsa, bem apertada em cima dos joelhos..." Tudo isso no ambiente permanente de "trabalho" e "festa" misturados: "Nossas noites se passavam em reuniões, ações, discussões... e refeições. Nossos 'rangos' com Simone de Beauvoir se tornaram um dos nossos hábitos mais queridos. Nos reuníamos — geralmente às seis ou às oito — na casa de uma de nós, nos alternávamos na cozinha (menos ela, ela tinha horror disso). Festejávamos, bebíamos, elaborávamos projetos."[15] Em *Histórias do MLF*, sob o pseudônimo de Anne Tristan, Anne Zelenski evoca a presença de Beauvoir, nos dias 13 e 14 de maio de 1972, nessas Jornadas da Mutualité: está presente o tempo todo, acolhendo os grupos de mulheres que vêm testemunhar uma após a outra, atenta, e quando chega a vez do coletivo ao qual ela pertence, sobe no palco com Anne e suas camaradas: "Sentou-se com todas nós no chão do estrado da tribuna (...) Simone tinha vindo regularmente preparar, com o grupo, intervenções e testemunhas. Mais de uma vez, como para as 343, como para a Marcha de 20 de novembro, eu constatava que ela estava conosco. Isso me comovia: para além dos anos, nos encontrávamos na mesma luta, ela cujo livro tinha inspirado nosso combate, nós que transformávamos suas ideias em ação".[16]

As ações às quais Beauvoir se juntou na França, como a ocupação do fim de 1970 do colégio de Plessis-Robinson onde eram "recebidas", nas piores condições, alunas de doze a dezoito anos de estabelecimentos públicos que tinham engravidado, foram difundidas internacionalmente em alto e bom som. Pois, por ocasião de seus deslocamentos no exterior, ela nunca deixava de chamar a atenção para a questão das mulheres. Ela evidentemente sabe do impacto internacional de *O segundo sexo*; mesmo assim fica impressionada com a acolhida que recebe em numerosos países, frequentemente igual à de Sartre. No outono de 1966, os dois são convidados pelo editor japonês de ambos e pela universidade de Keio. *Balanço final* consagra todo um capítulo a essa viagem de quase um mês: sempre preocupada em se documentar, Simone de Beauvoir lê muitas obras antes da partida, tenta apresentar um quadro dos aspectos econômicos, sociais, culturais do país, resume em detalhes suas descobertas dos lugares turísticos e das tradições japonesas, refeição oficial sentada no chão, com o acompanhamento de gueixas, decorações de ikebanas,* espetáculos de nô, teatro kabuki e de marionetes, jardins de pedras etc. Ela fica amida da intérprete deles, Tomiko Asabuki, que também é sua tradutora e da qual já lhe tinha falado Hélène de Beauvoir, que também ficara sua amiga quando de uma exposição de seus quadros no Japão. Mas, desde o desembarque do avião, ela se surpreende com a expectativa gerada pelo casal que ela forma com Sartre: mais de uma centena de jornalistas e fotógrafos, ela escreve, os esperam na pista, e as conferências serão assistidas por públicos numerosos e atentos. Simone faz três intervenções, uma das quais sobre a "sua experiência de escritora", mas as outras duas têm por tema a "Situação da mulher de hoje" e "A mulher e a criação". Com efeito, todos os seus livros (e os de Sartre) tinham sido traduzidos lá e no ano anterior, em 1965, a publicação de *O segundo sexo* em formato de bolso tinha sido um best-seller: ela vem, portanto, como embaixadora da causa das mulheres, tanto quanto escritora reconhecida, e essa acolhida — que lhe permite existir verdadeiramente ao lado de seu companheiro — a emociona muito. Como o relato dessa viagem (escrito em 1971), sua abordagem da condição das mulheres na conferência dada em setembro de 1966 coloca muito mais ênfase do que sua obra nos aspectos sociais, econômicos e políticos. Ela sublinha que "se o socialismo não é uma condição suficiente (para que a mulher esteja em igualdade com o homem), é diretamente uma condição necessária" e elas devem lutar "por uma mudança geral da sociedade".[17]

* Arte japonesa de arranjo floral. (N.T.)

No ano seguinte, de 25 de fevereiro a 13 de março de 1967, Sartre, Beauvoir e Claude Lanzmann são convidados no Egito pelo jornal *Al-Ahram*. O diretor desse jornal, amigo e porta-voz de Nasser,* também era ligado a um autor dramático muito conhecido no Egito, Tawfik al--Hakim, de quem a *Les Temps Modernes* tinha publicado, quinze anos antes, *Diário de um substituto*. Também ali, recepção muito calorosa, visitas turísticas que encantam Castor: as pirâmides, Karnak, Louqsor, museu do Cairo, microcruzeiro no Nilo, alguns vislumbres sobre as realizações industriais e agrícolas do Egito moderno etc. Beauvoir se sente um pouco frustrada por não poder conversar diretamente com felás,** e também detecta os limites da política de controle de natalidade desejada por Nasser. Ela se interessa especialmente pela evolução da condição feminina num país de tradição islâmica e escuta com atenção as feministas do país, que se engajaram na batalha, que venceram, contra o uso do véu; mas percebe múltiplos sinais de distorções da igualdade entre homens e mulheres ansiada por suas interlocutoras. Quando recebida para uma conferência na universidade de Alexandria, e depois para uma outra palestra no Cairo, colocará o acento no que para ela é o mais importante e que aliás coincide, segundo pensa, com as intenções do chefe de Estado: insiste na necessidade de fazer caminharem juntos os dois objetivos políticos, socialismo e direitos das mulheres; vozes masculinas se levantam então no auditório: "Dentro dos limites da religião"... Ao final do debate, é abordada por um senhor idoso "que tinha em mãos uma tese que escrevera sobre o Corão: 'A desigualdade da mulher é uma questão de religião, senhora; está escrito no Corão'".[18] No final da estadia, o pequeno grupo é recebido na residência de Nasser, em Heliópolis, e enquanto Sartre intercede por jovens prisioneiros, Simone retoma o debate com o chefe do Estado: ele lhe assegura que

---

* Gamal Abdel Nasser, presidente do país de 1954 até sua morte em 1970; sua linha ideológica combinava terceiro-mundismo, pan-arabismo e nacionalismo, refletido por exemplo na decisão de nacionalizar o Canal de Suez, levando Israel, com apoio da França e da Inglaterra, a uma resposta militar que resultou na Crise de Suez ou Segunda Guerra Árabe-Israelense (1956). (N.T.)

** Designação árabe para fazendeiros e trabalhadores agrícolas do Oriente Médio. (N.T.)

a Constituição, ao tratar da igualdade dos sexos, defende os objetivos expressos pela autora de *O segundo sexo*, mas insiste nas dificuldades de convencer a população de um país que foi polígamo, antes mesmo de Maomé. Por exemplo, ele cita uma intervenção absurda a propósito da igualdade, feita por um participante no momento da preparação da Constituição: "Então cada mulher terá direito a quatro maridos?"[19] Que distância entre as convicções e sua tradução política...

Do Egito, o casal passa um momento em Gaza e pela zona ocupada por soldados da ONU. Ali, Simone de Beauvoir tem a dimensão da enormidade do fosso que separa palestinos e israelenses, mas quer acreditar que as coisas possam melhorar e observa, em nota de rodapé, acerca dos dirigentes palestinos que são retratados sem concessões: "Depois da Guerra dos Seis Dias,* esses dirigentes perderam toda a influência (...) Os novos líderes são de um tipo totalmente diferente."[20] As linhas aéreas entre o Cairo e Israel não existem mais; Sartre, Lanzmann e Beauvoir precisam passar por Atenas para pegar lá um avião com destino a Tel-Aviv. Beauvoir vai "enfim" ter um contato direto com um país que deseja visitar há muito tempo: "Mas desejávamos ver Israel", escreve ela em *Balanço final*.[21] A viagem acontecerá, portanto, quase que imediatamente após a estadia no Egito (exceto pelo desvio por Atenas), de 14 a 30 de março de 1967. O relato que ela fará mais tarde é menos rico em emoções turísticas que as descrições precedentes. E Simone de Beauvoir, sempre insistindo em seu papel de "questionadora", a propósito da condição das mulheres, fará perguntas sobretudo acerca de um sistema de organização que a apaixona e intriga, o *kibutz*, e com relação às perspectivas de existência para o país e às ameaças que pesam sobre ele. No dia 23 de março, ela dá uma conferência na Universidade de Tel-Aviv,[22] em 29 de março participa, antes do retorno à França, de uma conferência de imprensa. Exprime então, com sua franqueza habitual, que alguns consideram assaz brutal, suas reservas com relação às atitudes de certas mulheres israelenses; ela as acha muito emancipadas, mas lamenta

---

* Em 1967, contrapondo Israel e os países árabes, com vitória do primeiro. (N.T.)

que algumas delas — em particular nos *kibutzes* — tenham aceitado a antiga divisão de tarefas, deixando aos homens os trabalhos mais duros, reputados masculinos, para voltar às tarefas domésticas e de cuidado das crianças, supostamente femininas. E ela não se priva de constatar, com amargura, que mulheres emancipadas, sob o pretexto de terem ultrapassado o feminismo, voltem a comportamentos que aceitam velhas demarcações entre o masculino e o feminino. Porém, o texto das *Memórias* enfatiza a descrição dos *kibutzes*. O grupo constituído por Sartre, Beauvoir, Lanzmann e seus acompanhantes locais, Monique Howard e Ely BenGal, visita vários *kibutzes* do país, entre os quais um histórico, o primeiro a se constituir, um *kibutz* na fronteira síria frequentemente atacada etc. Empregando termos fortemente carregados de afetividade, Beauvoir notará: "No início, (os *kibutzes*) representaram uma aventura tão emocionante que eu tinha grande vontade de vê-los." Vale lembrar que essa organização comunitária fazia sonhar a maioria daquelas que buscavam alternativas à sociedade mercantil; eles viam na educação em comum das crianças, na redução ao mínimo da propriedade privada e no trabalho necessário à sua manutenção cotidiana, se realizarem as utopias ligadas às definições fundadoras do socialismo. O psiquiatra [Bruno] Bettelheim, tão célebre por seus estudos sobre o autismo, tinha escrito uma obra *As crianças do sonho*, que estudava todas as objeções contra o modelo de educação do *kibutz*. Muitas mulheres enfim se alegravam vendo se edificar uma sociedade que se propunha a evitar confiná-las em seus papéis tradicionais. Assim, em 1969, dois anos depois de Beauvoir, a escritora Nathalie Sarraute manifestaria, com relação à vida em *kibutz*, um entusiasmo incondicional; participou de atividades diversas nas mesmas instalações visitadas por Simone de Beauvoir e louvou "a ausência de hierarquia entre trabalho manual e intelectual", lembrando que, no começo da Revolução Russa, Lênin aspirava a que "todo professor seja capaz de varrer a rua"... E cita um ministro em exercício, Igar Allon, que — no retorno de seu trabalho de governo — aceitava fazer a arrumação da sala comum... Ela sublinha também a ausência de sinais distintivos de riqueza entre os membros dessas comunidades, o modo de vida igualitário entre homens e mulheres, a educação muito atenta das crianças dos *kibutzes*... E quando seu interlocutor da revista *Quinzaine littéraire*, Erwin Spatz, se surpreende com sua ausência de críticas, ela responde não ser a única a se mostrar tão admirada, destacando o esplendor espiritual dos *kibutzes* e o respeito que eles inspiram. Sobretudo, diz ela, insistindo na diferença entre os vieses revolucionários ideológicos da época: "A força dos *kibutzes* está em eles serem produto de uma necessidade e não a aplicação de teorias abstratas."[23] Simone de Beauvoir permanece mais prudente. Como de hábito, a situação das mulheres lhe serve de pedra de toque. Numa época em que a França é muito hesitante com relação aos cuidados das crianças, em que as creches são quase inexistentes, ela se diz "muitíssimo interessada" pelos *kibutzes*, essa "experiência (...) que consiste em libertar, em grande parte, a mulher da educação da criança (...) e em permitir que ela seja um ser humano pleno"[24]. Contudo, ela não deixa de destacar os recuos com relação aos esforços igualitários do início. E esse estado de coisas não é seu único objeto de inquietação: ela também está atenta à situação das populações árabes da região e se preocupa com os riscos de instabilidade do país, não somente devido à hostilidade em suas fronteiras, mas em razão das dificuldades dos árabes israelenses. Quando Sartre, Lanzmann e ela própria chegam a Tel-Aviv, assistem a uma manifestação ruidosa: oitenta mil operários da construção civil estão desempregados e quase todos eles são árabes. Sartre insiste nesse assunto; a perguntas feitas pela revista *New Outlook* ele declara, para resumir suas impressões: "Jamais vi um único árabe que se sinta satisfeito em Israel. Jamais vi um único árabe declarar que atualmente está em igualdade de direitos com um cidadão israelense."[25] De seus périplos de uma ponta à outra do país, o Castor reterá em particular o contraste entre os povoados palestinos e as implantações israelenses. Lembrando-se de sua primeira descoberta de um vilarejo árabe de Israel, ela diz: "Racionalmente construídos e assépticos, os vilarejos judeus lembram loteamentos. Já aquele, estava enraizado no solo, do qual parecia ser uma emanação natural: ruelas escarpadas serpenteavam por entre as casas, que pareciam possuir uma história. Mulheres subiam e desciam, vestindo roupas tradicionais de cores vivas." E, para além das impressões, ela nota a falta de qualificação da população árabe, o número ínfimo de deputados árabes no Knesset.* E, enquanto Sartre fala "com todos os seus interlocutores sobre o problema palestino e a condição dos árabes em Israel", Simone de Beauvoir se interroga, quase dolorosamente, sobre o futuro que espera esse país. Apesar do que lhes disse Nasser: — "A guerra? Mas isso é muito difícil." —, apesar da afirmação reiterada de todos os israelenses que encontrou — "Só desejamos a paz" —,[26] ela quer ser otimista, mas sem poder reprimir seus temores.

Há muito tempo, com efeito, Beauvoir quer acreditar na legitimidade do Estado de Israel e na paz possível naquela parte do mundo. Vinte anos antes, quando Algren (que fizera gracejos sobre suas ascendências de "judeu sueco") lhe exprimiu sua repugnância com relação a seus compatriotas orgulhosos de serem judeus, e sua ausência de simpatia pelo sionismo, ela havia respondido: "Compreendo perfeitamente que na América vocês não sintam a necessidade de se considerarem judeus. Aqui, creio que vocês não teriam o mesmo sentimento. O antissemitismo cresce um pouco mais a cada dia, com artigos em jornais e insultos de todo o tipo. Mesmo sem ser sionista, acho que um judeu francês não pode se mostrar indiferente nem ao que os outros judeus suportam, nem ao que alguns deles tentam construir. Ainda que não sejamos judeus, nós mesmos tentamos ajudá-los, com dinheiro, artigos, conferências etc. (...) Isso não tem nada a ver com piedade; é uma questão de justiça."[27] Numa palestra consagrada a esse tema,[28] Denis Charbit analisou com pertinência o que ele chama de uma "solidariedade franca" e uma "fidelidade" ao "combate" conduzido por ela "a favor de Israel". Sem aceitar a ideia de uma "influência" definitiva que teria exercido sobre ela Claude Lanzmann (não mais do que aquela que Sartre poderia ter exercido neste assunto, num sentido diferente), o autor valoriza a descoberta por Beauvoir, em Lanzmann, de uma maneira de ser judeu altivamente reivindicada. Vimos isso ao ler a história de sua ligação com o jovem de então,[29] "para se definir, ele começava por dizer: 'Eu sou judeu.'",[30] mas o fato de ser judeu significava para ele também a recusa do destino de vítima: ele ousara responder na sua juventude à afronta

---

* Parlamento israelense. (N.T.)

da imprecação antissemita: "Assim, sua experiência não lhe revelou judeus humilhados, resignados, ofendidos, mas lutadores."[31] E a existência do Estado de Israel vai no sentido desta escolha da liberdade contra o destino. Da mesma maneira que Lanzmann descobrira em Israel que "lá, os judeus não eram párias, mas seres com direitos", que existiam barcos e "uma Marinha e navios judeus, cidades, campos e árvores judias, judeus ricos e judeus pobres",[32] Simone conta em sua narrativa da viagem de 1967 as palavras paralelas de dois jovens acompanhantes que se estabeleceram em Israel: "Monique e Eli desembarcaram e todos os dois pensaram, com uma emoção que outros judeus me contaram ter sentido: 'Mas é extraordinário! Aqui todo mundo é judeu!' Achavam espantoso que as pessoas com quem cruzavam não parecessem surpreender-se com isso: como não caíam uns nos braços dos outros?"[33] Denis Charbit cita as inúmeras passagens dos textos de Beauvoir em que — após ter defendido a livre escolha de um destino pelos sionistas, em pleno acordo com a filosofia que ela defende — reconhece também "o apego sentimental e subjetivo de suas visões":[34] ela diz ter "seguido *com paixão* a luta para ver os judeus se estabelecerem numa terra." Ela nota: "Foi para mim uma vitória quase *pessoal* quando, em 1948, o Estado foi reconhecido." E por se sentir "ligada aos dois países", ela se "angustia",[35] com a Guerra dos Seis Dias, poucas semanas depois do retorno deles. Quando estoura a guerra, em junho de 1967, ela escreve: "Temia principalmente por Israel. Pois não havia simetria alguma entre os dois resultados possíveis do conflito. Derrotado, o Egito sobreviveria. Já Israel, se vencido, ainda que toda a sua população não fosse lançada ao mar, deixaria de existir como Estado."[36] Após a guerra-relâmpago que assinala uma derrota humilhante para o Egito e os países árabes, ela aprende com dificuldade o novo panorama na *intteligentsia* francesa com relação aos árabes, aos judeus e ao sionismo. À direita, os gaullistas se pronunciam contra Israel, mas o racismo antiárabe frequentemente prevalece contra o antissemitismo. A esquerda comunista segue a URSS no apoio ao Egito, e na esquerda não comunista muitos fazem uma "inversão de posições: teriam sentido pena de Israel se o país tivesse sido destruído ou se tivesse pago caro para sobreviver. Mas sua vitória transformava de maneira desconcertante a imagem clássica do judeu-vítima, e as simpatias voltaram-se para os árabes. Dos trotskistas aos marxistas, todos os esquerdistas esposaram a causa dos árabes e, mais precisamente, a dos palestinos."[37] Ela constata inflexões semelhantes até mesmo em seus amigos judeus, evocando "os conflitos de gerações, os pais — quer fossem de direita ou de esquerda — sentindo-se solidários com Israel e os filhos situando-se contra o sionismo".[38] O importante para nós não é saber se essas observações e análises eram justas, cabe-nos simplesmente registrar a perturbação de Beauvoir diante das incompreensões e divergências que, a contragosto, a colocavam em contradição com os amigos mais caros. Ela anota a esse respeito o quanto lamenta que o porta-voz dos Panteras Negras, se exprimindo em *Les Temps Modernes*, ataque os judeus e conclui com bela independência: "Um esquerdista tem de admirar incondicionalmente a China, tomar o partido da Nigéria contra Biafra, dos palestinos contra Israel. Não me submeto a essas condições."[39] Mas não sem reafirmar, apesar de tudo, a sua confiança nos esquerdistas em matéria de política interna francesa...

Entre os engajamentos políticos internacionais, um clímax: a constituição do Tribunal Russell. O célebre filósofo, lógico e matemático Bertrand Russell imagina, próximo dos 95 anos de idade, uma ação de impacto para denunciar a guerra que os Estados Unidos conduzem no Vietnã. Ao fazê-lo, ele prossegue na linha de numerosas ações que realiza há muito: já era pacifista durante a Primeira Guerra Mundial e, desde Hiroshima, multiplica as iniciativas contra o armamento nuclear. Quando os norte-americanos fazem seus primeiros ataques aéreos contra o Vietnã do Norte, em 1964, quando seus bombardeios atingem Hanói e Haiphong em 1965, lorde Bertrand Russell decide recorrer à opinião pública internacional. Ele próprio é um laureado com o Nobel de literatura desde 1950, e tem uma ideia elevada da responsabilidade dos intelectuais na formação da opinião pública perante os poderes. O Castor é contatado em julho de 1966 pelo secretário de Bertrand Russell, que lhe propõe reunir uma instância internacional (um "tribunal" como o que foi criado no final da Segunda Guerra Mundial em Nuremberg) para julgar os crimes de guerra no Vietnã. Beauvoir acha o projeto interessante, Sartre e ela aceitam desempenhar um papel preponderante, uma vez que o tribunal, presidido por

Bertrand Russell, confiará a Sartre — que se encarregará de estabelecer o *status* do que será chamado "o tribunal Russell" — a presidência executiva. Entre o fim de 1966 e dezembro de 1967, essa instância simbólica mostra-se intensamente ativa, e com constante participação de Simone de Beauvoir. Russell desejara que fosse em Paris a sede do tribunal. De Gaulle se opõe, recusando o visto aos representantes estrangeiros. Há então uma memorável correspondência entre Sartre e o presidente da República. Num papel quadriculado escolar, com caneta azul, o filósofo escreve ao chefe de Estado "a mais descontraída e menos convencional das cartas oficiais".[40] É a essa carta que de Gaulle responde qualificando Sartre de "Meu caro Mestre", o que valerá a famosa réplica do filósofo numa entrevista ao *Nouvel Observateur*: "Só sou 'mestre' para os garçons de café que sabem que escrevo... [Se o presidente da República julgou útil me chamar assim] foi para bem marcar, creio, que se dirige ao escritor e não ao presidente de um tribunal que ele não quer reconhecer." Por um momento, Sartre tent fazer as sessões num navio ancorado fora das águas territoriais, mas se resignou finalmente à acolhida proposta por países do norte da Europa. Beauvoir e Sartre se encontram então, de 2 a 10 de maio de 1967 em Estocolmo, depois em Bruxelas, para uma sessão preparatória em setembro, antes da última sessão do tribunal na Dinamarca, entre 19 de novembro e 1.º de dezembro. Ao seu lado estão representantes mais ou menos ilustres de numerosos países, dos quais Beauvoir dará a lista completa em *Balanço final*.[41] Para o trabalho regular, houve a participação de Claude Lanzmann (que representa oficialmente Sartre) e de diversos juristas, entre os quais Gisèle Halimi, que se ocupa ativamente da redação do julgamento final. Lorde Bertrand Russell teve o cuidado de enviar observadores ao front de guerra, entre eles John Gérassi, filho de Stépha, amiga de Simone de outrora. São sessões oficiais de dia, reuniões privadas tarde da noite, ela não poupa esforços e se submete à disciplina um tanto espartana: não tem, como Russell e Sartre, um secretário para representá-la! "Como me levantava pela manhã a uma hora inabitual para mim, às vezes tinha dificuldade em conservar os olhos abertos."[42] Fora do tribunal as coisas estão também agitadas: desfiles em favor dos Estados Unidos com gente carregando cartazes do tipo: "*Morte ao presidente do tribunal! Viva os Estados Unidos! E Budapeste?*",* em contramanifestação rapidamente organizada. Tudo isso não impede que o Castor, sempre decidida a aproveitar cada instante, percorra a cidade em todos os sentidos e aproveite também as "noites de Estocolmo" que ela acha muito bonitas, em companhia dos amigos que encontrou: Jacques-Laurent Bost, que veio cobrir o assunto para Le Nouvel Observateur, Laurent Schwartz, Gisèle Halimi, o escritor cubano Alejo Carpentier, o dramaturgo sueco Peter Weiss, de quem ela tanto gostou da peça *Marat-Sade* etc. Um fim de semana, durante a última sessão, junta-se a ela em Copenhague sua amiga, que conhecia já há cinco anos, uma jovem professora de filosofia, Sylvie Le Bon. Elas alugam um carro, visitam a cidade, excursionam até um pequeno porto marítimo e o frio faz com que entrem na *Gliptoteca*, o museu onde descobrem, ao lado de numerosos quadros impressionistas franceses, alguns Rembrandt que nunca tinham podido admirar e um célebre quadrinho de Franz Halls, o retrato de Descartes.

O Tribunal, pela voz de Sartre, conclui no final de novembro de 1967 declarando a existência de um "genocídio" do povo vietnamita pelos norte-americanos, dando uma definição de genocídio ("a guerra total levada até o fim por um só lado e sem a menor reciprocidade") que alguns contestarão, pois corria o risco de banalizar consideravelmente o que havia sido o extermínio dos judeus pelos nazistas. Beauvoir, como Bost, como Sartre, como muitos outros, exprimira reticências a respeito da escolha desse termo, mas, diante da acusação de "escrúpulos de intelectuais",[43] acabam se deixando convencer. O tribunal Russell seria a última das grandes viagens "políticas" de Simone de Beauvoir.

Durante esses anos de intensa militância, poderia parecer normal que a atividade literária de Castor passasse a segundo plano. Mas em novembro de 1966 é publicado o romance *As belas imagens*, entre maio de 1967 e maio de 1969, ela realiza a proeza de produzir um ensaio volumoso *A velhice*, que será publicado em 1970, enquanto são editadas, em fascículos escalonados, a partir de maio de 1967, as novelas de *A mulher desiludida* cuja coletânea completa sairá, sempre pela Gallimard, em 1968. Ao mesmo

---

* Alusão à invasão soviética da Hungria em 1956. (N.T.)

tempo, ela trabalha no quarto volume de suas *Memórias*, *Balanço final*, que será publicado em outubro de 1972. Tudo isso sem contar os artigos para *Les Temps Modernes* e alguns escritos mais modestos que demandam certos esforços. Pois Simone de Beauvoir é cada vez mais solicitada por autores e editores para prefácios de todo tipo. Introduções de livros a serviço de causas das quais ela compartilha a defesa (*Treblinka*, de Jean-François Steiner em 1966;[44] *Majorité sexuelle de la femme* [Maioridade sexual da mulher], dos doutores E. e P. Kronhausen,[45] no mesmo ano), participações em obras coletivas ("Littérature et métaphysique", para o livro publicado pelo jornal comunista *Clarté*: *Que peut la littérature ?* [Que pode a literatura?]em 1965).[46] Em 1968, introdução a uma obra a ela consagrada, *Simone de Beauvoir ou le refus de l'indifférence* [Simone de Beauvoir ou a recusa da indiferença], de Laurent Gagnebin,[47] a quem ela faz esse belo elogio: "Serei melhor lida depois de terem-no lido." E mais raramente textos de verdadeira crítica literária, como a que abre *A bastarda*, de Violette Leduc.[48]

O prefácio escrito para essa narrativa ajudará muito a que a obra tenha o sucesso merecido. Quando publicado, em outubro de 1964, Violette Leduc, um ano mais velha que Simone de Beauvoir, tinha 57 anos. Havia escrito em 1945 uma novela, *Minha mãe nunca me deu a mão*, e publicou em seguida textos com forte conotação autobiográfica: *A asfixia*, *A faminta*, *Devastações*, *A solteirona e o defunto*, *Tesouros a tomar*. A NRF também publicou, em tiragem restrita, *Thérèse et Isabelle*, que será retomado em edição normal em 1966. A entrada de Violette Leduc entre os autores da prestigiosa editora se deu em parte graças à intervenção de Simone de Beauvoir. Ela aceitara ler o manuscrito de *A asfixia*, tinha proposto a Violette Leduc diversos ajustes, e em seguida passou o texto a Camus para a nova coleção intitulada "Espoir", que ele dirigia na Gallimard. Dessa colaboração nascera uma estranha amizade: Violette Leduc, que não fazia segredo de suas preferências homossexuais, era apaixonada por Simone de Beauvoir. Ela evoca frequentemente na sua correspondência seu primeiro encontro com o Castor,[49] o êxtase sentido quando esta disse se interessar por seus textos e a retidão mostrada por Beauvoir a seu respeito: "Ela é incapaz de enganar por um segundo."[50]

Simone se sentia meio fascinada (mas não seduzida) pela personalidade fora das normas desta que ela chamava de "a mulher feia", por seu talento, pelas ligações que mantinha com outros autores talentosos, como Maurice Sachs e Jean Genet. Violette Leduc — que escrevera pensando na amiga a longa declaração que constitui *A faminta* —[51] tinha obtido de Simone de Beauvoir, senão os contatos que esperava, ao menos encontros regulares, e era o Castor que decidia suas frequência e natureza. Violette a convidava para restaurantes de prestígio, oferecendo, em pleno período de ocupação e de restrições do pós-guerra — gastando assim o dinheiro ganho em duvidosas transações —, refeições suntuosas com champanhe. Simone permanecia inexorável, concedendo a presença precisa de uma hora ou duas, após o que escapulia, desencadeando em Violette súplicas e lágrimas. Beauvoir tinha tentado apresentá-la a Colette Audry, depois a Nathalie Sarraute, interessada por sua escrita, mas a prudente demais Nathalie não pode responder por muito tempo ao desejo desenfreado de confidências da exigente Violette. A autora de *A faminta* descreveu o primeiro impacto com Beauvoir no Flore e a desigualdade de suas relações em algumas linhas inesquecíveis: "Ela levantou a cabeça. Seguiu sua ideia no meu pobre rosto. Não o via. Então, do fundo dos séculos o acontecimento chegou. Ela lia. Regressei ao café. Ela seguia outras ideias em outros rostos. Pedi um conhaque. Ela não reparou em mim. Ocupava-se de suas leituras."[52] Mais tarde, terá tons à la Jacques Brel* para descrever sua espera sempre insatisfeita: "Amanhã eu a esperarei com flores como a esperei por dez anos. Ainda amo, a amo sempre, mas não posso lhe escrever meu cântico solitário."[53] Beauvoir frequentemente descreveu essas relações complicadas nas suas cartas a Nelson Algren.[54] Foi mais discreta quanto à ajuda financeira que deu, desde 1949, vertendo para Violette Leduc uma pensão conferida a partir de seus próprios direitos autorais, paga diretamente pela Gallimard para não incomodar a beneficiada, e quanto ao apoio renovado no momento em que a amiga sucumbe a delírios e precisa receber tratamento psiquiátrico. Sobretudo, para além dessas peripécias, Simone de Beauvoir

---

* Cantor e compositor belga francófono, internacionalmente conhecido pela canção "Ne me quitte pas". (N.T.)

encorajou — como Sartre — Violette Leduc a enviar, sempre que quisesse, textos para *Les Temps Modernes*. Quando a Gallimard decide publicar *A bastarda*, Violette Leduc não é mais uma autora desconhecida; mas não chega a ser célebre. O prefácio redigido por Beauvoir dará o empurrão necessário para superar esse limite. Com bastante pudor, ela permite que se compreendam os elementos biográficos que explicam a natureza da obra: "O homem mais mundano ou o mais militante tem seus recônditos onde ninguém se aventura, nem mesmo ele, mas que lá estão: a noite da infância, os fracassos, as renúncias, a brusca emoção de uma nuvem no céu."[55] Fala da relação difícil da autora com a mãe: "Ela tem medo de todas as consciências, porque tinham o poder de transformá-la em monstro."[56] Insiste nos traços de Violette que conhece bem: "Ela deseja uma coisa totalmente diferente da voluptuosidade: a posse."[57] Compraz-se, porém, em lhe descobrir um alter ego, uma mulher independente — "Uma mulher que se basta: é sob essa figura que Violette Leduc se satisfaz", e destaca uma frase de *Tesouros a tomar* em apoio dessa afirmação: "Eu atingia o extremo dos meus esforços: enfim eu existia."[58] Simone se empenha também em realçar com minúcias algumas belas passagens do livro, e a atenção conferida por sua autora à infinita beleza de espetáculos ínfimos: "Como sabe amá-los, ela faz com que os vejamos. Ninguém antes nos mostrou essas lantejoulas um pouco apagadas que cintilam incrustadas nos degraus do metrô."[59] Destaca que esse talento levou seu editor a evitar, para *A bastarda*, os cortes que tinha praticado em passagens consideradas demasiado ousadas de *Devastações*, em que Violette Leduc prima pela "audácia discreta": "Ela escandaliza os puritanos, e a impudicícia não a aprova."[60] Pois sua audácia lhe advém do que Beauvoir chama sua "ingenuidade moral", "tanto o bem como o mal são para ela palavras vazias".[61] Uma espécie de heroína da liberdade à maneira existencialista: "Está onde está, com o peso de seu passado sobre os ombros. Nunca trapaceia; nunca cede a pretensões nem se inclina diante de convenções. Sua escrupulosa honestidade tem o valor de um questionamento."[62] E conclui que, apesar das "lágrimas e gritos", os livros de Violette Leduc são "revigorantes" — ela ama esta palavra — "devido ao que eu chamaria sua inocência no mal, e por arrancarem tantas riquezas da sombra. Quartos sufocantes, corações desolados, as pequenas frases ofegantes nos comprimem a garganta. De repente, uma ventania nos arrebata sob um céu sem fim e a alegria pulsa em nossas veias. O grito da cotovia fulgura acima da planície nua. No fundo do desespero tocamos a paixão de viver e o ódio não passa de um dos nomes do amor".[63] Não sei quantos leitores esse prefácio conduziu a *A bastarda*, mas posso testemunhar que ele propiciou às obras de Violette Leduc conquistas definitivas.

Apesar desses textos generosamente espalhados, o desejo de escrever obras de ficção próprias não abandonou Simone de Beauvoir. Seu último romance tinha sido o do Goncourt, *Os mandarins*, e já se passaram mais de dez anos quando ela decide se lançar de novo ao que representa de aventuroso, para não dizer de angustiante, na escrita de um livro desse gênero. Após a publicação de *Uma morte muito suave*, em 1964, após o trabalho realizado para *A força das coisas*, ela também deseja escapar um pouco do gênero autobiográfico: "Prometi-me que não tornaria a falar de mim durante muito tempo. Comecei a imaginar personagens e temas distanciados de minha própria existência; desejava integrá-los num romance onde trataria também — mas através de figuras diferentes de mim — de um assunto que me interessava diretamente: o envelhecimento."[64] Com esses dois objetivos em mente, Simone trabalha durante quase um ano; depois, em outubro de 1965, quando sofre no retorno das férias um grave acidente de carro, relê seu texto e, mesmo sem mostrá-lo a Sartre — exceção notável! —, enfiou-o num armário. Imagina então um outro projeto: permanecer fiel à sua ideia de criar personagens muito diferentes de si própria, mas sobretudo "retratar essa sociedade tecnocrática" da qual se mantém "o mais distante possível" e na qual bem sabe que está imersa: "Através dos jornais, das revistas, da publicidade, do rádio, ela atua sobre mim."[65] Ela quer então descrever o "discurso" dessa sociedade, dando voz a indivíduos pelos quais esse discurso passa, sem que eles intervenham verdadeiramente na sua produção. "Consultei", explica ela, "as revistas, os livros onde ele está inscrito. Encontrei neles raciocínios, fórmulas que me impressionaram por sua futilidade; e outros, cujas premissas ou implicações me revoltaram (...) fiz uma coletânea de disparates, tão divertida quanto consternadora."[66] Porém, querer fazer viver na pele de personagens a platitude comum sem empreender uma denúncia da "sociedade do espetáculo" tal qual tentará fazê-lo Guy Debord, dois anos mais tarde,[67] implica o desafio com o qual Flaubert esbarrara em *Bouvard et Pécuchet*. Quando o livro é publicado, em novembro de 1966, sob o título de *As belas imagens*, será um grande sucesso de vendas: permanece doze semanas, anota ela com satisfação, na lista dos best-sellers, com 120 mil exemplares vendidos. Mas Simone de Beauvoir bem sabe qual é o peso da sua notoriedade nessa recepção, e o mundo literário é bem mais severo. Nas críticas que se seguem à publicação, se expressa surpresa, no melhor dos casos, por não se encontrar a própria Simone de Beauvoir, pelo menos através de um dos personagens a quem tivesse confiado sua maneira de ver. No pior dos casos, toma-se esse ou aquele de seus personagens, atravessado pelos lugares-comuns do discurso ambiente, como sendo ela própria. Assim, citam-se até a exaustão as fórmulas do pai da jovem Laurence, que "usa sua cultura para se assegurar um conforto moral que ele prefere à verdade" como representante das ideias da autora. Ela fica indignada: "Como puderam atribuir-me as leviandades que um velho egoísta emite sobre a felicidade dos pobres e as belezas da frugalidade?"[68] De Jean-Jacques Servan-Schreiber até uma revista orientada por Lanza del Vasto, o absurdo persiste. Mesmo em exames de bacharelado os candidatos são convidados a comentar o suposto "pensamento de Simone de Beauvoir" através das besteiras faladas por um de seus personagens! "É perigoso pedir ao público que leia nas entrelinhas", constata com tristeza; mas, querendo antes de tudo escrever o que lhe vai no coração, ela resiste bravamente. Seis meses depois de *As belas imagens*, começam a sair uma por uma, na [revista] *Elle*, as novelas de *A mulher desiludida*. Sob três formas diversas, como tentara em sua primeira coletânea de novelas — narração, monólogo furioso, escrita de um diário íntimo —, cada uma delas põe em cena a maneira pela qual as mulheres podem ser desapropriadas de sua vida: uma carreira que lhes escapa, uma existência excessivamente ocupada em se ocupar dos outros, um marido que as abandona em troca de uma mulher mais jovem... Uma angústia idêntica as percorre: a do tempo que passa, do envelhecimento inexorável.

Quando é publicada a primeira dessas novelas, "A idade da discrição", Simone de Beauvoir está perto de completar sessenta anos. Tinha desejado, dizia ao evocar o projeto de um romance a escrever após o relato da morte de sua mãe, tratar de um assunto "que me interessava diretamente: o envelhecimento".[69] Embora negue ter cedido à tentação da autobiografia, demasiadas palavras soam precisas e dolorosas para serem afastadas de suas preocupações de então. Declínio do apetite sexual: "A sexualidade para mim não existe mais", declara a heroína. "Eu chamava de serenidade essa indiferença; subitamente a compreendi de outra forma: é uma enfermidade, é a perda de um sentido; ela me deixa cega às necessidades, às dores, às alegrias daqueles que a possuem."[70] Declínio da criatividade: a intelectual que ela é vê sua obra "interrompida, encerrada. (...) Minha vaidade não estava atingida. Se eu morresse naquela noite, julgaria que me realizara na vida. Mas estava assustada com esse deserto por meio do qual me arrastaria até que a morte chegasse".[71] André, o marido da heroína, se comove com o que ele foi: "A juventude é o que os italianos chamam por um nome tão bonito: a *stamina*. A seiva, o fogo, que permite amar e criar. Quando você perde isso, perdeu tudo."[72] A vida não é senão uma longa degradação: "Que é um adulto? Uma criança inchada pela idade."[73] E os dois convocam todas as citações antigas para tentar colocar palavras convenientes naquilo que os ameaça: "Os gregos chamavam seus velhos de vespões. 'Vespão inútil!', diz Hécuba em *As troianas*."[74] E Sainte-Beuve: "Endurecemos em alguns lugares, apodrecemos em outros, não amadurecemos nunca."[75]

As novelas são muito bem recebidas pelas leitoras de *Elle*, que enviarão a Simone de Beauvoir grande número de cartas. O livro terá sucesso igual ao do anterior. Mas, como para este, a crítica não é boa: novamente leitores que poderiam atentar à variedade do estilo, aos personagens, à qualidade da construção, procuram apenas o detalhe autobiográfico, a mensagem. A autora se defende: "Não me sinto obrigada a escolher heroínas exemplares. Descrever o fracasso, o erro, a má-fé, não é, em minha opinião, trair ninguém".[76] * Porém, por não conseguir se fazer entender, recorrendo à linguagem da ficção, com relação ao tema que

---

*   A autora se refere aqui, em particular, às leitoras feministas que se queixaram de não ver nenhum traço de "militância" naquela obra, o que configuraria, portanto, uma espécie de "traição" por parte da autora de O segundo sexo. (N.T.)

lhe é caro, Simone de Beauvoir pensa cada vez mais seriamente em explorar esse outro "continente negro" do qual todo mundo se desvia pudicamente, que é a velhice. Em 1967, conforme escreveu em *Balanço final*, ela teve uma "iluminação": "Aquele problema que não conseguira abordar satisfatoriamente sob uma forma romanesca, a velhice, seria estudado num ensaio que, no que se refere às pessoas idosas, equivaleria ao *Deuxième sexe* [O segundo sexo]."[77] Ela fala disso a Sartre, de quem sabemos o papel que teve na escolha do ensaio anterior, e ele a encoraja "vivamente". Assim, parece ainsa se operar uma forma de reciprocidade curiosa no célebre casal: já há muitos anos Simone de Beauvoir passa boa parte do seu tempo relendo, retrabalhando, podando os manuscritos de Sartre, e há muitos anos esse esforço não é recíproco. Em contrapartida, o Castor submete todos seus projetos a Sartre, para testar sua validez, e sabe de antemão, como para a ideia do romance abandonado de 1965, que quando não se atreve a lhe apresentar um projeto, é por achar que não é digno dele, nem portanto, necessariamente, dela... Em suma, Sartre aprova a ideia do ensaio sobre a velhice e, como para tratar das mulheres, ela se sente disposta a um trabalho de "desmistificação".[78] Quer, portanto, evitar palavras vazias: toda sua filosofia da existência repousa sobre a ideia de liberdade, mas uma liberdade que se exerce em dadas condições: ela aprendeu a tratar a condição feminina, a ação militante a levou a conhecer as condições sociais, econômicas e políticas que enquadram e limitam a vontade de agir; aos sessenta anos, ela entra na velhice: o que vem a ser essa estranha condição? Beauvoir reencontra então seus apetites de documentação de outrora. Escutemo-la descrever, ofegante, seus esforços de pesquisa: "Fui à sala de catálogos da Biblioteca Nacional, consultei as mais recentes fichas agrupadas sob a rubrica: velhice. Encontrei primeiro os ensaios de Emerson e de Faguet, depois trabalhos mais sérios que me forneceram uma bibliografia sumária. Pouco a pouco esta se foi enriquecendo; li praticamente todos os tratados e as revistas de gerontologia publicados na França nos últimos anos. Mandei buscar em Chicago três compêndios enormes que os americanos dedicaram a essa disciplina. Durante esse período de exploração, o livro construiu-se em minha cabeça, e redigi, com maior ou menor dificuldade, seus diferentes capítulos."[79] Obra de segunda mão, como disseram certos críticos? Não, ela se defende. Pois, à parte o capítulo sobre a biologia, em que se restringiu aos dados mais recentes, a autora realizou — ajudada nisso pelo laboratório de antropologia do *Collège de France* que lhe foi aberto gentilmente por Claude Lévi-Strauss — um trabalho de síntese no qual inseriu suas próprias hipóteses. Trabalho árduo! E ela confessa ter tido a impressão de "entregar-se a uma verdadeira caça ao tesouro", descobrindo de passagem "uma mina de ouro", defrontando-se mais frequentemente com a indiferença contraposta às suas interrogações. Sobretudo, ela elabora uma segunda parte de sua obra em torno de questões que coloca a si mesma, com o único auxílio de sua própria experiência: "Relação do velho com sua imagem, com seu corpo, com seu passado, com suas atividades; quais são as razões de sua atitude para com o mundo, para com o seu ambiente?"[80] No momento em que o livro é publicado, no fim de janeiro de 1970, ele encontra as conclusões de um relatório oficial,* o da Inspeção Geral das Questões Sociais, sobre os problemas sociais das pessoas idosas, com ênfase na deterioração do nível de vida (a inflação era galopante, e as pensões não a compensavam), e *A velhice* tem uma acolhida favorável. Simone de Beauvoir se sente, em troca, encarregada de defender uma causa negligenciada pela maior parte dos responsáveis políticos e pelas "deficiências da Administração": ela aceita até mesmo dar entrevistas de rádio que recusara para todos os seus outros livros e, numa atitude de denúncia que se tornara familiar, enfoca tanto os "acasos infelizes da existência" quanto as complicações burocráticas, divulgando, de passagem, a reivindicação da eutanásia, que sugeriram alguns dos seus correspondentes.

Última batalha para Simone de Beauvoir? Após ter evocado, em suas *Memórias*, a escrita de *A velhice*, após ter-se avaliado com sorridente aprovação quanto ao trabalho realizado nesse período: "Uma narrativa sobre a morte de minha mãe, dois livros de ficção, dois prefácios, um grande ensaio: não foi pouco o que escrevi de 1963 à 1970",[81] Simone de Beauvoir se entrega a outra recapitulação. Desde as interpretações tendenciosas de seu "fui ludibriada" no final de *A força das coisas*, desde a dolorosa escrita de *Uma morte muito suave*, ela diz não ter tido o mesmo entusiasmo

---

* Então recém-publicado. (N.T.)

pelo trabalho literário. Confessa até mesmo parar de tempos em tempos de trabalhar! "Agora, mesmo disponível, penso conceder-me férias". Ela retorna, porém, a diversas atividades, constatando que "a preguiça (a) entedia", mas com o sentimento, cada dia mais forte, de que não superará o que já realizou, e acrescenta — mesmo se acabamos de ver que ela rapidamente volta ao jogo: "Já não tenho uma missão a cumprir."[82]

Como explicar essa impressão de abandonar a batalha? Claro, ela tem múltiplas ocasiões de estar ainda no centro dos debates, em especial no campo das lutas feministas. Em 1969, por exemplo, é publicado *O mal-entendido do Segundo sexo*,[83] onde Suzanne Lilar critica de maneira virulenta a obra fundadora. A partir de considerações biológicas do professor Gilbert-Dreyfus, ela questiona a tese principal de Simone de Beauvoir, a realidade cultural da feminilidade, resumida na célebre fórmula: "Ninguém nasce mulher, as pessoas se tornam mulher". Num terreno onde ela não está absolutamente segura de si mesma, apesar dos muitos tratados científicos absorvidos, Beauvoir se percebe frágil, sem dúvida alguma, e é inevitavelmente mortificada pelo tom virulento da crítica. Ela se refere, em *Balanço final*, ao "cientificismo nebuloso da sra. Lilar",[84] reconhecendo, sem dúvida, que existem diferenças "genéticas, endócrinas, anatômicas", entre os dois sexos, mas insistindo sobre o fato de estudos recentes sobre a infância trazerem ainda mais água ao moinho da construção cultural da feminilidade, como também da virilidade. Porém um fato está posto: se, na época da publicação de *O segundo sexo*, a obra parecia quase como um monumento de novidade, e se podia tranquilamente contabilizar seus contraditores no rol dos leitores de má-fé e dos opositores à libertação das mulheres; no fim dos anos 1960, o movimento feminista está repleto de discussões, de tomadas de posição, e Simone de Beauvoir não será poupada.

Algumas desilusões íntimas vêm obscurecer ainda mais o quadro. É o caso da adoção, por Sartre, de uma jovem: Arlette Elkaïm. A decisão tinha sido tomada pelo filósofo no fim de 1964 e o julgamento de adoção aconteceu em 18 de março de 1965. A relação deles vinha de muito tempo atrás. Arlette estava na *khâgne* * do liceu de Versailles, em 1956,

---

*   Segundo ano, após o da *hypokhâgne*, das classes preparatórias para o ingresso na École Normale Supérieure. (N.T.)

e pediu a Sartre conselhos de filosofia. Após algumas trocas epistolares, Sartre quis um encontro para continuar o trabalho: "Não posso mais aconselhá-la", escreveu ele, "não sei *quem* você é".[85] Como Arlette era interna e só podia sair aos domingos, foi convidada ao apartamento da sra. Mancy para as tradicionais refeições dominicais que Sartre fazia com a mãe. Muito rapidamente, como quase sempre acontecia por parte do filósofo, as relações ficaram mais íntimas e o entorno de Sartre se habituou a esse novo duo entre outros. Mas é verdade que Arlette, com os 28 anos que os separavam, poderia ser sua filha, e ambos se divertiam com os quiproquós que provocavam enquanto casal: a observação de um florista em Paris — "O que o senhor gostaria para sua bonita filha?" —, e os equívocos dos hoteleiros e donos de restaurantes, sobretudo no exterior: "Seu pai está tomando um café na praça"... "Sua filha esqueceu jornal" etc. No começo de 1964, uma notícia (a adoção de uma moça de 28 anos pelo mago Cartheret) chama a atenção de Sartre e ele se surpreende com a possibilidade legal de adotar uma pessoa maior de idade: "Se eu quiser, posso adotá-la", diz ele a Arlette. E alguns meses depois, pede a Gisèle Halimi que prepare os documentos. Certo dia — pouco tempo antes da decisão judicial final — Bost, e não Sartre, dá a notícia ao Castor. Decerto, as razões da adoção eram boas: Sartre garantia assim, ao confiar a uma jovem competente e que lhe era totalmente dedicada, a gestão póstuma de sua obra. Mas por que o segredinho? O velho menino Sartre pregava de novo uma de suas más peças: como no tempo em que pediu à Gallimard que imprimisse dois exemplares especiais de *Crítica da razão dialética* sem a dedicatória ao Castor, para que ele pudesse dedicá-los a duas outras mulheres...[86] Porém, a partir do momento em que fica sabendo, por maior que tenha sido o choque, Simone de Beauvoir reage bem; parece que ela própria se encarregou de consolar as amigas de Sartre que se sentiam humilhadas ou no mínimo esquecidas nessa decisão do filósofo, Évelyne Rey, Michelle Vian, Liliane Siegel, que relatou a conversa telefônica que teve então com o Castor: "Ele tinha dito que nunca faria isso sem meu consentimento", declara Liliane aos prantos. "Ele queria contar pessoalmente", responde Simone, e aconselha, após minimizar o alcance das promessas de Sartre ("Você sabe que isso não significa nada para ele"): "É tarde, Liliane, tome um remédio para dormir e fale com ele amanhã."[87] Simone de Beauvoir aceita também se apresentar como fiadora na constituição do ato de adoção e, na noite do julgamento, como se nada tivesse acontecido, festeja com champanhe o pai e a filha.

Cada vez mais, com efeito, é como se a realidade de Sartre se duplicasse. O homem público é "Intocável":[88] daquele que desafia os poderes no plano nacional, ele passou a uma aura internacional consolidada e até mesmo aumentada por sua designação ao prêmio Nobel de literatura, e por sua recusa ao prêmio em 1964. O homem privado, que desvelou em *As palavras* sua maneira patética de não conseguir escapar da infância, envelheceu rápido demais, não cessando de se destruir com dias e noites de trabalho maníaco, com milhares de páginas acumuladas, estimulantes de todo tipo para aguentar, além de álcool, tabaco etc. Beauvoir, que tanto o acompanhou nessa maneira de viver, que continua a tentar administrar sua agenda e a produção dos textos, agora sabe que ele está ameaçado pela doença. Nesse dia de 1972, quando ele não consegue se sustentar de pé para seguir o cortejo em memória de Overney, ela só pode recapitular os ataques sucessivos, desde o primeiro alerta em Moscou. Ela terá o papel de enfermeira, visto como um dever, papel que ela organiza, e partilha com as outras mulheres.

Os anos que acabam de passar foram marcados também pela ruptura definitiva com Algren. Claro, entre eles, a ligação se encerrara há muito, mas desde a estadia parisiense de Algren no apartamento da rua Schoelcher, e de suas viagens em comum no Mediterrâneo, no verão de 1960, Simone pensava que uma bela amizade poderia se manter. Isso se esquecesse que era escritora, que tentaria contar na sua autobiografia, por mais pudicamente que fosse, seu belo amor transatlântico, e que Algren acabaria tendo acesso à tradução. Ele já se irritara ao ler as duas obras editadas em sua língua: *A América dia a dia* e *Os mandarins*. Declararia a esse respeito a um jornalista: "Tornar pública a relação que une duas pessoas é destruí-la (...) compartilhar essa relação com qualquer um que abra um livro, é reduzi-la a nada."[89] Ora, *A força das coisas* é publicado em inglês na primavera de 1965. A revista *Harper's* antecipa dois trechos como pré-lançamento, em novembro e dezembro de 1964, sob o título "A questão da fidelidade". Algren se sente profundamente magoado e faz uma crítica direta de Beauvoir. Em maio de 1965, na mesma revista, ele ataca com violência a teoria dos amores contingentes, edificada pelo célebre casal e a vontade de "dizer tudo" do Castor, que ele assimila ao egocentrismo. Sua exasperação é tamanha que ele termina o artigo com essas palavras: "Ela não vai, afinal, se calar?"[90] Em outro artigo, de outubro de 1965,[91] ele parodia suas fórmulas, sem poupar o veneno; Simone havia escrito, entre outras coisas, em suas *Memórias*: "'Quando for a Chicago, vá ver Algren da minha parte', me dissera (...) uma jovem intelectual" e "dizia-se que ele era instável, complicado e até neurótico: eu gostava de ser a única a conhecê-lo". Algren escolhe frases cruelmente simétricas: "'Quando for a Paris, vá ver Simone de Beauvoir', me aconselhou um pseudointelectual. Dizia-se que ela era incrivelmente sentenciosa, sem humor e tirânica para uma boa escritora: eu gostava de ser o único a saber que não era uma boa escritora." Simone de Beauvoir tinha sem dúvida feito um grande mal a Algren sem mensurar o alcance dos seus textos; Algren se vingava à sua maneira, deliberadamente, sem esquecer de atacar no ponto em que sabia que Simone era sensível: a sua qualidade de escritora.

Felizmente, Bost, Lanzmann, para só falar dos amores masculinos, permanecem amigos fiéis. E Beauvoir conseguirá construir com Sylvie Le Bon um laço novo, forte e alegre, uma amizade que tem o frescor das descobertas e terá a fidelidade esperada. "Eu tinha me equivocado ao pensar (...) que nada mais de importante poderia me acontecer, a não ser desgraças: uma grande chance me foi dada de novo." São quase as mesmas palavras que tinha empregado para falar de seu encontro com Lanzmann. Seria preciso ter apresentado Sylvie anteriormente; de fato, foi no começo dos anos 60 que elas se conheceram. Como tantas outras estudantes, Sylvie certo dia pediu para encontrar Simone. Vinha de uma abastada família de Rennes, recebera educação católica que — apesar das diferenças de geração — não foi, sem dúvida, muito diferente da recebida por Simone. No momento do encontro com Beauvoir, ela é estudante da *hypokhâgne* e também escolherá o estudo de filosofia, depois de integrar a École Normale Supérieure de Sèvres e se destinar ao professorado, se preparando para a *agrégation*. Sylvie escreveu pela primeira vez na primavera de 1960, para solicitar um encontro; Beauvoir prometeu vê-la e a contata em novembro. O primeiro encontro foi num café da praça Denfert-Rochereau, Sylvie se diria muito emocionada por ter sido interrogada sobre sua própria vida e escutada com tanta atenção. Mas sente-se muito intimidada, a admiração que tem pela autora de *O segundo sexo* a bloqueia — ela leu a maior parte dos escritos de Simone de Beauvoir e não sempre repete aos que a rodeiam: "Não há senão uma pessoa no século atual que valha a pena para as mulheres: Simone de Beauvoir."[92] "Ela torcia nervosamente as mãos, envesgava os olhos e respondia às minhas perguntas com uma voz sumida",[93] se recordará, emocionada e divertida ao mesmo tempo, Simone de Beauvoir. Porém, ela a encoraja sobretudo a se interessar mais pela atualidade e lhe compra um punhado de revistas. Seus encontros são de início muito espaçados (dois somente no ano seguinte), depois Sylvie se revela cada vez mais como é: livre da sua timidez, parece viver, espontânea, até mesmo violenta em suas tomadas de posição, e Beauvoir se empenha sempre, ao fazê-la falar, ao pedir seus conselhos, ao tratá-la de igual para igual, em ganhar sua confiança. Uma estadia na Córsega, no verão de 1965, será — segundo a fórmula de Le Bon — sua "verdadeira viagem de lua de mel".[94] Sartre logo a chamou de "a namorada" de Simone e propõe ao Castor que ela se junte aos dois nas noitadas em restaurantes e nas viagens de férias: Sartre-Arlette, Beauvoir-Sylvie, tal é a nova quadratura das relações principais entre as formas de "famílias" que eles tinham escolhido inventar há muito tempo. O que nos importa saber é unicamente que, a partir de então, Sylvie estará presente junto de Simone até os últimos dias desta. Em *Balanço final*, o Castor lhe rende a mais bela homenagem, lembra que Sylvie foi uma das únicas pessoas a entender bem o epílogo de seu terceiro volume de *Memórias*, o célebre "Fui ludibriada". E exprime sua surpresa alegre com o relato, pela jovem, daquilo que esta denominava suas "malandragens": as palhaçadas, as intervenções mais ou menos violentas como o ataque (reprovado por Beauvoir!) a Wanda, que Sylvie suspeitou de querer prejudicar o casal célebre.[95] Conta igualmente uma noite passada num hotel de Sologne, em que Sylvie foi acordá-la no quarto para que admirasse o espetáculo de uma noite de verão. Ela se maravilha, cada dia mais, por ver como a vida de Sylvie se assemelha à dela: conflitos com a mãe, que aliás tenta intervir para lhes interromper as relações, apego complicado a uma amiga, que tanto remete Simone à sua ligação feliz e dolorosa com Zaza. E enfim, apesar da diferença de idade, ela encontrou em Sylvie uma semelhante. Sua jovem amiga, ao passar no concurso, se irrita ao ver as jovens em torno de Sartre aceitarem a prodigalidade do velho homem e viverem sem trabalhar: aceitará os primeiros postos na província, entre os quais o de Rouen, em que Beauvoir tinha começado após Marseille. Identificação cruzada? Em todo caso, as palavras de Simone são inequívocas: o que está acontecendo é uma bela história de amor: "Como eu, era uma intelectual e era também apaixonada pela vida (...) encontrava nela minhas qualidades e minhas falhas. Ela possuía um dom muito raro: sabia ouvir (...) gostava de aprender, de compreender, sua inteligência era viva e precisa (...)." E "ela faz parte de minha vida e eu da sua. Apresentei-a ao meu *entourage*. Lemos os mesmos livros, vamos juntas aos espetáculos, fazemos grandes passeios de carro. Existe uma tal reciprocidade entre nós, que perco a noção de minha idade: ela me introduz em seu futuro e, por momentos, o presente recupera uma dimensão que havia perdido".[96]

E então? Os comentadores se inquietam quanto à natureza dessa relação. Confirmação da suposta homossexualidade de Simone de Beauvoir? Relação mãe-filha? A mais velha responde a Alice Schwarzer sobre esse segundo ponto: "De forma alguma! As relações mãe-filha são geralmente catastróficas (...) nunca apaixonadas, amorosas, ternas, como estimo que devam ser as relações."[97] Apaixonadas, amorosas, ternas, está tudo dito. Relações que comprometem o ser por inteiro, carnais antes que sexuais por implicarem gestos precisos, práticas pretensamente codificadas. E Simone de Beauvoir segue dizendo à entrevistadora: "Sempre tive grandes amizades com mulheres. Muito ternas, às vezes inclusive uma ternura com carícias. Mas isso nunca despertou em mim paixão erótica... sem dúvida um condicionamento da minha educação (...) hoje em dia toda mulher já é um pouco homossexual. Simplesmente porque são mais desejáveis do que os homens... São mais bonitas, mais doces, a pele é mais agradável. De modo geral, têm mais charme."[98] Essa declaração abre discussões sem fim: tal visão das mulheres não é singularmente influenciada pelo ponto de vista, pelo próprio vocabulário dos homens? Cultural essa linguagem, não? E que Beauvoir — em geral tão desconfiada das construções artificiais da cultura — se entregue a isso nesse momento, não é suspeito? Que importa, afinal? Sylvie encontrou palavras muito justas para tentar encerrar esse debate: "A dificuldade tinha a ver com o fato de que nenhuma de nós esperava, sobretudo eu, amar uma mulher. Mas inegavelmente era amor, e ponto final".[99] Nesses anos difíceis em que a morte ceifa tantos amigos em torno dela, em que está envolvida com Sartre naquilo que chamará, depois dele, de "a cerimônia do adeus", Beauvoir não estará sozinha, e Sylvie a faz renovar as descobertas, os entusiasmos, em suma, a vontade ainda de viver.

10.
MAIO DE 1980

> "Agora, posso ainda interessar-me com entusiasmo por projetos de curto prazo — uma viagem, uma leitura, um encontro —, mas o grande arrebatamento que me impulsionava para diante desapareceu. Como dizia Chateaubriand, chego ao fim; já não posso permitir-me passadas muito grandes."
>
> SIMONE DE BEAUVOIR, *Balanço final*.[1]

"Quando Sylvie e Lanzmann regressaram da cremação, encontraram-me a delirar. Hospitalizaram-me. Estava com uma congestão pulmonar da qual me curei em duas semanas." Assim fala Simone de Beauvoir na última página de *A cerimônia do adeus*; uma bravata para evitar o buraco negro em que ela cai no dia seguinte ao enterro de Sartre. A realidade é mais dolorosa do que a curta estadia evocada aqui e do que a doença claramente declarada, pela qual teria sido tratada. Ela ficou pouco tempo no [hospital] Cochin, é verdade. Mas a morte de Sartre no dia 15 de abril, e em seguida "as" cerimônias do enterro — pois foram várias etapas: a do sábado, dia 19 de abril, seguida por uma enorme multidão, depois, em 23 de abril, incineração no crematório do Père-Lachaise, em que Simone, sem forças para comparecer, foi representada por Sylvie, e enfim a transferência das cinzas ao cemitério Montparnasse — foram insuportáveis para ela. As cenas de 19 de abril foram relatadas abundantemente pela imprensa: as cinquenta mil pessoas que seguem o cortejo e se aglomeram no percurso — "a última passeata de 68", como escreveu Lanzmann; o homem que, levado pela multidão, cai na cova; Simone de Beauvoir, derrotada, sustentada por Georges Michel e Claude

Lanzmann, e para quem se coloca uma cadeira à beira do túmulo enquanto os amigos passam. No dia seguinte, preocupada com o estado de prostração da amiga, Sylvie a leva para seu próprio apartamento. E é onde a encontra, ao voltar da cerimônia de incineração, sentada na cama e delirando de febre. Durante o mês de maio passado em grande parte no Cochin, ela levará muito tempo para superar a pneumonia, mas mais ainda para sair do estupor. E, todavia, ao contar esse episódio em *A cerimônia do adeus*, como se não suportasse dar de si mesma essa imagem de desmoronamento, ela se utiliza dessa frase que ao mesmo tempo minimiza e banaliza: "Estava com uma congestão pulmonar da qual me curei em duas semanas."[2]

Todos haviam entendido: a partir da publicação de *Balanço final* em 1972, Simone de Beauvoir não escreveria mais autobiografia; porém, sua própria história, de 1970 até o mês de abril de 1980, será contada, toda misturada à dos últimos anos de Sartre, em *A cerimônia do adeus*. Entre 1972 e 1980, a vida do Castor se passa num ritmo a dois tempos. E nunca os papéis de enfermeira e de testemunha junto do companheiro de sempre apagarão os projetos que são dela, as amizades próprias, nos campos de atividade compartilhados com Sartre, alguns deles, e outros dos quais ela se ocupa: o feminismo em primeiro lugar. Como se a vontade de se assumir, em tudo e sempre, constituísse mais do que nunca sua espinha dorsal. Em 1978, ela realizou para o jornal *Le Monde* uma espécie de balanço de etapa. A entrevista que concede então, no momento de seu septuagésimo aniversário, a Pierre Viansson-Ponté, redator-chefe do jornal,[3] trata por inteiro da escolha do feminismo como referência essencial tanto como escolha pessoal quanto também social e política.

Nessa longa entrevista, nem uma única referência à filosofia do início, o existencialismo. Uma discussão sobre o "socialismo", mas para contestar sua validade: Beauvoir "pensou muito tempo", diz, que a libertação das mulheres ocorreria com a instauração de uma sociedade mais justa (lembremo-nos em particular do que tinha escrito a esse respeito a propósito da revolução chinesa em *A longa marcha*), mas viu, como toda a geração à qual pertence, suas esperanças desmoronarem. Do socialismo como base de uma nova sociedade, ela sabe agora que se trata de um "sonho": o verdadeiro socialismo "seria uma redução das desigualdades e mesmo sua supressão, seria a supressão da exploração (...) seria uma tal transformação que não acredito que possa se produzir tão cedo". E mais, quando as mulheres juntaram seus esforços aos dos homens que diziam se inspirar na fórmula mágica da abolição das desigualdades, pela supressão da propriedade privada dos meios de produção, elas se enganaram. "Enfim, talvez na URSS alguma coisa aconteça: as mulheres trabalham mais", concede ela. E lembra: "Para mim é uma das coisas essenciais: a mulher deve ter sua independência econômica." Mas também sabe que as trabalhadoras desses países continuam a assumir, em nome da divisão social dos papéis, "uma carga dupla". Assim, ela conclui: "Não creio que a situação das mulheres esteja ligada ao advento do socialismo, que a melhoria da situação das mulheres esteja ligada ao desenvolvimento do socialismo." Mas e na França?, pergunta então Viansson-Ponté. Simone de Beauvoir é de novo categórica: mais agressões contra as mulheres, mais violações, embora o jornalista levante a hipótese de ser o conhecimento desses fatos que aumentou, talvez mais do que os fatos em si. Liberação sexual? A autora de *O segundo sexo* concorda que alguns progressos aconteceram, graças aos avanços realizados nos domínios da contracepção e do aborto, bem como na dessacralização da virgindade das moças. Mas "não é muita coisa, porque a verdadeira emancipação não se situa aí, situa-se no plano do trabalho, do trabalho econômico e das possibilidades de vencer na vida". As mulheres foram promovidas a cargos importantes? Resposta sem rodeios de Simone de Beauvoir, que soa como a palavra de ordem de uma porta-voz: "Nós, feministas, as chamamos mulheres-álibis." Uma jovem, a senhorita Chopinet é a melhor aluna da Politécnica? Que seja, mas agora os homens dizem às mulheres: "Vocês podem ser as primeiras na Politécnica", e essas gloriosas exceções mascaram os empregos mal pagos e as profissões desvalorizadas nos diversos ramos: "Na medida em que uma carreira se feminiza, se desvaloriza." Beauvoir também reivindica o rótulo de "feminista radical" que Viansson-Ponté lhe propõe com prudência. E expressa seu prazer por ter conhecido "jovens feministas" que realizam um verdadeiro trabalho coletivo no qual a mulher de setenta anos que ela é, se reconhece. E conta que a partir de 1971-1972 foi contatada por grupos que pediram seu apoio na batalha contra a proibição do aborto. Tem "simpatia" por essas jovens porque são feministas "não para tomar o lugar dos homens, mas para mudar o mundo tal como feito pelos homens. E isso é uma coisa muito mais interessante, a meu ver." As lutas futuras devem então tratar da não qualificação do trabalho feminino, de um lado, e da partilha das tarefas domésticas e da educação das crianças, de outro lado.

Pierre Viansson-Ponté tenta então situar o debate no terreno das instituições políticas, insistindo sobre o que ele analisa como contradições: o presidente Giscard d'Estaing tinha criado, em 1974, uma secretaria de Estado para a Condição Feminina, confiada a Françoise Giroud, ministério substituído em 1976 por uma simples delegação: não houve ali um progresso? "Essa secretaria, substituída agora por uma 'delegação', a senhora reagiu a ela dizendo que era uma 'mistificação'", lembra ele a Simone de Beauvoir. "E depois, um pouco mais tarde, mesmo assim protestou contra sua supressão." Por outro lado, o jornalista recorda que a Liga do Direito das Mulheres, da qual Beauvoir é presidente, tentou apresentar uma candidata à eleição presidencial de 1974; ele pergunta então: as feministas não encorajam as mulheres a conquistar poder político sendo candidatas às eleições? É a ocasião para Simone de Beauvoir de relembrar algumas posições tomadas na *Les Temps Modernes* em janeiro de 1973, no editorial intitulado "Eleições, armadilha para otários". "A senhora deseja (...) que elas sejam muito mais numerosas se apresentando às eleições, e as desencoraja?", pergunta Pierre Viansson-Ponté. "Nem tanto (...). Isso me parece secundário. Não sou muito favorável à representação parlamentar. As eleições, não sei bem o que isso significa, e não vejo muito bem o que as mulheres eleitas podem fazer, a não ser serem mulheres-álibi (...) se as mulheres querem tomar o poder à maneira dos homens, não vale a pena, é o que nós queremos justamente mudar, todas essas noções e esses valores." Claro, ela reconhece, ter em mãos instrumentos de poder pode permitir que outras mulheres sejam ajudadas, mas é preciso que as mulheres que "tiveram sucesso" não se "dessolidarizem" das outras. Após ter expresso suas dúvidas quanto ao interesse de uma democracia representativa, Simone de Beauvoir concede, porém, a Pierre Viansson--Ponté, que lhe pergunta se direita e esquerda "são a mesma coisa": "Não, penso que apesar de tudo a esquerda concederá concretamente mais do que a direita aos deserdados, aos trabalhadores." E como estão a poucas semanas das eleições legislativas, ela acrescenta: "*Se eu votar...* (a expressão é retomada em subtítulo pelo jornal). Se eu votar, evidentemente votarei à esquerda e não à direita." Não sem ironia com relação a essa declaração sobre a ineficácia das instituições, o redator do Le Monde destaca então o grande número de petições e diversos textos assinados por Sartre e Beauvoir: "Vocês acreditam na eficácia dessas tomadas de posição?"; Simone de Beauvoir responde sobriamente: "Certamente, entre as assinaturas que damos, algumas não são eficazes. Mas basta que algumas o sejam, para que sejamos obrigados a arriscar."

Claudine Serre, a jornalista que, ao lado de Pierre Viansson-Ponté, se encarrega de descrever o clima da entrevista, fala de uma "atmosfera no passado-presente" no apartamento da rua Schoelcher, onde foi recebida: "universo acolchoado", "cortinas de veludo vermelho", suvenires de viagens, uma raiz de árvore sobre a mesa de centro (presente de Violette Leduc), fotos por todo lado, onde reina o rosto de Sartre... em suma, o apartamento de uma senhora que vive rodeada de lembranças, mas profundamente engajada nas lutas presentes. A jornalista faz questão de sublinhar a autenticidade do engajamento feminista de Simone de Beauvoir; quando Viansson-Ponté a interroga sobre o livro a que mais se sente ligada, ela citou sem hesitar *O segundo sexo*... mas isso para assinalar em seguida ter se interessado particularmente, desde os primeiros livros, por personagens femininos que punha em cena. E a autenticidade é visível também nos combates realizados nos últimos anos, o que Claudine Serre chama de seu "período militante": entre outros, sua presença na Mutualité nos dias 13 e 14 de maio de 1972, nas "jornadas de denúncia dos crimes contra as mulheres", além do número especial da *Les Temps Modernes* sobre as mulheres, de abril-maio de 1974: "As mulheres teimam"... A bela homenagem que lhe faz a jovem jornalista é sem dúvida muito significativa pela maneira como a maioria das mulheres percebiam então Simone de Beauvoir: "Após ter chacoalhado a vida de nossas mães e assistido à eclosão insolente das moças insolentes de 1968, ela permanece fiel a essa ideia de que as mulheres têm uma tarefa a cumprir: viver."

Balanço de etapa, dizíamos. Lembremos: por ocasião do enterro de Overney, ao explicar que saiu da manifestação para ir a uma reunião do *Choisir*, ela traçava, sem parecer, uma espécie de hierarquia de ações e urgências. Entre os milhares de homens e mulheres do cortejo, ela não era senão um indivíduo a mais ou a menos, quando muito um símbolo. No movimento criado por Gisèle Halimi sobre os problemas da contracepção e do aborto, movimento que rapidamente cresceu para problemas mais amplos, ela se sentia útil. Lá também, sem dúvida, sua presença tinha uma característica simbólica, mas no bom sentido do termo. Ela punha assim toda a sua vida de mulher engajada, de intelectual de primeira categoria, a serviço de uma causa que os marxistas tinham relegado ao status de "lutas secundárias". E talvez também gostasse, como a maioria das militantes que se juntavam ao combate feminista, do calor e da eficácia dos grupos de mulheres. Posso testemunhar a esse respeito: muitas de nós descobriram então outras maneiras de agir, e uma riqueza de encontros diretos, de trocas fáceis, que nos projetavam muito além dos discursos teóricos, dos dogmas solidificados, das lutas intestinas, da busca por carreiras, que faziam o pão de cada dia das discussões no interior das estruturas políticas. Simone de Beauvoir não era membro de um partido político, mas as querelas ideológicas, os votos de exclusão, eram o lote comum dos grupos esquerdistas, e sua influência era forte até mesmo dentro da *Les Temps Modernes*. É evidente que as lutas internas, a busca feroz do poder, surgiram também no movimento das mulheres. Mas no início dos anos 1970, éramos numerosas, e Simone tinha que fazer parte deste número, a nos reconhecer de maneira privilegiada num ou noutro dos grupos participantes do movimento feminista. Uma "ancestral" desse movimento, Hélène Brion, tinha escrito no início do século XX um opúsculo, A via feminista, comparando o trabalho deste movimento ao dos partidos de esquerda e dos sindicatos: "No clã das mulheres", escreveu ela, "temos uma organização aparentemente bem mais defeituosa, bem menos centralizada; nossos trinta e seis pequenos grupos parecem forças esparsas, quase opostas (...). Mas nessa desordem aparente, há profunda unidade de pensamento, nascida da comunidade de sofrimentos. Há uma vida intensa, uma fé profunda nesses pequenos círculos. Nós ali agitamos ideias ao invés de espremer palavras."⁴ Sem dúvida que esses julgamentos tinham ainda certa validade cerca de sessenta anos depois.

É, portanto, no seio do *Choisir* que Simone de Beauvoir decidiu pela primeira vez intervir na vida pública de outro modo que não pela pluma, como fazia há tanto tempo. E, por uma vez, não foi apenas a acompanhante de Sartre na tribuna de um evento ou nos encontros de uma viagem; Gisèle Halimin lhe pediu desde logo que dirigisse com ela o movimento em formação. As duas se conhecem há bastante tempo, desde que a advogada — esposa de Claude Faux, também advogado, que se tornou secretário de Sartre após a partida de Jean Cau — se ocupa pessoalmente dos dossiês jurídicos de Sartre, concernentes às violações das leis sobre a propriedade intelectual e as piratarias da sua obra. Mas a simpatia mútua se aprofundou desde que Gisèle Halimi se encarregou da defesa de argelinos durante a guerra. Beauvoir aceita então presidir o comitê Boupacha, inspirado no nome de uma jovem argelina torturada, assistida na sua queixa contra o Exército francês por Gisèle Halimi. Depois, como consentiu já em prefaciar vários livros que militam pelos direitos à contracepção e ao aborto, com o movimento Planning Familial, ela colocará sua notoriedade a serviço da nova associação criada em junho de 1972, e da qual se torna presidente. O *Choisir* se dá um triplo objetivo: tornar a contracepção livre, gratuita e aberta a toda mulher; suprimir os textos repressivos com relação ao aborto (entre os quais a famosa lei de 23 de julho de 1920, votada pela Câmara "azul horizonte",* num grande surto natalista e moralista, por 500 votos contra 50); defender gratuitamente e prestar auxílio a toda pessoa acusada de aborto ou de cumplicidade em um aborto. A associação, que conta entre seus membros fundadores, ao lado de Halimi e de Beauvoir, com a romancista Christiane Rochefort, a atriz Delphine Seyrig, o biólogo Jean Rostand... recebe também a adesão de dois prêmios Nobel, Jacques Monod e François Jacob. Logo depois, em 15 de junho, um evento reúne duas mil pessoas na Casa da Cultura de Grenoble e anuncia-se ali a preparação de uma proposta de lei sobre

---

* A cor se refere ao uniforme dos soldados franceses da Primeira Guerra Mundial e, no contexto específico de que trata a autora, à maioria parlamentar de tendência conservadora formada a partir das eleições de 1919. (N.T.)

os objetivos do movimento. Essa proposta de lei será apoiada por Michel Rocard mas, como toda proposta de origem parlamentar (e não governamental), tem poucas chances de ser votada e sequer discutida...

Em novembro de 1972, Simone de Beauvoir testemunha no processo de Bobigny, que Gisèle Halimi consegue transformar em etapa importante na luta pelo direito ao aborto. O processo impõe anonimato e sigilo, mas *Choisir* o torna público e, em janeiro de 1973, os debates são publicados com título "Aborto: uma lei em processo". O caso de Bobigny. Simone de Beauvoir assina o prefácio e do livro consta também o seu depoimento enquanto testemunha. Interrogada por Gisèle Halimi, ela desenvolve uma visão assaz maniqueísta da sorte das mulheres duplamente vítimas, de homens que desejam assim provar sua "superioridade" psicológica e da economia que lucra com seu trabalho "invisível, clandestino, gratuito"; "a lei é usada para oprimir a mulher" porque a sociedade necessita, para sobreviver, do trabalho não-remunerado das mulheres em casa; inculca-se nas meninas a ideia de que a maternidade é sua única razão de existir; em seguida se proíbe às mulheres a escolha do número e do ritmo dessas maternidades, para que não se tornem donas de sua própria atividade, capazes de programar uma carreira profissional; recusa-se a elas qualquer informação sobre a contracepção. A opressão vivida por todas as mulheres, acrescenta Simone de Beauvoir, é ainda mais pesada em consequências para as mais deserdadas entre elas: mulheres de todas as classes sociais recorrem ao aborto, mas as que são processadas por isso pertencem às "camadas menos favorecidas": "Nunca se viu a mulher de um magistrado, de um ministro ou de um grande industrial sentada no lugar em que estão sentadas as acusadas hoje". Dra. Halimi então pergunta a Simone de Beauvoir: "A seu ver, a sociedade tem o direito de intervir na liberdade da mulher em dar à luz ou abortar?" "A mulher é livre para dispor de seu corpo", ela responde. A advogada vai mais longe: lembrando de passagem que Beauvoir assinou o manifesto das "343", pergunta à autora de *O segundo sexo* se ela própria já abortou; Simone de Beauvoir diz rapidamente: "Há muito tempo"... mas acrescenta que continua a ajudar com conselhos as mulheres em dificuldade e, se necessário, as ajuda financeiramente e até permite que se utilize seu apartamento para a realização de abortos. Sobre esse último ponto, a auto-acusação é exata (várias mulheres, e Sylvie Le Bon em particular, o confirmaram) e já bastaria para que a testemunha fosse incriminada. Mas, quando o presidente do tribunal toma a palavra, tenta se situar no plano filosófico: se cada um é livre para dispor de seu corpo, "os poderes públicos devem dar total liberdade às pessoas para se drogarem?". Negando, em primeiro lugar, qualquer ligação entre a droga e o aborto, Beauvoir assume a questão: "Eu seria a favor de deixar as pessoas se drogarem se quiserem, mas lhes dando uma informação suficiente sobre a droga." E a última frase da sua intervenção será uma reivindicação de liberdade: "É preciso que as pessoas sejam informadas, que sejam igualmente aconselhadas e que nessas condições, então, sim, sejam deixadas livres."

Mas Gisèle Halimi tenta se manter no campo da legalidade fazendo evoluir a legislação, evitando provocações. Simone de Beauvoir avalia que outros meios também podem ser bons para lutar pela liberdade e o progresso das mulheres. Em 1972, tinha respondido às questões de Alice Schwarzer para o *Nouvel Observateur*:[5] é sem dúvida uma das primeiras vezes que aceita para si mesma a definição de "feminista radical", preconizando, com o nascente Movimento de libertação das mulheres, a constituição de grupos não mistos ("se aceitássemos homens nesses grupos, eles não poderiam deixar de ter o reflexo masculino de querer mandar, se impor"); tomando oficialmente suas distâncias não só do Partido Comunista, mas também dos grupos esquerdistas pós-1968 ("Sejam comunistas, trotskistas ou maoístas, há sempre uma subordinação da mulher ao homem"), declarando sobretudo que o socialismo, até quando viesse a existir, não resolveria por si só os problemas das mulheres. Em 1973, ela dá entrevistas nesse sentido a Madeleine Gobeil para *Le MacLean*, no Canadá, e para a edição inglesa da mesma revista.

Assim, no fim de 1973, seu engajamento no Movimento das mulheres parece sofrer uma inflexão. As "lutas" da época, em torno do Planning Familial, do *Choisir*, são muito focadas nas batalhas pela liberdade da contracepção e do aborto. Simone de Beauvoir nunca poupou esforços nesses engajamentos, na sua ajuda concreta para o desenvolvimento desses combates. Mas suas amigas mais próximas e ela própria não queriam parar por aí. Em dezembro de 1973 é publicada na *Les Temps Modernes* uma nova seção, ao final de cada número, sob o título "O sexismo ordinário". Em algumas palavras, ao abrir essa seção, Beauvoir se explica sobre esse tema então assaz novo: "Certo número de mulheres, do qual faço parte, criou uma Liga do Direito das Mulheres. Essa associação se propõe vários objetivos, entre os quais se opor a toda discriminação feita às mulheres em cartazes, escritos e pronunciamentos públicos. Exigimos que as "injúrias sexistas" sejam também consideradas um delito."[6] Trata-se, em primeiro lugar, de rastrear sem piedade as manifestações de discriminações com relação às mulheres nas expressões correntes da vida cotidiana, e as atitudes franca e deliberadamente hostis à igualdade entre os sexos, ao domínio pelas mulheres de seus próprios corpos, mas a noção de "delito" permanece muito vaga. Mais tarde, o movimento se interessará mais de perto pelos avanços possíveis por via legal e, tendo em vista a preparação de uma "lei antissexista", serão reunidas as pérolas da linguagem comum e as manifestações grosseiramente agressivas de certos políticos. Assim, quando o essencial dessa seção for retomado, numa obra coletiva intitulada *O sexismo ordinário,*[7] Beauvoir insistirá especialmente, no prefácio, sobre seu desejo de que "uma lei assim, análoga à que penaliza as injúrias racistas, seja promulgada".

A seção se abre também com a declaração de criação da Liga do Direito das Mulheres. E ela, que pouco crê nas eleições, cogita até mesmo a possibilidade de uma candidata da Liga, Huguette Leforestier, à eleição presidencial que se segue à morte de Georges Pompidou: o número insuficiente de assinaturas inviabilizará a iniciativa. Em fevereiro de 1974, ela escreve o prefácio para o livro de Claire Cayron sobre o divórcio. O texto começa com as seguintes palavras: "Para a maioria das mulheres, o casamento é uma armadilha que a sociedade lhes estende desde a infância e na qual, ao sair da adolescência, elas se atiram de ponta-cabeça."[8] Em abril-maio aparece o número especial da *Les Temps Modernes*: "As mulheres teimam", do qual ela assina a introdução: "As vozes que vocês escutarão desejam antes de tudo incomodá-los. (...) O leitor — mulher ou homem — que abordar esses textos com boa fé, se arriscará, ao final de sua leitura, a se sentir questionado. A luta antissexista não é unicamente dirigida, como a luta anticapitalista, contra as estruturas da sociedade tomada em seu conjunto: ela mira em cada um de nós o que nos é mais íntimo e o que nos parece mais evidente."⁹ Beauvoir se tornou tão "indiscutível" no movimento feminista, que é publicado em fevereiro de 1975 um número de *L'Arc* sobre "Simone de Beauvoir e a luta das mulheres". É no começo desse ano de 1975 que lhe é atribuído o prêmio de Jerusalém. Ela não só aceita o prêmio, mas também vai à feira internacional do livro de Jerusalém, onde será laureada sob a ovação de milhares de pessoas reunidas na grande sala do Palácio da Nação. E explicará, numa conferência alguns dias depois, a razão profunda dessa viagem: as recentes resoluções da Unesco haviam negado a Israel o reconhecimento da vinculação a um continente ou a outro, como "uma vontade de suprimi-lo simbolicamente". Ela faz questão de exprimir sua solidariedade, sem esconder as críticas que poderia fazer com relação às desigualdades entre homens e mulheres, entre árabes israelenses e judeus israelenses e, na própria comunidade judaica, entre judeus orientais e judeus ocidentais. Mas quer reconhecer antes de tudo o princípio expresso por Bertolt Brecht em *O círculo de giz caucasiano*: a terra "pertence a quem a torna melhor"... Assim ela evita abandonar o terreno da política geral no capítulo dos direitos do homem; toma partido, no fim de 1975, pela defesa de soldados israelenses prisos na Síria, que se recusa inclusive a revelar suas identidades. Ela lembra que é possível, nesse conflito, ser a favor dos sírios e contra os israelenses, sem nem por isso aceitar que se "atropele os compromissos da Convenção de Genebra".¹⁰ Ao que se acrescentam múltiplas entrevistas: por exemplo na *Marie Claire* de abril de 1975 sob o título "Não ao sexismo", e no número de *L'Arc* que evocávamos, em que ela própria entrevista Sartre e tenta levar o filósofo — reticente, é preciso dizer — para o terreno da problemática feminista, deixando-o concluir, com isso que pareceria quase uma condescendência: "Considero completamente normal que as feministas não concordem entre si sobre certos pontos, que haja dilemas, divisões; é normal para um grupo que está no grau em que vocês estão. Penso também que lhes falta base na massa, e o trabalho delas, hoje, me parece ser o de conquistá-la. Sob essa condição, a luta feminista pode abalar a sociedade de uma maneira que a revolucionaria completamente, sempre se aliando à luta de classes."¹¹

Curiosa coincidência: alguns meses antes ela realizara outras entrevistas com Sartre que só serão publicadas após a morte dele, na sequência de *A cerimônia do adeus*. Ali, ela foge um pouco do papel público que se espera dela, como inspiradora e figura marcante do movimento feminista. Estamos em Roma, no verão de 1974... Sartre festejou em junho seu sexagésimo nono aniversário, na companhia do Castor e de Sylvie. Uma nuvem naquela vida tão tranquila: ele acaba de ser obrigado a romper com "sua amiga" grega, tomada por acessos delirantes. Mas, no fim de junho, a coisa importante no mundinho deles são as "férias" de verão a programar. Como sabemos, na vida de Sartre — que precisa cada vez mais de ajuda — tudo é organizado milimetricamente pelo Castor. E, de todo modo, a organização das estadias obedece a regras precisas: o tempo que Sartre deve passar com Arlette (em especial na casa de Junas, presente dele, na região do Gard), o tempo que Simone passa com Sylvie a sós, o tempo que os três passam juntos em Roma etc. O que antes era apenas repartição de momentos privilegiados entre afeições e amores se tornou uma necessidade desde os incidentes de saúde de Sartre, hipertensão, ataques e, sobretudo, a cegueira que ganha terreno. Para aquele verão, após a estadia no Gard, após a viagem à Espanha de Castor e Sylvie ter sido interrompida pelo anúncio da morte do pai desta última, o trio se reúne em agosto e setembro em Roma, sempre nas mesmas condições confortáveis do hotel que eles conhecem tão bem. Sylvie ensinou Simone a se servir de um pequeno gravador e boa parte dos dias se passa em diálogos. Foi em junho que Simone de Beauvoir propôs a ideia dessas conversas serem registradas, durante um jantar do qual participava Alice Schwarzer. Eles decidiram então que seria bom Sartre se exprimir sobre assuntos que suas recentes intervenções políticas tinham deixado um pouco de lado: "literatura, filosofia, vida privada". "Ele aceitou", conta Simone de Beauvoir, e ainda acrescentou: "Isso remediará *isto*, (...) apontando seu olho com um gesto comovente."[12] Ei-los então com as mãos à obra. Passo a passo, segundo um plano que ela estabeleceu (as pessoas não mudam!), o Castor vai então interrogar Sartre sobre o "lado literário e filosófico" da sua obra[13], sem evidentemente retomar os conteúdos propriamente ditos, mas procurando as interações entre vida e obra, tentando descobrir as tensões intelectuais e afetivas que conduziram o filósofo e o escritor. Nessa exploração, impossível, é claro, não encontrar as mulheres: a parte "feminina" de Sartre, e o papel das mulheres na sua vida. A autora de *O segundo sexo* milita todos os dias para que as mulheres existam por si mesmas; ela conseguiu organizar sua vida e seus amores como só os homens conseguiam outrora fazer; mas, por querer colocar no papel para sempre o que foi o homem com quem compartilhou os trabalhos e os dias, empreende o que não é uma busca nova — ela sabe tudo que ele dirá —, mas uma verificação das suas próprias intuições; ela quer ouvi-lo dizer o que nunca se disseram senão por meias palavras, quer apreender de forma sub-reptícia o que ele nunca confessou e, ao fazê-lo, ela nos apresenta o que foi o tormento de toda a sua vida: realizar a extraordinária aventura esboçada à época dos seus vinte anos, um amor ao mesmo tempo livre e fiel. Nessa investida, é também a si mesma que ela descobre.

Castor interroga então Sartre sobre as mulheres; não para completar, confirmar ou refutar suas próprias teorias feministas, mas por querer tudo saber e compreender daquele de quem ela não ignora quase nada, tentando penetrar todos esses mistérios acumulados no ser que se ama: como um homem vive o amor das mulheres? Ele amou as outras mais, menos ou igualmente em comparação com ela? Ainda existe um território desconhecido para ela, uma parte de sombra, nesse homem com quem jurou, no lugar do que geralmente se chama de fidelidade, uma transparência mútua? Mas o amor, a sexualidade, esses meios maravilhosos de um ser se comunicar com outro, não são também telas sobrepostas entre indivíduos cegos, lançando desesperadamente seus pseudópodes uns aos outros? A curiosidade do Castor é simples, seu desejo de dar a conhecer melhor Jean-Paul Sartre é evidente, quando ela o questiona — nas primeiras páginas desse interrogatório sobre as mulheres — sobre os contatos com as mocinhas na sua infância, sobre a perda da virgindade com uma mulher mais velha, sobre as primeiras aventuras amorosas da vida estudantil etc. Ali, ela se dá inclusive o prazer de desmascarar, no jovem homem de então, a moral dupla, uma para as mulheres e outra para os homens, com "essa ideia estúpida de que as moças que se deitam facilmente, livremente, são mais ou menos umas putas".[14] Depois vêm as coisas sérias; Beauvoir expressa numa frase muito curta, antes de qualquer outra questão sobre as aventuras do companheiro, o que deve permanecer o fio condutor e o limite de seu inquérito: "Há a nossa história, que é um pouco diferente."[15] E lhe lembra, caso ele estivesse tentado a esquecer, que essa história transforma "suas relações com outras mulheres". Assim o Castor questiona o homem envelhecido que se defende e responde como pode; ele inclusive traz a amiga para sua própria armadilha: "As qualidades que eu poderia querer nas mulheres, as qualidades mais sérias, em minha opinião você as tinha." Por que então foi atraído por outras mulheres? O postulado de Simone de Beauvoir culmina nesse paradoxo: ou as mulheres atraíram Sartre simplesmente por suas qualidades físicas, ou por alguma característica inefável; mas neste caso, o Castor dá um passo em falso: a onipotência de uma mulher mágica, isso não se discute! A inquiridora vai então analisar a longa série das amantes de Sartre, tentando fazê-lo falar daquelas sobre as quais ele se obstina a manter um certo silêncio; em especial aquelas que representaram para ele um total deslocamento, como uma viagem, as mulheres encontradas justamente em viagem. Na primeira fileira, Dolorès Vanetti (que Beauvoir se obstina em chamar pelo nome que utilizara nas *Memórias*, ou antes pela inicial, Michelle, M.) nos Estados Unidos, Christina no Brasil, Lena na Rússia... Essa observação sobre os encontros de viagem transformados em verdadeiras paixões permite a Sartre encontrar uma aparente desculpa: "Isso se deve em parte ao fato de que nos colocam uma mulher, não nos braços, mas ao nosso lado, para fazer-nos conhecer a beleza do país."[16] Mas a propósito de Dolorès, e a pretexto de fazer Sartre falar, é Simone de Beauvoir que se confessa por inteiro: ela obriga o amante infatigável a classificar a amiga norte-americana entre aquelas que o "irritaram", aquela com relação à qual ele chegou a uma "ruptura brutal", embora ele justificasse o apego excepcional com relação a ela com um argumento bem razoável: "[Ela,] apesar de tudo, me deu a América. Deu-me muito. Os caminhos que percorri na América cruzam-se em torno dela."[17] E o Castor então admite que Dolorès é também a única que a assustou, mas para acrescentar de imediato, projetando na outra os sentimentos inconfessáveis: "Ela me assustou porque era hostil"... A ponta de maldade reaparecerá toda vez que evocar alguma daquelas que monopolizaram Sartre, e as classifica logo na categoria das "irritantes", embora se recupere para dizer que gostava delas: Olga, Évelyne... De passagem, se permite outorgar alguns certificados de inteligência a Lena, Christina, Évelyne (é claro, quem outorga o certificado necessariamente está acima de quem o recebe...). A entrevista de 25 páginas sobre esse tema das relações de Sartre com as mulheres se encerra com um interrogatório curioso sobre as relações mantidas outrora com a sra. Morel. Talvez porque o Castor ache que Sartre não lhe disse tudo sobre essas relações, talvez por ter tido, sendo ainda muito jovem, uma suspeita e ciúme diante de uma mulher mais experiente, mais extravagante, mais livre do que ela própria. Em todo caso, as questões se multiplicam, como nos casais aparentemente tranquilos em que um dos parceiros se pergunta se algum segredo não foi enterrado e se o desprendimento da idade não lhe permitiria enfim ser desmascarado...

Assim prossegue, ao final da sua sexta década, a vida paradoxal de Simone de Beauvoir. Em sua existência pública, o engajamento feminista tomou cada vez mais espaço, mas na volta a si mesma que ela continua a efetuar, por mais que tenha posto um ponto final na sua autobiografia, ela não pode deixar de entrelaçar a vida de Sartre à dela, como se tivesse até o fim de tentar dar conta do êxito miraculoso que foi o encontro dos dois, a abundância de experiências felizes e infelizes que esse encontro engendrou. Por sorte, para ajudá-la a não se perder nesse trabalho introspectivo, para lhe permitir escapar ao que há de doloroso na progressiva degradação do companheiro, ela compartilha a maioria dos seus dias com Sylvie.

Posso tentar descrever a existência "ordinária" de Simone de Beauvoir nesse fim dos anos 1970? Para além das viagens de natureza política cada vez mais raras (entre 23 de março e 16 de abril de 1975 a Portugal com Sartre, pelo aniversário da Revolução dos Cravos...), é preciso, claro, colocar à parte as férias, sempre tiradas respeitando-se o calendário das férias escolares... Durante vários anos, Sartre divide esse tempo em três partes ligeiramente desiguais: três semanas com Arlette, duas semanas com Wanda, um mês com o Castor.[18] Durante essas "férias" com Sartre, assim como durante as viagens ou estadias de primavera e de verão na ausência de Sartre, Sylvie acompanha Simone, e eles continuam afeiçoados às terras mediterrâneas: Veneza, a Grécia enquanto dura a ligação entre Sartre e sua amiga Mélina, Capri, Roma e os quartos com varanda de seu maravilhoso hotel. Em 1978, para o período da Páscoa, Simone escolhe, "para vilegiaturar"[19] a três, a estação de Sirmione, às margens do lago de Garda. A cidade é cercada de muralhas e proibida para carros. Uma parte do tempo, o Castor lê para Sartre em seu quarto, o acompanha em suas curtas caminhadas "pelas ruas desertas", se sentam num terraço para tomar um café... Algumas vezes, Sylvie os leva para grandes passeios de carro: as margens do lago, Verona, Brescia... Outras vezes, eles param simplesmente no sul da França, num hotel perto de Aix-en-Provence onde suas janelas se abrem para a [montanha] Sainte-Victoire. Como é cada vez mais necessário, dadas as dificuldades de Sartre, diminuir a duração das viagens, Simone fará, para as férias da Páscoa de 1980, a reserva de quartos num hotel de Belle-Îlle. Terá de cancelá-la...

O restante do tempo, para Simone de Beauvoir, se passa no seu apartamento da rua Schoelcher, em incessantes vaivéns com o apartamento que Sartre ocupa desde o fim de 1973 no bulevar Edgard Quinet, n.º 29, em escapadas libertadoras com Sylvie (fins de semana no campo, noitadas na ópera, sessões de cinema...). Durante todo um período, Sartre saía todas as noites: duas vezes por semana, ia dormir na casa de Arlette Elkaïm, e as outras noites na de Simone de Beauvoir, escutando música com ela. Outros ritmos também se instauram: refeições a três em que Sylvie leva sua petulância, no sábado à noite ou no domingo em La Rotonde, alguns réveillons "muito divertidos" que eles organizam no fim de ano... Em junho de 1975, para os setenta anos de Sartre, é Liliane Siegel, outra de suas amigas, que organiza na casa dela uma festa em sua homenagem. Mas o ritmo a cada dia fica mais austero, e quase todo ele consagrado ao acompanhamento de Sartre. Dando mostra, como sempre, de espírito prático, o Castor organiza com as outras amigas do filósofo uma partilha rigorosa dos horários. Desde que ele passou a fazer suas refeições em casa, o almoço é levado por Sylvie aos domingos, nas segundas e sextas por Michelle, nas quintas por Liliane Siegel, e nos outros dias da semana por Arlette.[20] Pela manhã, desde que ele perdeu a visão, o Castor vem lhe fazer a leitura e as outras também têm sua parte nessa atividade. Ao longo dos meses, quando a situação se agrava, um verdadeiro serviço de guarda se organiza. Annie Cohen-Solal, no último capítulo de seu livro, intitulado "À sombra da torre", porque o apartamento fica enfiado no interior de um conjunto de imóveis junto da recém-construída torre Montparnasse, encontrou palavras sugestivas para descrever essa organização: "A pequena colmeia da família Sartre logo se concentra ali: Arlette que sucede Michelle, que sucede Wanda, que sucede Liliane, que sucede Hélène,[21] que sucede o Castor etc. E todas essas senhoras, que tinham sido mantidas por Sartre numa sábia arquitetura de compartimentos estanques, agora se encontram ou pelo menos se sucedem, como numa corrida de revezamento, inteirando-se das recomendações médicas, dos regimes a cumprir: uma verdadeira família."[22] Nesta última "família" de Sartre, após tantas outras, Simone tem, contudo, um papel particular: não só é ela que passa mais noites por semana no quarto adjacente ao de Sartre, com a porta aberta para prevenir qualquer acidente, mas tenta manter contato com ele pelas leituras. Exerce uma vigilância feroz sobre o consumo de álcool de um Sartre impenitente, que sempre conta com a fraqueza de uma ou outra. Simone de Beauvoir descobre certo dia que Michelle divide com ele de bom grado uísques à noite; admoestações, promessas da culpada de não reincidir, mas Sartre então se vira para esconder ele próprio as bebidas proibidas no apartamento; novas admoestações, vigilância aumentada etc. É fácil, nesse papel, ganhar uma reputação de dama de companhia insuportável... Assim, nos períodos mais tranquilos, o Castor aceita dividir à noite com Sartre um drinque cuidadosamente dosado, tentando lhe fazer beber suco de frutas no resto do tempo. Porém a angústia reina: a tal ponto que depois de um novo ataque em 1977, Simone e Liliane abrem, com a maior astúcia possível, um envelope que segue de um médico a outro, Liliane tentando entender através de um amigo também médico a exata situação de saúde de Sartre e descobrindo que "com precauções, [ele] pode viver ainda alguns anos". Esse "alguns anos", concreto apesar da imprecisão, assume então para Simone de Beauvoir um "sentido trágico".[23]

Outro tipo de conflito virá complicar ainda mais o frágil equilíbrio. Sartre "contratou" um novo secretário. Um historiador das ideias, poderia ver isso simplesmente como sintoma da proximidade cada vez maior de "maoístas" junto ao filósofo. Entre os quais, um jovem de vinte anos,

Benny Lévy, que se faz chamar então pelo pseudônimo de Pierre Victor. Ele faz parte dos militantes que, num almoço no La Coupole em 15 de abril de 1970, tinha convencido Sartre a assumir a direção de *La Cause du Peuple*, após a prisão de Jean-Pierre Le Dantec e a apreensão do jornal. Rapidamente, Victor ganhou um espaço excepcional junto a Sartre. Mesma formação? Benny Lévy é, de fato, normalista e filósofo, mas, como em toda amizade, a alquimia pessoal entrou em jogo. O personagem de Victor sem dúvida comove Sartre: o verdadeiro Benny Lévy se debate em dificuldades pessoais ligadas à sua identidade de apátrida; ele vem de uma família judaica oriental, que precisou deixar o Egito após a expedição franco-anglo-israelense no Canal de Suez, e suas atividades políticas sem dúvida pesam na recusa que ele recebe a seus pedidos de naturalização. No ambiente respeitoso onde cada um, cada uma — inclusive o Castor —, trata por *vous* o escritor, ele imediatamente adota o *tu*. Como Beauvoir, que descreve uma espécie de facilidade em suas relações com os grupos de mulheres que trabalham com ela, Sartre descobre com os jovens militantes *maos* uma "verdadeira relação humana", uma "camaradagem", uma facilidade para falar de tudo fora dos territórios codificados da política.[24] Victor ousa falar com ele de filosofia, e chega até a provocá-lo sobre a orientação de sua obra: por quê, por exemplo, persistir, em sua enorme obra sobre Flaubert, ao invés dos romances populares que falariam melhor a um público maior? Em 1973, quando a cegueira o incapacita a escrever, Sartre propõe a Victor que se torne seu secretário, com um salário confortável para uma jornada de meio período junto a ele, todas as manhãs, em seu apartamento no bulevar Edgar Quinet. Alain Geismar, a bem conhecida liderança de 1968, foi quem sugeriu essa solução para os problemas de legalização da permanência de Benny Lévy na França e, de início, Arlette é quem mais parece se alarmar com a influência de Victor sobre o velho filósofo:[25] ele já não tem um secretário, André Puig, que se ocupa com ela de manter a correspondência em dia, organizar as notas, as entrevistas? O que seria dela nesse novo arranjo etc.? Já o Castor se sentiu antes aliviada por dividir as horas de leitura exigentes às quais se consagrava de manhã; e fica feliz com o ar jovial que Sartre parece adquirir no contato com seu novo amigo. Mas logo as divergências entre Victor e Beauvoir aparecerão.

Elas serão a princípio de ordem ideológica; sem dúvida um jovem veio romper o círculo de mulheres cuidadosamente estabelecido, mas verdadeiramente erraríamos ao minimizar a inteligência do Castor e suas motivações intelectuais nos conflitos que irão opô-la a Benny Lévy. Se, após um período de aceitação sorridente, ela cada vez menos suporta o papel desempenhado pelo rapaz, é sem dúvida por reconhecer nele um verdadeiro "rival", no sentido de um igual, capaz de entrar com Sartre no terreno que sempre foi monopolizado por ela: o das ideias. Voltemos a ler as palavras que ela emprega para evocar Victor com Annie Cohen-Solal: "Era um rapaz novo, militante, que conhecia muito bem a filosofia de Sartre e, além disso, possuía certo *frottis* filosófico".[26] O "*frottis*" filosófico... tênue camada de tinta que deixa perceber a natureza do suporte, como dizem os dicionários? Tênue camada de células extraídas em exames que as mulheres conhecem bem?* Verniz ou secreção mórbida, em todo caso a palavra remete ao oposto de uma verdadeira cultura, e Beauvoir não escolhe suas palavras por acaso.

As hostilidades entre Victor e o Castor sem dúvida começaram, surdamente, com a publicação das entrevistas concedidas por Sartre a Benny Lévy e a Philippe Gavi. O projeto dessas entrevistas, que serão publicadas pela Gallimard em 1974 sob o título de *Nós temos razão de nos revoltar*, datava do fim de 1972. Quando as entrevistas começam, Sartre declara a seus interlocutores: "(Com vocês) quando se trata de fazer uma ação em comum, há amizade". Simone e Liliane vigiam o próprio desenrolar das entrevistas; os dois jovens prolongam os encontros comendo sanduíches e bebendo vinho tinto. Sartre não se interessa pelos sanduíches, mas sim pelo vinho tinto! Daí a sonolência... daí a intervenção das duas mulheres... Gavi e Victor aceitam mudar seus hábitos! Mas o conflito só explodirá de verdade em 1978, por conta de um projeto de artigo para *Le Nouvel Observateur* sobre Israel, que deveria ser assinado por Sartre e Victor. Em novembro de 1977, o presidente egípcio Sadate efetua uma viagem triunfal a Israel. Para estudar suas consequências, Victor propõe a Sartre que os dois partam para lá, e a viagem, que conta

---

* A autora alude à conotação de exames como o papanicolau, também abrangida pelo termo francês. (N.T.)

também com a companhia de Arlette, acontece em fevereiro. O filósofo foi transportado em cadeira de rodas até o avião, é recebido em condições bastante confortáveis e passa cinco dias sob um sol resplandecente em Jerusalém e às margens do Mar Morto. Falam com israelenses e palestinos. Sem se darem o tempo adequado à reflexão, enviam um artigo ao *Nouvel Observateur*. Bost, que trabalha na revista, telefona "desolado":[27] "É terrivelmente ruim. Convença Sartre a retirar esse texto!" Beauvoir intervém, Sartre retira o texto e Victor reage mal: reclama da "afronta" feita e ele, recrimina Simone por ter interferido sem consultá-lo; diz por fim que se Sartre não avisou a ele, Victor, da investida dela, foi "certamente por indiferença", e não resta dúvida para o Castor de se tratar de uma insinuação pérfida do distanciamento entre Sartre e ela, pois Victor seria agora o único a ter uma escuta privilegiada do velho homem. O debate continua no comitê da *Les Temps Modernes*, onde uma violenta altercação opõe Victor a Jean Pouillon e a André Gorz. Escreve Simone de Beauvoir em *A cerimônia do adeus*: "Victor os insultou, declarou a seguir que nós estávamos todos mortos, e não tornou a pôr os pés nas reuniões."[28] Essa briga será a ocasião para ela reconhecer o que sente em relação a Benny Lévy; não sem tristeza, diz com praticamente as mesmas palavras que empregara a respeito de Dolorès: "Até então, os verdadeiros amigos de Sartre tinham sempre sido também meus amigos. Victor foi a única exceção." Ela reconhece, sem dúvida, a proximidade entre as exigências do rapaz ("a radicalidade das suas ambições") e as do filósofo, sentindo-se excessivamente moderada e sensata diante dessa radicalidade, mas desiste de se opor e conclui sobriamente: "Lamentava que uma parte da vida de Sartre não fosse partilhada por mim daí em diante."[29]

As divergências entre Victor e Sartre, de um lado, Simone de Beauvoir e parte da equipe da *Les Temps Modernes*, de outro, eclodirão a propósito da realização, em março de 1979, de um colóquio israelo-palestino organizado por Benny Lévy e seu amigo Ely Ben Galm, que havia recebido Sartre e Beauvoir quando da primeira viagem deles a Israel. Acusações de Simone de Beauvoir: despreparo, falta de qualidade profissional e sobretudo uma estranha desproporção entre os objetivos (tornar-se para a *Les Temps Modernes* um parceiro nos esforços de conciliação nos conflitos do Oriente Médio) e os meios (os participantes não têm o nível necessário para tratar dos problemas levantados, e são mais representativos, do lado palestino e do lado israelense, dos círculos intelectuais amigos de Victor do que dos adversários reais *in loco*). O colóquio, e o número especial da *Les Temps Modernes* que o relata, não têm a repercussão esperada.[30] O Castor se manteve à distância, mas evitou comentar suas dúvidas com Sartre.

Por outro lado, antes dessa fase de conflito agudo, o trabalho de Beauvoir e Sartre prosseguiu em 1974 e 1975 em torno de um projeto para a televisão. Em novembro de 1974, Maurice Clavel faz o papel de intermediário entre Sartre e Marcel Jullian, então diretor-geral do canal Antenne 2. Todos sabem que Sartre recusa, desde as demissões que se seguiram a 1969, qualquer participação em uma mídia que ele considera subordinada ao poder. Mas a proposta de Jullian é tentadora: ele próprio queria produzir os programas. Em 19 de novembro, ele dá uma entrevista sobre o assunto ao *Libération*. Logo Beauvoir, Sartre e Gavi se lançam no projeto: três reuniões por semana, ensaio de "diálogos" possíveis, longas discussões entre Sartre e Beauvoir, exame das ideias postas no papel e contatos feitos por Victor. O projeto se torna gigantesco: "Pensávamos apresentar dez programas sobre a história do século; cada um teria a duração de 75 minutos e seria seguido de uma sequência de 15 minutos, dedicada a problemas da atualidade ligados ao tema principal."[31] A preparação é imediatamente febril: "Em menos de dois meses conseguimos esboçar seis sinopses, cujo desenvolvimento exigiria a colaboração de grupos de historiadores." A equipe se dirige então a "jovens pesquisadores" e Beauvoir em particular se cerca de mulheres do Movimento que, para a vertente sobre as mulheres que cada programa deveria abranger, constituirão um dos primeiros grupos de estudos do momento sobre as mulheres e o feminismo. Seguem-se as questões espinhosas do diretor (Truffaut, inicialmente esperado, não está disponível, outros profissionais são consultados...), dos pagamentos adiantados concedidos pela televisão etc. Dr. Kiejman é escolhido como advogado para tentar evitar as armadilhas administrativas e financeiras, e aconselha que se peça a assinatura de um contrato antes do prosseguimento do trabalho. Alain Decaux, presidente da Sociedade de Autores e Compositores de Televisão, sugere que se classifique a série como "dramática", o que permitiria a obtenção de uma soma três vezes maior do que a reservada a "documentários". Em junho de 1975, Denis Bredin, advogado de Antenne 2 e Georges Kiejman se encontram; a maioria dos obstáculos parece superada. Contudo, durante o verão, Jullian propõe a Sartre que realize um "piloto", uma espécie de teste para julgar definitivamente a validade do projeto. Sartre responde que não tem mais idade para passar por exames e a equipe julga que se está querendo impor uma censura.[32] Jullian destaca problemas financeiros para anunciar suas reticências com relação aos programas projetados; Beauvoir (como o restante da equipe) fica convencida de que o poder político é que está colocando obstáculos, e cita Chirac (então primeiro-ministro) e Vivien (deputado relator do orçamento da ORTF)* como principais adversários. No dia 25 de setembro, Sartre, Beauvoir e Victor dão uma entrevista coletiva sob o título "*Un problème censure-télé*" [Um problema de censura televisiva] e Sartre conclui, amargo: "Agora está encerrado. Já não aparecerei na televisão. Nem na França nem em outro lugar."[33] É, portanto, por um fracasso que se solda nesse período o trabalho comum do Castor com Sartre.

Pelo contrário, nas suas atividades próprias ligadas ao movimento feminista, Simone de Beauvoir tem muitas satisfações. Ela quer, sem dúvida, manter uma atitude militante, em particular na Liga do Direito das Mulheres. Assim, *Le Monde* de 3 de fevereiro de 1976 publica um comunicado que ela assina em nome da Liga, se dizendo chocada por cinco mulheres continuarem a aceitar participarem de um governo que conta, entre seus membros, com o general Bigeard, culpado de "declarações que constituem um atentado à dignidade das mulheres em seu conjunto". Assim, ela envia em março de 1976 uma mensagem ao Tribunal Internacional de Crimes contra a Mulher que se reúne em Bruxelas: trata-se ali de escolher seu campo com as mulheres que querem dar uma resposta "radical" ao demasiadamente oficial Ano Internacional da Mulher, cujo congresso acaba de se reunir no México, sob os auspícios

---

* Ofício de Radiodifusão Televisão Francesa, agência então responsável pelo fornecimento de serviço público de rádio e televisão no país. (N.T.)

das Nações Unidas. Assim, ela multiplica os esforços para fazer com que as questões feministas sejam integradas pela equipe da *Les Temps Modernes*. Em maio do mesmo ano, é publicado um número especial da revista, que prossegue o trabalho de *O segundo sexo* e trata da "educação das meninas". Mas, afora as ocupações militantes em que lança ou acompanha as ideias, ela não cessa de responder a demandas que a absorvem, sem dúvida, mas que são singularmente gratificantes: as de "écrivaines" (como se começa a se dizer então),* cineastas, jornalistas do mundo inteiro, amigas mais ou menos célebres do movimento feminista, vindas de diferentes horizontes nacionais, que solicitam como uma honra encontrarem-se com ela, trocarem um pouco com ela, obterem alguma conversa que possa se tornar objeto de publicação, ou algum prefácio para uma obra... Nos Estados Unidos, John Gérassi apresenta na revista *Society* de janeiro-fevereiro de 1976 uma longa entrevista sob o título "*O segundo sexo*, 25 anos depois". Simone de Beauvoir toma muito cuidado para não posar como a fundadora, situando seu livro no terreno das ideias que inspiram, não das palavras que arrastam: "A maioria das mulheres que tomaram uma posição muito ativa eram muito jovens para sofrer a influência do livro quando de sua publicação em 1949-1950. O que me alegra é que elas os descobriram mais tarde. (...) Elas puderam se tornar feministas pelas razões que exponho em *O segundo sexo*, mas descobriram essas razões em sua experiência vivida e não no meu livro."[34] Em junho, a televisão norte-americana PBS projeta um filme de Sandra Elkin: *An Interview with Simone de Beauvoir*. Em dezembro, Claude Francis divulga, na convenção anual da *Modern Language Association*, em Nova York, a entrevista que lhe foi concedida seis meses antes em Paris por Simone de Beauvoir. Na França, a revista *Marie Claire* publica, em junho de 1976, uma carta aberta de Beauvoir a um presidente de tribunal em que, a propósito de um julgamento que ela considera escandaloso, se insurge contra a lei que atribui automaticamente a paternidade de uma criança ao marido e não ao pai biológico. E em outubro, ela concede ao mesmo veículo uma entrevista sob o

---

* O termo masculino "écrivain", escritor, geralmente é aplicado em francês tanto a homens como a mulheres. (N.T.)

título: "*O segundo sexo* trinta anos depois." Em janeiro de 1977, ela assina com prazer a adaptação de *A mulher desiludida* para a televisão; ela própria escreve os diálogos e a direção será de Josée Dayan. Quando vai ser publicado pela Gallimard, em 1979, o livro de Claude Francis e Fernande Gontier, *Os escritos de Simone de Beauvoir*, com o subtítulo *A vida — A escrita*, com um apêndice de "Textos inéditos ou reencontrado", Beauvoir realiza um velho sonho, o da publicação da primeira obra que os editores tinham recusado: *Quando o espiritual domina*. Ela expressa, no prefácio, sua vontade de completar o esboço de antologia que acaba de ser realizado pelas duas universitárias norte-americanas. Esse que a Gallimard apresenta sob uma faixa vermelha como "O primeiro livro de Simone de Beauvoir" era, observa a autora, "muito volumoso para se integrar *Os escritos* "sem desequilíbrio". E, todavia, acrescenta, "ele esclarece a gênese da minha obra". Como vemos, no fim dos anos 1970, Beauvoir está bem longe da personagem que precisa o tempo todo provar que existia por si mesma, cujo talento de escritora era o tempo todo questionado... Se tantas homenagens lhe vêm do mundo inteiro, e singularmente do outro lado do Atlântico, se lhe são consagradas, estando ainda viva, biografias, cronologias detalhadas e antologias, é evidentemente — apesar dos perigos e tensões, apesar das provocações que ela sempre encarnou para os bem-pensantes — por ser preciso reconhecê-la e se inclinar diante da mulher e da obra.

Dispondo de tal celebridade, alguns poderiam se contentar em esculpir a própria estátua. Já Simone de Beauvoir continua a participar dos combates do momento. Com as amigas da Liga pelo Direito das Mulheres, ela vai estar no centro da polêmica que agita, no fim dos anos setenta, o Movimento das mulheres. Em 1974, surgiu em Paris a Éditions des Femmes e numa entrevista coletiva, dada em 17 de abril de 1974, no hotel Lutétia, elas expuseram o seu projeto: "Estar aberta a todas as perspectivas de luta das mulheres, lutas individuais e coletivas, em qualquer terreno que seja." A nova editora se coloca em oposição aos empreendimentos editoriais capitalistas e "falocratas". Pretende trazer à tona "o recalcado das editoras burguesas". Situando-se (como havia feito Simone de Beauvoir) tanto no plano social quanto no terreno específico das lutas femininas, a nova editora, como vemos, se expressa com um discurso fortemente marcado pela psicanálise. De fato, suas editoras são ligadas diretamente a um dos grupos do Movimento das Mulheres, o grupo "Psicanálise e Política" — "*Psychépo*" —, como se diz então, organizado em torno de Antoinette Fouque, psicanalista e "écrivaine" com forte presença nos grupos de reflexão sobre as mulheres, na universidade de Vincennes. O grupo logo adota no Movimento uma atitude de contestação aos pressupostos igualitaristas da luta feminista: o objetivo das mulheres não deve ser o de reproduzir a sociedade dominada pelos homens, procurando meramente conquistar um poder igual e semelhante ao deles. Para simplificar, os grupos presentes no movimento vão se opor como defensores de uma ideologia da "diferença", contra uma ideologia da "igualdade". A dialética entre ambas as concepções é rica o bastante para que nasçam debates, textos, revistas, livros... Éditions des Femmes coleciona sucessos. Até o momento em que aparecem conflitos: um deles concerne a uma funcionária da Librairie des Femmes de Lyon,[35] Barbara, que presta queixa contra a editora pela não aplicação da legislação trabalhista. Crescem os ataques, por parte de certo número de militantes feministas, contra *Psychépo* e Antoinette Fouque. Em outubro de 1976, militantes do MLF invadem a Librairie des Femmes de Paris, e o jornal *Libération* publica um testemunho de "sete mulheres que assistiram à ocupação da Librairie des Femmes", sob o título de "Encenação para um massacre".[36] Os processos se multiplicam entre *Psychépo* e coletivos feministas, os debates ficam cada vez mais duros. O ápice será atingido em 1979, quando *Psychépo* decide criar uma associação chamada de MLF e registar sua marca comercial, "privando assim as outras militantes de um referencial político comum".[37] A partir desse momento existe o que as feministas chamam ironicamente "o MLF registrado" e "o MLF não registrado", e um coletivo publicará sob o nome de *Movimento para as lutas feministas*, em 1981, um texto intitulado: *Crônicas de uma impostura. Do movimento de libertação das mulheres a uma marca comercial*. Fora de *Psychépo*, o MLF continua a reivindicar Simone de Beauvoir. Ela aceita fazer um prefácio ao livro *Histórias do MLF*, publicado no outono de 1976 sob os pseudônimos de Anne Tristan e Annie de Pisan. Ainda hoje, os rancores permanecem tenazes: no início de 2007, pude participar de uma reunião de trabalho sobre as edições feministas: estavam lá arquivistas, bibliotecárias, historiadoras e "históricas" do movimento. Após uma exposição sobre as Éditions des Femmes, feita por Bibia Pavard, uma outra sobre as Éditions Tierce, por Liliane Kandell, o debate de repente sofreu — e em especial quando o nome de Simone de Beauvoir foi lançado na discussão, a propósito de suas tomadas de posição contra o "MFL registrado" — uma guinada muito tempestuosa: imaginei então o quanto, no fim dos anos 1970, tinha sido para as lutas feministas não apenas a mulher livre que fizera as meninas e moças da minha geração sonharem, não apenas a autora de *O segundo sexo*, aureolada por um renome internacional, mas — ela que frequentemente era representada como tímida em comparação às posições de Sartre — uma militante que não temia colocar em jogo sua reputação em conflitos arriscados.

Num terreno totalmente diverso, um combate oporia Beauvoir a Benny Lévy. Lembramos o artigo para *Le Nouvel Observateur* sobre Israel, redigido dois anos antes por Sartre e Victor, cuja publicação foi suspensa *in extremis* por intervenção do Castor. No começo de março de 1980, Beauvoir fica sabendo que a mesma revista vai publicar novas conversas entre Victor e o filósofo. Ela consegue, às custas de muita insistência, saber o conteúdo do artigo. Em *A cerimônia do adeus*, ela expressa sua "consternação". A Deirdre Bair, será ainda mais clara: "Eu acreditava poder esperar tudo, em se tratando de Benny Lévy, mas estava enganada. Nada, absolutamente nada, poderia ter me preparado para o choque quando vi o que tinha diante de mim."[38] Ela lê o texto para Sartre, ele não reage. Quando pede à revista, como da vez anterior, que suspendesse a publicação, é severamente admoestada: o próprio Sartre telefona à redação da revista para pedir que o artigo seja publicado, e na íntegra. Ele teria declarado a Jean Daniel: "Sei que meus amigos entraram em contato com você, mas sei também que estão enganados: o itinerário do meu pensamento escapa a todos eles, inclusive ao Castor"...[39] Nesse mesmo sentido, teria dito a Simone, com doçura: "Sabe, Castor, estou vivo e continuo pensando. Você precisa me deixar fazer isso." Nada poderia machucar tanto Simone de Beauvoir quanto essa denegação de compreensão por parte de Sartre, suprimindo num só golpe o que era a própria essência do casal que eles formavam: um acordo sem falha, uma amizade primeira que tornava contingentes todas as outras relações. Arlette dirá que esse acontecimento causou uma ruptura profunda entre Sartre e o Castor. A própria Beauvoir tende mais a minimizar as consequências, e atribui o que avalia serem desvios ao fato de Sartre não ter "lido" o texto, mas apenas "ouvido" Victor ler para ele, sem possibilidade de voltar atrás, e ao que os pintores chamam de "pentimentos";* ela explica assim o que julga serem incoerências, ou antes uma coerência nova, que não era a de Sartre mas a de Benny Lévy. Pois o velho homem revisitava suas teorias passadas: recusava suas análises existencialistas da angústia como pedra angular da liberdade, zombando do termo "desespero", que foi tirado de Kierkegaard porque, diz ele, "estava na moda". Interessado pela evolução de Victor, que se orientava cada vez mais na direção de uma mística inspirada na Cabala, na história do povo judeu, no Talmud ("Ele ainda vai virar rabino!", teria Sartre dito um dia, rindo, a Arlette),[40] ele optava por uma "ideia da ética como fim último da revolução", que não encontraria sua realização senão através de "uma espécie de messianismo etc.[41] Tanto quanto por essas "revisões", Beauvoir fica chocada com o tom empregado por Victor durante essas conversações: tratamento por *tu*, aspereza na contradição, nada da deferência que ela tinha conseguido tão bem garantir por parte daqueles que se aproximavam de Sartre, reservando para si mesma o rigor da franqueza.

É preciso escolher entre as duas versões que nos restaram sobre o que foram as relações do casal, nos últimos meses de vida de Sartre? Ruptura profunda, como sugeriu Arlette, reconciliação indulgente, como dá a entender Simone de Beauvoir a Deirdre Bair?[42] Em todo caso, Simone de Beauvoir nunca perdoará Benny Lévy e Arlette pela interpretação que reencontraremos expressa por esta última, quando responder rispidamente a certas passagens de *A cerimônia do adeus*. A filha adotiva de Sartre dará a entender que o filósofo se sentia muito feliz por encontrar em Victor e nela própria uma escuta atenta, um espaço que o Castor

---

*   *Repentirs*; o pentimento é o processo artístico pelo qual uma alteração é executada na pintura enquanto sua feitura já está em andamento; o francês aplica esse mesmo termo ao estado psicológico ou moral de "arrependimento". (N.T.)

teria abandonado por razões de comodidade: Beauvoir teria preferido então a companhia de Sylvie à do filósofo. Essas críticas teriam sido levadas ao próprio Sartre? As confidências do Castor a Deirdre Bair dão a entender que sim: "O que me magoou mais foi eles [Arlette e Lévy] me dizerem que Sartre acreditava que eu o tinha abandonado",[43] e Simone se acusa diante da biógrafa por ter se descuidado demais daquele que ela chama então de "o velho homem": "Eu devia ter ficado com ele e deixado que falasse como fazíamos antes, quando éramos jovens e eu sua leitora predileta e a censora em quem ele confiava".[44] A partir de então, as semanas do fim de Sartre serão para Simone de Beauvoir duplamente enlutadas. Na quarta-feira, 19 de março, na rua Schoelcher, ele tem uma crise respiratória. Ambulância, hospital Broussais, Sartre está por um fio. Morre em 15 de abril de 1980; o desespero por deixá-lo é tão grande para o Castor que ela tenta se enfiar debaixo dos lençóis com ele em seu leito de morte. E então virá o famoso enterro, em que o filósofo tão célebre lhe será uma última vez arrancado, devorado pela multidão.

No retorno do hospital Cochin, onde ficou internada, uma outra provação espera Simone de Beauvoir: a da partilha, que ela considera normal, não dos "bens" de Sartre (Arlette é a herdeira e eles consistem essencialmente nos direitos autorais que virão), mas dos restos que constituem os móveis, os manuscritos, os livros do apartamento que ele ocupou desde 1970, no bulevar Edgar Quinet, n.º 29, em Montparnasse. Arlette mandou esvaziar o apartamento só alguns dias depois da cremação de Sartre; entre as recordações que o Castor faz questão de recuperar, uma "coleção de livrinhos antigos, com encadernação de couro, do repertório da *Comédie-Française*",[45] que pertencera ao seu pai: após solicitação de Sylvie, Arlette aceita devolvê-los. Simone considera ter direito também a um desenho de Picasso e a uma pintura de Riberolle, que outrora foram oferecidos aos dois: "Que ela mesma me peça, se faz tanta questão deles", teria respondido Arlette, e Simone não consegue "se decidir a pedi-los". Ela gostaria também de ter em casa a cadeira de trabalho de Sartre, uma cadeira em madeira esculpida (e datada!), típica do mobiliário alsaciano, "um móvel de família que vinha do ramo (...) dos Schweitzer"; enfim, Beauvoir se decide a mendigar, ela própria, o que lhe é mais caro: o manuscrito de *Cadernos para uma moral*, que pensa que Sartre lhe teria oferecido de bom grado, assim como lhe teria dado o de *O ser e o nada*. Eis a resposta, reproduzida por Deirdre Bair a partir da conversa que teve a esse respeito com Simone de Beauvoir: "Assim que saiu do hospital, ainda enfraquecida e caminhando com dificuldade, ela pega um táxi para ir à casa de Arlette, onde se 'rebaixou' a pedi-los insistentemente. 'Não, você não ficará com eles', respondeu ela — sem sequer tentar mentir, dizendo 'Não consegui encontrá-los' ou qualquer outra coisa. Simplesmente 'Não, você não ficará com eles', e acrescentou maldosamente: 'Não quero dá-los a você'." Arlette publicará *Cadernos...*, com uma introdução de próprio punho, na editora de sempre de Sartre, a Gallimard, em 1983. Os móveis tinham sido levados para a pequena comunidade no subúrbio onde vivia Benny Lévy: ele é que trabalhará dali por diante nos móveis de escritório de Sartre. Simone de Beauvoir teria então declarado, na primavera de 1980: "Nesse exato momento eu soube que Sartre tinha de fato morrido. Nesse exato momento, aceitei a realidade: tinha vivido o melhor da minha vida."[46]

11.
14 DE ABRIL DE 1986

> "Na falta de relações mundanas, tenho ligações com o conjunto do mundo. Um velho amigo me disse, em tom de censura: 'Você vive num convento.' Pode ser: mas passo muitas horas no parlatório."
> SIMONE DE BEAUVOIR,
> *A força das coisas.*[1]

Seis anos (menos um dia) após a morte de Sartre, no dia 14 de abril de 1986... A frase foi a princípio jornalística, mas deveria em seguida se tornar ritual para evocar a data do falecimento de Simone de Beauvoir. E se repete isso com uma precisão supersticiosa, como se o final da vida do Castor não fosse senão um apêndice a uma história comum, como se Beauvoir — apesar da sua recusa do casamento — tivesse sofrido a sorte das viúvas condenadas a se juntar ao seu ente querido. E, todavia, não foi ela que escreveu, em seu tranquilo ateísmo, no início de *A cerimônia do adeus*: "Você está na sua caixinha; não sairá daí e não me juntarei a você: mesmo que me enterrem a seu lado, de suas cinzas para os meus restos não haverá nenhuma passagem?" E no fim do mesmo livro: "A sua morte nos separa. A minha morte não nos reunirá." Afirmações dolorosas e tranquilas daquela que deixara de acreditar no céu desde a adolescência. Para ela, fora da fria e muito compreensível constatação biológica, a morte é impensável, e a vida não escapa ao absurdo senão na medida em que é rica no momento em que se vive. As obras que produzimos, as crianças que engendramos são apenas prolongamentos mais ou menos efêmeros da única vida que conta para cada um de nós: aquela de que temos consciência. Não é pouca coisa dizer que, entre esses dois meses de abril, Simone de Beauvoir se empenhou simplesmente em viver.

A "cerimônia do adeus" se realizou em três tempos: o longo período do declínio de Sartre, as semanas em que a dor pregou Simone no leito, a escrita do livro que tentou fazer sua última relação com o morto (a parte dos diálogos), escapar dessa morte (a parte da narrativa). Essa última fase já será para ela como um renascimento. Cabe-nos agora acompanhá-la desde esses dias em que tudo parecia lhe escapar aos anos bem agitados que vão se seguir. Algumas linhas de força nos ajudarão nesse percurso: de 1980 a 1986, ela tenta pôr ordem em sua obra e, na medida do que está a seu alcance, na obra de Sartre. Ela continua, por meio das pesquisadoras e biógrafas que recebe, a completar a escrita da sua própria vida, provisoriamente encerrada em *Balanço final*. Continua a viver sua história com Sylvie e acaba por aceitar a adoção que lhe propõe. Alegra-se em poder ser útil à sua maneira nos papéis que o governo socialista do presidente Mitterand, após o movimento das mulheres, pretende lhe fazer desempenhar. Permite-se ainda, com entusiasmo, alguns prazeres de viagens, dos quais temia estar privada para sempre. Até o fim participa da aventura que tinha sido, cinquenta anos antes, a criação de *Les Temps Modernes*. E tudo isso sem jamais ceder, senão conforme sua vontade, a precauções que sempre tomou em relação aos seus vícios: a prudência e a economia de si.

Como dissemos: o objetivo primeiro de Simone de Beauvoir, desde a juventude, ou mesmo a adolescência, foi sempre se tornar uma escritora. O sucesso de seus livros foi desigual, mas para além da reputação internacional conquistada com *O segundo sexo*, para além do *Goncourt* coroando *Os mandarins*, ela constitui para si uma "obra" em que figuram, em primeiro plano, os quatro volumes de suas *Memórias*, mais o relato da morte da sua mãe e o dos últimos anos de Sartre. Nessa obra acrescentou ela, a seu trabalho sobre as mulheres aquele sobre a velhice, mas nela figuram também suas coletâneas de novelas, suas peças de teatro, seus primeiros ensaios filosóficos. Ela sabe a quantidade de escritos em que se misturaram os esforços de Sartre e os dela, e nisso ela nada reivindica, convencida como sempre esteve, revisando artigos, reescrevendo páginas, de aderir tão intimamente ao pensamento do autor, do qual ela apenas aprimorava a precisão e a forma, em caminhos que haviam elaborado a dois. Algumas vezes, como para os artigos escritos no momento da Libertação, ela achou até mesmo natural redigi-los e ele os assinar. Um outro território de sua obra permanecia até então desconhecido, aquele que geralmente não se revela, até desaparecimento dos interessados: sua correspondência. Em 1983, Simone de Beauvoir começa a edição dos dois volumes de *Cartas a Castor*. No prefácio, ela diz querer realizar o que havia sido um desejo do próprio Sartre, e ela cita uma passagem das *Entrevistas* do verão de 1974:* "Eram a transcrição da vida imediata (...) Era um trabalho espontâneo. Pensava comigo mesmo que poderiam ter publicado essas cartas (...) Tinha um rápido pensamento dissimulado de que as publicariam depois de minha morte... Minhas cartas foram, em suma, o equivalente de um testemunho sobre minha vida." Ora, no que se refere a ela própria como a Sartre, Simone de Beauvoir bem sabe que a existência desse casal, inextricavelmente modelo e objeto de escândalo, formador de opinião e inimigo a ser abatido, com seus intercâmbios de ordem intelectual, seus erros e suas aventuras, faz parte da própria construção de uma obra que se confunde com a vida deles. Para efeito de contraste, não posso me impedir de evocar aqui, a propósito do zelo conferido à constituição da "obra", uma outra escritora maior do século XX: Nathalie Sarraute. Em 1996, a apenas quatro anos de seu centenário, ela tem o conjunto da sua obra reunido pelos cuidados da Gallimard na mítica coleção La Pléiade, e manterá até sua morte, em 1999, o precioso volume na sua mesa de cabeceira. Não creio que fosse necessário publicar algumas cartas suplementares para completar essa obra; ela compunha um conjunto bem redondo, a serviço de um trabalho obstinado para dar à luz uma nova forma de literatura. Entre Beauvoir e Sarraute (essas duas mulheres que tiveram a oportunidade de se conhecer, e que nunca se gostaram), que diferença de postura! Para uma, a obra está total e unicamente nos escritos; para a outra, é preciso zelar pela transmissão tanto de uma obra quanto de uma história de vida. Ou, se preferirem, a vida é parte integrante da obra. E assim ela leva a sério a edição de sua coletânea de novelas da

---

* Isto é, das entrevistas anexadas ao livro *A cerimônia do adeus*. (N.T.)

juventude, ela não deixará se perderem, ou serem publicados diferentemente dos seus desejos, seus escritos e os de Sartre que lhe foram diretamente dirigidos. Daí seu embate com a herdeira de Sartre, Arlette Elkaïm, a propósito do manuscrito de *Cadernos para uma moral*, daí a pressa para publicar *Cartas a Castor*.

Em 1981, no momento em que Beauvoir traz a público ao mesmo tempo *A cerimônia do adeus* e *Entrevistas* de 1974, a discussão com Arlette se acirra. A propósito dos últimos diálogos do filósofo com Benny Lévy, Simone de Beauvoir inclusive escreve: "Victor era apoiado por Arlette, que nada conhecia das obras filosóficas de Sartre..."[2] Arlette responde com uma carta aberta a Simone de Beauvoir, publicada no *Libération*.[3] "Apareço (...) nas suas memórias, onde você me atribui o papel de Bécassine."* Censurando Beauvoir por, além desse insulto, julgar as pessoas "reduzindo todo mundo a alguns esquemas caracteriais", ela ataca onde pode ser mais doloroso e acusa o Castor, que se sentia culpada por ter aceitado com visível alívio sua "substituição" junto do velho homem, de ter na verdade abandonado Sartre: "Quando estávamos juntos, Sartre e eu, eu tentava ser seus olhos, na medida do possível... Nada impediria, em todo caso, que você fosse se sentar ao lado dele, com o bloquinho na mão, e comunicasse suas críticas, ponto a ponto." E a pontada é no coração: "Não é exagero dizer que ele ficou surpreso por que você não fazer nada disso." Enfim, *in cauda venenum*,** Arlette acerta na mosca ao jogar na face de Simone de Beauvoir o que chama de "sua amarga preocupação com a posteridade"... Alguns meses depois, Arlette publica pela Gallimard, como boa executora testamentária, tanto *Cadernos por uma moral* que Beauvoir quisera recuperar, quanto *Diários de uma guerra estranha*... Diários e cadernos aos quais respondem, como um eco, em novembro de 1982, depois em fevereiro, março e junho de 1983 na *Les Temps Modernes*, e em setembro de 1983 na Gallimard, os dois volumes de *Cartas a Castor*... Em meio a cartas a Simone de Beauvoir, há também outras, dirigidas a Simone Jollivet, sobretudo entre 1926 e 1929, depois

* Personagem de histórias em quadrinhos, é uma jovem empregada doméstica, tipicamente provinciana, e que entrou no vocabulário cotidiano como sinônimo de "idiota". (N.T.)
** O veneno está na cauda. (N.T.)

entre 1949 e 1952, Olga Kosakievicz, a partir de 1936, Louise Védrine (pseudônimo de Bianca Bienenfeld) em 1939, apenas mulheres, com exceção de uma carta a Jean Paulhan, no outono de 1938, uma outra a Brice Parain em fevereiro de 1940. Simone Jollivet tinha morrido, Bianca Bienenfeld estava longe e não se manifesta logo, mas era outro o caso de Olga, bem presente em Paris, destinatária de várias cartas e preocupada também em poupar Wanda, sobre quem o mínimo que se pode dizer é que Sartre falava com... desenvoltura! Beauvoir pede a Olga autorização para publicar as cartas que lhe tinham sido endereçadas, mas prevenindo que certas observações da correspondência poderiam ser difíceis de suportar para sua irmã e para si própria. Olga proíbe a reprodução das cartas das quais fora destinatária. Beauvoir ignora essa recusa... A partir de então, Olga, a quem esta publicação lembra os rumores de que ela já tinha sido objeto após a publicação de *A convidada*, corta relações com Beauvoir. Ela morrerá alguns anos depois sem ter se reconciliado com o Castor.

Mais presente ainda, a pequena guerra com Arlette continua, Beauvoir acusando a filha adotiva do filósofo de estar "decidida a reescrever a história de Sartre, sobretudo onde eu estava envolvida".[4] Preocupação com a obra? Preocupação em dominar até o fim a imagem de si legada à posteridade? Seria preciso ser bem ingênuo, em todo caso, para imaginar que nesses territórios o coração e a razão poderiam caminhar separadamente, que o esforço de lucidez e de verdade não seja turvado em alguma medida por sentimentos fortes demais, constitutivos demais para serem esquecidos. Cabe, portanto, se quisermos compreender a natureza do trabalho de Beauvoir nos últimos anos de sua vida, juntar as duas pontas: de um lado, de alma laboriosa, ela se aplica com preocupações de boa aluna a que a qualidade intelectual de seus trabalhos seja respeitada, a que seu conjunto esteja completo — e ela queria agir da mesma maneira com a obra de Sartre. De outro lado, faz questão de zelar pela coerência da imagem de si que se esforçou em transmitir — e ela se esforça a manter a representação do casal mítico que formou com o filósofo. Compreende-se então que, para ela, preocupação com a obra e preocupação biográfica estejam intimamente ligadas.

Ora, naqueles anos, justamente, ela é muito solicitada por biógrafos. Em 9 de janeiro de 1981, recebe a primeira visita de Deirdre Bair que, professora universitária, já é autora de uma biografia de grande repercussão sobre Samuel Beckett.[5] Ela escreve a Simone de Beauvoir em fins de outubro de 1980 e lhe envia a tradução dessa obra. A resposta é imediatamente positiva. Beauvoir diz já ter lido o livro, recebido de Olga, grande admiradora do teatro de Beckett. Acrescenta que ninguém até então tinha proposto escrever um trabalho "sobre toda a minha obra"; as solicitações que recebe na França vêm exclusivamente de mulheres que "se interessam pelo seu feminismo".[6] A carta especifica "que ela gostaria que se lembrassem dela como uma escritora que abordou gêneros diversos e bem diferentes".[7] Passemos pelo ritual dos encontros: sempre às quatro da tarde, sempre os copos de uísque sem água e sem gelo, o gravador na mesa, a pilha de fichas, cada qual com uma questão sobre a qual as duas interlocutoras vão discorrer durante as duas horas habituais de entrevista. E a exigência de Beauvoir de ir até o fim da pilha, visivelmente contente de poder sem cessar chamar a atenção, detalhar, explicar tudo o que quer. Essas entrevistas durarão até 7 de março de 1986, o livro será publicado em Nova York em 1990 e na França em 1991.

Por outro lado, já em 1976 duas outras pesquisadoras norte-americanas, Claude Francis e Fernande Gontier, haviam procurado Simone de Beauvoir, num trabalho de bio-bibliografia. A obra que elas têm então a intenção de preparar, e que será publicada em 1979, *Os escritos de Simone de Beauvoir*, com o subtítulo *A vida — A escrita*, será composta de três partes. A primeira é uma cronologia detalhada, uma dessas tabelas de datas e de fatos que o biógrafo sempre aspira anexar a seu texto para esclarecer o leitor sem sobrecarga nem repetições... A segunda parte trata da escrita e cita, ano após ano, os textos de Beauvoir, com todas as indicações de edições necessárias e, para cada obra ou artigo, algumas considerações sobre as intenções da autora, a recepção do livro etc. A terceira, enfim, se esforça em reunir os textos já publicados (mais frequentemente em periódicos) ou inéditos. Foi onde, como vimos, Simone de Beauvoir teve por um momento a intenção de integrar *Quando o espiritual domina*, antes de decidir que essas novelas da juventude mereceriam uma publicação à parte. Trata-se, pois, de uma pesquisa essencialmente bibliográfica. Mas o Castor aceitou participar ativamente da sua preparação, isso sem dúvida é revelador quanto à sua preocupação de trabalhar numa apresentação coerente de sua obra. Escutemos as autoras: "Durante quatro anos, nas férias universitária, fomos regularmente à rua Schoelcher, 11 bis. Chegávamos com nosso gravador, nossos cadernos de notas e um grande buquê, o mais frequentemente lírios tigrados laranja, que lhe lembravam o Mississipi. Ela abria a porta do seu apartamento, ocultada por uma pesada tapeçaria, se recostava nas almofadas do sofá e, sem perder um minuto, o trabalho começava. Tínhamos uma lista de questões às quais ela respondia metodicamente, frequentemente retificando um ponto e se certificando de que a versão corrigida estivesse bem registrada. (As autoras afirmam que guardaram cerca de sessenta horas de gravações). "Ao final de duas horas, ela dizia 'Chega de trabalhar', se levantava, ia à geladeira, pegava uma garrafa de uísque e três copos. Sua voz então mudava completamente, se tornava calorosa, um pouco rouca, sua dicção extremamente clara se distendia, seu francês castiço se temperava com gírias e expressões picantes. Ela dava livre curso a um espírito mordaz, um humor cáustico e um bom humor comunicativo." E as duas pesquisadoras observavam todas as vezes o que chamavam, depois de Sartre, a "dupla personalidade" de seu tema de estudo: "O charmoso Castor e uma tal *mademoiselle* de Beauvoir. Por um lado, ela se impunha uma certa disciplina, por outro transbordava de vitalidade, de uma imensa alegria de viver."[8] Ligando sem cessar o trabalho da obra e a escrita da vida, Simone de Beauvoir aceita com suas duas interlocutoras diversos prolongamentos editoriais das pesquisas empreendidas. É o caso de um livro, publicado em 1978, *Simone de Beauvoir et le cours du monde* [Simone de Beauvoir e o curso do mundo][9]; e da ideia de um *Pós-escrito a O segundo sexo*, "coletânea de textos frequentemente inéditos que se referiam especificamente à questão feminina". Este projeto não se concretizaria, mas um outro vai tomar seu lugar para as duas pesquisadoras norte-americanas: uma biografia. Ela será publicada antes daquela de Deirdre Bair, que fora iniciada bem mais cedo. Em 1983, quando decidem escrevê-la — em especial após terem descoberto e mandado transcrever para Simone de Beauvoir as cartas que ela enviara outrora a

Algren, cartas que ela pensava que Nelson havia destruído —, o Castor se mostra novamente muito cooperativa. Apenas, como tinha dado sua "autorização" à obra que Deirdre Bair está preparando, ela pede às duas jovens que "indiquem que a nossa não é uma 'biografia autorizada' segundo a expressão usual nos Estados Unidos".[10] E isso de forma alguma desagrada Claude Francis e Fernande Gontier, que se sentirão, de fato, ainda mais livres para "discernir a verdade nas múltiplas facetas de um ser tão complexo, tão ambíguo, que tinha criado sua própria lenda".[11]

Ao longo desses dois livros, algumas notas reaparecem com insistência, esclarecendo seja o dia a dia, seja as maneiras de ser de Simone de Beauvoir nessa última parte de sua vida. Em primeiro lugar, a disponibilidade mostrada pelo Castor para as sessões de trabalho. Quando D. Bair telefona pela primeira vez, em janeiro de 1981, está convencida de que deveria esperar alguns dias para obter um encontro: Beauvoir o estabelece para aquela mesma tarde. Como se a "CDF" que ela sempre foi não pudesse nunca deixar nada para depois... Ou como se, contente em se lançar numa atividade nova, ela tivesse paciência de esperar. Claro — como fez durante toda a vida —, ela é muito organizada, com os chamadas do relógio que ritmam suas atividades: os encontros com Claude Francis e Fernande Gontier são de duas horas e o telefone toca ao final de cada sessão, com as duas pesquisadoras logo compreendendo se tratar de um sinal enviado por alguma mão cúmplice. Mas as biógrafas expõem também seu reconhecimento pela prodigalidade do tempo concedido. Deirdre Bair nota logo a quantidade de ocupações daquela mulher de mais de setenta anos, e se espanta de poder encaixar suas entrevistas entre tantas outras atividades: "Ela ia buscar a agenda para fixar nossos encontros durante minha estadia em Paris. Tínhamos a princípio tentado fazer uma sessão após outra, mas sua agenda ficava cheia muito rápido. Nunca entendi essas pessoas que escreveram que depois da morte de Sartre (...) Beauvoir parecia desorientada e sem saber o que fazer; bastava ver sua agenda para compreender a que ponto essas afirmações eram falsas."[12] D. Bair fica mais mais chocada com a facilidade de acesso a Beauvoir, porque muitas vezes está com ela no momento em que chega a correspondência noturna: livros, pacotes com provas na esperança de prefácios, pedidos de apadrinhamento para trabalhos universitários, projetos de artigos e manuscritos para *Les Temps Modernes*, cartas de admiração ou de críticas... E a escritora então se coloca à mesa de trabalho, parecendo feliz por ser assim solicitada a prosseguir sua tarefa. Em breve deve chegar (vem mais ou menos uma vez por mês, nos disse Sylvie) a assistente social encarregada de distribuir por ela subsídios a pessoas em dificuldade que o Castor escolheu ajudar regularmente. Em breve um casal de armênios deve bater à porta para entregar um buquê de lírios tirados do jardim deles no sul de Paris. Em breve ela vai propor, durante sua pequena caminhada no Quartier Denfert-Rochereau, acompanhar as crianças da galerista até a esquina do bulevar Raspail... Tudo isso como dádiva humana discreta e terna, tão pouco reconhecida nessa intelectual engajada nos debates públicos...

Contudo, na tarefa de deixar a outros o cuidado de completar as biografias que ela tanto preparou em suas *Memórias*, ela manifesta — para além da vontade de "transparência" que foi sempre sua exigência — entusiasmos e exasperações. Sem que tenham combinado, podemos garantir, as autoras das duas biografias que então a visitam atestam, uma após as outras, um grande momento de emoção em torno do mesmo assunto: quando abordam a questão das relações com Nelson Algren. Ele morreu em 1981 e a universidade de Ohio adquiriu seus papéis: manuscritos, cartas, anotações pessoais. Claude Francis e Fernande Gontier descobrem esse acervo em 1983, efetuando pesquisas sobre um assunto totalmente diverso, os utopistas do século XVIII refugiados na América. Elas imediatamente avisam Beauvoir que (segundo o testemunho delas) fica "muito emocionada". Ela achava que Algren tivesse destruído as cartas enviadas e responde imediatamente às duas pesquisadoras pedindo que rapidamente estabelecessem a transcrição "com vistas a uma edição crítica".[13] As indicações dadas são apresentadas como frias diretrizes de trabalho. No entanto, as duas jovens escrevem: "Quando falava dele, sua emoção era intensa. Mostrou-nos o anel que ele lhe dera, um aro bem largo de prata lavrada, que ela nunca tirava."[14] Deirdre Bair, por sua vez, destacou também esse ponto sensível: fez um dia alguma observação que considerou "anódina" sobre o anel e Simone de Beauvoir, como se não pudesse deixar de falar, se lança num "relato longo, detalhado, de sua relação com Algren". E acrescenta: "Era tão forte, que eu ficava ali, hipnotizada, não querendo sobretudo quebrar a importância desse instante perguntando se eu poderia tornar a ligar o gravador."[15]

Emoções e também exasperações. Deirdre Bair diz ter sido testemunha da irritação de Beauvoir com certas passagens da biografia de Francis e Gontier. Quis "mostrar os erros que, segundo ela, havia"... e Deirdre Bair teria defendido "em certos casos as alegações e interpretações da obra em questão".[16] As próprias Francis e Gontier sublinharam as divergências que deram origem às irritações de Simone de Beauvoir: tinham tido o cuidado de lhe dar o texto para ler, capítulo por capítulo. As diferenças de interpretação se referiam sobre a relação mais ou menos tempestuosa entre os pais de Simone, sobre uma suposta amante do pai etc. As autoras a fizeram então reparar que a versão que propunham era inteiramente fiel a passagens de *Uma morte muito suave*. Mostraram a página incriminada. Beauvoir afirma ser "inacreditável" que ela possa ter sustentado isso. Para justificar a diferença entre as duas versões sucessivas defendidas por Beauvoir, elas lhe sugerem que seu estado de emoção devia ser muito forte quando escreveu a obra sobre a morte da mãe. Ao que Beauvoir responde: "A emoção não é uma desculpa quando se trata de fatos."[17] E quando elas mostram ao Castor suas mudanças de interpretação com relação a Simone Jollivet, da qual afirma, na velhice, nunca ter tido ciúmes, elas ouvem uma resposta seca: "Minhas *Memórias* não são a Bíblia." Detalhes? As duas autoras tinham afinal algumas razões para resistir a certas interpretações, por exemplo quando o Castor nega até o fim, diante delas, "sua bissexualidade e suas aventuras homossexuais", e as duas autoras acrescentam que as *Cartas a Sartre* as tinham revelado "à luz do dia". Que se me permita precisar, porém, o que considero essencial para compreender as aparentes diferenças entre o ponto de vista das duas norte-americanas e o constrangimento de Simone de Beauvoir: a divergência entre elas me parece mais ser de ordem filosófica do que factual. Simone de Beauvoir nunca escondeu sentir desejo físico ou amor por algumas de suas amigas. O que recusa com obstinação é ser "definida" numa categoria ou noutra. Ela muitas vezes repetiu não "ser" lésbica, se esse termo definir um fechamento numa categoria predeterminada, como uma classificação de tipo naturalista. Que tenha amado homens e mulheres é incontestável! Mas remeter isso a uma "tendência bissexual" qualquer é chocante para ela, simplesmente por querer descrever comportamentos livres onde se insiste em aprisioná-la numa constituição psicológica ou genética.

Em suma, tudo se passa como se, nos anos em que aceita que outros continuem a escrever uma história que ela já contou por meio de tantas páginas, Beauvoir quisesse manter o controle sobre o modo de apresentar sua vida. Longe dela a ideia de exigir hagiografias: ela fica muitas vezes tão irritada com a veneração que lhe demonstram muitas mulheres, quanto pelo que considera serem erros a seu respeito: "Santa Simone não é um papel fácil", declara ela em 1981.[18] E terá inclusive um prazer perverso em ainda escandalizar aqueles que se tinham cansado de vilipendiar a velha senhora agora cercada de honrarias. Assim, numa das entrevistas tão vivazes que dá a Alice Schwarzer, onde preconiza a ruptura voluntária e sistemática das correntes, ela declara, no anoitecer da sua vida, como uma retratação às avessas: "No que concerne à mim mesma, sempre me libertei, tanto quanto pude. Sempre segui meus gostos, meus impulsos, o que faz com que nunca tenha me sentido intimidada e que hoje que não tenha que me vingar do meu passado." E interrogada sobre suas *Memórias*, e sobre o que eventualmente gostaria de lhes acrescentar, ela responde: "Faria um balanço muito franco da minha sexualidade. Mas dessa vez verdadeiramente sincero, e de um ponto de vista feminista. Gostaria de dizer às mulheres como vivi minha sexualidade, porque esta não é uma questão individual e sim política. Na época, não o fiz porque nunca compreendi a dimensão e a importância dessa questão, nem a necessidade da franqueza individual."[19] E a busca da verdade, linha de força de toda a sua existência, vai encontrar uma última ocasião de florescer na sua relação com Sylvie, por menor o tempo que lhe fosse deixado por suas atividades no campo político, pelo movimento feminista e pela atividade na *Les Temps Modernes*... Pois as solicitações para sair da sua intimidade são numerosas. Em 1981, no momento em que se constituem os comitês de apoio aos candidatos presidenciais, Simone de Beauvoir é abordada por Yvette Roudy. Há muita simpatiza com essa militante socialista e feminista, também próxima de Colette Audry, a colega de outrora, além de ser a tradutora de uma das obras fundadoras do feminismo norte-americano, publicada numa coleção dirigida por Colette Audry na *Gonthier*: *A mulher mistificada*, de Betty Friedan. Gisèle Halimi havia convidado Mitterrand, diante de uma plateia de jornalistas, escritoras, mulheres conhecidas, a uma grande reunião sobre o tema: "Qual presidente para as mulheres?" Em seguida a essa reunião, Beauvoir dá seu apoio público à candidatura de um homem que ela sabe não ser um modelo de feminismo, mas que inspira confiança em militantes incontestáveis do movimento. No dia seguinte às eleições, Yvette Roudy é nomeada para o cargo de ministra-adjunta encarregada dos "Direitos da Mulher". Ela pede a Simone de Beauvoir que presida um grupo de trabalho intitulado "Mulher e Cultura", que logo será batizado como "Comissão Beauvoir". É assim que, uma vez por mês, uma colaboradora de Yvette Roudy, Michelle Coquillat, vem de carro buscar Beauvoir para levá-la da rua Schoelcher à Avenida d'Iéna, onde fica o ministério. Apesar do seu gosto moderado por esse tipo de atividade, a autora de *O segundo sexo* participa com assiduidade, visivelmente feliz pelo reconhecimento oficial assim oferecido e pela eficácia real que os trabalhos por ela presididos parecem conseguir.

Em 1983, Beauvoir recebe do governo dinamarquês e da Universidade de Copenhague o prêmio *Sonning* de cultura europeia por sua "vida consagrada à escrita". Ele equivale à bela soma de 23 mil dólares. A França, após a euforia de 1981, está em pleno período de rigor com, em especial, um drástico controle cambial que dificulta as viagens ao exterior. Ora, o sonho de Simone de Beauvoir, naqueles anos, é voltar à América com Sylvie. Ela então transfere o dinheiro do prêmio diretamente a um banco nova-iorquino e pode assim empreender o périplo desejado. Desejado, sim, mas por muito tempo adiado. Após a morte de Sartre e a hospitalização que se seguiu, Simone de Beauvoir levou alguns meses para recuperar uma saúde satisfatória. Embora em grau menor, também ela usou e abusou de misturas de álcool e medicamentos, tranquilizantes, nesse caso. Os médicos lhe propõem um tratamento por talassoterapia na Bretanha,* para sair do marasmo, poder caminhar de novo e retomar uma vida mais sadia, embora a vodca e o uísque continuem presentes no seu cotidiano. Ela deve continuar se colocando sob séria vigilância

---

* Terapia pela água do mar. (N.T.)

médica e a ter por perto alguém que possa tomar decisões imediatas em seu nome. Sua irmã Hélène está distante, numa cidade da Alsácia, e está descartado que Beauvoir abandone Paris. Os amigos próximos (Bost, Lanzmann...) tampouco querem que se afaste. E as tribulações referentes à administração da obra de Sartre a levaram a querer manter o controle sobre a sua própria. Claro que Sylvie lhe faz companhia o tempo todo, mas elas não têm um vínculo legal. A jovem detesta que se comparem suas relações com Simone de Beauvoir às de Sartre com Arlette. Sua aceitação, porém, lhe parecerá necessária no momento da pneumonia do Castor, após a morte de Sartre. Hélène (que todos, entre seus próximos, continuam a chamar de Poupette) se mostra então invasiva no quarto de hospital onde Sylvie procura se manter calma e discreta: ela vai até mesmo — quando Simone recusa visitas — a remover o pequeno cartaz "Proibido visitas" posto na porta, gritando: "Eu não sou visita!" Alguns incidentes desse gênero acabarão por convencer Sylvie: para tranquilizar Beauvoir quanto aos possíveis problemas de saúde, assim como para a futura administração da obra de Castor, é evidente que Sylvie será a melhor opção. Assim se fez.

Em todo caso, após a publicação de *A cerimônia do adeus*, e apesar das duras críticas da imprensa (sobre a indecência de querer apresentar a velhice de Sartre com todas as suas fraquezas e por querer reivindicar em benefício próprio as últimas tomadas de posição do filósofo), após as altercações públicas e violentas com Arlette e a guerra de publicações póstumas, com a saúde mais ou menos restabelecida, Beauvoir precisa muito de ar fresco. Mas antes de embarcar novamente para a América, terá que vencer alguns obstáculos. A ideia da viagem amadureceu após a morte de Algren, em maio de 1981. Ela não quer publicidade, e imagina por um momento fazer o périplo com um nome falso... Depois, é Sylvie que quebra a perna e terá, ela, que dirigir os eventuais carros alugados, pois Simone tem muita dificuldade para andar... Enfim intervém o drástico controle cambial... Mas isso é o de menos: o prêmio *Sonning* vem a calhar...

Julho de 1983: eis então Simone e Sylvie de partida para os Estados Unidos. Num avião Concorde! Elas planejaram tudo; apenas alguns velhos amigos como Stépha Gérassi e seu filho John foram avisados; para informações atualizadas sobre o estado das vendas de seus livros nos Estados Unidos, ela anunciou sua vinda a Nam Graham, da sua editora em Nova York, exigindo confidencialidade. Uma exceção à regra do anonimato: irá visitar sua nova amiga Kate Millet — autora, entre outros livros, de *A política do macho*[20] — que vivia então em comunidade com outras mulheres, numa fazenda de Poughkeepsie, trabalhando na terra, incentivando as atividades de criação, umas das outras. É nessa fazenda que Josée Dayan filma uma conversa entre Beauvoir e Kate Millet para a série televisiva inspirada em *O segundo sexo*. Frequentemente, em conversas que teve mais tarde, Beauvoir exprimirá sua admiração pelo modo de vida de mulheres entre si, que descobriu ali. Passemos pelas peripécias da viagem: o cheque previsto que não chega, o editor aborrecido que hesita em antecipar fundos, alguns passeios cancelados. Mas tudo isso faz com que Beauvoir fique mais tempo do que o previsto no hotel Algonquin e, durante a quase totalidade dos meses de julho e agosto, se empanturre dos prazeres de Nova York: passeios por livrarias e museus, visitas de praxe a arranha-céus célebres, andanças por parques e à beira do Hudson... Sylvie tinha previsto a reserva de quartos numa praia em Provincetown, mas foi preciso desistir. Elas apenas percorrem um circuito pela Nova Inglaterra e pelo estado de Nova York, antes de percorrer o Maine, com passeio às cataratas do Niágara e caminhada no Acadia National Park. Pouco se hospedam em hotéis: preferem pousadas para turistas, onde podem cozinhar — ou antes se alimentar com os recursos da alimentação norte-americana: hot-dogs, feijões brancos com molho de tomate, panquecas e waffles congelados: "Ganhamos dois quilos cada uma!", anunciou ela com orgulho.[21] Voltam a Paris a tempo para que Sylvie não perdesse o início das aulas.

Naqueles anos, também, Beauvoir permanece fiel a *Les Temps Modernes*. Todas as quartas-feiras, o comitê de redação se reúne no apartamento da rua Schoelcher, e os participantes são unânimes em dizer o quanto ela se mostra participativa. A dois títulos: para trazer suas contribuições a "causas" que ela considera essenciais, para acrescentar alguma pérola à seção do "sexismo ordinário" tão fiel a seu engajamento feminista, e para manter uma das intenções primordiais de Sartre e da revista, "investigar fatos anódinos e reveladores".[22]

Em janeiro de 1982, Simone de Beauvoir assina um curto artigo sobre a Polônia: na sequência da retomada do controle pelo general Jaruzelski e da prisão de Lech Walesa, dos ativistas do Solidariedade e de cerca de dois mil de seus compatriotas, ela se indigna, com parte do comitê da redação (Bost, Claire Etcherelli, Élisabeth de Fontenay, André Gorz, Claude Lanzmann, Jean Pouillon) com o posicionamento, considerado contraditório, dos responsáveis políticos franceses. Por um lado, o presidente Mitterrand destacou bem que "as liberdades sindicais e de expressão foram postas em xeque", mas o primeiro-ministro Pierre Mauroy, recusando-se a ver a mão da URSS, que se mostrava prudente diante daquela restauração brutal da ordem, classificou a crise como "questão interna" polonesa, ao declarando: "Os atuais acontecimentos permanecem, por ora, no contexto nacional polonês." Os signatários propõem que a França diga sem mais tardar que "o militarismo é o estágio supremo do sovietismo" e que o socialismo francês tire a lição de que "não é o socialismo que propicia ou garante as liberdades mas, pelo contrário, é o estabelecimento incondicional delas, antes de mais nada, que pode, se assim quisermos, torná-lo possível ou, em todo caso, reabrir o futuro".[23] Um outro texto, assinado desta vez por Dominique Pignon e Pierre Rigoulot, vai ainda mais longe e revela os debates que dividiram o comitê de redação em torno do tema do "socialismo": "Para além do fracasso do comunismo, é a questão da pertinência do corpo doutrinário socialista que está posta." Eles veem nos acontecimentos poloneses "uma evidência intolerável para a esquerda esquizofrênica, para os comunistas, bem como para muitos socialistas: o socialismo democrático não existe e a doutrina marxista-leninista, que em maior ou menor grau alimenta toda a esquerda, conduz inevitavelmente à opressão e à ditadura (...) cada qual deve fazer seu trabalho de luto pelo socialismo; é preciso se resignar a admitir que a ideia do socialismo e do comunismo é uma ideia de sangue". Após o quê, Pierre Rigoulot se demite do comitê de redação da *Les Temps Modernes*. O debate que eclodiu não está muito distante para Simone de Beauvoir, sem dúvida, daquele que então atravessa o movimento feminista, e sobre o qual ela é constantemente interrogada, acerca de suas posições quanto aos laços entre a libertação das mulheres e o socialismo. Nesses dois terrenos, ela não abdica da vontade de, por um lado, separar os objetivos e, por outro lado, confiar apenas moderadamente na realização possível do socialismo, sem, no entanto, declarar morto o ideal defendido outrora.

Em novembro de 1982, Simone de Beauvoir assina um curto artigo, "Chatila ou o teste do barqueiro". Reagindo ao massacres de palestinos nos campos de Sabra e Chatila, perpetrados por falangistas libaneses no mês de setembro, sob a neutralidade interesseira do Exército israelense, ela assume a posição de acusadora para destacar que, pondo em causa "apenas" os israelenses, tira-se a responsabilidade aos árabes libaneses, remetidos a uma espécie de selvageria natural: "Parece que se os consideram (os israelenses) como seres humanos plenos, e que portanto devem prestar conta dos seus atos, enquanto os outros têm a fatalidade dos cataclismos naturais. Fico surpresa que árabe nenhum tenha protestado contra essa identificação entre arabismo e bestialidade. Surpresa também que o Papa não tenha dito uma única palavra para condenar os crimes atrozes cometidos por cristãos: pelo fato de serem árabes, a noção de pecado não se aplica a eles mais do que, desde o fim da Idade Média, aos animais ferozes? Um racismo pode esconder outro."[24]

Em novembro de 1985, é também Castor quem, naturalmente, abre o número especial pelo quadragésimo aniversário da revista. Relembra a experiência de editora que adquiriu em ritmo acelerado: desde o lançamento, "os textos jorraram"; congestionamento de originais em número excessivo, dificuldade em discutir um texto quando aceito, "sempre que cortes se impunham, cada linha parecia essencial a quem o havia escrito"; dificuldade maior ainda em recusar: "Uma tarefa ainda mais ingrata, a de dizer não. O interessado se insurgia, demonstrava que seu artigo era bom, que tinha talento. Ia embora convencido de que se tratava de uma maquinação." Lembra-se sobretudo da atmosfera de 1945: "Naquele período de renascimento, tateante, fervilhante, havia sem cessar questões que se punham, desafios a superar, erros a retificar, mal-entendidos a dissipar, críticas a responder." Ela evoca os jovens que eram então a maioria dos membros da equipe, as "impaciências", bem como as "surpresas" e as "adesões": "Um livro leva tempo para se publicar; numa revista, podemos apanhar a atualidade em pleno voo;

podemos quase tão rapidamente quanto numa correspondência privada nos dirigir a amigos, refutar adversários", e ela se esforça em expressar a emoção dos inícios desta aventura: "Nossas polêmicas de intelectuais tinham a intimidade, a urgência e o calor das brigas de família."[25] Essa evocação será a última contribuição importante de Beauvoir à revista. Quando ela morre, no dia 14 de abril de 1986, o número de maio já está sendo impresso. O editorial consagrado à sua morte será publicado no número do verão de 1986.

Há vários meses a saúde de Simone de Beauvoir se degrada. A vigilância de Sylvie não é o bastante para combater a cirrose causada pelo abuso de álcool ao longo de toda sua existência. Os antigos amigos se juntam à filha adotiva para tentar afastar o consumo ritual do uísque e da vodca, mas às vezes — como Bost, que acaba de perder Olga — também se a acompanham nos velhos hábitos. Ela sem dúvida tem algumas tréguas, e consegue sempre dominar seus mal-estares e fantasmas quando percebe uma perspectiva de trabalho realizável, como a participação na rodagem do filme de Josée Dayan, em seu retorno dos Estados Unidos e até o outono de 1984. Eu me lembro também de ter ouvido Françoise Pasquier, Liliane Kandell e outras representantes das Éditions Tierce comentarem (se resignando a vir pleitear sua causa com a ministra do Meio Ambiente que eu era) as dificuldades para serem recebidas pelo ministro da Cultura, Jack Lang, para falarem de ajudas possíveis às editoras feministas. Não consigo dizer o quanto fiquei surpresa ao saber que Simone de Beauvoir não tinha hesitado — para apoiar suas amigas do Movimento das Mulheres — em ficar na sala de espera e por fim não ser recebida senão pela conselheira do ministro, Monique Lang, que folheava distraidamente uma revista diante da autora de *O segundo sexo*... Para desculpar a mulher do ministro, só posso imaginar que se sentisse constrangida por se encontrar face a uma lenda que assumia um papel de pedinte, e isso um pouco à imagem da timidez que sempre me impediu de dizer pessoalmente, quando a ocasião se apresentou, tudo que ela era para mim e para as mulheres da minha idade. Que importam algumas vicissitudes? Simone só se sente bem, com exceção de suas saídas com Sylvie, quando pode encontrar uma atividade em continuidade com tudo o que sempre fez. Assim, Lanzmann lhe propõe escrever o prefácio ao roteiro de *Shoah* que ela ajudou financeiramente, e seu texto foi publicado pela *Fayard* em 1984, e em New York, pelas edições *Panthéon*, em 1985. Sylvie a encoraja, por sua vez, a redigir um novo prefácio para *Milhoud*, a história de um expatriado norte-americano que morre na França com AIDS, obra que é publicada pela *Alinéa* em 1986. Será o seu último texto...

Um primeiro alerta grave aconteceu em dezembro de 1984. Uma noite — quando começa com sua amiga a preparar alguns dias de férias por ocasião do Natal —, ela cai e se vê sozinha, estirada no chão gelado sem poder se levantar. É hospitalizada por uma pneumonia e passa longas semanas no hospital. Sylvie leva-a para se restabelecer em Biarritz, durante as férias de Páscoa. Fazem ainda outra viagem, no verão de 1985. Dois anos depois da América, Sylvie e ela pegam de novo um avião, dessa vez para a Europa Central, e Sylvie dirige um carro alugado para dar uma volta na Hungria e parar por um momento na Áustria, no Tyrol. Será a última viagem...

A partir daí, ela deve apenas poupar suas forças. Deirdre Bair e Sylvie Le Bon dizem que, no final de 1985, ela deixa cada vez menos seu apartamento, onde a dificuldade de se deslocar a obriga até a evitar a varanda e a dormir num dos sofás do piso térreo. Mesmo se vestir tornou-se uma provação, e ela passa longos dias em seu roupão vermelho, tomando o cuidado de fazê-lo combinar com o turbante que prende seus cabelos. A fase final da sua doença será relativamente curta. Na noite de 20 de março de 1986, ela se queixa a Sylvie de dores no estômago. Apesar de seus protestos, a filha faz com que seja levada ao Cochin. Exames, operação, os médicos diagnosticam uma cirrose aguda, acompanhada de retenção de urina e edema pulmonar. O edema degenera em pneumonia, mas, dias depois, parece haver uma melhora. Sylvie começa a acreditar na possibilidade de uma alta do hospital. Hélène de Beauvoir, informada dos progressos da doença por telefonemas de Sylvie, aceita inclusive ir a um vernissage de suas telas, organizada, com uma conferência sobre as mulheres, pela universidade de Stanford — viagem para a qual Simone lhe oferecera a passagem de avião "como presente para dar sorte".[26] Ela será chamada por Sylvie em 11 de abril. No dia 14 de abril, Simone de Beauvoir morre, à tarde. Um manto de sigilo encobrirá as causas de sua morte: só o edema pulmonar é mencionado.

A hospitalização tinha sido escondida da imprensa pela vontade comum de Hélène, de Sylvie, de Bost e de Lanzmann. O enterro gera as mesmas manifestações de massa — ora bisbilhoteira, ora respeitosa — que o de Sartre: enxurrada de flores (entre elas uma gigantesca coroa do *Libération*), presença dos amigos da vida toda, de personalidades políticas (Yvette Roudy, Jack Lang, Laurent Fabius, Lionel Jospin). Os olhos se levantam quando o cortejo passa sob as janelas do apartamento parisiense de sua infância, acima do café La Rotonde. Como para Sartre, à maneira de uma guarda de honra, os garçons do La Coupole fazem na calçada duas fileiras, uma em frente à outra, toalha branca dobrada no braço, quando chega o cortejo. As portas do cemitério são fechadas para controlar o fluxo do espectadores curiosos ou fiéis sobem nas grades e não querem deixar o lugar... E já se ouvem murmúrios de descontentamento em torno da sepultura: um espaço foi reservado ao lado daquele de Sartre, e espíritos insatisfeitos mostram que o nome do filósofo está colocado na pedra tumular mais alto que o do Castor... Quando Claude Lanzmann lê as últimas páginas de *A força das coisas*, algumas pessoas se indignam porque nenhuma mulher foi chamada a tomar a palavra... A história conta que Élisabeth Badinter teria gritado: "Mulheres, vocês lhe devem tudo!" Tão expressivas sobre a filosofia de toda a sua vida, sobre sua carreira de escritora, se erguem as belas frases de suas *Memórias*: "Sim, chegou o momento de dizer: nunca mais. Não sou eu que me desligo das minhas antigas alegrias, são elas que se desligam de mim. (...) Penso com melancolia em todos os livros lidos, os lugares visitados, o saber acumulado e que não mais existirá. Toda a música, toda a cultura, tantos lugares: de repente, mais nada. (...) Nada terá acontecido. Revejo a fila de aveleiras que o vento agitava, e as promessas com as quais eu enlouquecia meu coração quando contemplava aquela mina de ouro aos meus pés, uma vida inteira para viver. Elas foram cumpridas. Entretanto, lançando um olhar incrédulo sobre aquela crédula adolescente, meço com estupor a que ponto fui ludibriada."

Ludibriada? Sem dúvida, porque nunca — qualquer que tenha sido o êxito de uma vida — aquele, aquela que tão bem a preencheu pode continuar a apreciar sua presença. Mas como é forte para nós a vontade de protestar! Simplesmente porque Simone de Beauvoir continua presente entre nós: o Castor industrioso e rebelde, nunca satisfeito, sempre ávido de novidades, de conhecimentos, de amizades novas, de terras a descobrir, de emoções diante das belezas da natureza e da arte. A apaixonada pela escrita, a filósofa para quem a lucidez, a necessidade da verdade e a liberdade caminhavam juntas; a mulher de alguns grandes amores e de uma fidelidade sem falha ao homem da sua vida, numa relação reinventada de maneira a estar num casal sem nunca deixar de ser si mesma e de viver com os outros; a autora de uma obra que todas as mulheres hoje em dia conhecem, mesmo se não a leram, pois marcou uma guinada na História feminina; a lutadora que nem sempre soube distinguir as causas que representavam uma real esperança e aquelas em que se enganavam os entusiasmos, mas que não poupou sua generosidade para com aqueles e aquelas que eram vítimas de sofrimento e injustiça. Não, madame, ao menos nós não fomos ludibriados.

Hoje, centros de estudos, grupos feministas, estabelecimentos escolares levam seu nome. Uma sociedade nos Estados Unidos, a Simone de Beauvoir Society, conduzida pela dra. Yolanda Patterson, reúne amigos e pesquisadores. Criada quando Simone de Beauvoir ainda estava viva, a sociedade publicou 22 importantes volumes de contribuições, entre as quais várias são resumos de colóquios organizados mundo afora.[27] Singularmente, como se amizade devesse caminhar junto da inteligência, ela anuncia na sua apresentação que tenta "criar um ambiente em que todo mundo se sinta à vontade" ao participar dos "colóquios e publicações da sociedade". Outras sociedades do mesmo tipo existem no Canadá, na África do Sul...

Quanto ao trabalho de memória e de homenagem que prossegue hoje em dia, que me baste citar — pois seria preciso outro livro para uma simples compilação de escritos, filmes, produções audiovisuais — essas manifestações da presença sempre renovada de Simone de Beauvoir em Paris: desde a pequena praça de Saint-Germain-des-Prés que leva seu nome unido ao de Jean-Paul Sartre, até essa passarela que conduz à nova Biblioteca Nacional,* Paris fala de sua vida bairro após bairro, capítulo após capítulo. E aposto que ela teria gostado de ver lhe atribuírem esse belo símbolo: uma ponte no feminino, conduzindo aos livros.

* *Passerelle Simone-de-Beauvoir*, inaugurada em 13 de julho de 2006, na presença de Sylvie Le Bon de Beauvoir. (N.T.)

NOTAS

Prefácio
1   *A força da idade*, p. 301.
2   *A força das coisas*, p. 484.
3   *Ibid*.
4   *Ibid*, pp. 484-485.

1. Um domingo de dezembro de 1921
1   Madeleine Chapsal, *Les Écrivains en personne*, Julliard, 1960, pp. 17-37.
2   Hélène de Beauvoir, *Souvenirs*, Séguier, 1987.
3   *Memórias de uma moça bem-comportada*, p. 43.
4   *Memórias de uma moça bem-comportada*, pp. 120-121.
5   Françoise Mayeur, *Histoire de l'enseignement et de l'éducation*, III, Perrin, 2004, p. 146.
6   *Memórias de uma moça bem-comportada*, pp. 92-93.
7   Deirdre Bair, *Simone de Beauvoir*, Fayard, 1990, nota 4, p. 731.
8   *Memórias de uma moça bem-comportada*, p. 51.
9   *Quando o espiritual domina*, escrito por Simone de Beauvoir em 1937 e recusado na época pelos editores, será publicado pela Gallimard em 1979 com a cinta: "O primeiro livro de Simone de Beauvoir".
10 *Quando o espiritual domina*, pp. 12-13.
11 *Memórias de uma moça bem-comportada*, p. 82.

12 *Ibid.*, p. 103.
13 *Ibid.*, p. 107.
14 *Zaza, correspondance et carnets de* Élisabeth *Lacoin*, Éditions du Seuil, 1991. Citado a partir da reedição de L'Harmattan, 2004, pp. 27 e 48.
15 Confidência a Deirdre Bair, *op. cit.*, p. 55.
16 *MJRF*, pp. 99 ss.
17 Atestado por Deirdre Bair, *op. cit.*, p. 57 e nota 9.
18 *Memórias de uma moça bem-comportada*, p. 27.
19 *Ibid.*, p. 73.
20 *Ibid.*, p. 75.
21 *Ibid.*, p. 176.
22 *Ibid.*, p. 178.
23 *Ibid.*, p. 180.
24 *Memórias de uma moça bem-comportada*, p. 126.

2. 6 de janeiro de 1930

1 *Memórias de uma moça bem-comportada*, p. 297.
2 *Lettres à Sartre*, 1.º volume, 1930-1939, edição apresentada e anotada por Sylvie Le Bon de Beauvoir, Gallimard, 1990.
3 *Memórias de uma moça bem-comportada*, p. 160.
4 *Ibid.*, pp. 160-161.
5 *Ibid.*, p. 181.
6 *Ibid.*, p. 187.
7 *Ibid.*
8 *Ibid.*, p. 165.
9 Prefácio a *James Joyce in Paris: his final years*, de Gisèle Freund e V.B. Carleton, 1965.
10 *Memórias de uma moça bem-comportada*, p. 166.
11 *Ibid.*, p. 235.
12 *Ibid.*, p. 236.
13 *Ibid.*, p. 237.
14 Os "certificados" da época eram mais ou menos o equivalente às atuais "unidades de valor" (ou "créditos", na universidade brasileira).
15 *Memórias de uma moça bem-comportada*, p. 183.
16 *Ibid.*, p. 205.
17 *Ibid.*, p. 209.
18 *Ibid.*, p. 170.
19 *Ibid.*, p. 184.
20 *Ibid.*, p. 212.
21 *Ibid.*, p. 220.
22 *Ibid.*, p. 232.

23 *Ibid.*, pp. 257-258.
24 *Ibid.*, p. 268.
25 *Cahiers de jeunesse* inéditos, 10 de maio de 1929, citado "com a amável autorização de Sylvie Le Bon de Beauvoir" in *Le Paris de Beauvoir*, Éditions du Chêne, 1999.
26 Respostas dadas às perguntas de Deirdre Bair, *op. cit.*, p. 148.
27 *Memórias de uma moça bem-comportada*, p. 274.
28 Inès Allafort du Verger.
29 *Memórias de uma moça bem-comportada*, p. 283.
30 *Ibid.*, p. 293.
31 *Ibid.*
32 *Ibid.*
33 *Ibid.*, p. 296.
34 *Ibid.*, p. 294.
35 *Ibid.*
36 *Ibid.*, p. 297.
37 Maurice de Gandillac, *Le Siècle traversé*, Albin Michel, 1998.
38 Annie Cohen-Solal, *op. cit,.* p. 151, conversas de Maurice de Gandillac com a autora.
39 Prefácio do livro *Zaza, correspondance et carnets de* Élisabeth Lacoin, *op. cit.*, p. 8.
40 *A força da idade*, p. 24.
41 *Ibid.*, p. 25.

3. 28 de julho de 1935

1 *A força da idade*, p. 108.
2 *Lettres à Sartre*, n.º 5, *op. cit.*, pp. 23-27 e *A força da idade*, pp. 180-181.
3 *A força da idade*, p. 182.
4 Maurice de Gandillac, *Le Siècle traversé*, Albin Michel, 1998, p. 136.
5 Jean-Paul Sartre, *Lettres au Castor et à quelques autres*, Gallimard, 1983, à Louise Védrine, julho de 1939, p. 229.
6 *A força da idade*, p. 78.
7 *Ibid.*, p. 80.
8 *Ibid.*, p. 83.
9 *Ibid.*, p. 86.
10 *Ibid.*, p. 96.
11 *Ibid.*, p. 98.
12 *Ibid.*, pp. 59-60.
13 *Ibid.*, p. 61.
14 *Ibid.*, p. 63.
15 Bilhete enviado no dia 6 de novembro de 1930, e publicado em *Lettres à Sartre*, *op. cit.*, p. 20.

16   *A força da idade*, p. 66.
17   *Ibid.*, p. 101.
18   *Ibid.*, p. 92.
19   *Ibid.*, p. 88.
20   *Ibid.*, p. 103.
21   *Ibid.*, p. 115.
22   "Simone Labourdin" representa Simone Jahan - e não Colette Audry - em *A força da idade*. A personagem de Chantal, na novela do mesmo nome, corresponde de fato à de Simone Labourdin. Cf. *A força da idade*, pp. 185-186. Essa precisão para evitar a repetição de um erro (assimilando Chantal a Colette Audry) que se introduziu no prefácio de Danièle Sallenave, p. 15, na reedição da coletânea de novelas sob o título de *Quando o espiritual domina*, Folio, 2006.
23   Chantal em *Quando o espiritual domina*, p. 51.
24   *A força da idade*, p. 102.
25   *Lettres à Sartre*, op. cit., p. 129.
26   *A força da idade*, p. 116.
27   *Ibid.*, p. 184.
28   Pseudônimo empregado por Simone de Beauvoir para Bianca Bienenfeld.
29   *Lettres au Castor et à quelques autres*, op. cit., p. 246.
30   *A força da idade*, p. 131.
31   *Ibid.*
32   *Ibid.*, p. 134.
33   *Ibid.*, p. 151.
34   *Ibid.*, p. 154.
35   *Ibid.*, p. 163.
36   *Ibid.*, p. 162.
37   *Ibid.*
38   *Ibid.*, p. 127.
39   *Ibid.*, p. 172.
40   Frase empregada por Olga no filme *Simone de Beauvoir*, de Josée Dayan e Malka Ribowska.

4. 2 de abril 1941

1   Prefácio de *James Joyce in Paris: his final years*, de Gisèle Freund e V.B.Carleton, 1965. Traduzido do inglês em *Les Écrits de Simone de Beauvoir*, de Claude Francis e Fernande Gontier, Gallimard, 1979, p. 420.
2   *A força da idade*, p. 392.
3   Nome real deste estabelecimento, e não "Trois-Mousquetaires" como é dito mais acima.
4   *A força da idade*, p. 392.
5   Jean-Paul Sartre, *Situations IV*, Gallimard, 1964, pp. 348-349.

6 Simone de Beauvoir, *Lettres à Sartre, op. cit.*, vol.1, carta a Simone Jollivet de 25 de março de 1935.
7 *Lettres au Castor et à quelques autres*, edição estabelecida, apresentada e anotada por Simone de Beauvoir, Gallimard, 1983, vol.1, p. 228.
8 *A força da idade*, p. 201.
9 D. Bair, *op. cit.*, p. 230.
10 Deirdre Bair, *op.cit.*, p. 214, conversas com Simone de Beauvoir, Hélène de Beauvoir, Lionel de Roulet, Jacques-Laurent Bost, Olga Bost (Kosakievicz), Colette Audry, Gégé Pardo.
11 *A força da idade*, p. 191.
12 *Ibid.*
13 *Ibid.*, p. 210.
14 *Lettres au Castor*, vol.1, p. 126.
15 *Ibid.*, p. 113.
16 *A força da idade*, p. 260.
17 Nota retomada em *A força da idade*, p. 269.
18 *Quando o espiritual domina*, Folio, Gallimard, 2006.
19 *A força da idade*, pp. 203-204.
20 *Lettres à Sartre*. 27 de julho de 1938, *op. cit.*, pp. 62-63.
21 Simone de Beauvoir, Jacques-Laurent Bost, *Correspondance croisée 1937-1940*, edição estabelecida, apresentada e anotada por Sylvie Le Bon de Beauvoir, Gallimard, 2004.
22 *Op. cit.*, Prefácio, p. 12.
23 *Op. cit.*, p. 59.
24 *Op. cit.* p. 63.
25 *Ibid.*, pp. 94-95.
26 *Ibid.*, p. 345.
27 *Ibid.*, p. 327.
28 *Correspondance croisée. Op. cit.*, carta de 15 de dezembro de 1939, p. 813.
29 *A força da idade*, p. 59.
30 *Ibid.*, p. 81.
31 *Ibid.*, p. 294.
32 *Ibid.*, p. 314.
33 *Op. cit.*, vol.1, pp. 305-306.
34 *A força da idade*, p. 364.
35 *Ibid.*, p. 359.
36 *O sangue dos outros*, Nova fronteira, 1984, pp. 194-195.
37 *A força da idade*, p. 364.
38 *Ibid.*, p. 371.
39 *Ibid.*
40 *Lettres au Castor*, 8 de julho de 1940, *op. cit.*, vol. 2, p. 284.

41 *Ibid.*, 23 de julho, p. 286.
42 *Ibid.*, p. 381.
43 *Ibid.*, p. 485.
44 Destacado por Simone de Beauvoir.
45 *Lettres à Sartre, op. cit.*, vol.2, p. 230.
46 *Lettres à Sartre, op. cit.*, vol.2, p. 230.
47 *A força da idade*, pp. 384-385.
48 *Por uma moral da ambiguidade*, p. 127.

5. Janeiro de 1945
1 *A força das coisas*, p. 16.
2 *Ibid.*, p. 26.
3 Carta de Jean Paulhan de 10 de dezembro de 1944, citada por Annie Cohen-Solal, *op. cit.*, pp. 378-379.
4 *A força das coisas*, p. 26.
5 *A força da idade*, p. 393.
6 Deirdre Bair, *op. cit.*, pp. 288-289.
7 Gilbert Joseph, *Une si douce occupation*, Albin Michel, 1991.
8 *Ibid.*, p. 144.
9 Maurice Nadeau, *Grâces leur soient rendues, mémoires littéraires*, Albin Michel, 1990, pp. 55-59.
10 *LFDA*, p. 514.
11 Nathalie Sarraute, *Œuvres complètes*, Bibliothèque de la Pléiade, Gallimard, 1996, nota de Valérie Minogue para *Portrait d'un inconnu*, p. 1743.
12 *A força da idade*, p. 395.
13 *Ibid.*
14 *A força da idade*, pp. 402-407, para todas as citações de Simone de Beauvoir referentes a essa viagem.
15 Annie Cohen-Solal, *op. cit.*, p. 309.
16 *A força da idade*, p. 405.
17 *Ibid.*
18 Annie Cohen-Solal, *op. cit.*, p. 310.
19 *Ibid.*, p. 311.
20 *Lettres au Castor, op. cit.*, verão de 1943, 2.º volume, p. 312.
21 *A força da idade*, p.441.
22 *Ibid.*, pp. 420-421.
23 *Ibid.*, p.421.
24 *Ibid.*, p. 424.
25 *Ibid.*, p. 456.
26 *Ibid.*, p. 455.
27 *Ibid.*, p. 455.
28 Artigo " Il y a Xavière", na revista *Roman 20/50*, junho de 1992, p. 54.

29 Les Lettres Françaises, dezembro de 1943.
30 A força da idade, p. 456.
31 Ibid.
32 Pirro e Cineias, em Por uma moral da ambiguidade,
33 A força da idade, p. 448.
34 Pirro e Cineias, op. cit., p. 167.
35 Ibid., p. 151.
36 Ibid., pp. 171-172.
37 Ibid., p. 206.
38 Ibid., p. 169.
39 Ibid., p. 172.
40 Ibid., p. 185.
41 A força da idade, p. 465.
42 Ibid., p. 459.
43 Jean-Paul Sartre, "Merleau-Ponty vivant", texto publicado no número especial da Les Temps Modernes de outubro de 1961, e reeditado em Situations IV, Gallimard, 1964, pp. 189-287, aqui p. 206.
44 A força da idade, p. 459.
45 Ibid., p. 487.

6. Novembro de 1951

1 Simone de Beauvoir, Cartas a Nelson Algren, um amor transatlântico, 1947-1964, texto estabelecido, traduzido do inglês e anotado por Sylvie Le Bon de Beauvoir, Nova Fronteira, 2000, p. 201.
2 A força das coisas, p. 251.
3 Cartas a Nelson Algren, 9 de novembro 1951, p. 427.
4 A força das coisas, p. 251.
5 A força das coisas, p. 29.
6 Paris Revue, entrevista de Simone de Beauvoir a Madeleine Gobeil, 1966.
7 Citado por Annie Cohen-Solal, op. cit., p. 384.
8 Simone de Beauvoir, A cerimônia do adeus, Nova Fronteira, 2015, p. 267.
9 Ibid., p. 268.
10 Op. cit., pp. 393 ss.
11 A força das coisas, p. 30.
12 Ibid., p. 35.
13 Ibid.
14 Ibid., p. 36.
15 A força da idade, p. 162., e nosso capítulo 3.
16 A força das coisas, p. 37.
17 Ibid.
18 "Le Portugal sous le régime de Salazar", Combat, 23-24 de abril de 1945.

19 *Op. cit.*, p. 323.
20 Annie Cohen-Solal, *op. cit.*, p. 416.
21 *A força das coisas*, p. 41.
22 *Lettres à Sartre*, 26 julho de 1945, vol. 2, p. 255.
23 *Lettres au Castor*, julho de 1945, vol.2, p. 325.
24 *A força da idade*, p. 446.
25 *Ibid.*, p. 460.
26 *Ibid.*
27 *Ibid.*, p. 444.
28 As novelas de Elsa Triolet sobre esse tema foram publicadas em 1943 pelas Éditions de Minuit, mas de maneira clandestina e sob o título *Le Premier accroc coûte deux cents francs*, só serão publicadas pela Denoël em 1945, obtendo o Goncourt.
29 *Les Temps Modernes*, n.º 2, pp. 248-268.
30 *Fontaine*, vol. IX, janeiro-fevereiro de 1946, e *Combat*, 12 de dezembro de 1945.
31 *A força das coisas*, p. 47.
32 *Op. cit.*, p. 350.
33 Boris Vian, *L' Écume des jours*, aqui na coleção 10/18, pp. 74-75.
34 Jean-Paul Sartre, *L'Existentialisme est un humanisme*, Nagel 1946, retomado pela Gallimard, Folio essais, com uma apresentação e notas de Arlette Elkaïm-Sartre. O texto da palestra é seguido pela discussão com Pierre Naville.
35 *A força das coisas*, p. 76.
36 *Labyrinthe*, n.º 20, Intodução a *Por uma moral da ambiguidade*, artigo retomado em *Les Écrits de Simone de Beauvoir*, *op. cit.*, pp. 337-343.
37 "Por uma moral da ambiguidade", *Les Temps Modernes*, novembro de 1946, dezembro de 1946, janeiro de 1947, fevereiro de 1947. A obra em si será publicada pela Gallimard em novembro de 1947.
38 Deirdre Bair, *op. cit.*, p. 359.
39 Indica o n.º 3 da *Les Temps Modernes*.
40 *Lettres à Sartre*, 13 e 14 de dezembro de 1945, *op. cit.*, vol.2, p. 262.
41 Deirdre Bair, *op. cit.*, p. 360.
42 *Lettres au Castor*, *op. cit.*, vol.2, carta de 31 de dezembro, pp. 327 ss.
43 *Lettres à Sartre*, quarta-feira, 13 de dezembro de 1945, *op. cit.*, vol.2, p. 261.
44 Todos publicados pela editora l'Arbalète, entre 1942 e 1945.
45 Esse editorial só será publicado de fato em abril, sob o título de "Littérature et Métaphysique".
46 *Ibid.*, pp. 265-266.
47 *A força das coisas*, pp. 64-65.

48 *Lettres à Sartre*, 13 de fevereiro de 1946, op. cit., vol.2, pp. 273-274.
49 *A força das coisas*, pp. 69-70.
50 Ibid., p. 70.
51 *A força das coisas*, p. 71.
52 Artigo de janeiro de 1946: "Jean-Paul Sartre, Strictly Personal", traduzido do inglês por Malcolm Cowley para *Les Écrits de Simone de Beauvoir*, op. cit., pp. 332-336.
53 *Lettres au Castor*, vol.2, p. 335.
54 *A força das coisas*, p. 78.
55 Ibid., p. 79.
56 Ibid.
57 Ibid., p. 95.
58 Ibid., p. 111.
59 Ibid., p. 128.
60 Ibid., p. 113.
61 Claude Francis e Fernande Gontier, *Simone de Beauvoir*, Perrin, 1985, p. 257.
62 Op. cit., p. 381.
63 Simone de Beauvoir, *L'Amérique au jour le jour*, Éditions Morihien, 1948, p. 7.
64 Op. cit., vol.2, pp. 275-358.
65 *Lettres à Sartre*, 28 de fevereiro de 1947. Op. cit., p. 314.
66 Simone de Beauvoir, *Cartas a Nelson Algren, um amor transatlântico, 1947-1964*, texto estabelecido, traduzido do inglês e anotado por Sylvie Le Bon de Beauvoir, Nova Fronteira, 2000.
67 Vale lembrar que a própria Violette Leduc se chamava a si mesma assim.
68 Op. cit., p. 43.
69 Ibid., p. 19.
70 Ibid., p. 21.
71 *A força das coisas*, p. 190.
72 Op. cit., p. 416.
73 *A força das coisas*, p. 102.
74 Ibid., p. 102.
75 Ibid.
76 *Cartas a Nelson Algren*, op. cit., p. 192.
77 Ibid., p. 195.
78 *A força das coisas*, p. 190.
79 Ibid., p. 191.
80 Ibid.
81 *Cartas a Nelson Algren*, op. cit., 3 de outubro de 1947, pp. 65-66.
82 *A força das coisas*, p. 170.

83 Cartas a Nelson Algren, op. cit., p. 228.
84 Roger Garaudy, Les Lettres Françaises, 28 de dezembro de 1945.
85 Jean Kanapa, L'Existentialisme n'est pas un humanisme, Éditions sociales, 1947.
86 A força das coisas, p. 181.
87 Ibid.
88 Notas inéditas de Sartre, publicadas em A força das coisas, p. 181. O termo em itálico foi destacado por Sartre.
89 A força das coisas, p. 195.
90 Ibid., p. 206.
91 Ibid., p. 220.
92 Ibid., p. 224.
93 Ibid.
94 Lettres à Sartre, julho de 1950, op. cit., vol.2, p. 372
95 Ele tinha recebido a notícia de sua premiação por O homem do braço de ouro no seu retorno da França, no ano anterior.
96 Lettres à Sartre, op. cit.,vol.2, p. 383.
97 Cartas a Nelson Algren, op. cit., p. 354.
98 Coleção "Les Écrivains célèbres", Mazenod, II, 1952.
99 Esse texto será publicado em Les Temps Modernes em janeiro de 1952.
100 Nota de Sylvie Le Bon de Beauvoir, in Cartas a Nelson Algren, op. cit., p. 421.

7. 26 de maio de 1958
1 A força das coisas, p. 627.
2 A força das coisas, em particular pp. 279 e 282.
3 Cartas a Nelson Algren, op. cit., p. 457.
4 A força das coisas, p. 285.
5 Ibid., p. 282.
6 LFDC, p. 382.
7 LFDA, p. 440.
8 Ibid., p. 399.
9 Ibid., p. 385.
10 Ibid., p. 394.
11 Ibid., pp. 396-397.
12 LFDC, p. 399.
13 Artigo retomado em Situations I, Gallimard, 1947, p. 109.
14 A força das coisas, p. 63.
15 Ibid.
16 Simone de Beauvoir citada por Deirdre Bair, op. cit., p. 334.
17 Ibid., p. 336.
18 Annie Cohen-Solal, Sartre, 1905-1980, Gallimard, Folio Essais, 1999, p. 470.
19 Op. cit., p. 94.

20 *A força das coisas*, p. 118.
21 Annie Cohen-Solal, *op. cit.*, p. 563.
22 Em itálico no texto, como as passagens seguintes.
23 Annie Cohen-Solal, *op. cit.*, p. 568.
24 *A força das coisas*, p. 260.
25 *Ibid.*, p. 254.
26 *Ibid.*, p. 249.
27 *Ibid.*, p. 287.
28 *Les Temps Modernes*, fevereiro, 1950. O título desse ensaio se tornará o da coletânea publicada pela Gallimard em 1966, coletânea que retoma, além deste, três outros ensaios de Nathalie Sarraute: *De Dostoïevski à Kafka*, *Conversation et sous-conversation*, *Ce que voient les oiseaux*.
29 *A força das coisas*, pp. 270-271.
30 *Ibid.*, p. 263.
31 *Ibid.*, p. 268.
32 Frase empregada por Nathalie Sarraute para responder a Jean-Yves, sobre o que ela gostaria de vê-lo dizer no prefácio à edição de suas obras pela Pléiade: "Diga que o que eu fiz, antes de mim ninguém tinha feito."
33 *A força das coisas*, pp. 272-275.
34 *Ibid.*, p. 298.
35 O Comitê nacional de escritores nasceu durante a Resistência, se tornará importante na Libertação, no momento dos debates sobre a depuração entre os escritores e nas editoras. O Partido Comunista, sobretudo através das intervenções de Aragon e de Elsa Triolet, das "vendas do livro" etc. desempenhará um grande papel na sua atividade.
36 *A força da idade*, p. 456.
37 Carta a Algren de 9 de janeiro de 1955, *op. cit.*, p.501.
38 *L'Humanité-Dimanche*, 19 de dezembro de 1954.
39 Esse artigo, anunciado na entrevista como devendo ser publicado em fevereiro de 1955, o será em maio e junho-julho do mesmo ano, pela *Les Temps Modernes*.
40 Entrevista de Simone de Beauvoir por Madeleine Chapsal, in *Les Écrivains en personne*, Julliard, 1960, pp. 17-37.
41 *Op. cit.*, p. 524.
42 Maurice Merleau-Ponty, *Les Aventures de la dialectique*, NRF, 1955, p. 7.
43 *Ibid.*, nota da p. 133.
44 *Ibid.*, p. 271.
45 "Merleau-Ponty ou le pseudo-sartrisme", *Les Temps Modernes*, junho de 1955, p. 2072.

46 *Ibid.*, p. 2112 et *passim*.
47 *Ibid.*, p. 2119.
48 *Cartas a Nelson Algren*, p.501.
49 *A força das coisas*, pp. 328-329.
50 *Ibid.*, p. 329.
51 *La Nef*, janeiro-março de 1961, pp. 121-127.
52 *A força das coisas*, p. 300.
53 *Ibid.*, p.301.
54 *Ibid.*, p. 365.

8. 23 de agosto de 1964

1 *Balanço final*, p. 233-234.
2 Simone de Beauvoir, *Balanço final*, Nova Fronteira, 1982.
3 *Ibid.*, p. 235.
4 *A força das coisas*, p. 473.
5 *A força das coisas*, p. 477.
6 *Balanço final*, p. 443.
7 Simone de Beauvoir, "Ou en est la Révolution cubaine", *France-Observateur*, 7 de abril de 1960, pp. 12-14.
8 *Cartas a Nelson Algren, op. cit.*, 12 de julho de 1956, p. 513.
9 *Op. cit.*, setembro de 1959, pp. 520-521.
10 *A força das coisas*, p. 479.
11 *Ibid.*, p. 494.
12 *Ibid.*
13 *Ibid.*, p. 494-495.
14 Annie Cohen-Solal, *op. cit.*, p. 668.
15 *Ibid.*
16 *A força das coisas*, p. 526.
17 *Ibid.*, p. 549.
18 O texto dessa carta foi publicado na íntegra em *A força das coisas*, pp. 529-532.
19 *A força das coisas*, p. 566.
20 *Ibid.*, p. 567.
21 *France-Observateur*, 7 de janeiro de 1960.
22 *A força das coisas*, p. 471.
23 *Ibid.*, p. 570.
24 *Ibid.*, p. 574.
25 *Ibid.*, p. 634.
26 *Ibid.*, pp. 634-635.
27 *Ibid.*, pp. 636-637.
28 Simone de Beauvoir, *Uma morte muito suave*, Nova Fronteira, 2020, E-book.
29 *Ibid.*, E-book.
30 *Ibid.*, E-book.

31   *Ibid.*, E-book.
32   *Ibid.*, E-book.

9. 4 de março de 1972

1   Simone de Beauvoir, "Malentendu à Moscou", texto publicado em 1992 sob os cuidados de Sylvie Le Bon de Beauvoir na revista *Roman 20-50*, n.º 13.
2   Movimento iniciado por Gisèle Halimi em 1971, para a liberdade de contracepção e do aborto, entre outros objetivos.
3   *Balanço final*, p. 461
4   Jean-Paul Sartre, Prefácio a *Les Maos en France* de Michelle Manceaux, Gallimard, 1972, texto retomado em *Situations*, X, Gallimard, 1976, pp. 38-47.
5   *Balanço final*, pp. 470-472.
6   Simone de Beauvoir, artigo intitulado "En France aujourd'hui on peut tuer impunément", *J'accuse*, n.º 2, 15 de fevereiro de 1971.
7   Ver Annie Cohen-Solal, *op. cit.*, pp. 799 ss.
8   Georges Michel contará essa peripécia no seu livro de testemunhos, *Mes années Sartre*, Hachette, 1981.
9   *A cerimônia do adeus*, Nova Fronteira, 2015, p. 374.
10 *Ibid.*, p. 37.
11 *Balanço final*, p. 481.
12 Acha-se um relato desses encontros no livro de Claudine Monteil: *Simone de Beauvoir. Le Mouvement des femmes: mémoires d'une jeune fille rebelle*, Éditions du Rocher, 1980.
13 Entrevista dada a John Gérassi e citada por Deirdre Bair, *op.cit.*, p. 635.
14 *Balanço final*, pp. 482-483.
15 Alice Schwarzer, *Simone de Beauvoir aujourd'hui: Six entretiens avec Simone de Beauvoir*, Mercure de France, 1984, *op. cit.*, p. 15.
16 Alice Schwarzer, Anne Tristan, Annie de Pisan, *Histoires du MLF*, Calmann-Lévy, 1977.
17 O texto das conferências japonesas foi retomado na obra de Claude Francis e Fernande Gontier, *Écrits*, *op. cit.*, pp. 437-438.
18 *Balanço final*, p. 410.
19 *Ibid.*, p. 411.
20 *Ibid.*, p. 414.
21 *Ibid.*, p. 416.
22 Conferência publicada por *Cahiers Bernard Lazare*, maio de 1967.
23 Erwin Spatz, "Nathalie Sarraute au kibboutz", *La Quinzaine littéraire*, 16 de outubro de 1969.
24 "Jean-Paul Sartre et Simone de Beauvoir en Israël", resumo da conferência dada por Jean-Paul Sartre e Simone de Beauvoir em Tel-

-Aviv, no dia 29 de março de1967, in *Les Cahiers Bernard Lazare*, n.º 10, maio de 1967, p. 17.
25 *Balanço final*, p. 424.
26 *Ibid.*,pp. 431-432.
27 *Cartas a Nelson Algren*, op. cit., 27 de outubro de 1947, p. 83 e nota de rodapé.
28 Denis Charbit, comunicação apresentada no 8.º colóquio internacional "Simone de Beauvoir: l'engagement d'une œuvre et d'une vie" na Trent University de Peterborough (Canadá), publicada em *Simone de Beauvoir Studies*, n.º 17, 2000-2001, pp. 48-63, e retomada em versão abreviada em *Les Temps Modernes*, junho-julho de 2002, n.º 619, pp. 162-184, sob o título: "Simone de Beauvoir et les Juifs: les raisons d'une fidélité".
29 Nosso capítulo IV.
30 *A força das coisas*, p. 282.
31 *Ibid.*
32 *Ibid.*, p. 285.
33 *Balanço final*, p. 426.
34 Denis Charbit, op. cit., p. 171.
35 *Balanço final*, p. 433.
36 *Ibid.*, p. 434.
37 *Ibid.*, p. 437.
38 *Ibid.*
39 *Ibid.*, p. 439.
40 Annie Cohen-Solal, op. cit., pp. 757-758.
41 O relato da participação de Simone de Beauvoir nesse tribunal é tratado nesta obra, pp. 369-396.
42 *Balanço final*, p. 378.
43 *Ibid.*, p. 389.
44 Jean-François Steiner, *Treblinka*, Fayard, 1966.
45 E. e P. Kronhausen, *Majorité sexuelle de la femme*, tradução de *Sexual Response in Women*, Bûchet-Chastel, 1966.
46 *Que peut la littérature?* Apresentação de Yves Buin, diretor de *Clarté*, com intervenções de Simone de Beauvoir, Yves Berger, Jean-Pierre Faye, Jean Ricardou, Jean-Paul Sartre, Georges Semprun, coleção "L'Inédit", 10/18, Union Générale d'Éditions, 1965.
47 Laurent Gagnebin, *Simone de Beauvoir ou le refus de l'indifférence*, 1968. Éditions Fischbacher.
48 Violette Leduc, *La Bâtarde*, Gallimard, outubro de 1964.
49 A correspondência de Violette Leduc foi publicada aos cuidados de seu biógrafo, Carlo Jansiti, na coleção Cahiers de la NRF: *Violette Leduc, Correspondance, 1945-1972*, Gallimard, 2007.
50 *Ibid.*, carta de 28 de setembro de 1948, p. 104.

51 *L'Affamée*, J.J. Pauvert, depois na Gallimard em 1948, atualmente pela Gallimard na coleção Folio, n.º 643.
52 *Op. cit.*, "Folio", p. 9.
53 *Correspondance*, *op. cit.*, carta de 27 de dezembro de 1953, p. 216.
54 Em particular nas suas cartas de 1948, ver a descrição de um jantar com Violette Leduc, *op. cit.*, carta de 28 de novembro de 1948, p. 229.
55 Prefácio de Simone de Beauvoir a *La Bâtarde* de Violette Leduc, *op. cit.*, p. 7.
56 *Ibid.*, p. 8.
57 *Ibid.*, p. 9.
58 *Ibid.*, p. 10.
59 *Ibid.*, p. 14.
60 *Ibid.*, p. 16.
61 *Ibid.*, p. 17.
62 *Ibid.*, pp. 17-18.
63 *Ibid.*, p. 18.
64 *Balanço final*, p. 133.
65 *Ibid.*, p. 135.
66 *Ibid.*,
67 Guy Debord, *La Société du spectacle*, Buchet-Chastel, 1967.
68 *Balanço final*, p. 137.
69 *Ibid.*, p. 133.
70 Simone de Beauvoir, *La Femme rompue*, Gallimard, 1968, p. 27.
71 *Ibid.*, p. 68.
72 *Ibid.*, p. 50.
73 *Ibid.*, p. 56.
74 *Ibid.*, p. 63.
75 *Ibid.*, p. 71.
76 *Balanço final*, p. 141.
77 *Ibid.*, p. 144.
78 *Ibid.*
79 *Ibid.*
80 *Ibid.* p. 145.
81 *Ibid.*, p. 147.
82 *Ibid.*, p. 148.
83 Suzanne Lilar, *Le Malentendu du Deuxième Sexe*, PUF, 1969.
84 *Balanço final*, p. 486.
85 Annie Cohen-Solal, *op. cit.*, p. 749.
86 Annie Cohen-Solal, p. 635.
87 Liliane Siegel, *La Clandestine*, pp. 77-78.
88 Frase que serve de título a um dos capítulos de Annie Cohen-Solal, *op. cit.*, pp. 694-752.

89 H.E.F. Donohue, *Conversations with Nelson Algren*, p. 269. Citado por Hazel Rowley, *Tête-à-tête*, Grasset, 2006.
90 Nelson Algren, "The Question of Simone de Beauvoir", *Harper's*, maio de 1965, *Ibid*.
91 *Ramparts* 4, n.º 6, outubro de 1965, Hazel Rowley, *Ibid*. p. 381.
92 Deirdre Bair, *Conversation avec Sylvie Le Bon*, *op. cit.*, p. 583.
93 *Balanço final*, p. 68.
94 Hazel Rowley, *op. cit.*, p. 362.
95 Episódio contado por Sylvie Le Bon a Hazel Rowley, *op. cit.*, pp. 378-379.
96 *Balanço final*, p. 73.
97 Alice Schwarzer, *op. cit.*, p. 97.
98 *Ibid.*, p. 119.
99 Conversa com Deirdre Bair, *op. cit.*, p. 591.

10. Maio de 1980

1 *Balanço final*, p. 43.
2 Simone de Beauvoir, *A cerimônia do adeus*, p. 140.
3 Entrevista publicada nos números de *Le Monde* de 10 e 11 de janeiro de 1978, com um encarte de apresentação da entrevista por Claudine Serre: "L'Engagement féministe d'une œuvre et d'une vie".
4 Hélène Brion, *La Voie féministe*, Syros, 1978, p. 107.
5 Entrevista de Simone de Beauvoir para Alice Schwarzer, sob o título "La Femme révoltée", *Le Nouvel Observateur*, 14 de fevereiro de 1972.
6 Simone de Beauvoir, *Les Temps Modernes*, n.º 329, dezembro de 1973.
7 *Le Sexisme ordinaire*, Le Seuil, 1979, prefácio de Simone de Beauvoir.
8 Simone de Beauvoir, Prefácio ao livro de Claire Cayron, *Divorce en France*, Denoël-Gonthier, 1974.
9 *Les Temps Modernes*, introdução ao número especial de abril-maio de 1974: "Les Femmes s'entêtent".
10 "La Syrie et les prisonniers", tribuna de Simone de Beauvoir, em *Le Monde*, 18 de dezembro de 1975.
11 *L'Arc*, n.º 61, 1975, "Simone de Beauvoir interroga Jean-Paul Sartre", p. 12.
12 *A cerimônia do adeus*, p. 140.
13 Conversas com Jean-Paul Sartre, publicadas na sequência de *La Cérémonie des adieux*, *op. cit.*, p. 181.
14 *A cerimônia do adeus*, p. 124.
15 *Ibid.*, p. 332.
16 *Ibid.*, p. 340.
17 *Ibid.*, p. 343.
18 A. Cohen-Solal, *op. cit.*, p. 815.

19 *A cerimônia do adeus*, p. 124.
20 *Ibid.*, p. 102.
21 Hélène de Beauvoir.
22 Annie Cohen-Solal, *op. cit.*, p. 815.
23 *A cerimônia do adeus*, p. 115.
24 A. Cohen-Solal, *op. cit.*, p. 803.
25 *Ibid.*, p. 819.
26 *Ibid.*
27 *A cerimônia do adeus*, p. 123.
28 *Ibid.*, p. 124.
29 *Ibid.*
30 *Ibid.*, p. 126.
31 *Ibid.*, p. 89.
32 *Ibid.*, p. 100.
33 *Ibid.*, p. 101.
34 Entrevista de John Gérassi, *Society*, janeiro-fevereiro de 1976, in Écrits de Simone de Beauvoir, *op. cit.*, pp. 547-565.
35 A editora Les Éditions des Femmes tinha aberto três livrarias, em Paris, Lyon e Marseille.
36 *Libération*, 22 de outubro de 1976.
37 Bibia Pavard, memória de DEA (trabalho universitário que corresponde à nossa dissertação de mestrado) de história do século XX intitulada *Femmes, politique et culture: les premières années des Éditions des Femmes*, 1972-1979, resumo publicado na revista *Archives du Féminisme*, n.º 8, dezembro de 2004.
38 Deirdre Bair, *op. cit.*, p. 672.
39 *Ibid.*, p. 673.
40 Annie Cohen-Solal, *op. cit.*, p. 843.
41 Os números de *L'Observateur* são os de 10, 17 e 24 de março de 1980. Victor ali abandona seu pseudônimo e os assina com seu verdadeiro nome: Benny Lévy.
42 Deirdre Bair, *op. cit.*, pp. 676 ss.
43 *Ibid.*
44 *Ibid.*
45 Deirdre Bair, *op. cit.*, pp. 683-685. Fonte: Sylvie Le Bon de Beauvoir.
46 *Ibid.*, p. 685.

11. 14 de abril de 1986

1 *A força das coisas*, p. 630.
2 *A cerimônia do adeus*, p. 134.
3 *Libération*, 3 de dezembro de 1981.
4 Conversa com Deirdre Bair, *op. cit.*, p. 697.
5 Deirdre Bair, *Samuel Beckett*, Fayard, 1979.

6   Deirdre Bair, op. cit., p. 9.
7   Ibid.
8   Claude Francis e Fernande Gontier, Simone de Beauvoir, Perrin, 1985.
9   Claude Francis e Fernande Gontier, Simone de Beauvoir et le cours du monde, Klincksieck, 1978.
10 Claude Francis e Fernande Gontier, Simone de Beauvoir, os textos citados aqui são do prefácio dessa obra.
11 Ibid.
12 Deirdre Bair, op. cit., p. 10.
13 Claude Francis e Fernande Gontier, Simone de Beauvoir, p. 11.
14 Ibid.
15 Deirdre Bair, op. cit., p. 12.
16 Ibid., p. 13.
17 Claude Francis e Fernande Gontier, op. cit.
18 Deirdre Bair, p. 663.
19 Alice Schwarzer: Simone de Beauvoir aujourd'hui, Mercure de France, 1984, p. 89. A obra reagrupa seis entrevistas e a que citamos aqui foi realizada em 1974.
20 Kate Millet, La politique du mâle, tradução francesa pela Stock, 1971.
21 Deirdre Bair, op. cit., p. 707.
22 Simone de Beauvoir, "Naissance des Temps Modernes", Les Temps Modernes, outubro de 1985, p. 352.
23 Les Temps Modernes, janeiro de 1982. Texto assinado de 19 de dezembro de 1981.
24 Les Temps Modernes, novembro de 1982, p. 851.
25 Simone de Beauvoir, "Naissance des Temps Modernes", Les Temps Modernes, outubro de 1985, pp. 350-353.
26 Deirdre Bair, op. cit., p. 715.
27 Sites da "Simone de Beauvoir Society": http://simonedebeauvoir.free.fr/fr-societe.html; http://simonedebeauvoir.free.fr/studies.html

Direção editorial
Daniele Cajueiro

Editora responsável
Ana Carla Sousa

Produção editorial
Adriana Torres
Mariana Bard
Júlia Ribeiro
Thais Entriel

Revisão de tradução
Jorge Bastos Cruz

Revisão
Alessandra Volkert
Suelen Lopes

Projeto gráfico
Fernanda Mello

Diagramação
Filigrana ·

Este livro foi impresso em 2021
para a Nova Fronteira.